W0254449

Informatik-Fachberichte

Herausgegeben von W. Brauer
im Auftrag der Gesellschaft für Informatik (GI)

27

GI-NTG Fachtagung Struktur und Betrieb von Rechensystemen

Kiel, 19.–21. März 1980

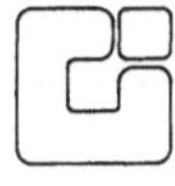

Herausgegeben von G. Zimmermann

Springer-Verlag
Berlin Heidelberg New York 1980

Herausgeber
Gerhard Zimmermann
Institut für Informatik und
Praktische Mathematik der
Christian-Albrechts-Universität
Olshausenstr. 40-60
D-2300 Kiel 1

AMS Subject Classifications (1970): 68-02, 68A99, 94A-20
CR Subject Classifications (1974): 4.35, 4.6

ISBN 978-3-540-09952-9 ISBN 978-3-642-67607-9 (eBook)
DOI 10.1007/978-3-642-67607-9

CIP-Kurztitelaufnahme der Deutschen Bibliothek
GI-NTG-Fachtagung. Struktur und Betrieb von Rechensystemen. - Berlin, Heidelberg, New York: Springer. 1980.
Kiel, 19.-21. März 1980. - 1980.
(Informatik-Fachberichte; 27)
(Berlin, Heidelberg, New York)
(New York, Heidelberg, Berlin)
NE: Gesellschaft für Informatik; Nachrichtentechnische Gesellschaft

2145/3140 - 5 4 3 2 1 0

Vorwort

Die Kieler Fachtagung "Struktur und Betrieb von Rechensystemen" ist die sechste Veranstaltung dieser Art, die gemeinsam von den Fachausschüssen "Rechnerorganisation und Betriebssysteme" der Gesellschaft für Informatik (GI) und "Technische Informatik" der Nachrichtentechnischen Gesellschaft (NTG) in zweijährigem Abstand seit 1970 veranstaltet wird. Die enge Verflechtung zwischen Rechnerstrukturen und Betriebssystemen, die in dieser gemeinsamen Tagung zum Ausdruck gebracht wird, hat in der "vertikalen Verlagerung" einen neuen sichtbaren Ausdruck erhalten.

Auf beiden Gebieten finden in zunehmender Zahl Spezialtagungen zu Einzelfragen statt. Das Ziel dieser Tagungsreihe soll es dagegen sein, Übersichten über aktuelle Fragen des Gesamtgebietes zu vermitteln, auch wenn es dadurch zu thematischen Überschneidungen mit anderen Veranstaltungen kommt. Alle Sitzungen werden deshalb durch Übersichtsvorträge oder eine Einführung des Sitzungsleiters eingeleitet. Dem gleichen Ziel dient auch ein begleitendes Tutorium über "Virtuelle Maschinen". Die Tagung soll aber auch ein Podium zum Vorstellen und Diskutieren neuer Forschungsergebnisse, Entwicklungen und Ideen durch Fachvorträge sein.

Fachvorträge wurden vom Programmausschuß zu sechs Themenkreisen angeregt, die abkürzend beschrieben werden können durch: Entwurf, Bewertung, Modellierung; horizontale Verlagerung; Kommunikation; Zuverlässigkeit; innovative Architekturen; neue Systeme. Übergreifend wurde auf die Großintegration und die Mikroprogrammierung verwiesen. Aus den eingereichten Vorträgen konnten nach einer strengen qualitativen Auswahl sechs Sitzungen zusammengestellt werden, die im wesentlichen die ersten drei Themenkreise berücksichtigen.

Dem besonderen Gewicht von "Entwurf und Bewertung" im Zusammenhang mit der steigenden Komplexität von Rechensystemen trägt der Hauptvortrag Rechnung, der die Tagung einleitet. Er zeigt, daß wir uns auf diesem schwierigen Gebiet noch am Anfang einer Entwicklung befinden, die großer Anstrengungen bis zu ihrer Reife bedarf.

In der Sitzung "Quantitative Bewertung von Rechensystemen" wird im ersten Beitrag die Bewertung über ein Modell des Rechensystems mit einer abstrahierten Auftragslast durchgeführt. Für die speziellen

Probleme der Messung des dynamischen Verhaltens von Prozeßrechensystemen wird im zweiten Beitrag ein spezieller Hardwaremonitor vorgestellt.

In enger Verbindung mit dem Hauptvortrag steht die Sitzung "Entwurf mit Rechnerbeschreibungssprachen". Die Möglichkeiten, Probleme und der aktuelle Stand dieses speziellen, sich schnell entwickelnden Zweiges der Entwurfsmethodik wird zunächst in einer Übersicht beleuchtet. Zwei unterschiedliche Ansätze, die sich beide bereits im experimentellen Einsatz befinden, werden in den folgenden Beiträgen vorgestellt bzw. an einem Entwurfsbeispiel demonstriert.

Die Sitzung "Strukturmodelle von Rechensystemen" bemüht sich um Lösungen für die Entwurfs-, Beschreibungs- und Bewertungsprobleme an der komplexen Systemschnittstelle. Obwohl alle vier Arbeiten Petri-Netze zur Grundlage haben, sind die Ziele und Ansätze doch so verschieden, daß hier keine zusammenfassende Beschreibung versucht werden soll.

Die "Kommunikation in Rechensystemen und Rechnernetzen" ist ein Problem, das durch die von der Großintegration geförderte Verteilung der Intelligenz sehr aktuell ist. Die "offenen Systeme" bilden einen aktuellen Aspekt des Problems, dem sich der Übersichtsvortrag widmet. Die weitere Sitzung beschäftigt sich mit Lösungen für die Kommunikation in verteilten Systemen, in Mehrprozessorsystemen und zwischen Prozessen.

"Vertikale Verlagerung - Verschiebung der Hardware-Software-Schnittstelle" gewinnt zunehmend sowohl für die System- als auch für die Anwenderprogrammierung an Bedeutung, seitdem die Speichertechnologie wirtschaftliche Lösungen für die Mikroprogrammierung bietet. Während der Übersichtsvortrag die Verlagerung von Funktionen bewertet, gehen die weiteren Beiträge auf Erfahrungen bei der Programmierung und auf Probleme der Emulation spezieller Funktionen ein.

Die in der Sitzung "Betriebssysteme" behandelten Themen Prozeßsynchronisation, Portabilität und Speicherverwaltung werden in der Übersicht des Sitzungsleiters einführend behandelt. Die auftretenden Grundbegriffe werden erläutert.

An dieser Stelle möchte ich allen herzlich danken, die an der Vorbereitung und Durchführung der Tagung und an der Herausgabe des Tagungsbandes beteiligt waren, vor allem den Vortragenden, den Mitgliedern des Programmausschusses und dem Springer-Verlag. Auch dem Institut für Informatik und Praktische Mathematik, insbesondere Frau B. Koberling und Herrn P. Marwedel, bin ich für die tatkräftige Unterstützung zu großem Dank verpflichtet.

Allen Teilnehmern wünsche ich die Erfüllung ihrer in diese Tagung gesetzten Erwartungen und einen angenehmen Aufenthalt in Kiel.

Programmausschuß:

J. Gerlach, Stuttgart
W. Haaken, Siegen
G. Haas, Hamburg
F. Hofmann, Erlangen
H. O. Leilich, Braunschweig
L. Richter, Dortmund
H. J. Siegert, München
J. Swoboda, Ulm
G. Zimmermann, Kiel

Die Tagung wird gefördert von:

Brauerei zur Eiche, Kiel
 - Zweigniederlassung der Berliner Kindl Brauerei AG -
Bundesministerium für Forschung und Technologie
Burroughs GmbH, München
Honeywell Elac Nautik GmbH, Kiel
IBM Deutschland GmbH, Sindelfingen
Modular Computer Systems GmbH, München
Siemens AG, München
Universität Kiel

Kiel, im Januar 1980 Gerhard Zimmermann

INHALTSVERZEICHNIS

Entwurf und Bewertung von Rechensystemen

Eike Jessen

Fachbereich Informatik der Universität Hamburg

Rechensysteme werden mit erheblicher Unsicherheit entworfen und bewertet. Angesichts der technischen und wirtschaftlichen Bedeutung von Rechensystemen und angesichts der naheliegenden Möglichkeit, Rechensysteme nicht nur zum Objekt, sondern auch zum Werkzeug von Entwurf und Bewertung zu machen, ist dieser Sachverhalt zunächst erstaunlich. Er findet seine Gründe in folgendem:

- die technischen Mittel, mit denen Rechensysteme realisiert werden, ändern sich rasch und entwerten noch heute, dreißig Jahre nach Beginn der Entwicklung, jeweils in wenigen Jahren ihre Vorgänger. Das bedeutet,

  -- daß Entwurfsrandbedingungen unbeständig sind, wenn man nicht auf die jeweils neuen Realisierungsmittel verzichten möchte, was wirtschaftlich sträflich ist; damit fehlt ein wesentliches Motiv für den Aufbau eines Methodenfundus, der über das jeweilige Projekt fortbesteht;

  -- daß auch innerhalb des Projekts der Entwerfer im Wettlauf mit der Innovation der Mittel arbeitet, die ständig die Basis seines Vorhabens zu entwerten droht; es ist nur allzu naheliegend, unmethodisch eine möglichst schnell greifbare Lösung zu suchen; erhebliche Rückschläge bei Änderungen, Nachentwicklungen, Fertigung und Wartung sind die Spätfolge;

- für die Entwicklung einer Bewertungsmethodik spielt die Fortbildung der Benutzungsformen eine ähnlich, wenn auch schwächer hemmende Rolle, wie sie die rapide Weiterentwicklung der technischen Mittel für die Entwicklung einer Entwurfsmethodik spielt;

- die Struktur des Systems wächst so an, daß scheinbar gesicherte Verfahren des Entwurfs und der Bewertung schon bald nicht mehr praktikabel sind (z.B. Simulations/Test/Dokumentationsverfahren); in den letzten Jahren ist dies besonders in der Schaltungstechnik zu beobachten, wo die technologischen Eigentümlichkeiten es nicht wie in der Programmierung erlauben, das System entwurfs- und testgünstig zu zergliedern;

- die mittlere Erfahrung der Entwerfer nimmt nicht zu. Zwar werden Rechensysteme seit nun dreißig Jahren industriell entworfen, aber der Kreis der damit Betrauten vergrößert sich - insbesondere durch die Verbreitung der Mikrorechner - dauernd. Da es kaum gesicherte, übertragbare Methoden gibt, beschränkt sich die Ausbildung meist auf die Beschreibung des Vorhandenen unter Zurückstellung vergleichend-analytischer Lehrinhalte, die wenigstens die Voraussetzung zur Entwicklung von erforderlichen Entwurfs- und Bewertungsmethoden wären.

In dieser Lage sind die Grenzen des Standes der Technik unseres Gebietes weniger durch Anforderungen, Aufwendungen oder physikalische Gesetze festgelegt, als durch unsere beschränkte Fähigkeit zu entwerfen und zu beurteilen. Wo unsere Erzeugnisse in andere Systeme eingebracht werden, ist vor allem zu fordern, daß sie dort Entwurf und Bewertung erleichtern, d.h. daß sie auf sichere Programmierbarkeit und Konfigurierbarkeit hin entworfen werden müssen.

Entwurf

Entwurf (design) ist die Festlegung der Eigenschaften eines bislang nicht vorhandenen Systems derart, daß gegebene Anforderungen (requirements) optimal erfüllt werden, unter Verwendung zulässiger Mittel. Letztere können z.B. Schaltbausteine, eine Programmiersprache oder Modellelemente sein. Die Eigenschaften des Systems werden nach [Blaauw G 76] oft getrennt in Architektur (die Menge der dem externen "Benutzer" sichtbaren Eigenschaften), Implementation (die innere Struktur, die die Funktionen der Architektur leistet) und Realisierung (die elementaren, z.B. physischen Bausteine, die die Implementation verkörpern). Es sei noch bemerkt, daß der Begriff "Architektur" auch anders verwendet wird; vgl. etwa [Bode A 78], [Giloi W 80], [Stone H 75].

Entwurf als Ingenieursaufgabe bedeutet Festlegung der Eigenschaften im weitesten Sinn: das sind auch Benutzungsformen, Dokumentations-, Fertigungs-, Test- und Wartungsverfahren für ein System. Schließlich gehört oftmals die Entwicklung und Bewertung von Entwurfs- und Bewertungsmethoden ebenso in die Ingenieursaufgabe hinein.

Leistung

Vom Zweckstandpunkt kann man aus der Menge der dem Benutzer sichtbaren Eigenschaften einige herausgreifen und diese als Leistungen des Systems betrachten. Dabei wollen wir darunter nicht nur quantitativ angebbare, insbesondere solche, die als Reaktion des Systems auf eine Auftrags- oder Umweltlast angesehen werden können (performance), zählen, wie etwa Durchsatz, Verweilzeit, Fehlerrate usf., sondern auch qualitative, wie (Re)konfigurierbarkeit, Konsistenz, Bedienbarkeit usf..

Bewertung

Bewertung (evaluation) ist die Ermittlung der Leistungen eines Systems. Das System muß keineswegs physisch vorhanden sein, sondern kann als Modell o.ä. gegeben sein. Leistungen können dynamisch durch Messungen und Test im Experiment auf dem realen oder simulierten System oder statisch durch Analyse oder logischen Schluß aus den Eigenschaften des Systems und der Last ermittelt werden. Im Grenzfall können verschiedene Leistungen quantifiziert und gewichtet dazu benutzt werden, um verschiedene Systemvarianten linear zu bewerten, etwa für Auswahlentscheidungen.
Bewertung wird stets zu lastabhängigen Aussagen führen. Das gilt besonders für Auswahlentscheidungen.

Anforderungen

Am Ausgangspunkt eines Entwurfs stehen Anforderungen, denen das fertige Gebilde gehorchen soll, und technische Mittel, aus denen es gebaut werden kann. Die Anforderungen werden nicht alle äußerlich erfaßbaren Eigenschaften des zu entwerfenden Systems festlegen, ja noch nicht einmal die der Benutzerebene vollständig. So ergibt die Menge der Anforderungen nicht die Architektur des Systems im Blaauwschen Sinne. Die Anforderungen beinhalten oft auch die zulässigen technischen Mittel für die Realisierung des Systems.

Überraschenderweise läßt sich ohne weitere Betrachtung der Verhältnisse bereits ein Satz von Eigenschaften zusammenstellen, denen Anforderungen gehorchen müssen:

- Vollständigkeit: Alle von außen verbindlich in Anspruch genommenen Eigenschaften des Systems müssen in den Anforderungen enthalten sein. Wird später eine Eigenschaft, die sich durch die Wahl der Architektur ergibt, von der Umgebung wie eine angeforderte Eigenschaft in Anspruch genommen, so muß sie den Anforderungen hinzugefügt werden.

- Sparsamkeit: Die Anforderungen dürfen keine Festlegungen enthalten, die nicht von außen zwingend begründet werden können.

- Eindeutigkeit.

- Prüfbarkeit: Anforderungen müssen so gestellt sein, daß ihre Erfüllung von außen überprüfbar ist.

Ein wichtiger Unterschied zwischen den Entwerfern der ersten Rechensysteme - für sie muß man eher sagen: Rechenanlagen - und den der heutigen ist, daß Anforderungen heute besser bekannt sind. Daß sie ausreichend bekannt sind, ist allerdings selten der Fall. Eine weitere Verbesserung kann nur dann eintreten, wenn sehr viel mehr Messungen über Auftragslast gemacht, modelliert und interpretiert werden. Die Unsicherheit bezüglich der qualitativen Leistungsanforderungen ist erträglicher, wenn Systeme sich effizient an Schnittstellen anpassen können, die zur Entwurfszeit unbekannt sind. Solche Flexibilität ist erheblichen Aufwand wert.

Anforderungen werden nicht immer genau gestellt. Einer der ersten Entwurfsschritte muß sein, diese Genauigkeit herzustellen, um einwandfreie Vorgaben für Entwurf und Bewertung zu sichern. Möglichst sind die Anforderungen zu formalisieren.

Architektur

Die Architektur (im obigen Sinn) festzulegen, heißt die Menge von äußerlich erfaßbaren Systemeigenschaften so zu wählen, daß die Anforderungen in sie bestens eingebettet werden. Auch hierfür gibt es Gütekriterien [Blaauw G 76], die man auch als Konsistenz der Architektur zusammenfaßt. Blaauw unterscheidet:

- Orthogonalität: nicht verknüpfen, was unabhängig ist

- Sauberkeit (propriety): keine unwesentlichen Eigenschaften einführen

- Allgemeinheit: nicht einschränken, was sich natürlich ergibt.

Die Architektur wird nicht festgelegt werden, ohne daß Lösungen für die gestellten Anforderungen ersichtlich sind. Die genannten Kriterien für Architektur bestehen nicht absolut. Ihre Erfüllung muß untereinander und gegen andere Kriterien abgewogen werden.

Implementation

Im allgemeinen definieren Anforderungen und zulässige Realisierungsmittel den Entwurf nicht. Vielmehr stellen sie lediglich die Restriktionen dar, die die Elemente der Lösungsmenge eingrenzen. Diese unterscheiden sich qualitativ (Strukturen, Verfahren) und durch die Werte ihrer quantitativen Parameter.

Methoden, wie man aus formal spezifizierter Architektur Elemente der Lösungsmenge erzeugt, gibt es in ersten Ansätzen, so in der Programmsynthese (vgl. [Bauer F 77]) und in der Schaltungssynthese. In der Praxis spielen sie noch keine Rolle, und der Entwerfer findet seine Lösung geleitet und fehlgeleitet durch Intuition und früher bewährte Lösungen.

Für nicht-triviale Implementationen empfehlen sich hierarchische Verfahren, in denen die Implementation schichtenweise vorgenommen wird. Ein fertiger, gut strukturierter Systementwurf kann betrachtet werden, als sei er von den Anforderungen auf die Realisierungsmittel hin durch rekursives Zerteilen entstanden, wobei sich aus jedem Zuteilungsschritt Anforderungen für Untersysteme ergeben. Ein Entwurfsprozeß, der diesem Bild folgt, wirkt logisch überzeugend, und es gibt Beispiele, in den erfolgreich tatsächlich so vorgegangen wurde. Andererseits gibt es Beispiele von Betriebssystementwürfen, denen gerade die fortschreitende Kompositon, ausgehend von der elementaren Hardware/Softwareschnittstelle zugrunde liegt ([Dijkstra E 68]), und viele Beispiele von Rechnerentwicklungen, bei denen wichtige Entwurfsfestlegungen von den Schaltgliedern aus getroffen wurden; meist treten beide Vorgehensarten (top down/bottom up) gemischt auf. Aber auch dann, wenn es Gründe gibt, dem top-down-Verfahren beim Entwurf nicht zu folgen, ist eine Dokumentation des fertigen Entwurfs nach diesem Prinzip notwendig.

Es gibt - wie für Anforderungen und Architektur - weithin akzeptierte Gütekriterien für Implementationen:

- Zerlegung in eine mittlere Zahl (bzw. Komposition aus einer mittleren Zahl) von Bausteintypen:

- einfache und sichere Bewertbarkeit der Lösung (im weitesten Sinn: Verifikation, Analyse, Test, Simulation, ...)

- minimale und wohldefinierte Schnittstellenbeziehungen der Bausteine

- Architektur des Systems und Anforderungen an die entstehenden Bausteine, die den obigen Kriterien gehorchen

- die Lösung soll über die in der Architektur festgelegten Eigenschaften keine weiteren nach außen erkennen lassen (Geheimnisprinzip)

- die entstehenden Bausteine müssen unabhängig implementierbar sein (testbar, fertigbar, wartbar, änderbar)

- es sollen möglichst wenige neue Typen von Bausteinen entstehen (Rückgriff auf vorhandene Programm- und Gerätebausteintypen). Dies Ziel nötigt dem Entwerfer u.U. schädliche Redundanz auf

- aus den Bausteinen muß das System sicher integrierbar sein.

Da es meist nicht möglich ist, von den Anforderungen zielgerichtet auf die Lösungsmenge zu schließen, ist der Entwerfer auf Generierung und Prüfung von Lösungen angewiesen, das heißt, er braucht die Bewertung zur Ermittlung der Lösungsmenge. Das Zurückgreifen auf die Bewertung rührt von der Unfähigkeit her, anforderungsgemäß determiniert die beste Lösung zu finden.

Optimalität

Dies gilt umso mehr, wenn man versucht, die Forderung nach einem optimalen Entwurf quantitativ zu definieren. Indem man einen quantitativen Parameter zur Zielgröße erhebt, kann man bei festgehaltenen qualitativen Eigenschaften durch Optimierung die besten Werte der quantitativen Parameter bestimmen, d.h. den Entwurf optimal dimensionieren ([Seehusen J 78], [Baumeister B 74]). Die Zielgröße kann auch eine Funktion verschiedener Systemleistungen sein, also ein willkürlich eingeführtes Gütemaß, ähnlich wie beim Problem der linearen Bewertung. Leider sind wir - abgesehen von Einzelfällen - nicht in der Lage, ein Kontinuum von Strukturen und Verfahren zu betrachten und durch Bewertung darin optimal zu wählen. Wir können nur einzelne optimal dimensionierte Strukturen und Verfahren in Konkurrenz bewerten und dann über den Entwurf entscheiden.

Die optimale Dimensionierung der Systemparameter verlangt die Bewertung des Systems, und zwar iterativ, vorgegeben durch das Optimierungsverfahren. Ohne sehr effiziente Bewertungsverfahren ist das nicht erträglich. Eine besondere Schwierigkeit liegt darin, daß Optimierung nicht schritthaltend mit einem hierarchischen Verfahren eingesetzt werden kann. Um einen Systemparameter richtig zu wählen, muß bekannt sein, wie die Zielfunktion und die Restriktionen von ihm abhängen. Das ist aber erst im (strukturell) fertig entworfenen System sicher zu ermessen, so daß die Optimierung eher zur Verfeinerung eines fertig entworfenen Systems als zur Einengung der Lösungsmenge in jedem hierarchischen Entwurfsschritt taugt.

Bewertung ohne eigentliche Entwurfsaufgabe

Gewisse Aufgaben scheinen eine Bewertung ohne Entwurf zu erfordern:

- Auswahl unter konkurrierenden Herstellerangeboten

- Entscheidung über Erweiterung eines gegebenen Systems

- Entscheidung über Anpassung der Last oder der Betriebsweise.

In allen diesen Fällen - die sich weit häufiger stellen als der Entwurf eines neuen Systems - handelt es sich ebenso um eine Entwurfsaufgabe wie bisher betrachtet, nur sind die Anforderungen sehr viel weitergehend gestellt. Das über Anforderungen, Architektur, Entwurf, Implementation und Optimalität ausgeführte gilt ebenso weiter. Zu einer bewertenden Obersicht über Methoden der Leistungsbewertung in dieser Perspektive: [Beilner H 78].

Entwurf und Bewertung auf kennzeichnenden Ebenen

Im folgenden werden die bisher generell genannten Gesichtspunkte in fünf typischen Entwurfsebenen diskutiert: Rechensystem als Gesamtheit von Gerät und Grundprogrammausstattung, Betriebssystem, große Anlagenkomponente (z.B. Zentralprozessor), Schaltwerk und physische Maschine. Jeweils sollen erörtert werden:

- Anforderungen (Gewinnung, Notation, Kriterien)

- Entwurf

- Bewertung.

Unter den genannten Entwurfsebenen gibt es drei, auf denen seit langer Zeit gewisse Verfahren des Entwurfs und der Bewertung allgemein anerkannt und vielfach eingeführt sind, nämlich Betriebssystem (Methoden des Software Engineering), Schaltwerk (Register-Transfer-Perspektive, Minimierung, Codierung etc.) und physische Maschine (computer aided design im engeren Sinn, für Baustein-Anordnung und Verbindung). Die beiden anderen genannten Ebenen sind bisher methodisch wesentlich weniger erfaßt. Auf keiner der Ebenen darf man sich darüber täuschen, daß nur ein kleiner Teil der publizierten Methoden kritisch bewertet und praktisch eingeführt ist. Solange die Bewertung aber noch unsicher ist, zögern Unternehmen, Methoden durchzusetzen, deren Einführung kostspielig und riskant ist. Zugleich neigen viele dazu, ihre Methoden vertraulich zu behandeln, was einen kurzfristigen Vorteil auf Kosten der breiten Entwicklung bedeutet.

Zunächst muß man sich außerdem vergegenwärtigen, daß es im konkreten Entwurfsproblem keine von vornherein abgegrenzten Ebenen der obigen Art gibt. Eine besondere Entwurfsschwierigkeit liegt viel mehr darin, daß erst ermittelt werden muß, welche Funktionen durch Programminterpretation (langsam, flexibel, relativ billig für komplexe Funktion) geleistet werden soll und welche Funktion durch spezialisierte Werke (schnell, starr, relativ billig für unkomplexe Funktionen). Für den Fall der Programminterpretation ist zu klären, welche Stufe gewählt werden soll: von Neumann-Stufe oder Mikroprogramm-Stufe. Unverkennbar ist die allgemeine Neigung, Programminterpretation dem spezialisierten Werk vorzuziehen. Ebenfalls unverkennbar ist der Übergang von zeitteiligen, zentralen Organisationen zu gleichzeitigen Prozessen in verteilten Systemen; wesentliches Motiv sollte hier eine bessere Beherrschung der Komplexität durch Zerteilung und Komposition sein.

In der durch diese Freiheitsgrade (Programminterpretation/Spezialwerk, Zeitmultiplex/Verteilung) zusätzlich verunsicherten Entwurfssituation ist es besonders wichtig, Entwurfsverfahren danach zu bewerten, ob sie dem Entwerfer eine vorzeitige Festlegung in diesen Freiheitsgraden ersparen. Die ohnehin vorhandene Neigung, Programme und Geräte (funktional) mit denselben Mitteln zu beschreiben, verdient daher stärkste Stützung. Dazu gehört auch, daß verfügbare Programm- und Gerätebausteine von den Herstellern vergleichbar beschrieben werden.

Rechensysteme

Die Anforderungen an Rechensysteme werden mit durchaus verschiedener Schärfe aufgestellt. Entsprechend sind gemischt formlose und formale Anforderungsspezifikationen zu finden.
In dem inzwischen seltenen Fall, daß ein universelles Rechensystem neu zu entwerfen ist, überwiegen weitgehend verbale Anforderungen, mit Bezug auf formalisierte Beschreibungen (Sprachen, Geräteschnittstellen usf.). Häufiger ist der Fall, daß Bausteine oder interne Schnittstellen früherer Systeme verbindlich als innere (!) Anforderungen vorgegeben sind, insbesondere die "Hardware-Software"-Schnittstelle.

Die meisten Entwurfsaufgaben stellen sich aber langfristig auf dem Gebiet der Spezialrechensysteme. Für sie sind die Anforderungen meist sehr genau festlegbar, etwa aus formalen Prozeßmodellen der Umgebung, in die das Spezialrechensystem einzubetten ist.

Auch dann, wenn nur vage Anforderungen an den Entwerfer gegeben werden, ist sehr zu wünschen, daß am Beginn der Entwicklung eine möglichst rigorose, formale Spezifikation der Anforderungen bzw. der Architektur erarbeitet wird. Bei universellen Rechensystemen ist darauf zu achten, daß sich mit der Realisierung ergebende Schwächen und Stärken geeignet bekannt gemacht und festgeschrieben werden, damit das Produkt bestens eingesetzt werden kann.

Im universellen Rechensystem sind die genannten Architekturkriterien unmittelbare Gütekennzeichen:

- Orthogonalität: Konfigurierbarkeit, Tauschbarkeit der Peripheriefunktionen, Entflechtung der Teilschnittstellen, z.B. gleiche Kommandosprache für Abschnitts-

und Dialogbetrieb, gleiche Testhilfen für alle Sprachen.

- Sauberkeit: Vermeidung, unwesentliche Anlageneigenheiten an die Benutzerschnittstelle zu tragen: Virtuelle Peripheriegeräte, virtueller Speicher, transparentes Cache Memory usf..

- Allgemeinheit: Konfigurierbarkeit, Aufsetzen von weiteren Sprachen usf..

Die weit verbreitete, frühzeitige Festlegung der Hardware-Software-Schnittstelle ist oft angegriffen worden und wird trotzdem durchgeführt, um Entwicklungsteams traditionell verschiedener Qualifikation parallel arbeiten zu lassen. Für Spezialrechensysteme ist das Vorgehen nicht annehmbar.

Rechensysteme werden beim Entwurf intuitiv zergliedert und komponiert, wobei man sich stark an Vorbilder hält. Oft wird gerade dieses Zurückgreifen auf Bausteine wie etwa Prozessoren, Speicher, Kanäle für Rechner als Kennzeichen einer Rechner"architektur" angesehen ([Stone H 75]).

Auf der Ebene des Entwurfs eines Rechensystems erscheinen die im Software Engineering entwickelten operationalen und algebraischen Spezifikationstechniken weitgehend einsetzbar. Dazu kommen verbale Beschreibungen, formale und graphische Schnittstellen- und Protokollbeschreibungen, Zeitdiagramme. Für die Zergliederung der Anlage sind formal/graphische Verfahren (z.B. PMS [Bell C 71]) entwickelt worden. Netzmodelle (Instanzen und Kanäle) können die statische Struktur und (Petri-Netze, Evaluation Nets) die dynamische Struktur dokumentieren und sichern ([Petri C 79], [Noe J 73], [Nutt G 72]).

Zur Bewertung von Rechensystemen in der Entwurfsphase bietet sich vor allem die Simulation ([Fishman G 78], [Leroudier J 79]) an; sie wird weitgehend eingesetzt, und zwar sowohl für funktionale wie für verkehrstheoretische Überprüfung. Oft baut sie auf den erwähnten Netzmodellen auf. Wo sie zu aufwendig wird, kann sie speziellen Maschinen (Emulatoren) übertragen werden. Für einfache Verkehrsanalysen sind Wartenetze zu einem sehr tauglichen Mittel entwickelt worden ([ACM 78]).

Besonders wichtig erscheint es, bei der Simulation und der analytischen Ermittlung quantitativer Leistungen Methoden zu entwickeln, die die Hierarchie des Systems berücksichtigen und die nur schwache Verkoppelung von Untersystemen in der Analyse ([Courtois P 77] und Simulation ([Frölich R 79]) ausbeuten. Neue Simulationssprachen ([Schmidt B 78]) vermeiden den Nachteil älterer Simulationssprachen, die Strukturierung komplexer Systeme nicht zu stützen, und den Nachteil der Allzwecksprachen, einfache Simulationsvorhaben mit relativ großem Aufwand zu belegen.

Noch in der Entwicklung wurde früher oft anhand eines Anlagen-Funktionsmusters der Entwurf überprüft; zugleich konnten damit Systemkomponenten (Programme, Geräte) getestet werden. Die Großintegration hat diese Möglichkeit eingeschränkt; Simulation und Schnittstellensimulatoren müssen diese Aufgabe übernehmen. Das fertige Rechensystem wird funktional durch Testprogramme und verkehrstheoretisch durch Benchmarks bewertet, wobei auf Generatoren für Programme und Stimulatoren für die Teilnehmerauftragslast zurückgegriffen wird. Benchmarks machen inzwischen einen deutlichen Anteil in den Akquisitionskosten der Hersteller aus. Eine Standardisierung, wenigstens in einigen Bereichen, führt sich ein. Meßgeräte und Meßprogramme (Monitore) erlauben Erfassung und Analyse des Verkehrs im System.

In der praktischen Arbeit dürfte schließlich eines der wirksamsten kritischen Bewertungsverfahren darin liegen, daß das System und alle seine Teile vom Entwerfer in zahllosen Diskussionen verantwortet werden müssen: gegenüber Mitarbeitern, Untergebenen und Vorgesetzten, Vertrieb, Fertigung und gegenüber den Anwendern.

Betriebssystem

Aus dem Entwurf des Rechensystems sollte das Betriebssystem als eine durch exakte Anforderungen umrissene Komponente hervorgehen. Es wird zumal durch die Anforderungen der Schnittstelle zu den "Benutzer"prozessen, zum Operateur und zur Anlage festgelegt. In Spezialsystemen tritt das Betriebssystem meist nicht als kompakte Komponente auf.

Ein geschlossenes Instrumentarium für den Entwurf von Betriebssystemen gibt es nicht. Bezüglich Anforderungen, Architektur, Erarbeitung strenger Anforderungen gilt Ähnliches wie bei Rechensystemen insgesamt. Es gibt inzwischen typische Gliederungen von Betriebssystemen; unsicher ist, wie sich diese auf verteilte Systeme übernehmen lassen. Die Implementation wird vor allem durch zwei große Methodenkomplexe gestützt: Betriebsmittelzuteilungsstrategien und Prozeßtheorie.

Betriebssysteme haben für die "Benutzer"prozesse eine virtuelle Umgebung aufzubauen, um Portabilität, gegenseitigen Schutz und Kommunikation und einen bequemen Zugriff auf das Rechensystem zu bieten. Eng hiermit ist das Problem der Betriebsmittelzuteilung verbunden, für das aus dem Operations Research, insbesondere aus der Verkehrstheorie eine Fülle von Modellen und Strategiebewertungen zur Verfügung stehen, allerdings immer noch in einem Abstraktionsgrad, der die Simulation als Bewertungsmittel beim Entwurf zusätzlich erfordert.

Betriebssysteme werden als Verbund asynchroner konkurrenter, zunehmend verteilter

Prozesse realisiert, die in kontrollierter Form kommunizieren. Auch die "Benutzer" prozesse sind i.a. so aufzufassen. Konzepte bezüglich Synchronisation, Kommunikation, Determiniertheit, Verklemmungen sind in den letzten fünfzehn Jahren eingehend untersucht worden mit algebraischen, spez. in jüngerer Zeit graphentheoretischen Methoden, und einige praktisch brauchbare Verfahren sind entstanden. Das Konzept konkurrenter Prozesse ist in die höheren Sprachen eingedrungen; Eigenschaften konkurrenter Prozesse können teilweise zur Obersetzungszeit gesichert werden [Brinch Hansen P 75]. So lange graphische und programmiersprachliche Mittel nebeneinander benutzt werden, ist ihre gesicherte Oberführung wichtig; dasselbe Problem stellt sich im Schaltwerks- und Schaltungsentwurf.

Implementation und Realisierung eines Betriebssystems können auf den Methodenvorrat des Software Engineering (vgl. [Endres A 78], [Kimm R 79]) zurückgreifen und insbesondere auf die Systemprogrammierung, die typische Datenstrukturen und Operationen von Betriebssystemen eingehend untersucht ([Schnupp P 75]). Die Fülle der empfohlenen und geübten Methoden im Software Engineering darf nicht verdecken, daß bewertbare Erfahrungen noch selten sind und es noch höchst konkrete Mängel gibt: kein konsistenter Satz von Entwicklungswerkzeugen [Miller E 77] und keine praktisch brauchbare, formale Spezifikationssprache [Schnupp P 79]. Für die schrittweise, sichere Konstruktion von Betriebssystemen ist der heute weithin akzeptierte Obergang zur modularen Programmierung in höheren Sprachen der wohl wichtigste Schritt gewesen, insbesondere wenn man auf Sprachen zurückgreifen kann, die ein Prozeß- und Modulkonzept stützen. Langfristig werden konfektionierte Systembausteine, vor allem für anlagenferne Funktionen (z.B. Abrechnung, Benutzerverwaltung, Datenbanksicherung) den Entwurf einschränken und abkürzen.

Betriebssysteme haben zur Anlage und zur Benutzerlast eine so komplexe Schnittstelle, daß die Bewertung des fertigen Systems sehr oft unter einer vorgegebenen Last auf der Anlage vorgenommen wird. Damit werden dieselben Mittel (Testprogramme, Generatoren, Monitore) zur Bewertung von Betriebssystemen wie zur Bewertung von Rechensystemen insgesamt herangezogen.

Anlagenkomponenten, Schaltwerke, physische Maschine

Der Entwurf des Rechensystems liefert Anforderungen für die Anlagenkomponenten und legt Auftragsarten (z.B. Befehlswirkungen), maximalen Durchsatz, Verweilzeiten, Schnittstellen, Konfigurierbarkeit, Kosten usf. fest. In zweierlei Hinsicht ist die Entwurfsstruktur verschieden von der in der Programmentwicklung:

- Es bestehen zwei Implementationsaufgaben, nämlich die Implementation der

Architektur der Anlagenkomponente als funktionale Maschine, z.B. in einem rekursiven Zergliederungsprozeß, und die Implementation der funktionalen Maschine als physische Maschine. Die Vorgaben, die die Packungs- und Schaltungstechnik für die physische Maschine stellt, sind so weitgehend, daß absteigende Verfahren nur mit sehr viel Vorschau anwendbar sind.

- Die Großintegration teilt den Entwurfsprozeß zwischen Baustein- und Systementwerfer auf, wobei wirtschaftliche Lösungen für Kleinseriensysteme (ausgenommen großer Leistung) das Rückgreifen auf konfektionierte Bausteine erfordern. An der Schnittstelle zwischen Systementwerfer und Hersteller konfektionierter Bausteine bestehen erhebliche Kommunikationsprobleme.

Die ohne Großintegration übliche Staffelung der Entwurfsschichten verläuft top-down von der Anlagenkomponente zunächst auf das Operationsprinzip im großen (Oberlappung, Gliederung in Werke), das durch die Leistungsfähigkeit der Schaltungstechnik vorgegeben wird. Schaltungs- und Packungstechnik erfordern so aufwendige und langwierige Vorarbeiten, daß sie nicht mehr als Teil einer Anlagenentwicklung durchgeführt werden können. Es folgt die Abbildung der Transformationsleistung (z.B. Befehlsausführung) auf die durch die Spezifikation offen oder verdeckt eingeführten Register. Damit ist eine Zwischenebene, ein funktionales Schaltwerk erreicht, in dem eine Rechner-Entwurfs-Sprache (hier speziell: Register-Transfer-Sprache) dazu verwendet werden kann, um die Implementation formal zu notieren. In dieser Ebene wie auch in den nachfolgenden Ebenen ist die formale Notation der Ausgangspunkt
- der Dokumentation und Kommunikation
- der Simulation und Verifikation
- der Testgenerierung
- der Synthese der niedrigen Entwurfsstufe.

Die Simulation dient als Test, ob die Spezifikation realisiert wird. Es gibt auch Ansätze zur Verifikation. In ähnlicher Weise werden auch Rechner-Entwurfssprachen auf anderen Ebenen eingesetzt, z.B. auch schon zur formalen Spezifikation der Anforderungen an die Anlagenkomponente. Die benutzten Rechnerentwurfssprachen kennen sequentielle, konkurrente und ereignisabhängige Befehlsausführung. Teilweise sind sie an höhere Programmiersprachen angelehnt (insbesondere an APL, Algol 60 und PL/I). Rechnerentwurfssprachen sind, vor allem an Universitäten, in großer Zahl entwickelt worden (vgl. etwa [Computer (10)6 77], [Becker M 74], [Hartenstein R 77], [Piloty R 76], [Zimmermann G 79]). Die Programmiersysteme erlauben meist Editieren, Syntaxprüfung und einfache Auswertung neben den genannten Hauptaufgaben. - Man beobachtet im Gebiet der Rechnerentwurfssprachen längst ähnliche Phänomene und die Gültigkeit ähnlicher Maßstäbe wie im Gebiet der Programmiersprachen.

Die Verfeinerung des funktionalen Schaltwerks macht die Erarbeitung einer höheren

Schicht von Realisierungsmitteln notwendig. "Von unten" wird aus der Gatterlaufzeit und den (nach Applikationsbedingungen der Schaltungs- und Packungstechnik) zulässigen Verknüpfungsstrukturen die Taktzeit festgelegt und die - bei gegebener Überlappung - zulässige Zahl von Takten je Befehlsausführung. Damit wird die Mikroprogrammsteuerung gewählt (Komplexität der Schritte, Wortlänge, Nachfolgerfindung, Überlappung der Steuerung); mit der Operationsdauer wird auch die zulässige effektive Speicherzugriffszeit bestimmt (d.h. die Entscheidung bezüglich eines Cache Memory eingegrenzt). Nun ist eine neue, konsistente Ebene erreicht, auf der der Entwurf der funktionalen Maschine abgeschlossen werden kann. Das Mikroprogramm wird nun festgelegt, wozu auf eine spezielle Mikro-Implementierungssprache oder eine allgemeine Rechnerentwurfssprache zurückgegriffen wird. Der Binärcode wird durch Übersetzung gewonnen. Die gesamte funktionale Maschine ist formal dokumentierbar, und auf sie können Simulation, Verifikation und Testgenerierung angewendet werden. Wieweit der Übergang von der funktionalen Maschine zur physischen Maschine formal unterstützt werden kann, hängt u.a. von der Flexibilität der Bausteintechnik ab.

Die physische Maschine ist strukturiert in Schränke, Magazine, Steckeinheiten, Bausteine, Zellen auf Bausteinen. Grundsätzlich sind wieder hierarchisch zerteilende oder komponierende Implementationsverfahren anwendbar. Für die Notation der jeweiligen Entwurfsebene werden formale, baustein/verbindungsorientierte Sprachen benutzt. Auf dieser Notation bauen auf allen Ebenen die folgenden Operatoren auf:

- Zergliederung bzw. Komposition unter Randbedingungen wie Fläche, Zahl der Signalwege nach außen; hier werden algorithmische Verfahren selten eingesetzt.

- Entwurf der Anordnung der Elemente (im Magazin, auf der Leiterplatte im Halbleiterbaustein)

- Entwurf der Verbindung der Elemente

- Simulation, Verifikation

- Testgenerierung

- Erstellung von Fertigungsunterlagen (Masken, Steuerlochstreifen usf.).

Der bisher geschilderte, klassische Gang des Entwurfs wird durch die Großintegration aufgebrochen. Für den Bausteinentwerfer ist das Entwurfsverfahren ganz ähnlich wie bisher geschildert. Die Randbedingungen (Dauer eines Änderungszyklus, Testbarkeit, Zahl der Anschlußkontakte je Baugruppe) sind aber verschärft. Da Reparaturen nicht möglich sind, bedeutet jeder Entwurfsfehler einen erheblichen Verzug. Es ist noch zwingender, die Implementierung zu simulieren, möglichst zu verifizieren. Optimalität tritt gegen Entwurfssicherheit zurück. Um einen hohen Integrationsgrad überhaupt nutzen zu können, sind erheblich bessere Entwurfshilfsmittel notwendig, die die Vorteile hierarchischen Vorgehens ausnutzen ([McWilliams T 78]).

Für den Systementwickler ist der Einsatz konfektionierter Großbausteine und speziell für ihn entwickelter zu unterscheiden. In letzterem Fall, der für Hochleistungsmaschinen nicht zu umgehen ist und bei Großserien auch wirtschaftlich sein kann, ist die Situation ähnlich wie beim Bausteinhersteller. Im ersteren Fall, der wegen der Billigkeit großintegrierter Großserienbausteine sich zwingend ergibt, wenn sie die geforderte Leistung erbringen, reduziert sich das Entwurfsproblem auf Auswahl von Großbausteinen, Abbildung der Funktion auf sie, Entwurf von Hilfsschaltungen und Packung. Die methodischen Schwierigkeiten sind erheblich. Das liegt daran, daß es keine brauchbaren Beschreibungen von Großbausteinen gibt (typisch ist die Beschreibung auf Gatterebene), daß nur beschränkte Testmöglichkeiten bestehen und daß kaum fertige Simulationsmodelle vorhanden sind. Die Freiheit des Entwerfers besteht in Auswahl, Konfiguration und (Mikro-)Programmierung der Bausteine. Die Verfahren, die ihm zu sicheren Entwürfen helfen könnten, sind im Ansatz vorhanden; die Verfahren des eigentlichen rechnergestützten Entwurfs (Ebene der physischen Maschine) sind mit Modifikationen übernehmbar, aber Entwerfern von Spezialsystemen oft nicht zugänglich. Unter diesen Umständen muß ein wesentlicher Teil des Fortschritts für bessere Konfigurierbarkeit, Testbarkeit und Zuverlässigkeit aufgewendet werden. Ob langfristig der Systementwerfer die Freiheit, die er vor der Großintegration besaß, zurückerhält, hängt von der Fortentwicklung der Halbleiterproduktionstechnik und der Entwurfsmethodik ab. Es ist denkbar, daß sich die fixen Kosten je Bausteintyp wieder so erniedrigen, daß auch Kleinserien eigenentworfene Bausteine und ein größeres Änderungsrisiko tragen können.

Zu einer einheitlichen Methodik

Bereits heute sind in den verschiedenen betrachteten Ebenen die Probleme und die Lösungsansätze für Entwurf und Bewertung sehr ähnlich. Die traditionell verschiedene Ausbildung in der Programmierung und Gerätetechnik hat die Entwicklung bestimmter Verfahren nahegelegt, die aber großenteils mit Erfolg auch in der jeweils anderen Technik eingesetzt werden, so etwa aus der Geräteentwicklung:

- Blockschaltbilder, black-box-Konzept
- Last- und Testgeneratoren
- Meßtechnik
- Zuverlässigkeitstheorie

und aus der Programmentwicklung:

- formale Notation von Algorithmen

- höhere Sprachen
- Simulation und Interpretation
- formale Spezifikationen.

Ein Systementwerfer mußte schon immer auf einheitliche Methoden des Entwurfs und der Bewertung von Geräten und Programmen dringen. Mit der Großintegration werden so viele, vor allem auch Anwender, in die Rolle eines Systementwerfers versetzt, der Programm- und Gerätebausteine zu entwerfen und zu beurteilen hat, daß die Integration der Methoden großes Gewicht erhält (vgl. [Hartenstein R 75]). Hierauf sollte sich vor allem auch die Ausbildung einstellen.

Literaturverzeichnis

zum Gesamtgebiet:

[Blaauw G 76] Blaauw, G.A.: Digital Systems Implementation, Prentice Hall, 1976

[Bode A 78] Bode, A., Händler, W.: Rechnerarchitektur - Grundlagen und Verfahren, Arbeitsbericht, Institut für Mathematische Maschinen und Datenverarbeitung der Universität Erlangen, Nov. 1978, Springer, Berlin 1979

[Endres A 78] Endres, A.: Methoden der Programm- und Systemkonstruktion: ein Statusbericht, in Schindler, Giloi: GI-8.Jahrestagung, Informatikfachberichte, Band 16, Springer, Berlin 1978

[Ferrari D 78] Ferrari, D.: Computer Systems Performance Evaluation, Prentice Hall, Englewood Cliffs, 1978

[Giloi W 80] Giloi, W.: Rechnerarchitektur, Informatik-Spektrum, Bd. 3 (1980)

[Kimm R 79] Kimm, R., Koch, W., Simonsmeier, W., Teutsch, F.: Einführung in Software Engineering, de Gruyter, Berlin 1979

[Schnupp P 76] Schnupp, P., Floyd, Ch., Heldmann, G.: Software-Programmentwicklung und Projektorganisation

[Shaw B 78] Shaw, B.(Herausgeber): Digital Systems Design, Proc. Joint IBM/University of Newcastle upon Tyne Seminar, 1977, Univ. of Newcastle, 1978

[Stone H 75] Stone, H.(Herausgeber): Introduction to Computer Architecture, Science Research Assoc., Chicago, 1975 [van Cleemput W 79] van Cleemput, W.M.: Hierarchical Design for VLSI: Problems and Advantages, Technical Note No. 150, Computer Systems Laboratory, Department of Electrical Engineering and Computer Science, Stanford University, Stanford 1979

[Zemanek H 78] Zemanek, H.: Entwurf und Verantwortung, in: Einsele (Herausgeber): Struktur und Betrieb von Rechensystemen, Nachrichtentechnische Fachberichte Nr.62, VDE-Verlag, Berlin 1978.

zu Einzelgebieten:

[ACM 78] ACM Computing Surveys, Bd.10 (1978), Nr.3, S.219-361: Special Issue: Queueing Network Models of Computer System Performance

[Bauer F 77] Bauer, F.L., Partsch, H., Pepper, P., Wössner, H.: Techniques for Program Development, in Infotech State of the Art Report 34, Software Engineering Techniques, Infotech, Maidenhead, 1977

[Baumeister B 74] Baumeister, B., Beilner, H.: Stochastic Optimization Methods and their Value for Experimenting with Computing Systems, in E.Gelenbe, R. Mahl: Computer Architectures and Networks, North Holland, 1974

[Beilner H 78] Beilner, H.: Einsatzmöglichkeiten von Last- und Leistungsmodellen im Rechenzentrumsbetrieb, in T. Einsele(Herausgeber): Struktur und Betrieb von Rechensystemen, NTG-Fachberichte, VDE-Verlag, Berlin 1978

[Bell C 71] Bell, C.G., Newell, A.: Computer Structures: Readings and Examples, McGraw Hill, New York, 1971

[Brinch Hansen P 75] Brinch Hansen, P.: The Programming Language Concurrent Pascal, Internat. Summer School on Languages Hierarchies and Interfaces, München 1975

[Becker M 74] Becker, M., Klar, R., Spies, P.P.: The Erlangen Computer Design Language ERES, in Proceed. ACM Workshop on Computer Hardware Description Languages

[Computer(10)6 77] Computer, Band 10, Nr. 6 (Juni 1977): Folge von Beiträgen zur Anwendung von Rechnerbeschreibungssprachen

[Courtois P 77] Courtois, P.: Decomposability - Queueing and Computer Applications, Academic Press, New York, 1977

[Dijkstra E 68] Dijkstra, E.W.: The Structure of the THE Multiprogramming System, CACM 11 (1968), S. 341-346

[Fishman G 78] Fishman, G.S.: Principles of Discrete Event Simulation, Wiley, New York, 1978

[Frölich R 79] Frölich, R.: Discrete Event and Dynamic Time Series Modelling: A Suitable Combination for the Simulation of Computer Systems, Proceed. 1979 Summer Computer Simulation Conference, Toronto, AFIPS Press

[Hartenstein R 75] Hartenstein, R.: Steps towards a Methodology of Integrated Hardware/Software Engineering, Proceed. 8th Hawaii Internat. Conf. on System Sciences, Univ. Hawaii, 1975

[Hartenstein R 77] Hartenstein, R.: Fundamentals of Structured Hardware Design, North Holland, Amsterdam 1977

[Leroudier J 79] Leroudier, J.: Discrete Event Simulation Modelling of Computer Systems for Performance Evaluation, Mathematics and Computers in Simulation, Bd.21 (1979), Nr.1

[Miller E 77] Miller, E.F.: Program Testing Tools and their Use - a Survey, Proc. IEEE MIDCON 1977

[Noe J 73] Noe, J.D., Nutt, G.J.: Macro E-Nets for Representation of Parallel Systems, IEEE Tr. Computers, Bd.22 (1973), S. 718-727

[Nutt G 72] Nutt,G.: Evaluation Nets for Computer Systems Analysis, Proc. FJCC, Bd.41 (1972), S. 279-285

[Petri C 79] Petri, C.A.: Über einige Anwendungen der Netztheorie, in Böhling, Spies(Herausgeber): GI-9. Jahrestagung, Springer, Berlin 1979

[Piloty R 76] Piloty, R.: Guidelines for a Computer Hardware Description Consensus Language CONLAN, Technische Hochschule Darmstadt, 1976

[Schmidt B 78] Schmidt, B.: Rechnermodelle - die Simulation von Rechenanlagen mit GPSS-Fortran, Oldenbourg, München 1978

[Schnupp P 75] Schnupp, P.: Systemprogrammierung, de Gruyter, Berlin 1975

[Schnupp P 79] Schnupp, P.: Aktuelle Probleme der Systemprogrammierung - eine subjektive Bestandsaufnahme, in K.H. Böhling, P.P. Spies(Herausgeber):GI-9.Jahrestagung, Springer, Berlin 1979

[Seehusen J 78] Seehusen, J.: Verfahren zur Dimensionierung von Rechnerkonfigurationen, in Einsele, T.(Herausgeber): Struktur und Betrieb von Rechensystemen, Nachrichtentechnische Fachberichte, Bd.62, VDE-Verlag, Berlin 1978

[Zimmermann G 79] Zimmermann, G.: The MIMOLA Design System - a Computer-Aided Digital Processor Design Method, 16th Design Automation Conference Proceed., San Diego 1979, S. 53-58.

C O P E (computer performance evaluator):
Ein Instrumentarium zur quantitativen Bewertung von Rechensystemen *

C. Goerdt
W. Materna
Abteilung Informatik, Universität Dortmund

1. Zielsetzung

Das Programmsystem COPE (computer performance evaluator) ist ein Instrumentarium zur leistungsgerechten Konfigurierung und Dimensionierung von Rechensystemen aus existenten bzw. projektierten Hardware- oder Software-Komponenten.

Das Instrumentarium soll den Hersteller von Rechensystemen in die Lage versetzen, Rechensysteme den Lastgegebenheiten und Leistungsvorstellungen potentieller Kunden anzupassen. Ferner soll es den Anwender von Rechensystemen in Aufgaben des Rechenzentrumsmanagements unterstützen, indem es ihm ermöglicht, die installationsspezifische Last bei optimaler Ausnutzung der verfügbaren Betriebsmittel mit seinen Leistungsvorstellungen in Einklang zu bringen sowie Um- und Ausbauten kostengerecht zu planen.

Allgemein gesehen soll das Instrumentarium in der Lage sein, den Einfluß von Rechenlast sowie den Einfluß von Systemstruktur und -eigenschaften auf die Leistung zu ermitteln. Die Abschätzung des Einflusses soll aber nicht durch Beobachtung eines realen Systems erfolgen, sondern an einem Modell vorgenommen werden, welches die Darstellung des Einflusses

Last x Rechensystem-Version→Leistung

erlaubt. Die in Frage kommenden Modelle stützen sich insbesondere auf Methoden der diskreten Simulation und der Warteschlangennetzwerke.

Bei der Verwendung eines allgemeinen Bewertungshilfsmittels wie COPE verbleiben dem Benutzer nur noch die Aufgaben der Modellkonzeption, Datenbeschaffung, Modellvalidierung und Experimentdurchführung. Die

---

*Forschungsvorhaben "Methodik der Planung von Rechensystemen", FKZ: 018 2243, Förderer: BMFT und Siemens AG. Das Vorhaben wird an der Universität Dortmund, Abteilung Informatik, Lehrstuhl IV, Prof. Dr.-Ing. H. Beilner, durchgeführt.

üblicherweise zeitaufwendige Programmerstellung bleibt ihm somit erspart, wodurch sich Studien der genannten Art zeit- und kostengünstiger durchführen lassen.

In Ergänzung zu den aufgeführten Eigenschaften zeichnet sich COPE durch folgende Charakteristika aus: COPE

- bietet verschiedene Analyseverfahren (simulative, analytische) an
- erlaubt die Beschreibung von vielfältigen Systemstrukturen und - eigenschaften sowie Systemlasten mit einfachen eigens entwickelten Sprachmitteln
- zeichnet sich durch eine einheitliche, leicht erlernbare Handhabung aus
- liefert adäquat aufbereitete Ergebnisse
- fordert keine speziellen Kenntnisse der Analyseverfahren von Seiten des Benutzers.

Die Bedeutung eines solchen Instrumentariums wurde schon frühzeitig erkannt. Neben einer Vielzahl von Systemen, die simulative Analyseverfahren anbieten (z.B. APLOMB, QSIM/SAUER78/), gibt es eine Reihe von Systemen, die auf analytische Verfahren ausgerichtet sind (z.B. RQA, QSOLVE,CADS(ASQ),QNET4/SAUER78/). Systeme, die unterschiedliche Analyseverfahren anbieten, sind z.B. RESQ/SAUER78/ und QNAP/MERLE78/. Diese Systeme sind jedoch nicht allgemein verfügbar, ferner wird in vielen Fällen der Aspekt der Benutzerfreundlichkeit vernachlässigt, so daß sie nur für "Insider" anwendbar sind.

2. Überblick über das Programmsystem COPE

Dem Benutzer von COPE wird eine Kommunikations- und Spezifikationssprache angeboten. Programme in dieser Sprache bestehen aus Anweisungen. Eine Anweisung beinhaltet einen Anweisungsnamen sowie eine Menge von Parametern. Die aus höheren Programmiersprachen bekannten Kontroll- und Blockstrukturen erlauben den Aufbau komplexer Programme. Ein Beispiel aus dem Kommunikationsteil der Sprache soll den Aufbau einer Anweisung verdeutlichen:

```
DELETE  FROMLINE , TOLINE
```

Diese Anweisung löscht den angegebenen Zeilenbereich. Der Anweisungsname ist DELETE, die Parameter sind FROMLINE und TOLINE.

Die Kommunikationssprache dient der Handhabung von COPE.

Die Problemformulierung erfolgt in der Spezifikationssprache; in unabhängigen Schritten werden die folgenden Beschreibungen formuliert:

(i) Eine Spezifikation des zu untersuchenden Rechensystems, d.h. seiner Komponenten und seiner Struktur

(ii) Eine Spezifikation der von dem definierten Rechensystem zu bearbeitenden Last, d.h. der Betriebsmittelansprüche und der Ordnung, in der diese Ansprüche an das System gestellt werden

(iii) Eine Spezifikation der Ablaufsteuerung für das Analyseverfahren Simulation, welche die Bedingungen für den Vorlauf sowie den Abbruch der Analyse festlegt

(iv) Eine Spezifikation der interessierenden Leistungsgrößen, z.B. Auslastung oder Antwortzeit.

Die Kommunikation des Benutzers mit COPE erfolgt im Stapelbetrieb oder interaktiv.

Die Benutzereingaben werden von COPE interpretiert, die Methodenauswahl wird unterstützt, und die System-, Last-, Ablauf- und Auswertungsbeschreibungen werden methodengerecht aufbereitet.

Zur Analyse stehen zur Zeit zwei Methoden zur Verfügung: ein Verfahren zur diskreten Simulation allgemeiner Wartenetze sowie ein exaktes analytisches Verfahren zur Behandlung von Wartenetzen der BCMP-Klasse /BASKETT75/. Weitere Verfahren, wie beispielsweise approximative analytische Verfahren oder heterogene Methoden, lassen sich in das System einbringen.

Die Ergebnisse der Analysemethoden werden von einem Auswertungssystem aufbereitet.

Spezifikation des Rechensystems

Dem Benutzer stehen die Standardbausteine "Bediener", "Warteraum" und "Konnektor" zur Verfügung, deren Eigenschaften und Funktionsweisen er in seinem Sinne festlegen kann und die er zu einem geeigneten Verkehrsnetz zusammenfügen kann. Der Verkehr innerhalb des Netzes wird durch Lasteinheiten realisiert, die entsprechend der Spezifikation der Last (s. unten) entstehen, Verarbeitungsansprüche stellen und verschwinden. Im einzelnen übernimmt:

- der Baustein "Bediener" die Nachbildung zeitverbrauchender Verarbeitungsvorgänge, wie sie von Lasteinheiten gefordert werden
- der Baustein "Warteraum" die Nachbildung von Wartezeiten, wie sie für Lasteinheiten im Verlauf ihres Netzdurchlaufs anfallen
- der Baustein "Konnektor" die Nachbildung der Transportvorgänge von Lasteinheiten zwischen Bedienern und Warteräumen.

Der Benutzer hat die Möglichkeit, auf vorgefertigte Standardbausteine zurückzugreifen oder sich neue zu schaffen, deren Fähigkeiten im Rahmen der typbedingten Eigenschaften und Funktionsweisen liegen. Er kann Netze der genannten Art zusammenfassen, katalogisieren und als Bausteine einer höheren Modellierungsebene wiederverwenden.

Ein standardmäßig angebotener Baustein "Station", bestehend aus Warteraum und Bediener, stellt bereits ein komplexeres Teilsystem auf einer höheren Ebene dar.

Das folgende Beispiel soll die Spezifikation eines Rechensystems verdeutlichen:

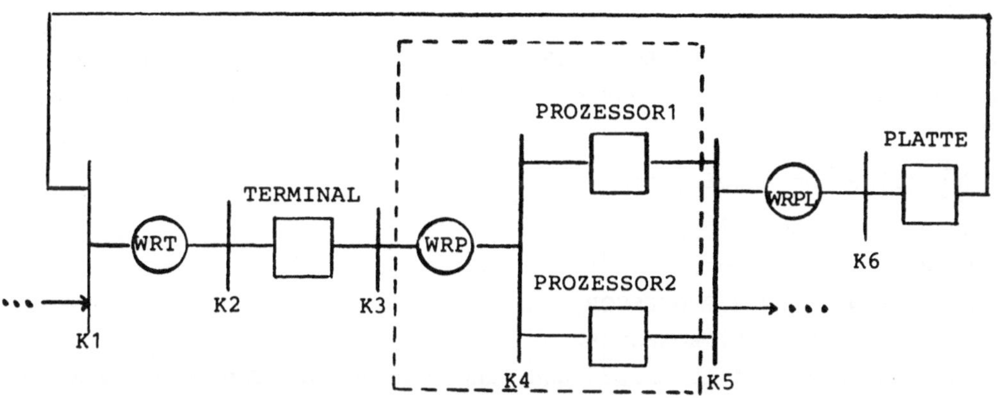

Bild 1: Ausschnitt eines Rechensystems

Von dem in Bild 1 dargestellten Systemausschnitt sollen die Komponenten Warteraum WRP, Bediener PROZESSOR1, Bediener PROZESSOR2 und verbindender Konnektor K4 spezifiziert werden.
Durch

```
DEFINE   WARTERAUM,WRP
ACCEPT   AUFNAHMEFÄHIGKEIT,5
OFFER    ALLE
```

wird ein Warteraum mit Namen WRP beschrieben. Die ACCEPT-Anweisung spezifiziert eine Prozedur AUFNAHMEFÄHIGKEIT mit der Kapazitätsangabe 5, die im Ausführungsfall anhand von Füllung und Kapazität überprüft, ob die Aufnahme einer Lasteinheit in den Warteraum WRP gewährt werden kann. Mit der OFFER-Anweisung wird festgelegt, in welcher Reihenfolge die wartenden Lasteinheiten den nachfolgenden Systemelementen PROZESSOR1 und PROZESSOR2 angeboten werden, in diesem speziellen Fall ist die Reihenfolge ALLE ohne eine festgelegte Ordnungsstruktur.

Die Anweisungen

```
DEFINE    BEDIENER,PROZESSOR1
ACCEPT    AUFNAHMEFÄHIGKEIT,3
SPEED     PROCESSORSHARING,2
OFFER     FIFO
```

bzw.

```
DEFINE    BEDIENER,PROCESSOR2
ACCEPT    AUFNAHMEFÄHIGKEIT,3
SPEED     PROCESSORSHARING,4
OFFER     FIFO
```

beschreiben den Bediener PROZESSOR1 bzw. PROZESSOR2. Die SPEED-Anweisung legt die Form der Bedienung - PROCESSORSHARING - und die maximale Bediengeschwindigkeit 2 bzw. 4 fest.

Mit den folgenden Anweisungen

```
DEFINE       KONNEKTOR,K4
MATCH        TRANSPORT
CONNECTION   K4,WRP,PROZESSOR1
CONNECTION   K4,WRP,PROZESSOR2
```

wird der Konnektor K4 definiert und eine Verbindung (CONNECTION-Anweisung) zwischen den Systemelementen WRP und PROZESSOR1, PROZESSOR2 hergestellt. Die MATCH-Anweisung mit der Prozedur TRANSPORT steuert den Transport von Lasteinheiten unter Berücksichtigung der entsprechenden OFFER- und ACCEPT-Funktionen sowie des Systemzustandes.

Die in den OFFER-, ACCEPT-, SPEED- und MATCH-Anweisungen auftretenden Prozeduren können vom Benutzer formuliert werden, wenn er nicht auf die angebotenen Standardprozeduren zurückgreifen will.

Spezifikation der Last

Der Benutzer definiert Lasttypen, z.B. für Dialogaufträge und Stapelaufträge, nach deren Muster Lasteinheiten für das Systemmodell erzeugt werden.

Bei der Spezifikation kann unterschieden werden zwischen solchen Lasteinheiten, die permanent im System zirkulieren, und solchen, die das System betreten und dort nur temporär verbleiben. Die Gesetzmäßigkeiten (z.B. Poisson-Zugang), nach denen Lasteinheiten in das System eintreten, können vom Benutzer definiert werden.

In Ergänzung dazu werden die Betriebsmittelansprüche von Lasttypen sowie die Ordnungsstruktur, nach der diese Ansprüche gestellt werden, vom Benutzer beschrieben. Als Beispiele für die Ordnungsstrukturen seien hier nur Sequenz, Parallelität und Alternative genannt.

Zur Verdeutlichung sei eine Lastbeschreibung, die sich an dem Systemausschnitt von Bild 1 orientiert, herangezogen:

```
TEMPORARY   POISSON,0.3
TYPE   DIALOG
      :
BEGIN   REPEAT
 SERVICE   TERMINAL,EXP,0.1
 BEGIN   CASE,P[0.2,0.8]
  VALUE1:   SERVICE PROZESSOR1,EXP,0.3
  VALUE2:   SERVICE PROZESSOR2,EXP,0.25
 END   CASE
 SERVICE   PLATTE,20
END   REPEAT,10
     :
```

Mit der TEMPORARY-Anweisung wird eine Generierungsvorschrift für Lasteinheiten gemäß einem POISSON-Zugang mit der Rate 0.3 in das Gesamtsystem erlassen. Die folgende TYPE-Definition beschreibt auszugsweise ein Muster für DIALOG-Aufträge. Die auftretenden SERVICE-Anweisungen charakterisieren Ort und Umfang der Verarbeitung: der erste Parameter gibt den Namen des Bedieners an, während die folgenden einen konstanten oder einen - gemäß einer Verteilungsfunktion - zufälligen Anforderungsumfang beschreiben. Die Kontrollstruktur REPEAT legt in diesem Fall ein 10-maliges Durchlaufen des inneren Blocks fest. Er beginnt mit einer Bearbeitung am TERMINAL, wird fortgesetzt mit einer Bedienung am PROZESSOR1 oder PROZESSOR2 und endet mit einer Abarbeitung an der PLATTE. Die Auswahl eines der beiden Prozessoren erfolgt nach der Wahrscheinlichkeitsfunktion P in der CASE-Anweisung, der erste Prozessor wird mit Wahrscheinlichkeit 0.2, der zweite mit Wahrscheinlichkeit 0.8 gewählt.

Neben den vorgestellten Ordnungsstrukturen sind noch eine Reihe weiterer Sprachelemente zugelassen, um die Vielzahl realer Lasteigenschaften beschreiben zu können.

Spezifikation der Ablaufsteuerung

Bei der analytischen Lösungsmethode sind keine Ablaufsteuerangaben notwendig, da der Benutzer keinen Einfluß auf den Lösungsweg nehmen kann. Bei der Simulation sind Abbruchangaben und ggf. Vorlaufbedingungen zu spezifizieren.

Die Vorlaufangaben sollen die Abgrenzung der transienten Phase (Einschwingphase) von der stationären Phase eines Simulationslaufs unterstützen, da die Schätzverfahren zur Berechnung von Leistungsgrößen bei der Simulation i.a. Stationarität der Beobachtungen voraussetzen.

Die Angaben zum Abbruch des Simulationslaufs bestimmen den Aufwand für ein Simulationsexperiment und ebenfalls die Schätzgenauigkeit der interessierenden Leistungsgrößen.

Spezifikation der Auswertung

Der Benutzer spezifiziert die ihn interessierenden Leistungsgrößen entsprechend seinem Untersuchungsziel; ferner beschreibt er die Form der Ergebnisaufbereitung und Darstellung.

Leistungsgrößen wie Antwort- und Zykluszeiten, Füllung, Durchsatz und Auslastung können sich auf Systembausteine oder auf Teilsysteme einer höheren Modellierungsebene beziehen und bei Bedarf nach Lasttypen differenziert werden.

Ablauf des COPE-Systems

Nach erfolgter Spezifikation übernimmt COPE automatisch

- die Generierung eines lauffähigen Simulationsprogramms bzw. abhängig von den Gegebenheiten des Problems die Parametrisierung eines Programms zur numerischen Analyse eines Warteschlangennetzes
- die Ermittlung der interessierenden Leistungsgrößen durch Steuerung des Ablaufs des Programms der gewählten Analysemethode
- die Aufbereitung und Ausgabe der Ergebnisse in direkt oder maschinell lesbarer Form. Im letzteren Fall werden die Resultate so aufbereitet, daß sie ohne Transformation als Eingabe für externe Programm-Pakete wie das Statistik-Paket SPSS verwendbar sind. Hiermit wird ein Einsatz von COPE im Rahmen einer Experimentreihe mit anschließender Gesamtanalyse unterstützt.

COPE wird in SIMULA67 realisiert und auf einer Siemens 7.738/BS2000 implementiert.

3. Analysemethoden

Analytisches Verfahren

Diese Methode analysiert Wartenetze vom BCMP-Typ. Die Beschreibung der Netze erfolgt durch Stationen und Konnektoren. BCMP-Netze zeichnen sich durch die folgenden Eigenschaften aus:

- an Stationen sind die Strategien "first in first out", "processor sharing", "infinite server" und "last in first out preemptive resume" zugelassen
- Stationen können verschiedene Klassen von Lasteinheiten mit unterschiedlichen Verarbeitungsanforderungen bearbeiten (ausgenommen Stationen mit der Strategie "first in first out")
- die Anforderungen können durch nahezu beliebige Verteilungen (Cox-Verteilungen) charakterisiert werden (ausgenommen an Stationen mit der Strategie "first in first out").

Das Lösungsverfahren basiert auf dem Algorithmus von Krzesinski/ Teunissen /KRZESINSKI77/. Der Algorithmus wurde für geschlossene Netze auf den Fall füllungsabhängiger Bearbeitungsgeschwindigkeiten erweitert.

Für jede Station werden die Leistungsgrößen Füllung, Durchsatz, Auslastung und Antwortzeit berechnet. Zusätzlich wird in einem geschlossenen Wartenetz die Zykluszeit bzgl. jeder Station und in einem offenen Wartenetz die Antwortzeit des Gesamtsystems bestimmt.

Falls sich wesentliche Eigenschaften realer Systeme, z.B. endliche Kapazitäten, simultane Belegung von Ressourcen, nicht durch analytische Wartenetze darstellen lassen, wird die Simulation eingesetzt.

Simulation

Zur diskreten Simulation von stochastischen oder deterministischen Systemen wird ein allgemeines Simulationsinstrumentarium angeboten, mit dessen Hilfe ein spezieller Simulator konstruiert werden kann.

Systemmodelle werden gemäß der Spezifikation aus Warteräumen, Bedienern und/oder Stationen sowie Konnektoren aufgebaut. Der Verkehrsfluß wird bestimmt durch System- und Lasteigenschaften. Gängige Verhaltensmuster von Systemen und Lasten werden als Standards angeboten, außergewöhnliche Eigenschaften können nach vorgeschriebenen Richtlinien durch benutzereigene Prozeduren, die in SIMULA zu formulieren sind, in die Spezifikation eingebracht werden.

Die Einbettung dieser Prozeduren wird von COPE vorgenommen.

Besonderes Gewicht wurde auf die Einbringung von Schätzverfahren für Leistungsgrößen und von Abbruchkriterien gelegt. Die klassischen Schätzverfahren sind aufgrund der Autokorrelation der Beobachtungsgrößen in einem Simulationsexperiment nicht geeignet. Von den in Frage kommenden Verfahren werden

(i) die Methode der Einbeziehung der Autokorrelation

(ii) die regenerative Methode

in die Simulation eingebracht. Die von Fishman /FISHMAN73/ vorgeschlagene Methode (i) berücksichtigt die Abhängigkeiten der beobachteten Größen durch die Einbeziehung der Autokovarianzfunktion in die Schätzer. Die regenerative Methode (ii) /CRANE77/ setzt die zyklische Rückkehr in einen Ausgangszustand voraus; hieraus resultieren unabhängige Beobachtungsgruppen, die einen Rückgriff auf klassische Schätzverfahren erlauben.

Für die interessierenden Leistungsgrößen von Systembausteinen oder von Teilsystemen wird jeweils der Mittelwert geschätzt, in Ergänzung dazu lassen sich noch Größen wie Kovarianzfunktion, Varianz der Mittelwertschätzung und Vertrauensintervall für den Mittelwert berechnen.

Als Abbruchkriterium kann das Erreichen einer vorgegebenen Simulationszeit, einer gewünschten Anzahl von Beobachtungen an einem vorgebenen Ort oder einer gewählten Breite eines Vertrauensintervalls für eine spezifizierte Leistungsgröße angegeben werden.

4. Perspektiven

Die Einsatzfähigkeit von COPE soll an einem komplexen Modell eines realen Rechensystems untersucht werden.

Ferner ist beabsichtigt, das Programmsystem COPE um approximative analytische Verfahren und heterogene Modellierungstechniken zu erweitern.

Anerkennung

Das vorgestellte System entstand im Rahmen des Forschungsprojektes "Methodik der Planung von Rechensystemen". Die Konzeption der Kommunikations- und Spezifikationssprache stammt von Herrn H. Richter. Alle genannten und ungenannten Projektmitarbeiter haben wesentliche Beiträge zum Entstehen des Gesamtsystems geleistet, hierfür sei ihnen unser Dank ausgesprochen. Besonders sind noch die wertvollen Anregungen von Herrn Prof. Dr.-Ing. H. Beilner hervorzuheben.

Literatur

/BASKETT75/ F. Baskett, K.M. Chandy, R.R. Muntz, F.G. Palacios: Open, closed and mixed networks of queues with different classes of customers JACM22, 1975, 248-260

/CRANE77/ M.A. Crane, A.J. Lemoine:
An Introduction to the Regenerative Method for Simulation Analysis
Springer-Verlag, 1977

/FISHMAN73/ G. S. Fishman:
Concepts and Methods in Discrete Event Digital Simulation
Wiley & Son, 1973

/KRZESINSKI77/ A.E. Krzesinski, P. Teunissen:
Efficient computational forms for the normalizing constant and the statistical measures of mixed, multiclass queueing networks
University of Stellenbosch, South Africa, Dept. of Comp.Sc., Report No. RW 77-04, 1977

/MERLE78/ D. Merle, D. Potier, M. Veran:
A Tool for Computer Performance Analysis
Proc.: Perf. of Comp.Inst., ICPCI 1978, D.Ferrari(ed), North-Holland, 1978

/SAUER78/ C.H. Sauer:
Queueing Network Software for Systems Modeling
IBM Research Report, RC 7143, Yorktown Heights, 1978

Monitoring in der Prozeßrechentechnik

Dipl.-Ing. Norbert Schmitt
Siemens AG, E STE 12
D - 852o Erlangen

Kurzfassung:

Prozeßrechensysteme müssen die Anforderungen, die an sie aus dem zu automatisierenden Prozeß gestellt werden, unter engen zeitlichen Bedingungen, sogenannten Echtzeitbedingungen bearbeiten. Für den Nachweis, daß diese Bedingungen in jedem Betriebszustand sicher eingehalten werden, ist die quantitative Erfassung, d.h. die Messung des dynamischen Verhaltens von Prozeßrechensystemen unabdingbar. Softwaremonitore bewirken hohe Rückwirkungen auf das untersuchte System und sind nicht unabhängig von ihm; Hardwaremonitore erlauben keine Analyse interner Abläufe. Für die ZE 33o der Siemens Systeme 3oo - 16 bit wurde deshalb der Ablauf- und Auslastungsmonitor ALAMO 3oo als eigenständiger, unabhängiger Beobachtungsrechner realisiert, der über die Techniken des Adressvergleichs und des direkten Zentralspeicherzugriffs mit dem beobachteten System gekoppelt ist. Über Einsatzerfahrungen wird berichtet.

1. Einleitung

Für die Beurteilung der Leistungsfähigkeit von Rechensystemen werden entsprechend den jeweils speziellen Untersuchungszielen unterschiedliche Methoden angewendet. Eine wichtige Methode ist das Monitoring, sprich die Messung des Betriebsverhaltens von Rechensystemen. Sie wird angewendet, da sich wegen der Komplexität der Betriebs- und Anwendersysteme einerseits und der Nicht-Vorhersagbarkeit der von einem Rechensystem zu bewältigenden Last andererseits a priori meist keine gesicherten quantitativen Aussagen für eine detaillierte Beurteilung von Rechensystemen treffen lassen. Für die quantitative Erfassung von dynamischen Betriebsabläufen und der daraus resultierenden Antwortzeiten, Durchsatzgrade, Auslastungen etc. werden deshalb Meßwerkzeuge entwickelt und mit dem Ziel eingesetzt, durch Messungen an realen Systemen bei natürlicher oder künstlicher Last die Optimierung des Betriebsverhaltens, die Planung des Mitteleinsatzes und/ oder die Entwicklung von Hard-/Softwaresystemen zu unterstützen.

Gegenstand dieses Vortrages ist die Darstellung der typischen Untersuchungsziele und der speziellen Anforderungen, denen ein Monitorsystem für die Prozeßrechentechnik gerecht werden muß. Daraufhin werden gebräuchliche Monitorverfahren auf ihre Eignung für die Prozeßrechentechnik geprüft, und es wird schließlich der für die ZE 33o der Siemens Systeme 3oo - 16 bit realisierte Ablauf- und Auslastungsmonitor ALAMO 3oo vorgestellt und von entsprechenden Einsatzerfahrungen berichtet.

2. Dynamisches Verhalten von Prozeßrechensystemen

Charakteristikum der Arbeitsweise eines Prozeßrechensystems ist der unterbrechungsgesteuerte Betrieb: Darunter wird die Tatsache verstanden, daß der zu automatisierende Prozeß dem eingesetzten Rechner sein zeitliches Anforderungsprofil aufprägt. Die Verarbeitung der anfallenden Informationen muß unter den dieser "Realzeitumgebung" entsprechenden zeitlichen Bedingungen erfolgen; fällt der Rechner "außer Tritt", so können Betriebsabläufe empfindlich gestört werden.

Dieser Betrieb unter Realzeitbedingungen unterscheidet sich grundsätzlich z.B. von der Stapelverarbeitung in einem Rechenzentrum. Von anderen Realzeitsystemen (z.B. Dialogsystemen) unterscheidet sich ein Prozeßrechensystem dadurch, daß bei diesen Systemen die Erteilung eines neuen Auftrags generell von der Erledigung des vorhergehenden abhängig ist; sie können deshalb im Prinzip, wenn auch nicht unbegrenzt, in die Zeit ausweichen. Bei einem Prozeßrechensystem ist der Auftragsstrom aus dem zu automatisierenden Prozeß (z.B. Meßwerterfassung) nicht an die Bearbeitung der Prozeßaufgaben durch den Rechner gebunden. Ist dem Rechner einmal der technische Prozeß "weggelaufen", kann er ihn nicht mehr "einholen".

Im Mittelpunkt der Analyse eines Prozeßrechensystems steht damit die Frage nach seinem dynamischen Verhalten: Können in jeder Betriebsituation, auch im worst case, die Echtzeitbedingungen eingehalten werden? Wo sind evtl. Systemengpässe? Wie groß sind die Reservekapazitäten? Zur Beantwortung dieser Fragen muß also ein Monitorsystem für die Prozeßrechentechnik geeignete Meßgrößen erfassen und verarbeiten.

Für eine Analyse des dynamischen Verhaltens von Prozeßrechensystemen müssen wir zunächst davon ausgehen, daß wir es in der Prozeßrechentechnik mit ihrer Natur nach <u>zeitlich parallelen Anforderungen</u> aus dem zu automatisierenden Prozeß zu tun haben. Dies resultiert z.B. aus der Notwendigkeit zur gleichzeitigen Überwachung mehrerer Anlagenpunkte oder der Überlagerung von Anforderungen aus dem technischen Prozeß mit menschlichen Kommunikationsanforderungen. Im Gegensatz zu verbindungsprogrammierten Schaltwerken oder analogen Rechengeräten ist der Prozeßrechner aber wie jeder Digitalrechner ein <u>seriell arbeitendes Gerät</u>, das parallel anstehende Anforderungen nur nacheinander bearbeiten kann.

Entsprechend den unterschiedlichen Reaktionszeitbedingungen und den zu erfüllenden Automatisierungsfunktionen (Alarmerfassung, zyklische Funktionen, Mensch-Maschine-Kommunikation) werden Anwendersoftwaresysteme für die Automatisierung industrieller Prozesse in Programme gegliedert. Das Organisationsprogramm eines Prozeßrechensystems hat nun die zentrale Aufgabe, den seriellen Ablauf der parallel aus dem zu automatisierenden Prozeß angeforderten Programme zu organisieren. Dazu baut es "vor" den Rechnerbetriebsmitteln (Zentralprozessor, -speicher, EA-Geräte) Warteschlangen (repräsentiert durch Datenstrukturen im Zentralspeicher) auf, in die alle Programme eingetragen werden, die das zugeordnete Betriebsmittel anfordern. Durch den Aufbau und die Abarbeitung der Warteschlangen macht das Organisationsprogramm die jeweils nur exklusiv benutzbaren Betriebsmittel einer <u>gesteuerten zeitmultiplexen Nutzung</u> zugänglich (Bild 1, vergl. auch [1]).

Das <u>dynamische Verhalten</u> eines Prozeßrechensystems wird damit entscheidend bestimmt durch die Art und Weise der Abbildung der

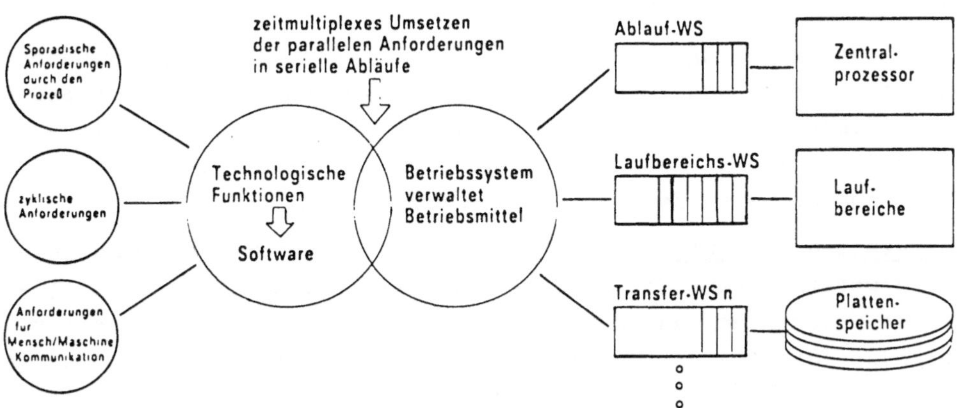

Bild 1: Dynamisches Verhalten eines Prozeßrechensystems

parallelen Prozeßanforderungen in ein nur seriell ablauffähiges Anwendersystem. Dies beinhaltet die Beherrschung der von den verschiedenen komplexen Automatisierungsfunktionen generierten Datenströme durch geeignete Programmsysteme und Datenstrukturen. Der Entwurf eines Programmsystems muß die Ablaufeigenschaften des Systems berücksichtigen, die sich z.B. durch Prioritierung, Koordinierung und Synchronisierung der Einzelprogramme, ihre Laufzeiteigenschaften und ihre Stellung in der Speicherhierarchie einstellen. Der Entwurf von Datenstrukturen für Prozeßrechensysteme bedeutet unter dynamischen Gesichtspunkten insbesondere die Organisation effizienter Puffersysteme, die der dynamischen Entkopplung verschiedener Teilfunktionen dienen, und deren Dimensionierung bezüglich Kapazität und Zugriffsgeschwindigkeit an die zu erwartenden maximalen Datenraten und -volumina angepaßt sein muß, damit keine Daten "verloren" gehen können.

3. Auswahl der Beobachtungsschnittstelle

Ein Monitor für die Analyse des dynamischen Verhaltens von Prozeßrechensystemen muß also die Umsetzung der parallelen Prozeßanforderungen in die seriellen Abläufe der im Prozeßrechensystem installierten Programme transparent machen, um so einerseits die Einhaltung der Echtzeitbedingungen nachzuweisen und andererseits Kriterien für die Beurteilung der Qualität von Prozeßrechensystemen zu gewinnen.

Als Beobachtungsschnittstelle eignen sich in hervorragender Weise die Warteschlangen des Organisationsprogramms:

- In den Warteschlangen identifizieren sich die jeweilig wartenden bzw. die gerade das Betriebsmittel benutzenden Programme. Diese Identifikation ist deshalb außerordentlich wichtig, weil sie erst die differenzierte Beurteilung der dem einzelnen Programm spezifisch zugeordneten Zeitbedingungen ermöglicht.
- Wartezeiten und Nutzungszeiten lassen sich aus den Zeitpunkten der jeweiligen Warteschlangenbetätigungen ermitteln und den einzelnen Programmen zuordnen (Bild 2). Dabei spielt natürlich insbesondere die Analyse der Wartezeiten eine wichtige Rolle, da diese Wartezeiten je entscheidend die Verletzung von Echtzeitbedingungen verursachen können. Auf eine direkte Messung der Wartezeiten ist von daher großer Wert zu legen. Die Auslastung eines Betriebsmittels läßt sich aus der Summation über die Nutzungszeiten in einem definierten Intervall bestimmen. Aus der Auslastung läßt sich direkt auf Reservekapazitäten und Engpässe des Rechensystems rückschließen.
- Den allergrößten Teil der Prozeßrechneranwendungen enthält das vom Hersteller entwickelte Organisationsprogramm, weshalb die Warteschlangen und der dazu gehörende Code dieses Organisationsprogrammes als "normierte" Beobachtungsschnittstelle angesehen werden können.

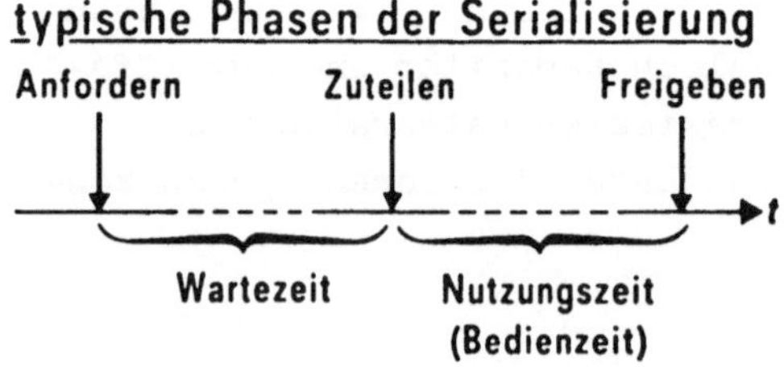

Bild 2: Wartezeit und Nutzungszeit

4. Auswahl eines geeigneten Monitorverfahrens

Die in der Prozeßrechentechnik geltenden Echtzeitbedingungen stellen natürlich auch an ein entsprechendes Monitorverfahren bestimmte Ansprüche, die im folgenden dargestellt werden sollen:

- Rückwirkungsfreiheit: möglichst keine Laufzeitverfälschung für das untersuchte Objekt;
- Unabhängigkeit: keine Mitbenutzung des Speichers, der EA-Geräte oder anderer Betriebsmittel des untersuchten Systems; keine Softwaremodifikationen; Datenaustausch nur über im Prozeßrechensystem bereits enthaltene Schnittstellen;
- Zuverlässigkeit: Monitorfehlverhalten darf den Prozeßbetrieb nicht beeinträchtigen;
- genaue zeitliche Auflösung in Bezug auf die Betriebsmittelbenutzung;
- dynamischer Zugriff auf Datenstrukturen des Organisationsprogramms zur Identifizierung der aktiven Programme;
- integrierte Auswertung und Protokollierung;
- Flexibilität in Datengewinnung und Auswertung.

Es existieren, gemessen an vergleichbarer Literatur bei den kommerziellen Systemen, relativ wenig Veröffentlichungen über den Einsatz von Monitorsystemen bei Prozeßrechnern. Dies ist sicherlich auch auf die Ungeeignetheit der gebräuchlichen Monitorverfahren für die Belange der Prozeßrechentechnik zurückzuführen.

Für die Analyse des dynamischen Verhaltens von Rechensystemen durch die Verfolgung der Schalthandlungen der Organisationsprogramm-Warteschlangen werden normalerweise Softwaremonitore eingesetzt, da sie Zugriff auf die Warteschlangen und damit die die Systemzustände repräsentierenden Datenstrukturen im Zentralspeicher des Systems haben.

Diesem Vorteil stehen jedoch gravierende Nachteile des Softwaremonitorings gegenüber:

- Für detaillierte Analysen des Programmverhaltens in einem Prozeßrechensystem werden die Laufzeitverlängerungen durch den Softwaremonitor in [2] auf bis zu 4o % geschätzt. In [3] werden Rückwirkungen zwischen 5 % und 2o %, je nach Monitormodus (sampling bzw. tracing; s. auch [4]), geschätzt. In [5] schließlich werden keine Angaben über zu erwartende Laufzeitverschlechterungen gemacht. Die hohen Laufzeitrückwirkungen bei detaillierter Analyse sind in einer "harten" Realzeitumgebung nicht tolerabel.

- Der Softwaremonitor benutzt Zentralprozessor, -speicher und EA-Geräte des beobachteten Systems mit.
- Softwaremonitore benutzen meist den Systemzeitgeber mit, der für differenzierte Analysen meist zu ungenau ist.
- Die Auswertung der Monitordaten erfolgt meist offline, was für einen schnellen, unkomplizierten Einsatz auf verschiedenen Anlagen und die rasche Validierung von Optimierungsschritten höchst unpraktisch ist.
- Bei der Anwendung der Stichprobentechnik ist der Monitor-Routine im Interesse einer hohen Genauigkeit die höchste Priorität im System einzuräumen, damit die Sample-Intervalle eingehalten werden können. In [3] wird nachgewiesen, wie, bezogen auf vergleichende Hardware-Messungen, die Meßgenauigkeit mit der Priorität abnimmt. In Prozeßrechensystemen müssen die hohen Prioritäten jedoch für Prozeßprogramme vorbehalten bleiben.

Alle diese Nachteile machen ein reines Softwaremonitoring bei der geforderten detaillierten Auflösung für die Prozeßrechentechnik ungeeignet.

Hardwaremonitore bringen im Normalfall keine Probleme bezüglich der Rückwirkungen des Meßsystems auf das untersuchte System. Sie sind dafür aber ungeeignet für die Erfassung von im Innern des Rechensystems ablaufenden Vorgängen, die die oben dargestellten, gewünschten Informationen zu liefern in der Lage sind. Insbesondere schwierig ist die Erfassung und Identifizierung der jeweils wartenden Programme und die Identifizierung der die verschiedenen Betriebsmittel nutzenden Programme. Hardwaremonitore, die durch eine von der Firmware des untersuchten Systems gesteuerte Schnittstelle (z.B. B17oo, AEG 8o-6o) unterstützt werden, bieten bereits detailliertere Informationen [6], doch bieten solche Schnittstellen meistens keinen frei definierbaren Zugriff auf Zentralspeicherinhalte, d.h. die Datenbasis des Organisationsprogramms kann auch über eine solche Schnittstelle nicht "von außen" erschlossen werden.

Aus den dargestellten Umständen heraus liegt es nahe, für die Messung des dynamischen Verhaltens von Prozeßrechensystemen einen unabhängigen Rechner, einen Beobachtungsrechner einzusetzen. Solche

Ansätze sind aus der Literatur heraus bekannt, z.B. [7], [8], [9]. Für eine detaillierte Analyse interner Abläufe ist dabei natürlich eine Speicherkopplung von beobachtetem System und Beobachtungsrechner Voraussetzung (s. [9]!). Im folgenden soll der für die ZE 33o der Siemens Systeme 3oo - 16 bit realisierte transportable Ablauf- und Auslastungsmonitor ALAMO 3oo vorgestellt werden, ein Beobachtungsrechner, der speziell für die Belange der Prozeßrechentechnik ausgelegt ist.

5. ALAMO 3oo - Meßverfahren

Der Ablauf- und Auslastungsmonitor ALAMO 3oo wurde auf der Basis der ZE 31o als eigenständiger Beobachtungsrechner für die ZE 33o entwickelt. ALAMO 3oo gestattet die Registrierung aller die Ablauf- (Zentralprozessor-) Warteschlange, die Laufbereichswarteschlangen und eine ausgewählte Transferwarteschlange betreffenden Aktivitäten des ORG 33o K. Zur Erkennung der Warteschlangenoperationen des ORG und zur Identifizierung der jeweils betroffenen Programme werden bei ALAMO 3oo die Techniken des Adressvergleichs bzw. des direkten Zentralspeicherzugriffs (DMA) verwendet, wie im folgenden erläutert wird.

ALAMO 3oo verfügt über einen Adressvergleicher, dem über einen Adapter der Adressbus der beobachteten ZE 33o zugeführt wird (Bild 3).

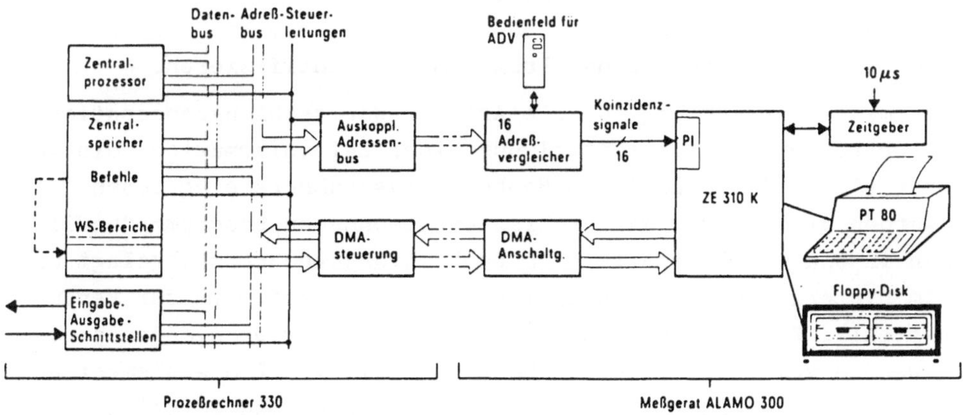

Bild 3: ALAMO 3oo - Blockschaltbild

Da sowohl die Befehlsfolgen für die Warteschlangenoperationen als auch die die Warteschlangen repräsentierenden Datenstrukturen Teil des hauptspeicherresidenten Zentralteil des ORG sind, kann dem Erscheinen bestimmter Adressen auf den Adressbus eindeutig die Durchführung bestimmter Operationen zugeordnet werden:

- Das Erscheinen der Befehlsadressen für die Operation "Eintrag in die Ablaufwarteschlange" z.B. signalisiert die Anforderung des Zentralprozessors durch ein bestimmtes Programm.
- Ist für ein Programm die z.B. durch ein anderes, höherpriores Programm verursachte Wartezeit abgelaufen, d.h. steht es dann an "vorderster Stelle" in der Warteschlange, so wird ihm das Betriebsmittel zugeteilt, wozu wiederum eine bestimmte Befehlsfolge ausgeführt wird.
- Die Ausführung der Befehlsfolge für die Operation "Austrag aus einer Warteschlange" signalisiert die Freigabe des entsprechenden Betriebsmittels durch ein Programm.

Auf dem Adressvergleicher des Beobachtungsrechners ALAMO 3oo können die von der ZE 33o generierten Adressen parallel mit 16, über ein Bedienfeld voreingestellten Adressen verglichen werden, die jeweils solche Warteschlangenoperationen kennzeichnen. Die Koinzidenzsignale des Adressvergleichers werden auf die PI-Baugruppe (Unterbrechungssteuerung) der ZE 31o K geführt und bewirken dort unmittelbar den Start eines spezifischen, zugeordneten Programms. Diese greift über eine DMA-Anschaltung und eine DMA-Steuerung 3141 auf die Warteschlangen des Organisationsprogramms zu, um entsprechend der ausgeführten Warteschlangenoperation das das jeweilige Betriebsmittel anfordernde, benutzende bzw. freigebende Programm zu identifizieren.

Versehen mit einer Kennung für die Art der Warteschlangenoperation und das betroffene Betriebsmittel und einer Zeitinformation, die vom Zeitgeber (1o μs Auflösung) des Beobachtungsrechners eingelesen wird, werden die aus den Warteschlangen gewonnenen Programmidentifikationen in einem Umlaufpuffer des Beobachtungsrechners abgelegt und einer im Hintergrund online ablaufenden Auswertesoftware zur Verfügung gestellt. Zusätzlich zu den dargestellten Warteschlangenoperationen werden vom Beobachtungsrechner noch die vom Prozeßelement an den beobachteten Rechner gestellten Alarme erfaßt und identifiziert. Damit stehen dann alle im vorigen Abschnitt beschriebenen, für eine Darstellung des dynamischen Verhaltens von Prozeßrechensystemen notwendigen Daten zur Verfügung.

Für den Einsatz von ALAMO 300 sind keinerlei Modifikationen der auf dem beobachteten System ablaufenden Software notwendig. Die Messung bewirkt je nach ORG-Aktivität eine Laufzeitverlängerung auf dem beobachteten System von ca. 2 %, die für die Einsynchronisierung von Beobachtungsrechner und beobachtetem Rechner verbraucht wird.

Die Auswertung der aus dem untersuchten Objekt gewonnenen Daten sieht im derzeitigen Ausbau die beiden grundsätzlich verschiedenen Modi Ablaufverfolgung und Auslastungsstatistik vor.

Aus dem Meßprotokoll für die <u>Ablaufverfolgung</u> gehen detailliert die Aktivitäten der einzelnen Programme hervor, d.h. insbesondere ihre Sequenz in der Nutzung der verschiedenen Betriebsmittel und ihre Durchdringung mit anderen Programmen. Die Ablaufverfolgung soll vor allem der Rekonstruktion komplexer, zeitabhängiger Reaktionen und Koordinierungsfolgen dienen.

Die <u>Auslastungsstatistik</u> ist in zwei Formen möglich: Zum einen werden charakteristische Daten zur Beschreibung der Auslastung des Zentralprozessors, der Laufbereiche und des in der Bedienphase ausgewählten EA-Gerätes durch alle Programme des Prozeßrechensystems ermittelt (Systemauslastung), zum anderen wird nur der Anteil eines angebbaren Programmes daran dargestellt (programmspezifische Auslastung). Die Größen der Auslastungsstatistik werden bezogen auf Meßintervalle, deren Dauer sich in Vielfachen von Sekunden frei wählen läßt.

Die Systemauslastung wird charakterisiert durch die Anzahl der Prozeß- und Zeitgeberalarme im Meßintervall, die Warteschlangenfüllstände (≙ Anzahl der gleichzeitig auf ein Betriebsmittel wartenden Programme), die Wartezeit auf Betriebsmittel (≙ Verzögerung der Bearbeitung von gestellten Anforderungen) mit zusätzlicher Angabe des im Intervall am längsten wartenden Programms und die Summe der Nutzungszeit im Intervall. Durch die Gegenüberstellung von Maximalwerten und Mittelwerten bei Warteschlangenfüllständen und Wartezeiten wird die Streubreite der entsprechenden Größe beurteilbar. Durch die Messung der Systemauslastung lassen sich insbesondere Reservekapazitäten nachweisen bzw. Engpässe erkennen.

Der programmspezifische Auslastungsanteil wird durch Größen dargestellt, die ähnlich definiert sind wie die der Systemauslastung. Sie dient dem Finden von "Kanditaten" für eine Optimierung im Softwaresystem.

6. Einsatzerfahrungen

Exemplarisch sei hier berichtet von einem Einsatz "vor Ort", bei dem ALAMO 3oo nacheinander an drei ZE's 33o angeschlossen wurde, die zur Automatisierung eines Prüffeldes eingesetzt sind.

Am Leitrechner des Systems traten unzulässig lange Antwortzeiten auf Bedienungen vor allem bei simultaner Bedienung an zwei Terminals auf. In diesem Fall erhöhte sich die Belastung der Transfernahtstelle um den Faktor 15 gegenüber sequentieller Bedienung! Dies ist ausschließlich auf einen überproportional zunehmenden Organisationsaufwand zurückzuführen, wie Messungen der Aktivität des ORG's ergaben (programmspezifische Auslastungsstatistik). Dieser Mehraufwand resultiert daher, daß beide Bedienprogramme bei simultaner Bedienung um den einzigen Laufbereich des System konkurrieren, und das ORG an jeder Wechselstelle eine Aus-/Eintransfersequenz ausführt, wie die Ablaufverfolgung klar zeigt. Durch gezielte Verminderung der Wechselstellen ließ sich die Antwortzeit auf $^1/4$ reduzieren.

Der Satellitenrechner, der direkt zur Erfassung der Prüfstandsmeßwerte eingesetzt ist, zeichnet sich durch eine hohe Auslastung der CPU aus: In Spitzenlastzeiten werden Auslastungen bis zu 85 % über 2o s erreicht: demgegenüber blieb die Auslastung der Transfernahtstelle mit ca. 2o % vergleichsweise gering. In einem Meßprotokoll konnte nachgewiesen werden, daß ein Meßwerterfassungszyklus nicht sicher eingehalten wurde. Deshalb mußte im System eine Umprioritierung vorgenommen werden. Während also das Verhalten des Leitrechner-Systems "gedämpft" werden mußte, war es beim Satellitenrechner-System erforderlich, bestimmte Systemfunktionen mit höherer Dynamik auszustatten, um zu einem befriedigenden Systemverhalten zu kommen.

Auch an weiteren Anlagen konnten mit ALAMO 3oo die gesteckten Ziele:

- Aufdeckung von Engpässen,
- Messung von Reaktionszeiten,
- Analyse des Auslastungsprofils,
- Nutzbarmachung von Reserven,

im praktischen Einsatz mit Erfolg erreicht werden.

Literatur:

[1] Lauber, R.: Prozeßautomatisierung I. Springer Verlag, Berlin, Heidelberg, New York 1976

[2] Spang, H.A.: Measurement and Improvement of Memory Allocation in a Process Computer. 4th IFAC/IFIP International Conference on Digital Computer Applications to Process Control, Zürich 1974. Springer Verlag, Berlin, Heidelberg, New York 1974

[3] Rose, C.A.: A Measurement Procedure for Queuing Network Models of Computer Systems. Computing Surveys, Vol. 1o, No. 3, 9/78

[4] Oßwald, B.: Haupttechniken der Leistungsmessung einer EDVA und ihre Bewertung. Angewandte Informatik 8/72

[5] Rosenbohm, W.: Ein Software-Meßsystem für Prozeßrechner. GMR-GI-GfK Fachtagung Prozeßrechner 1977. Springer Verlag, Berlin, Heidelberg, New York 1977

[6] Hercksen, U., Klar, R., Stelzner, J.: Instrumentierung eines Prozessor-Feldes. GI - 9. Jahrestagung. Springer Verlag, Berlin, Heidelberg, New York 1979

[7] Estrin, G., Hopkins, D., Coggan, B., Crocker, S.D.: Snuper Computer - A Computer in Instrumentation Automation. AFIPS Conference Proceedings SJCC, Vol. 3o, 1967

[8] Saltzer, J.H., Gintell, J.W.: The Instrumentation of Multics. CACM, Vol. 13, No. 8, 8/7o

[9] Lauber, R.: Experimentelle Ermittlung der Leistungsfähigkein von Prozeßrechnern bei ereignisgesteuerter Programmverarbeitung. GMR-GI-GfK Fachtagung Prozeßrechner 1977. Springer Verlag, Berlin, Heidelberg, New York 1977

OFFENE KOMMUNIKATIONSSYSTEME - EINE ÜBERSICHT

Sigram Schindler

Technische Universität Berlin
Fachbereich Informatik

Zusammenfassung

Sowohl der Zugang zur Philosophie der Offenen Systeme als auch ihre Weiterentwicklung werden häufig behindert durch Verständnisschwierigkeiten, die einerseits auf die meist unaufbereitete Form von Originalarbeiten zurückzuführen sind, die andrerseits jedoch auch aus der derzeitigen gedanklichen Unabgeklärtheit dieses völlig neuen Wissenschaftsbereiches selbst resultieren. Die Beschreibung der Schichtenstruktur Offener Systeme in den Originalarbeiten gibt üblicherweise Anlaß zu Verständnisschwierigkeiten der ersten Art; fast alle Fragen zum Kontext Offener Systeme bringen Verständnisschwierigkeiten der zweiten Art zutage. Diese Arbeit versucht für diese beiden Fragenkomplexe - Kontext und Schichtenstruktur Offener Systeme - ein sicheres Verständnis zu erzeugen. Sie vermittelt eine Übersicht, weil sie nicht nur die wichtigsten Charakteristika Offener Systeme, sondern auch deren Kontext und die ihnen zugrundeliegenden Philosophien einführend darlegt.

Inhaltsverzeichnis

Danksagung:

Die vielfältigen Fragen über Offene Systeme führten auf unzählige und stets fruchtbare Diskussionen mit meinen Mitarbeitern im OSA-Projekt [O.1]; ihnen allen möchte ich an dieser Stelle meinen herzlichen Dank aussprechen. Mein ganz besonderer Dank gilt den Mitarbeitern der "Transportschichtgruppe", ohne deren tatkräftige Unterstützung ich diese Arbeit nicht hätte rechtzeitig fertigstellen können.

1. Einleitung

Die Diskussion über "Offene Systeme" - so das neue Schlagwort, das langatmige "Offene Kommunikationssysteme" etwas verkürzend - entwickelt sich mit einer atemberaubenden Geschwindigkeit. Es liegt an diesem hohen Entwicklungstempo, daß noch keine umfassende Grundsatzarbeit zu diesem Bereich entstehen konnte. Die wenigen über diesen breiten Bereich hinreichend umfassend informierten Insider, die eine solche umfassende Darstellung versuchen könnten, sind durch die Weiterentwicklung der Diskussion über Offene Systeme total ausgelastet. Außenstehende haben aber keine Chance, aus der Fülle der Originalarbeiten dazu schnell genug das Wesentliche herauszulesen. Auch dieser Artikel ist nicht der Versuch einer umfassenden Darstellung - wie sein Titel bereits besagt. Eine umfassende wissenschaftliche Arbeit über Offene Systeme müßte

a) die für diesen Bereich kennzeichnende Philosophie, ihre Begriffe und Bezeichnungen sorgfältig einführen und erläutern;

b) mustergültige konkrete Beispiele Offener Systeme angeben, und die Darlegung dieser Beispiele auf die Ideologie und Terminologie aus a) aufbauen;

c) die bereits existierenden Kommunikationssysteme in Bezug setzen zur Philosophie Offener Systeme;

d) die vielfältigen Fragen klären, wieweit die Philosophie der Offenen Systeme auf neuen Ideen beruht, bzw. wieweit sie Ideen aus verwandten Technologiebereichen übernommen hat oder in analoger Weise entwickelt (und in letzterem Fall, mit welchen Abwandlungen), und allgemeiner: welche Wechselwirkungen und Analogien zwischen der Philosophie der Offenen Systeme und den der verwandten Technologiebereiche derzeit absehbar sind.

In dieser Arbeit werden jedoch nur kleine Teilbereiche von a) und d) behandelt. Die beiden nächsten Kapitel behandeln a) insoweit, als - nach einer kurzen Darstellung der Historie dieses neuen Wissenschaftsbereiches - das zentrale Anliegen der Offenen Systeme ("Gewährung freizügiger, ökonomischer und sicherer Kommunikation zwischen den Teilhabern Offener Systeme") und das wesentliche Merkmal Offener Systeme ("Schichtenstruktur Offener Systeme") dargelegt werden. Im Zuge der Klärung dieser beiden zentralen Vorstellungen über Offene Systeme wird auch der Aspekt d) behandelt, indem eine ganze Reihe von Fragen über Offene Systeme bewußtgemacht wird. Die Diskussion dieser Fragen kommt auch bei Insidern immer und immer wieder auf und kostet dort Zeit. Außenstehende, die sich ihren Weg zu Offenen Systemen bahnen wollen, stoßen unausweichlich auf diese Fragen, die aus den Originalarbeiten zunächst nicht ersichtlich und dort erst recht nicht beantwortbar sind, und werden dadurch verunsichert. Durch das Aussprechen und Diskutieren dieser Fragen soll die Arbeit also beiden Gruppierungen nützlich sein.

Das abschließende Kapitel 4 präzisiert die Begründung für die Festlegung der Schichten, die Offene Syteme heute kennzeichnen. Während in den Kapiteln 2 und 3 vor allem strukturelle Fragen im Vordergrund der Diskussion stehen, sind dies im 4. Kapitel eher technische Notwendigkeiten. Auf diese Weise soll in dieser Arbeit eine deutliche Trennung der Architekturmerkmale Offener Systeme von Fragen zur inhaltlichen Feingliederung Offener Systeme erzielt werden. Von seiner Konzeption her sollte das 4. Kapitel für Insider eigentlich nicht viel Neues enthalten - es wird jedoch sicherlich denjenigen sehr behilflich sein, die die Beschreibung der einzelnen Schichten in den Originalarbeiten als unbefriedigend empfinden.

2. Offene Systeme: Historischer Abriß, Perspektiven, zentrales Anliegen.

2.1 Derzeitige Rechnernetze: Kulturen oder Subkulturen?

Große verteilte Datenverabeitungssysteme - sogenannte Rechnernetze - gibt es bereits seit vielen Jahren. Es sind sehr komplizierte Systeme, die urwüchsig entstanden sind, d.h. häufig auf ursprünglichen ad hoc Hilfsmitteln beruhen. Solche ad hoc Hilfsmittel entsprechen stets dem einen oder anderen speziellen Bedürfnis (z.B. eines Computerherstellers, einer Anwendung), erschwerten jedoch meistens den Zugang zu den Resourcen eines Netzwerkes von einem anderen Netz aus ganz drastisch. Im Laufe der Jahre wurden in jedem der großen Rechnernetze diese ursprünglichen ad hoc Mittel auf in sich konsistente Weise und derartig reichhaltig weiterentwickelt, daß man mittlerweile jedes dieser Netze als eine eigene Art Kulturkreis betrachten könnte.

Möglichkeiten zur Kooperation oder Kommunikation von Angehörigen zweier verschiedener solcher Kulturkreise wurden in diesen Jahren dagegen kaum entwickelt, sind also derzeit nur in Einzelfällen - im Allgemeinen aber so gut wie gar nicht - vorhanden. Die gelegentlichen Versuche, solche allgemein nutzbaren Möglichkeiten zu schaffen, sind keineswegs versehentlich aufgegeben worden: Die Fülle technischer Einzelkonventionen, wie sie in jedem dieser Netze in andersartiger Weise gelten, stellt für solche Versuche vielmehr eine unüberwindliche Barriere dar.

Offene Kommunikationssysteme sollen nun zur Entwicklung von Kommunkationskulturen führen, die jedermann verständlich und zugänglich sind. Abgeschlossene Systeme würden sich daneben dann ausnehmen wie Sekten, bestenfalls wie Subkulturen. Von den meisten derzeitigen großen Rechnernetzen ist nicht zu erwarten, daß sie abgeschlossen bleiben werden; die materielle Ursache dieses neuen Trends werden wir im nächsten Abschnitt erläutern.

2.2 Das nationalökonomische Interesse an Offenen Systemen.

Die Entwicklung hin zu gegeneinander abgeschlossenen Subkulturen mag aus der Sicht der Einzelunternehmungen der die Netze betreibenden Körperschaften ökonomisch durchaus sinnvoll sein, nationalökonomisch gesehen ist sie es nicht - derzeit jedenfalls. Vor allem aus folgenden Gründen:

- Große Teile der öffentlichen Dienste - u.a. Gesundheitswesen, Sozialwesen, Militärwesen - haben ihre interne Organisation, ihren Kenntnisstand und ihr operatives Vermögen weitgehend auf Computersysteme hin ausgerichtet. Die unproblematische Kommunikation solcher Systeme miteinander ist in vielen Fällen zur Erfüllung der zu leistenden Dienste unumgänglich. Die Kommunikation solcher Systeme miteinander ist jedoch so gut wie ausgeschlossen, wenn sie unterschiedlichen netzwerktechnischen Subkulturen angehören.
- Das Transportaufkommen der Ware Information dürfte sich in dem Maße drastisch erhöhen, in dem die technischen Schwierigkeiten dieses Transportes vermindert werden. Dies dürfte für die großen industriellen Unternehmungen gelten, erst recht aber für mittelständische Unternehmungen, wie auch für Einzelinstitutionen und Einzelpersonen. Insbesondere die letzteren Gruppierungen waren bisher nicht kapitalkräftig genug, die neuen Möglichkeiten der computergestützten Kommunikationstechnologien unverzüglich zu nutzen, gingen doch meist mit der Verstärkung der EDV-orientierten Kooperation teure einheitliche Beschaffungsmaßnahmen einher. Demgegenüber ist in Offenen Systemen die problemlose Kommunikation der vorhandenen, meist heterogenen Systeme - also verstärkte Kooperation ohne teure Neubeschaffungen - möglich. Sicherlich verbessern diese neuen Kommunikationsmöglichkeiten die ökonomischen Erfolge derjenigen Unternehmungen, die nun besser miteinander kooperieren können - und damit die des Fiskus. Ganz abgesehen davon bestellt in vielen Industrieländern - insbesondere in den europäischen - diese Art Warentransport, den Informationstransport, der Staat und ist damit direkter Nutznießer eines solchen verstärkten ertragsbringenden Transportverkehrs.
- Schließlich kann man einen exportwirtschaftlichen Aspekt an Offenen Systemen gar nicht hoch genug einschätzen. Im Bereich der traditionellen Kommunikationssysteme gibt es eine klare Dominanz der nordamerikanischen Produkte. Im Bereich der Offenen Kommunikationssysteme - mit ihren viel weiter reichenden Entwicklungsmöglichkeiten - stehen die Uhren weltweit derzeit noch bei Null. D.h., daß hiesige potentielle Produzenten solcher Offenen Systeme gegenwärtig einen in den EDV-Technologien für Europa - auch für Deutschland - sonst üblichen Rückstand nicht in Kauf zu nehmen brauchen. Auf dem unabsehbar großen Weltmarkt für Offene Kommunikationssysteme sind sie in einer viel besseren internationalen Wettbewerbssituation als in den meisten konventionellen

EDV-Bereichen.

2.3 Offene Systeme: Ein Produkt der Standardisierungs-Gremien

Es waren wohl diese, den abgeschlossenen Systemen entgegenstehenden nationalökonomischen Interessen, die dazu führten, daß die International Organization for Standardization (=ISO), genauer das auch für Computertechnologien zuständige Technical Commitee 97 (=ISO/TC97) ein neues Subcommitee einrichtete (=ISO/TC97/SC16), das für "Open Systems Interconnection" zuständig sein sollte. Die einzelnen Industrienationen zogen umgehend nach (insbes.: Bundesrepublik Deutschland, Dänemark, England, Frankreich, Kanada, Italien, Japan, Niederlande, Schweden, Schweiz, USA, UdSSR). Das für die Bundesrepublik zuständige Normungsinstitut, das DIN, richtete einen analogen Arbeitsausschuß (=AA16) des Fachnormenausschusses "Informationsverarbeitung" ein (der analog DIN/FNI/AA16 heißen könnte), der dem SC16 ebenso zuarbeitet wie die anderen analogen Normungsgremien der der ISO zuarbeitenden anderen Nationen und anderen großen Kooperationen. Erklärtes Ziel des SC16 von vornherein war insbesondere eine weitgehende Zusammenarbeit mit der ECMA (=European Computing Machinery Association), der IFIP (=International Federation of Information Processing), der WMO (=World Meteorological Organization), vor allem aber der CCITT (=Comité Consultatif International de Télégraphie et Téléphonie. Die CCITT ist Dachorganisation der einzelnen Informationstransportgesellschaften, im Fachjargon PTT's genannt, für "Poste, Télégraphie, Téléphonie", ähnlich wie die ISO Dachorganisation der einzelnen Standardisierungsinstitutionen ist).

Die Dokumente, die all diese Gremien - und eine Fülle von wichtigen Unterausschüssen - verabschieden, kennzeichnen den Verlauf der Diskussion um Offene Systeme. Die Zusammenfassung dieser Diskussion und ihr Ergebnis findet man jeweils in den vom SC16 verabschiedeten Dokumenten. Das waren im Februar/März 78 das ISO/TC97/SC16/N34 ("Provisional Model for Open Systems Architecture"), im Oktober/November 78 das ISO/TC97/SC16/N117 ("Reference Model of Open Systems Architecture"), und das ISO/TC97/SC16/N227 ("Reference Model of Open Systems Interconnection"). Eine weitere Neufassung ist für Ende 1980/Anfang 1981 zu erwarten. Das weitere Vorgehen ist zum Zeitpunkt der Abfassung dieses Artikels noch nicht im Einzelnen abzusehen, jedoch steht mittlerweile fest: Die ISO wird in absehbarer Zeit Standards (zu deutsch: Normen) für Offene Kommunikationssysteme verabschieden.

2.4 . Offene Systeme: Schlagwort oder Schlüsselwort?

Die Frage, ob es Offene Systeme überhaupt geben wird oder nicht - d.h.: ob die Diskussion um Offene Systeme vielleicht überhaupt nur den aussichtslosen Versuch eines wissenschaftlich/technologischen Höhenfluges der ISO darstellte - kann man also als geklärt betrachten. Den Terminus "Offene Systeme" kann man daher nicht mehr als Schlagwort mit dem Beigeschmack eines Modewortes abtun - wie es von Vertretern einiger "markt"führender Firmen immer wieder versucht wird. Der Terminus "Offene Systeme" ist mittlerweile nicht mehr nur ein Schlagwort sondern ein Synonym für eine der wichtigsten zukünftigen Schlüsseltechnologien, nämlich für eine computergestützte Kommunikationstechnologie, die - weitergehend als es bisher geschah - einerseits den nationalökonomischen Notwendigkeiten entspricht und andererseits computertechnische Möglichkeiten bei der Informationsvermittlung entfaltet.

Wie weitgehend diese computergestützte Kommunikationstechnologie neuer Qualität die gegenwärtigen Entwicklungen im Bereich der Datenfernverarbeitung ergänzen, ablösen oder sogar verdrängen wird, ist derzeit natürlich noch nicht absehbar. Man muß jedoch sehen, daß der Idee der Offenen Systeme eine sehr starke innere Überzeugungskraft innewohnt, deren Bedeutung die technisch/ökonomischen Für und Wider Offener Systeme bei weitem übertreffen könnte. Es wird in keinem der Dokumente ausgesprochen: Offene Systeme verfügen über eine großartige letztendliche Perspektive - eine Verheißung darf man vielleicht sogar sagen - wie man sie in den Computertechnologien sonst kaum findet. Offene Systeme beinhalten die Utopie von einer Form von Kommunikation zwischen Menschen, die

- freizügiger ist, weil frei von unnötigen räumlichen, technischen und kulturellen Barrieren, und
- intensiver ist, weil stets alle benötigten Informationen verfügbar und austauschbar sind,

als es Menschen je erleben konnten, wie sie es aber stets erträumt haben.

Analogien zur Entwicklung in der Flugtechnik bieten sich an. Auch dort war es ein alter Menschheitstraum, der zur Entwicklung funktionsfähiger Flugapparate führte, nämlich die Utopie, dem Menschen die Fähigkeit des freien Fluges zu geben. Auch dort hat die Entwicklung einer unglaublich vielseitigen Lufttransporttechnologie die bereits vorhandenen Transporttechnologien, also die bereits vorhandenen schienengebundenen, landgebundenen oder wassergebundenen Transporttechnologien nicht verdrängt, doch aber ergänzt und verändert. Und schließlich: Dort entfaltete die reine Utopie (vom freien Flug) erst dann ihre volle intensive Produktivkraft, als ihr eine günstige konkrete Utopie an die Seite gestellt werden konnte, d.h. eine Struktur für einen Flugapparat (die vorsah die Gliederung in: Tragwerk, Leitwerk,

Antriebsaggregat, ... in der uns allen bekannten materiellen Ausprägung und physikalischen Anordnung) gefunden wurde, die in günstiger Weise die beim Fliegen wirkenden Gesetze ebensogut berücksichtigte wie den Stand der Produktionstechnik der zur Realisierung benötigten Materialien. Wir werden in den nächsten Kapiteln sehen, daß auch das Referenzmodell für Offene Systeme einen solchen konkreten Strukturvorschlag darstellt und werden uns überlegen, ob er als günstig angesehen werden kann.

2.5 Das zentrale Anliegen Offener Systeme

Bevor wir uns der Diskussion der (mit dem Referenzmodell vorgeschlagenen) Struktur für Offene Systeme zuwenden, wollen wir hier erst noch das zentrale Anliegen erläutern, das mit Offenen Systemen gegenwärtig verbunden wird, d.h. einen ersten Schritt zur Konkretisierung der obigen Utopie (von neuen Formen der Kommunikation) ausführen. Wir wollen dabei so vorgehen, daß wir der Reihe nach die Begriffe "System", "Systemverbindung" und "Kommunikationsverbindung" (synonym: "Offene Systemverbindungen") klären. Als Offene Systeme bezeichnen wir dann Systeme, die der Kommunikationsverbindungen (d.h. Offener Systemverbindungen) zur Nutzung ihrer Resourcen fähig sind.
In unserem Zusammenhang kann man unter "System" jede autonome, räumlich abgegrenzte Einheit verstehen, die fähig ist, Informationen zu verarbeiten [4]. Systeme, die uns hier beschäftigen, sind vorzugsweise größere Rechenanlagen mit ihren Resourcen und Benutzern oder kleine Rechenanlagen (Terminals) mit ihren Benutzern.
Unter "Systemverbindung" verstehen wir mehr als lediglich eine physikalische Verbindung zweier Systeme durch einen Datenweg, dessen Benutzungsvorschriften beide Systeme kennen. Als Systemverbindung wollen wir hier einen Datenweg zwischen zwei Systemen bezeichnen, der es ermöglicht, daß ein Benutzer in dem einen System beliebige bit-Folgen zu/von jedem beliebigen Benutzer (jeder beliebigen Resource) in dem anderen System übermitteln kann. Eine Systemverbindung ist bereits etwas recht intelligentes: Sie kann bereits das Adressierungsproblem lösen (d.h. den angesprochenen Benutzer (die angesprochene Resource) in dem System, das durch die Systemverbindung erreichbar ist, identifizieren und die zu übermittelnden bit-Folgen zustellen/abnehmen) und kann "bit-transparent" Informationen (d.h. insbesondere: in code-unabhängiger Weise) übermitteln.
Trotz ihrer Mächtigkeit bleibt die Frage bei solchen Systemverbindungen, wieweit sie einem durchschnittlichen Benutzer eines Systems überhaupt von Hilfe sein können, d.h. zu Kommunikationszwecken offenstehen.
Die allgemeine Erfahrung lehrt, daß eine solche blanke Systemverbindung für den

normalen Systembenutzer fast unbrauchbar ist: Um nämlich davon Gebrauch machen zu können, müßte er eine Menge Einzelheiten über den Aufbau des Systems wissen, das ihm prinzipiell über diese Systemverbindung zugänglich ist. D.h. Verbindungen dieser Art sind "offen" nur für eine kleine Gruppe von Systemexperten, die sie benutzen können, weil sie gut Bescheid wissen über das eigene Betriebssystem, Filesystem, usw., als auch die entsprechenden Systemkomponenten des Kommunikationspartners, d.h.: weil sie eine Fülle von Einzelinformationen und Konventionen über das eigene und das jeweils gerade verbundene System sehr gut kennen und ausnutzen können.
Die hier angesprochenen Schwierigkeiten kann man durch ein Analogon verdeutlichen. Wollen zwei Benutzer zweier verschiedener Systeme miteinander kommunizieren und stellt man ihnen dazu eine blanke Systemverbindung zwischen ihren Systemen zur Verfügung, so würden sie damit ähnliche Erfahrungen machen wie jemand, der auf der blanken Hardware einer Rechenanlage einen Algorithmus der numerischen Mathematik zur Ausführung bringen soll. In letzterem Fall wird man die Bösartigkeiten der blanken Hardware-Anlage vor den Benutzern verbergen, indem man ihnen per Software geeignete Hilfsmittel zur Verfügung stellt; die Gesamtheit dieser Hilfsmittel bezeichnet man üblicherweise als "Betriebssystem".
Verbirgt man die Bösartigkeiten einer blanken Systemverbindung vor ihren Benutzern, indem man ihnen per Software geeignete Hilfsmittel zur Erleichterung von Kommunikationsvorgängen zur Verfügung stellt, so kann man die so entstehende Verbindung zu Recht eine "Offene Systemverbindung" nennen. Aufgrund dieser Hilfsmittel einer solchen Verbindung zwischen den Systemen ist sie ja nun tatsächlich offen für den durchschnittlichen Systembenutzer zur Kommunikation mit irgend einem anderen Benutzer (einer Resource) in den so verbundenen Systemen. Der Name "Kommunikationsverbindung" erfaßt dies wohl noch treffender als der Name "Offene Systemverbindung".

Das Verständnis dieses Analogons ist für das Verständnis des zentralen Anliegens Offener Systeme sehr behilflich; es wird deshalb nochmals - etwas detaillierter und mit etwas mehr Informatikerterminologie angereichert - angegeben.

Im konventionellen Rechenzentrenbetrieb ist es heute üblich, den Kunden zur Lösung ihrer Probleme zur Verfügung zu stellen

a) eine geeignete Rechenanlage mit den den Kunden nicht sichtbaren Teilen des Betriebssystems (die Kunden bekommen von den beteiligten Resourcen keinerlei Einzelheiten zu sehen)

b) darauf einen geeigneten abstrakten Prozessor, das ist der dem Kunden sichtbare Teil des Betriebssystems. Dieser abstrakte Prozessor stellt den Kunden alle die Dienste zur Verfügung, die sie brauchen, um ihre Problemlösungen auf den Resourcen aus a) - d.h. ihre Programmausführung - freizügig, ökonomisch und sicher betreiben zu können. Solche Dienste sind etwa die des Filesystems oder des Kommandoprozessors.

c) eine ganze Reihe, z.T. ganz unterschiedlicher Sprachprozessoren. Sie gestatten es den Kunden, ihre Aufträge an den Rechner in den Sprachen abzusetzen, die sie gerade kennen oder die ihnen angemessen erscheinen.

Analog dazu soll es in Offenen Systemen üblich sein, den Kunden zu Kommunikationszwecken zur Verfügung zu stellen

a') eine geeignete Systemverbindung (die Kunden bekommen von den beteiligten Resourcen keinerlei Einzelheiten zu sehen),

b') darauf einen geeigneten abstrakten Prozessor, das ist der den Kunden sichtbare Teil des Kommunikationsprozessors. Dieser abstrakte Prozessor stellt den Kunden alle die Dienste zur Verfügung, die sie brauchen, um ihren Kommunikationsvorgang auf den Resourcen aus a') freizügig, ökonomisch und sicher betreiben zu können. Die Art dieser Dienste werden wir in den nächsten beiden Kapiteln erläutern.

c') eine ganze Reihe, z.T. ganz unterschiedlicher Geräteprozessoren. Sie gestatten es den Kunden, ihre Kommunikation mittels der Geräte vornehmen zu können, die sie gerade haben oder die ihnen gerade angemessen erscheinen.

Es ist nun vermutlich offensichtlich, welche Einsicht ich mit dem Aufweisen dieser Analogie nahelegen wollte: Es ist die Einsicht, daß das Bemühen, Offene Systeme zu begreifen, zu entwerfen und zu realisieren nichts weiter ist als das Bemühen, im Kommunikationsbereich aus den vieljährigen Erfahrungen des Rechenzentrenbereichs mit Benutzerbedürfnissen bzw. des Softwareproduktionsbereichs zu lernen und eine dementsprechende Kommunikationstechnologie zu entwickeln.

2.6 Portabilität versus Kompatibilität in Offenen Systemen

Seit den frühen Jahren der Elektronik spielt der Begriff der Kompatibilität eine wichtige Rolle: Durch das Zusammenstecken kompatibler ganzer Geräte - oder auch nur von Baugruppen davon - gelang häufig die Erstellung ökonomisch oder technisch vorteilhafterer Anlagen, als sie aus dem Sortiment eines einzelnen Herstellers oder einer einzigen Produktionsserie hätten aufgebaut werden können. Diesen günstigen Effekt "steckerkompatibler" Geräte - nämlich günstigere Problemlösungen zu ermöglichen als mittels aufeinander abgestimmter Komponenten eines abgeschlossenen Sortiments möglich sind - versuchte man natürlich auch in der Computertechnik zu reproduzieren. Wir kennen heute die Schwierigkeiten, steckerkompatible Hardwarekomponenten herzustellen; sobald größere Softwaresysteme im Spiel waren mußten frühere Versuche zu einer Art "Steckerkompatibilität" zu kommen - was genau das auch heißen mochte - meist ergebnislos abgebrochen werden.

Die Antwort der Softwaretechniker auf dieses Dilemma mit der Steckerkompatibilität zu großen Softwaresystemen ist uns allen bekannt: sie entwickelten portable Softwaresysteme. Portable Softwareprodukte sind so entworfen und implementiert, daß ihr Ansiedeln auf einer neuen Rechenanlage lediglich die Implementierung einiger weniger, kleiner und klar definierter Schnittstellen auf dieser neuen Rechenanlage erfordert. In anderen Worten: Beim Ansiedeln eines portablen Softwareproduktes auf einer Anlage braucht die Systemgruppe dieser Anlage das ihr unbekannte Softwareprodukt nicht zu modifizieren und deshalb auch gar nicht kennenzulernen; sie muß lediglich auf der eigenen und ihr bekannten Anlage wenige, kleine und klar definierte Funktionen implementieren.
Die Forderung große Systeme stets portabel zu machen hat seither sehr weitgehende und vorteilhafte Auswirkungen auf die gesamte Softwaretechnologie mit sich gebracht. Der Begriff der Portabilität ist heute einer der wichtigsten feststehenden Begriffe der Softwaretechnik.
Durch Portabilität der Softwaresysteme kann man jedoch das Problem der fehlenden Steckerkompatibilität unterschiedlicher Rechner nur teilweise überbrücken, lösen kann man es so nicht. Die Portabilität hat nämlich Grenzen

- inhaltlicher Art: Bei vielen Datenbanken verbietet sich von vornherein ihr physischer Transport auf eine weitere Anlage (etwa aus Sicherheits- oder Konsistenzgründen).
- technischer Art: Auf einer sehr kleinen Rechenanlage kann man keine sehr großen Systeme ausführen, auf einem langsamen Datenweg kann man ein großes System nicht in kurzer Zeit übertragen, ...

Bei dem Bemühen, die für Offene Systeme geforderten Formen der Kommunikation zu ermöglichen, kann dem Portabilitätsaspekt deshalb - auch weil Portieren häufig gar nicht so einfach ist wie hier beschrieben - zunächst einmal nur eine ganz nachgeordnete Bedeutung zukommen. Und schärfer: Auch nicht portable Softwareprodukte in einem Offenen System sollen von jedem Benutzer des Offenen Systems aus bequem, ökonomisch und sicher benutzbar sein.
Damit sind wir aber im Bereich der Offenen Systeme wieder mit der ursprünglichen Forderung nach Steckerkompatibilität zu großen Softwaresystemen hin konfrontiert. Wir werden in den nächsten beiden Kapiteln sehen, daß das Referenzmodell die funktionale Struktur dieser "Stecker" - und teilweise auch ihre Implementierung - festlegt, d.h. also festlegt, was eine Offene Systemverbindung ist. Wir werden dann auch sehen, inwiefern Kommunikationsvorgänge durch diese standardisierten Offenen Systemverbindungen strukturiert, dadurch vereinfacht, und damit einer weiteren Standardisierung zugänglich gemacht werden.

3. Das Kernstück des Referenzmodells: Seine "Schichtenstruktur"

3.1 Zur Architektur Offener Systeme

Im vorigen Kapitel haben wir die Zielvorstellungen zu (oder auch: die definierenden Merkmale von) Offenen Systemen dargelegt, nämlich: "In Offenen Systemen ist von jedem Terminal aus jedes Betriebsmittel bequem, kostengünstig und sicher nutzbar". Bei dieser Darlegung haben wir noch nicht die Frage angesprochen, welche Eigenarten von Kommunikationssystemen es ermöglichen, diese Zielvorstellungen zu realisieren, d.h. welche Eigenarten von Systemen sie zu Offenen Systemen machen. Das Dokument, das das Referenzmodell (RM) beschreibt, das sogenannte "N227", beantwortet diese Frage sehr formalistisch und besagt: "Ein System heißt Offenes System, wenn es in seiner Kommunikationsstruktur den im RM Dokument definierten Standards (d.h. Normen) genügt".
Die Erläuterung dieser knappen Antwort ist Gegenstand dieses Kapitels. Dabei beginnen wir - in diesem Abschnitt - mit der Diskussion, welche Auswirkungen die Festlegung einer Kommunikationsstruktur auf die Architektur eines Computersystems hat.
Zunächst einmal wollen wir davon ausgehen,

- daß man ein Computersystem zerlegen kann in einen "internen Teil" und einen "externen Teil" (Dabei soll der externe Teil zuständig sein für den Aufbau/Abbau und den Betrieb aller Verbindungen zwischen diesem Computersystem und seiner Umwelt, während der interne Teil alle "lokalen" Aufgaben abwickelt, d.h. alle die Aufgaben, von denen man außerhalb des Computersystems keine Einzelheiten zu kennen braucht, um die Verbindungen zu dem Computersystem benutzen zu können), und

- daß zur Entscheidung der Frage, ob ein System offen ist oder nicht, jedenfalls nur sein externer Teil betrachtet zu werden braucht, seine "Verbindungs-Hardware/Software", und

- daß das RM Dokument sich nur auf diesen Teil, d.h. auf die Verbindungs-Hardware/Software, bezieht.

Man sieht nach einiger Diskussion, daß es bei einer ganzen Reihe von Komponenten eines Computersystems durchaus unklar ist, wie weit sie zum internen oder externen Teil zu zählen sind (z.B. die sogenannten "system management functions"). Diese Diskussion ist zwar äußerst wichtig, wir müssen sie in dieser Arbeit trotzdem auslassen, um die elementaren Konzepte des RM zunächst einmal klar herausarbeiten zu können.
Das RM Dokument definiert also eine Reihe von Eigenarten von Verbindungs-

Hardware/Software und nennt Computersysteme offen, wenn ihre Verbindungs-Hardware/Software diese Eigenarten hat. Die (implizite und derzeit noch zu beweisende) Behauptung des RM Dokuments ist demnach, daß die von ihm festgelegten Eigenarten der Verbindungs-Hardware/Software ausreichen, um für Offene Systeme den Entwurf und die Implementierung von Software für applikationsorientierte Kommunikationsvorgänge in einer Weise zu vereinfachen, die das Adjektiv "offen" rechtfertigt.

Wie weit diese geforderten Eigenarten der Kommunikations-Software/Hardware deren Architektur festlegen, war ein sehr heikler Punkt in vielen Diskussionen über Offene Systeme und bedarf tatsächlich sorgfältiger Präzisierung, nämlich:

- Das RM Dokument legt die Eigenarten der Verbindungs-Hardware/Software Offener Systeme nur in funktionaler Hinsicht fest. Es schreibt keinerlei besondere Architektur für diese Verbindungs-Hardware/Software vor.

Die funktionale Festlegung der Verbindungs-Hardware/Software geschieht im RM indirekt:

- Es schreibt lediglich vor, daß diese Verbindungs-Hardware/Software Kommunikationsvorgänge einer ganz besonderen Struktur zwischen beliebigen Benutzern Offener Systeme einfach und kostengünstig zu realisieren gestattet, und
- Es legt diese Struktur der Kommunikationsvorgänge fest.

Mit diesen Ausführungen sollte klargestellt sein, daß die immer wieder auftauchende Behauptung, das RM hätte keinerlei Auswirkungen auf die Struktur oder Implementierung der Verbindungs-Hardware/Software, falsch ist. Das RM stellt einige Forderungen (nämlich die oben beschriebenen) an die Architektur Offener Systeme; man kann gegenwärtig jedoch nicht sagen, welche Entwürfe/Implementierungen von Computersystemen mit diesen Forderungen ideal, gerade noch bzw. nicht mehr verträglich sind. Konkrete Erfahrungen stehen derzeit noch völlig aus.

3.2 Die Kommunikationsstruktur des Referenzmodells

Im RM wird ein applikationsorientierter Kommunikationsvorgang zwischen Benutzern (oder: zwischen Benutzern und Resourcen) Offener Systeme als vielschichtiger Vorgang betrachtet. Die sieben unteren Schichten werden im RM beschrieben; man kann diese Schichten als die "Kommunikationspezifischen" Schichten des Kommunikationsvorganges betrachten. In vielen Fällen wird es mehrere höhere Schichten - oberhalb dieser sieben Schichten - geben, sogenannte "Anwendungsspezifische" Schichten, auf die sich jedoch das RM nicht erstreckt.

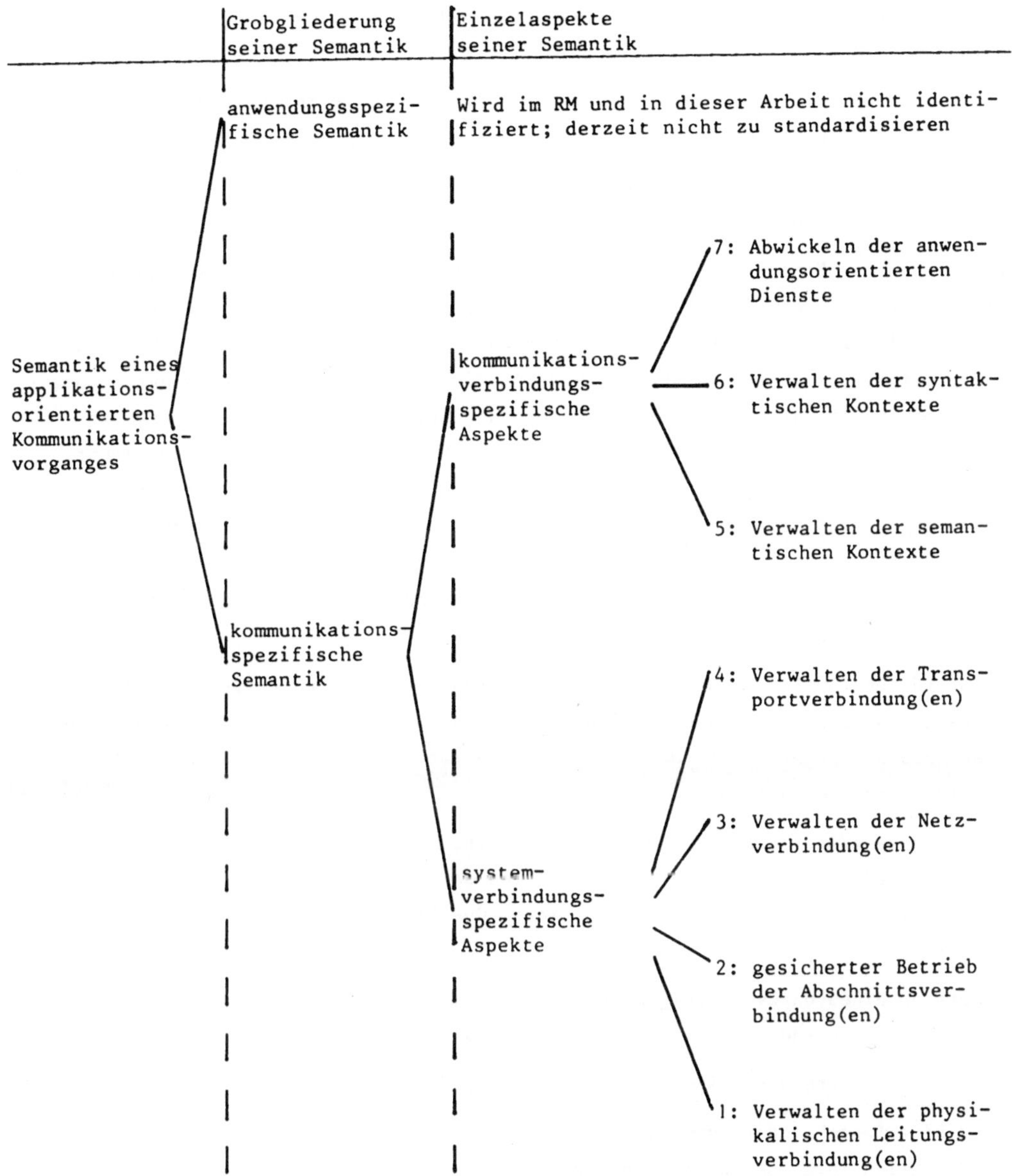

Abbildung 1 : Grundsätzliche Aufgliederung der Semantik eines applikationsorientierten Kommunikationsvorganges durch das RM.

- Was wir hier unter "anwendungsspezifischer Semantik" der Kommunikation ansprechen, führt zu dem, was häufig "reine Nutzdaten" der Kommunikation heißt.
- Zur Gliederung der kommunikationsspezifischen Semantik in kommunikations- und systemverbindungsspezifische Aspekte s. Abschnitt 2.5
- Zur Begründung der semantischen Einzelaspekte s. Kapitel 4

Ein Kommunikationsvorgang ist vielschichtig in dem Sinne, daß ganz unweigerlich dabei

a) stets mehrere und voneinander ganz unterschiedliche semantische Aspekte angsprochen werden, und

b) diese Aspekte stets in einer festen Beziehung zueinander stehen, nämlich total geordnet sind.

Zunächst zu a). Eine Grobstrukturierung, die man für die Semantik eines Kommunikationsvorganges vornehmen kann, haben wir bereits kennengelernt, sie ist in Abbildung 1 veranschaulicht. Wie wir im nächsten Kapitel ausführlicher begründen werden, ergibt die weitergehende Diskussion dieser Grobstrukturierung der Semantik eines Kommunikationsvorganges in naheliegender Weise - wenn auch nicht zwangsläufig - die Aufgliederung in die semantischen Einzelaspekte, die das RM kennt.
In der nachfolgenden Aufstellung geben die Zahlen vor den Doppelpunkten die Schichten an, auf denen die rechts davon beschriebenen semantischen Aspekte im RM angesiedelt sind.
Die 4 Einzelaspekte der systemverbindungsspezifischen Semantik sind - in groben Zügen beschrieben - die folgenden

4: Anforderung/Auflösung und Betrieb einer Transportverbindung (stark vereinfachend gesagt ist das eine Systemverbindung zwischen den kommunizierenden Benutzern, auf der die angeforderte Qualität des Informationstransportes durch Software Hilfsmittel gewährleistet ist).

3: Anforderung/Auflösung und Betrieb einer Netzverbindung (stark vereinfachend gesagt bedeutet das: geeignetes Verwalten der zu transportierenden Informationen im Netz und ihre Weiterleitung von ihrem Quell-Computersystem zum Ziel-Computersystem).

2: Betrieb eines unzuverlässigen Leitungsmediums, das zwei Computer verbindet als zuverlässigen und bit-transparenten Datenkanal.

1: Anforderung/Freigabe eines Leitungsmediums, das zwei Computer verbindet.

Die 3 Einzelaspekte der kommunikationsverbindungsspezifischen Semantik kann man grundsätzlich folgendermaßen kennzeichnen

5: Vereinbaren aller, bzw. Verwalten der jeweiligen semantischen Kontexte, in denen der Kommunikationsvorgang geschieht.

6: Vereinbaren aller, bzw. Herstellen der jeweiligen syntaktischen Kontexte, in denen der Kommunikationsvorgang geschieht.

7: Abwickeln von applikationsorientierten Kommunikationsaktivitäten (mittels derer alle applikationsspezifischen Kommunikationsmaßnahmen realisiert werden).

Nun zu b). Die verschiedenen semantischen Aspekte, aus denen jeder Kommunkations-

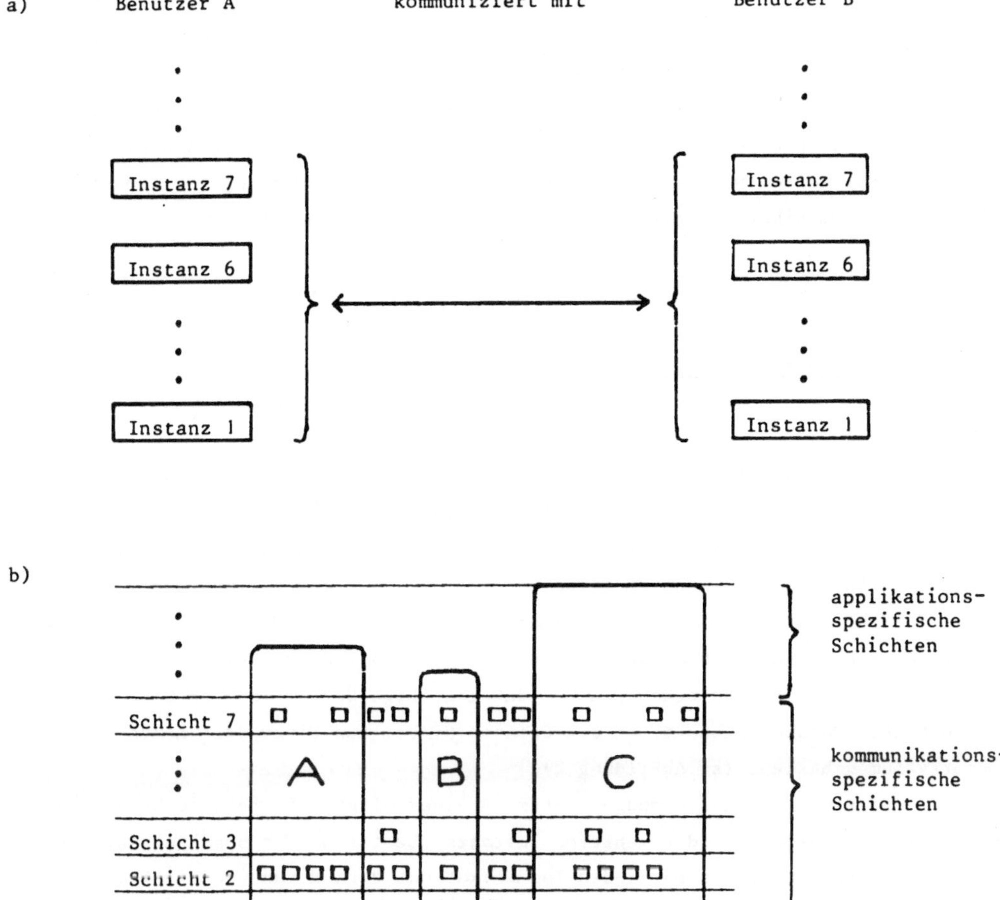

Abbildung 2 : a) zeigt, daß grundsätzlich jeder Kommunikationspartner pro Kommunikationsvorgang alle 7 Instanzen des RM (außerdem noch applikationsspezifische, hier durch Punkte angedeutete) benötigt.

b) zeigt, was das RM unter einer Schichtung versteht, nämlich die Gesamtheit aller Instanzen in einem Offenen System, die für einen der 7 semantischen Einzelaspekte eines Kommunikationsvorganges zuständig sind. A, B, und C kennzeichnen drei Computersysteme in dem Offenen System. Alle drei Systeme beherbergen Applikationen. Man sieht, daß die Schichtung in einem Offenen System mit der Verteilung der Instanzen auf die einzelnen Computersysteme nichts zu tun hat. Jedes der gezeigten Computersysteme ist selbst noch ein Offenes System.

vorgang aufgebaut ist stehen in einem festen Abhängigkeitsverhältnis voneinander. Genauer gesagt, gilt für die eben aufgeführten Aspekte 1-7: Maßnahmen mit semantischem Aspekt i+1 kann man nur durchführen, wenn man gewisse Maßnahmen mit semantischem Aspekt i durchführen konnte. Für i=1,2,3 ist diese Aussage offensichtlicherweise richtig, für i=4,5,6 bedarf sie einiger Erläuterungen, die im nächsten Kapitel folgen. Zunächst wollen wir zeigen, was diese hierarchische Ordnung der semantischen Aspekte eines Kommunikationsvorganges zu tun hat mit den Schichten des RM.

3.3 Die Schichtenstruktur des RM

Das RM schreibt für jeden Kommunikationsvorgang und für jeden seiner 7 semantischen Aspekte vor, daß bei jedem der Kommunikationspartner für alle Maßnahmen (eines semantischen Aspektes) eine eigene Instanz (entity) zuständig ist. Diese Instanzen ordnet das RM entsprechend den semantischen Aspekten, für die sie zuständig sind, an. Eine Schicht in einem Offenen System entsteht nun aus der Menge aller Instanzen, die alle für ein und denselben Aspekt zuständig sind: Auf diese Weise entstehen die 7 Schichten des RM. Man beachte hier, daß die obige Definition von Offenen Systemen nichts darüber aussagt, ob ein Offenes System aus einem oder mehreren Computersystemen besteht (s. Abbildung 2).
Betrachtet man ein einzelnes Computersystem in einem Offenen System, so kann jede seiner Schichten aus einer oder mehreren Instanzen bestehen. Man beachte, daß das RM nicht vorschreibt, daß es für jeden Kommunikationsvorgang, an dem ein Computersystem beteiligt ist, und für jeden Aspekt eine eigene Instanz geben muß oder nur eine Instanz geben darf. D.h.: In einem Computersystem kann es (s. Abbildung 3)

- Instanzen geben, die für mehrere Kommunikationsvorgänge gleichzeitig für die Maßnahmen eines semantischen Aspekts zuständig sind, oder
- für einen Kommunikationsvorgang und einen seiner Aspekte mehrere Instanzen geben, die für die zu diesem Aspekt gehörigen Maßnahmen zuständig sind.

Man beachte außerdem, daß es Computersysteme in einem Offenen System geben kann, die gar nicht alle 7 Schichten enthalten (s. Abbildung 4). In einem Vermittlungsrechner (das ist eine DCE = Data Circuit Equipment) hat man nur die Schichten 1-3; alle 7 Schichten sind dagegen in den Computersystemen vorgesehen, die Benutzerprozesse haben (in den DTE's = Data Circuit Terminating Equipments). Genauer: Jeder an einem Kommunikationsvorgang beteiligter Benutzer wird in "seiner" DTE alle 7 Instanzen für diesen Vorgang benötigen und beschäftigen.

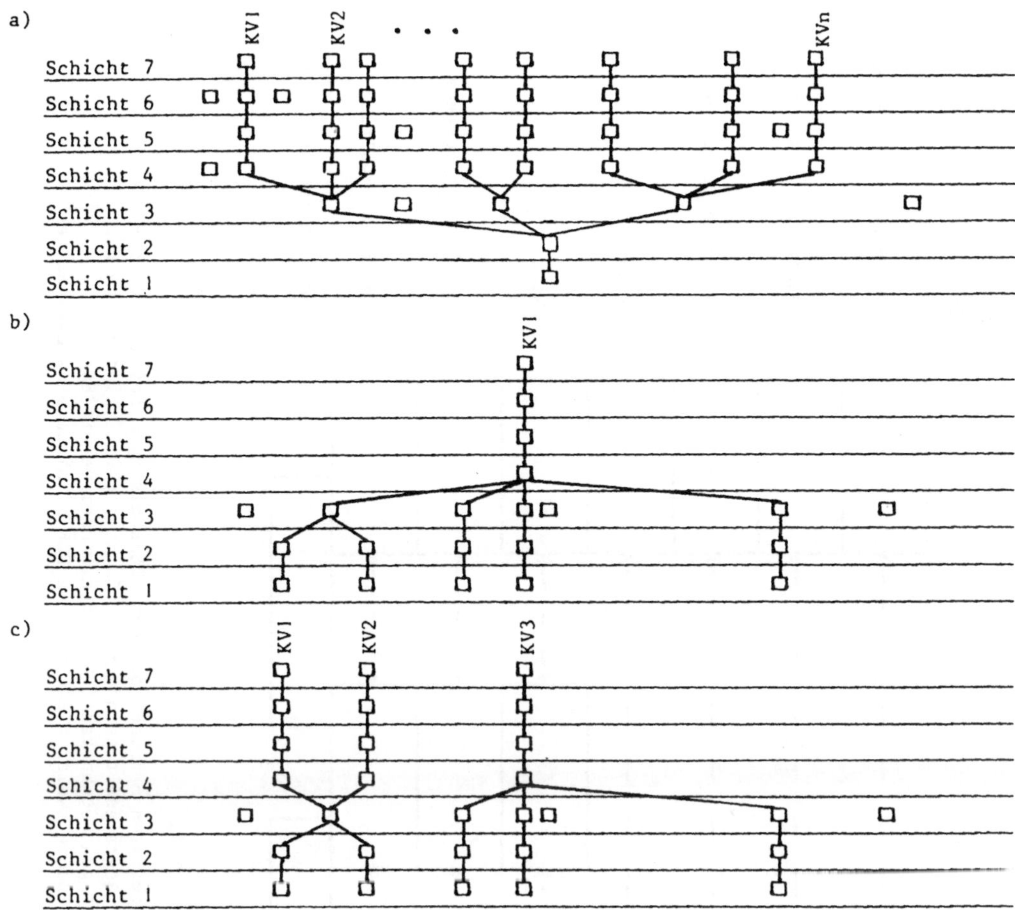

Abbildung 3 :

Möglichkeiten des Zusammenwirkens der schichtenspezifischen Instanzen in einem Computersystem bei der Realisierung eines applikationsspezifischen Kommunikationsvorganges (KV). Gerade zusammenwirkende Instanzen sind durch Striche miteinander verbunden.

a) zeigt, wie eine Instanz einer Schicht an mehreren applikationsorientierten KVn beteiligt werden kann
b) zeigt, wie mehrere Instanzen einer Schicht einen einzigen KV unterstützen können
c) zeigt ein Beispiel dafür, daß auch beide Fälle gleichzeitig eintreten können.

Allgemeine Anmerkungen:

- Ob multiplexen oberhalb der Transportschicht vom RM zugelassen sein soll, ist gegenwärtig unklar.
- Multiplexen der Instanzen der Schicht 1 kann sinnvoll sein, ist hier aber einfachheitshalber nicht eingezeichnet.
- Ein KV kann auf einer Schicht zwischen verschiedenen Instanzen hin- und hergeschaltet werden; solche Instanzen brauchen dann zeitweise überhaupt keinem KV anzugehören.

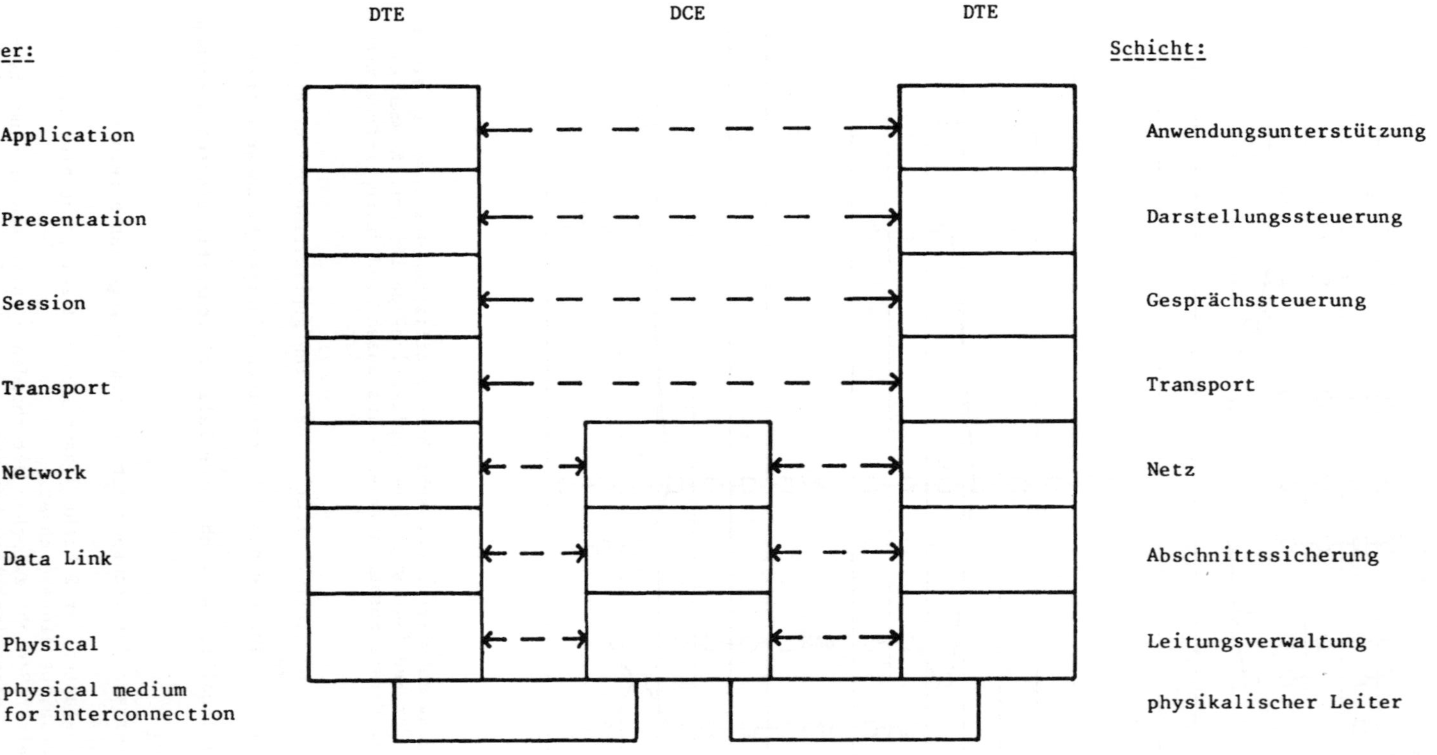

Abbildung 4 : Die Schichten des RM in DCE's und DTE's

Man beachte, daß auf jeder der Schichten - sowohl bei den DTE's als auch bei den DCE's - im Allgemeinen mehrere Instanzen angesiedelt sein werden. In diesem Bild sind die beiden Endknoten(DTE's) durch einen einzigen Netzknoten (DCE) miteinander verbindbar; im Allgemeinen wird man zur Verbindung zweier DTE's mehrere DCE's "hintereinanderschalten" müssen.

3.4 Standardisierbare Protokolle auf Grund der RM Standards

Das RM schreibt außerdem vor, daß jede Instanz nur mit solchen Instanzen kommunizieren kann, die auf der gleichen Schicht liegen (s. Abb. 5). Auf diese Weise wird im RM ein komplexer applikationsorientierter Kommunikationsvorgang zwischen zwei Systembenutzern (in seinem kommunikationsspezifischen Teil) zerlegt in 7 einfachere Kommunikationsaktivitäten zwischen "paaren" Instanzen (peer entities); dabei dient jede dieser Aktivitäten der Abwicklung von Maßnahmen mit nur einem einzigen semantischen Aspekt, ist also tatsächlich sehr viel einfacher als der gesamte Kommunikationsvorgang. Aufgrund seiner Kommunikationsstruktur zerlegt das RM also die stets komplexen applikationsorientierten Kommunikationsvorgänge in einheitlicher Weise (genauer: in durch das RM standardisierter Weise) in wesentlich einfachere einzelaspektspezifische Kommunikationsaktivitäten.

Zur Abwicklung dieser schichtenspezifischen Kommunikationsaktivitäten zwischen paaren Instanzen bedarf es einer ganzen Reihe von Übereinkünften zwischen diesen Instanzen über die Syntax und Semantik der auszutauschenden Nachrichten. Diese Übereinkünfte müssen z.B. festlegen, welche Formate für die ausgetauschten Nachrichten zulässig sind, welche Bedeutung die einzelnen Werte in den einzelnen Feldern dieser Nachrichten haben (d.h.: wie Funktionen, Parameter und Daten kodiert sind), in welcher Reihenfolge die einzelnen bekannten Nachrichten übermittelt werden dürfen, welche Werte die Parameter haben dürfen, wie auf Abweichungen zu reagieren ist, welche Nachrichten der Bestätigung bedürfen, usw.. Die Menge dieser Übereinkünfte zwischen kommunizierenden paaren Instanzen - man sollte anstelle von Übereinkünften etwas genauer von gemeinsamen Interpretationsregeln der ausgetauschten Daten sprechen - bezeichnet man üblicherweise als "globales" Kommunikationsprotokoll dieser paaren Instanzen (Im Abschnitt 3.6 werden wir sehen, daß diese globalen Protokolle zwischen paaren Instanzen klar unterschieden werden müssen von den "lokalen" Protokollen zwischen "benachbarten" Instanzen).

Wir halten also fest: Ohne gemeinsames globales Protokoll ist im RM eine Kommunikation zwischen paaren Instanzen nicht möglich; die andere Möglichkeit der Kommunikation zwischen paaren Instanzen - nämlich ohne globales gemeinsames Protokoll, mittels lokaler Protokolle zwischen benachbarten Instanzen (s. Abb. 6) - ist im RM ja gerade verboten.

Wir wollen hier nicht auf die Frage eingehen, wie für den einen oder anderen semantischen Aspekt minimale Protokolle aussehen, dafür mächtige Protokolle aussehen, welche Eigenschaften an Protokollen interessant sind, usw.. Wir wollen hier lediglich ganz pauschal feststellen, daß erfahrungsgemäß Protokolle dazu neigen, mit

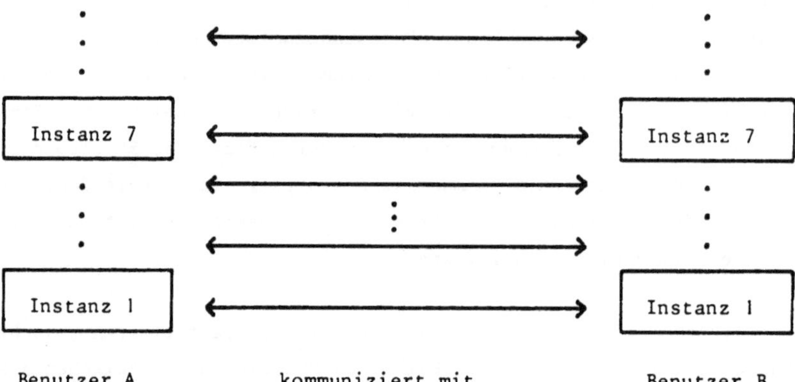

Abbildung 5 : Die Zerlegung eines applikationsorientierten KV im RM in 7 Kommunikationsaktivitäten zwischen paaren (zu den Benutzern "gehörenden") Instanzen. Die waagerechten Pfeile stehen für globale und schichtenspezifische Protokolle. Man beachte, daß es auf jeder Schicht durchaus unterschiedliche globale Protokolle geben kann; jedoch müssen Instanzen für ihre Kommunikationsaktivitäten ein gemeinsames Protokoll benutzen.

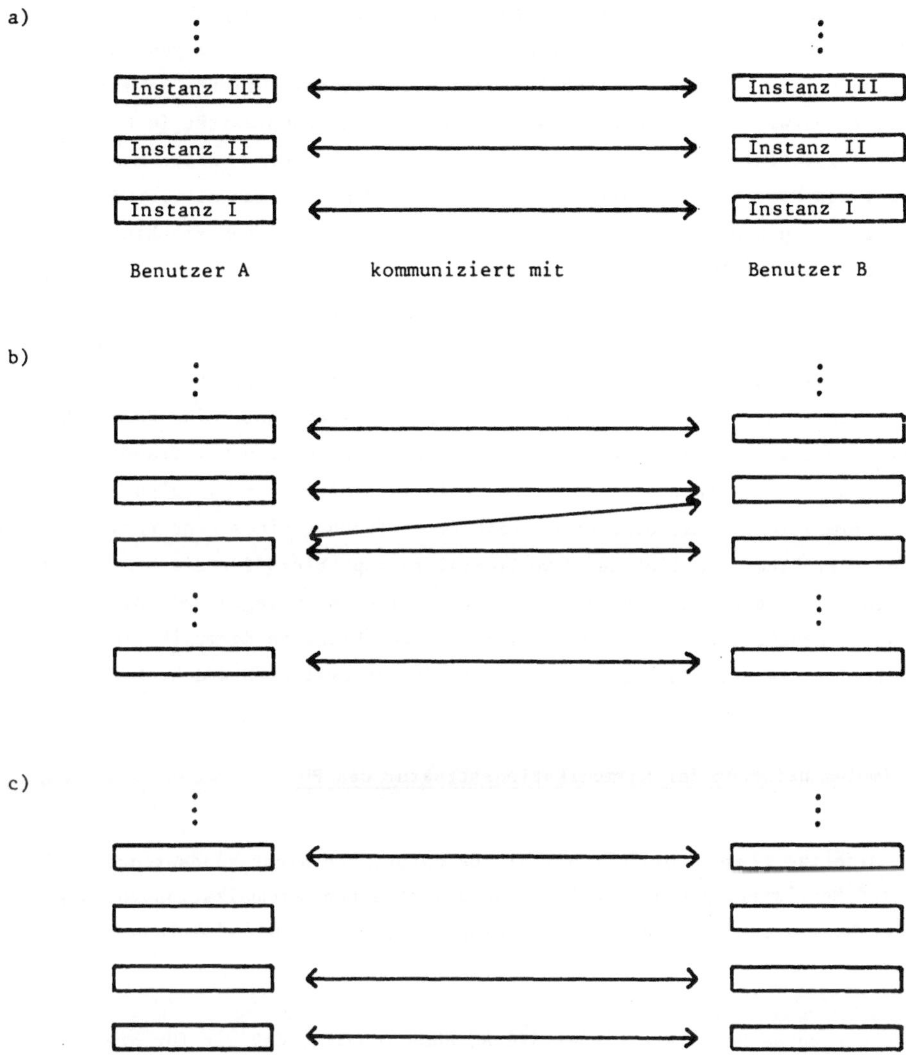

Abbildung 6 : Beispiele von Kommunikationsstrukturen, die das RM für Offene Systeme nicht zuläßt

a) Der KV ist zwar in schichtenspezifische Kommunikationsaktivitäten zerlegt, die mittels schichtenspezifischer globaler Protokolle abgewickelt werden; aber die Semantik der Schichten und u.U. auch ihre Anzahl erfüllt nicht die Vorschriften des RM

b) Es gibt Verbindungen und dazugehörige globale Protokolle zwischen anderen als den paaren Instanzen

c) Paare Instanzen kommunizieren miteinander ohne globales Protokoll (um dies zu ermöglichen, muß man i.Allg. die benachbarten paaren lokalen und die benachbarten globalen Protokolle geeignet "verstärken").

zunehmender Mächtigkeit ganz unerwartet schnell an Komplexität zu gewinnen, d.h. an Verständlichkeit zu verlieren. Wollte man also versuchen, ein einziges (und deshalb sehr mächtiges) globales Protokoll für applikationsorientierte Kommunikationsvorgänge zu entwickeln, so dürfte man aufgrund seiner Komplexität in handfeste Schwierigkeiten geraten. Auf jeden Fall aber würde man scheitern, wollte man ein derartig komplexes Protokoll standardisieren: Aus Gründen, die man mittlerweise kennt und analysieren kann, sind Standards nur dann brauchbar, wenn sie hinreichend einfache Dinge (hier: Protokolle) festlegen.

Standards für die gemeinsamen globalen Protokolle sind in verteilten Systemen aber offensichtlicherweise unumgänglich, wenn sie für jedermann zugänglich sein sollen, d.h. Offene Systeme sein sollen. Da das RM für Offene Systeme aber eine Kommunikationsstruktur festlegt, wie sie oben beschrieben wurde, benötigen wir Standards nur noch für die schichtenspezifischen - d.h. relativ einfachen - globalen Protokolle. Das RM ermöglicht damit eine erhebliche Vereinfachung eines sehr schwierigen technischen Problems, nämlich des Standardisierungsproblems für die benötigten globalen Protokolle. Genau dies ist eines der wesentlichen Anliegen des RM, und darauf ist auch zurückzuführen, daß man heute die "geschichtete Kommunikationsstruktur" allseits als unveräußerliches Merkmal Offener Systeme betrachtet.

3.5 Die Implementierung der Kommunikationsstruktur des RM

Eine andere wichtige Frage haben wir bisher überhaupt noch nicht angesprochen: die Frage nach der Realisierung eines applikationsorientierten Kommunikationsvorganges, bzw. nach der Realisierung der Kommunikationsaktivitäten auf den einzelnen Schichten.

Unausgesprochenerweise haben wir bisher die Annahme gemacht, daß wir für die Realisierung eines applikationsorientierten Kommunikationsvorganges einen Leiter zur Verfügung haben, der ähnlich organisiert ist wie ein Bus auf der Registertransferebene. Entsprechend dieser Annahme würden je zwei kommunizierende paare Instanzen - und zwar auf jeder Schicht - durch einen eigenen Leiter unmittelbar miteinander verbunden sein (s. Abb. 7). Dabei braucht dieser Leiter allerdings nur imstande zu sein, Funktionen und Daten zu übermitteln, die für die an ihn direkt angeschlossenen Instanzen vorgesehen sind. Ein solcher Leiter bräuchte also keine "Nutzdaten" übermitteln zu können, d.h. Daten, die seine direkt angeschlossenen Instanzen gar nicht selbst produzieren/konsumieren sondern die ihnen andere Instanzen anliefern/abnehmen. In der Tat legt das RM fest, daß die Realisierung eines applikationsorientierten Kommunikationsvorganges mittels der 7 schichtenspezifischen Leiter - es spricht von "Verbindungen" - geschieht.

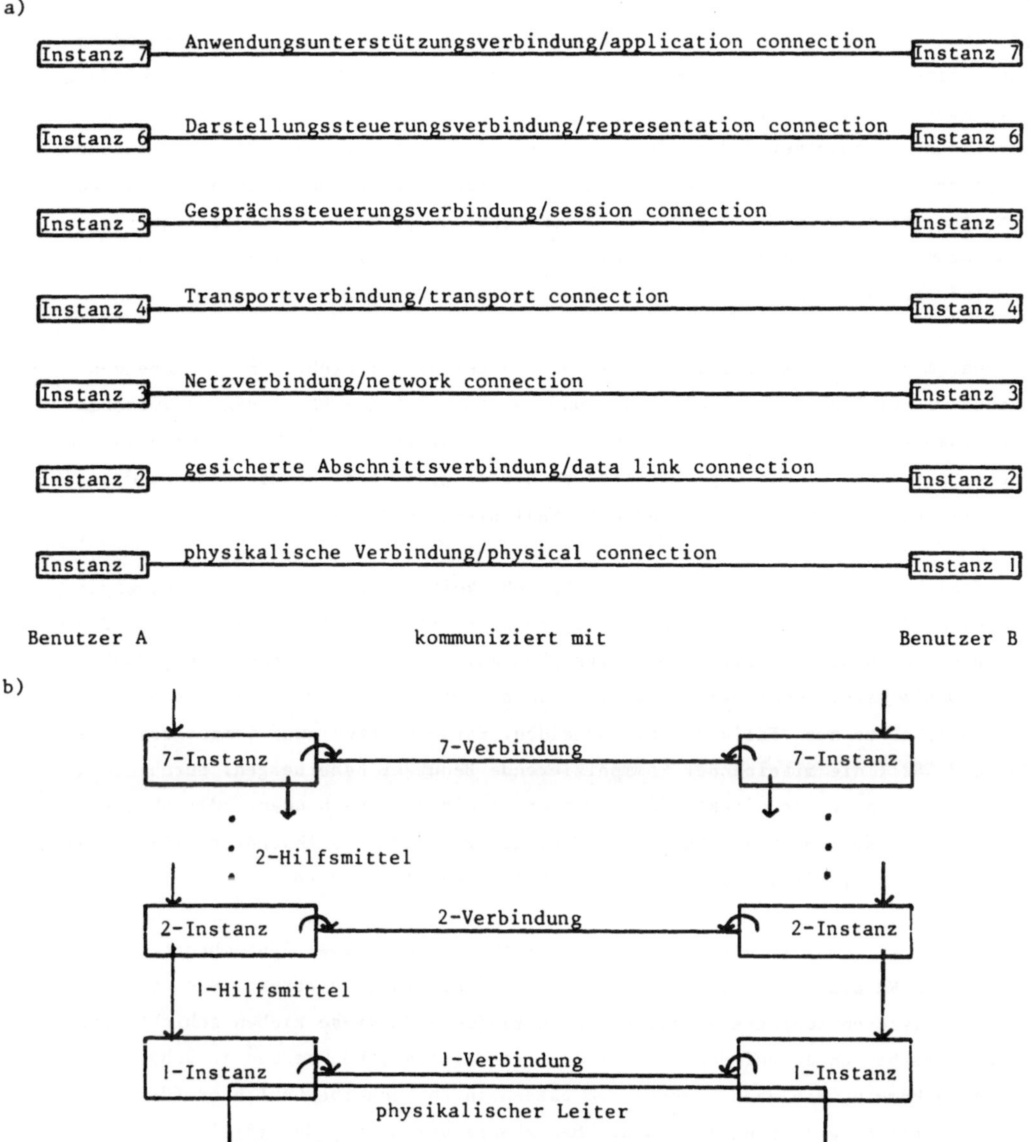

Abbildung 7 : Die schichtenspezifischen Verbindungen, Funktionen und Hilfsmittel

a) Einfachheitshalber sind hier zu jeder schichtenspezifischen Verbindung nur zwei Instanzen gezeichnet; solche Verbindungen bezeichnet man als 2-Punkt-Verbindungen. Das RM läßt für jede Schicht n-Punkt-Verbindungen ($n \geq 2$) zu; per globalem Protokoll müssen dann (für $n > 2$) die an der Kommunikation zu beteiliegenden Instanzen identifiziert werden.

b) Die Pfeile zeigen, wer worauf zugreifen kann. Demnach können i-Instanzen mittels i-Funktionen auf i-Verbindungen zugreifen (d.h. sie manipulieren) und mittels (i-1)-Hilfsmitteln auf (i-1)-Instanzen (d.h. die zur Manipulation von (i-1)-Verbindungen zu veranlassen). Anders bei 1-Instanzen: diese können den physikalischen Leiter direkt manipulieren.

Wie aus Abb. 7 ersichtlich nennen wir diese sieben schichtenspezifischen Leiter physikalische Verbindung (physical connection), gesicherte Abschnittsverbindung (data link connection), Netzverbindung (network connection), Transportverbindung (transport connection), Gesprächssteuerungsverbindung (session connection), Darstellungssteuerungsverbindung (representation connection), Anwendungsverbindung (application connection). Zwei Physikalische Instanzen können miteinander kommunizieren nur mittels einer physikalischen Verbindung, zwei Abschnittssicherungsinstanzen können miteinander kommunizieren nur mittels einer gesicherten Abschnittsverbindung, usw..

Hardwaremäßig gibt es natürlich diese vielen Leiter gar nicht. Im allgemeinen müssen wir vielmehr davon ausgehen - und das tut auch das RM -, daß es zwischen zwei Computersystemen für die Übermittlung der Informationen aller Kommunikationsebenen nur einen einzigen physikalischen Leiter gibt (nämlich die Schicht 0), mittels dessen alle diese Verbindungen realisiert werden müssen.

Die Schicht 0 in einem Offenen System braucht keineswegs nur aus einem einzigen, zusammenhängenden physikalischen Leiter zu bestehen. Im allgemeinen Fall wird man mehrere voneinander völlig unabhängige physikalische Leiter haben, die jedoch durch DCE's miteinander verbunden sind. In der weiteren Betrachtung ist es also sinnvoll, stets zwei Fälle zu unterscheiden. Entweder sind zwei Computersysteme CS1 und CS2 (die miteinander kommunizierende Benutzer beherbergen) durch einen physikalischen Leiter direkt und permanent miteinander verbunden, oder aber es gibt Computersysteme CSa, CSb, ... , CSn, derart, daß alle Abschnitte (CS1, CSa), (CSa,CSb), ... , (CSn,CS2) diese Eigenschaft haben (s. Abb. 8).

Betrachten wir nun einen Kommunikationsvorgang zwischen zwei Systembenutzern. Er besteht im RM aus sieben verschiedenen Kommunikationsaktivitäten, jede auf der für sie vorgesehenen schichtenspezifischen Verbindung. Um diese sieben schichtenspezifischen Verbindungen auf der Schicht 0 zu realisieren, könnte man zunächst auf die Idee kommen, sie nach irgendeinem passenden Zeitscheibenverfahren für diese sieben Verbindungen zu nutzen. D.h.: Man könnte versuchen, den (die) involvierten physikalischen Leiter geeignet zwischen den sieben schichtenspezifischen Verbindungen zu multiplexen.

Nach einigen Überlegungen sieht man, daß diese Idee aus mehreren Gründen unbrauchbar ist. Zwei gewichtige solche Gründe sind, daß beim Multiplexen der Schicht 0

a) auch bei der Realisierung der höheren Verbindungen die vielfältigen technischen Einzelheiten, die zur Anforderung/Abgabe und zum Betrieb eines physikalischen Leiters gehören, beachtet werden müßten;

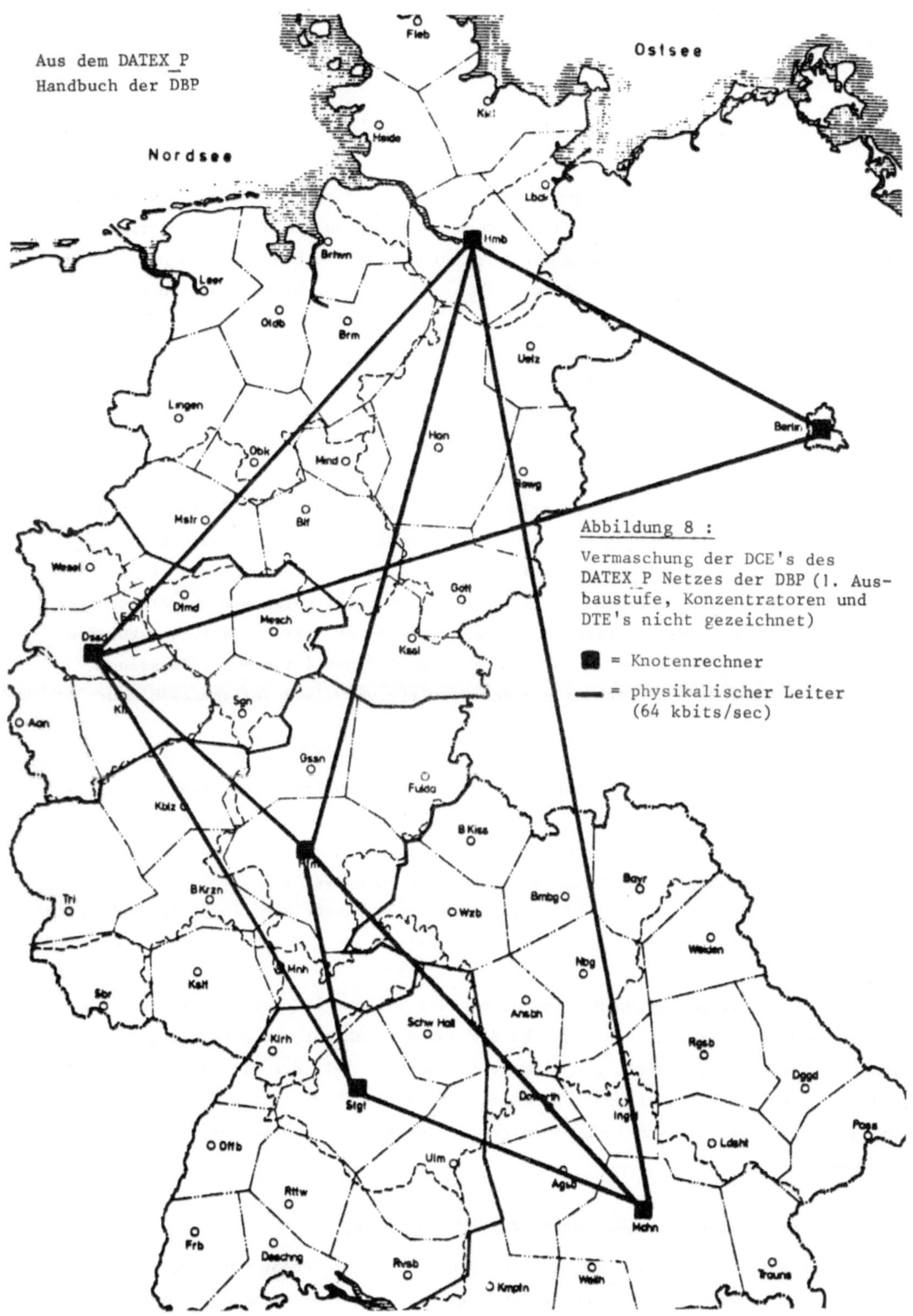

Abbildung 8 :

Vermaschung der DCE's des DATEX_P Netzes der DBP (1. Ausbaustufe, Konzentratoren und DTE's nicht gezeichnet)

b) auch die DCE's alle sieben Schichten enthalten müßten.

Grund a) kompliziert die Realisierung der höheren Verbindungen in unannehmbarer Weise, Grund b) die der DCE's.

Nach einigen weiteren Überlegungen kommt man auch noch zu dem Schluß, daß man in recht analoge Schwierigkeiten gerät, wenn man für irgend ein $0 < i \leq 5$ versucht, die i-Verbindung zur Realisierung der benötigten (i+j)-Verbindungen zu multiplexen, $1 \leq j \leq 7-i$. Dabei sind i-Verbindungen für i = 1,2,3, ... offensichtlich physikalische-, Abschnitts-, Netzverbindung, ...

Das RM schreibt daher auch eine andere Technik der Implementierung der schichtenspezifischen Verbindungen vor. Das RM schreibt vor, daß die i-Verbindungen mittels (i-1)-Verbindungen realisiert werden müssen, i = 1,2, ... ,6,7 .

Erinnern wir uns daran, daß i-Verbindungen "an ihren beiden Enden" i-Instanzen haben, d.h. nur über diese i-Instanzen genutzt werden können. Sollen die i-Verbindungen nun also - dem RM entsprechend - mittels (i-1)-Verbindungen realisiert werden, so müssen die (i-1)-Instanzen den i-Instanzen dafür geeignete Operationen zur Verfügung stellen. Etwas umfassender formuliert: Das RM schreibt vor, daß zur Realisierung von i-Verbindungen die Schicht i-1 der Schicht i geeignete Funktionen (zur Veranlassung des Auf-/Abbaus und des Betriebs von (i-1)-Verbindungen) zur Verfügung stellt.

Diese Art von Funktionen der Schicht i-1 heißen (i-1)-Hilfsmittel ((i-1)-facilities). Es sind Funktionen, die die Manipulation von (i-1)-Verbindungen veranlassen, d.h. auf der Schicht i-1 implementiert werden müssen. Sie müssen klar unterschieden werden von den möglichen Maßnahmen mit semantischem Aspekt i-1 ((i-1)-functions), d.h. von den Funktionen der (i-1)-Instanzen mittels derer sie die (i-1)-Verbindungen tatsächlich manipulieren können (s. Abb. 7).

Die Gesamtheit der möglichen Maßnahmen, die der Schicht i durch alle (i-1)-Hilfsmittel zugänglich werden, nennt das RM die von der Schicht i-1 zur Verfügung gestellten Dienste (services). Die Dienste der Schicht i-1, die (i-1)-Dienste, sind lediglich der Schicht i zugänglich. Umgekehrt darf sich die Schicht i beim Aufbau/Abbau und beim Betrieb von i-Verbindungen lediglich der Dienste der Schicht i-1 bedienen.

Zusammenfassend kann man also sagen, das RM legt fest,

- daß die Dienste jeder Schicht dazu dienen, den Auf-/Abbau und den Betrieb ihrer schichtenspezifischen Verbindungen zu veranlassen, und genauer:

- daß zur Realisierung der i-Funktionen (d.h. zu ihrer Implementierung) nur die (i-1)-Hilfsmittel benutzt werden dürfen, und
  daß zur Realisierung der von der Schicht i-1 zur Verfügung gestellten Dienste (d.h. zur Implementierung der (i-1)-Hilfsmittel) nur die (i-1)-Funktionen benutzt werden dürfen, wobei natürlich in den (i-1)-Instanzen Variable, Puffer, u.ä. angelegt und benutzt werden dürfen.

3.6 Globale und Lokale Protokolle im RM

In jedem Fall legen die Protokolle die Syntax und Semantik zwischen verschiedenen Instanzen austauschbarer Nachrichten fest. Im RM sind diese verschiedenen Instanzen stets an einem gemeinsamen applikationsorientierten Kommunikationsvorgang beteiligt und

- sind paare Instanzen, im Falle globaler Protokolle (das heißt Instanzen bei verschiedenen Kommunikationspartnern)
- sind benachbarte Instanzen, im Falle lokaler Protokolle (d.h. Instanzen auf benachbarten Schichten bei einem einzelnen der Kommunikationspartner).

Für die i-te Schicht legt also das i-te

- globale Protokoll die Syntax und Semantik (d.h. auch: die zulässigen Ausführungsreihenfolgen) der i-Funktionen fest,
- lokale Protokoll die Syntax und Semantik (d.h. auch: die zulässigen Ausführungsreihenfolgen) der i-Hilfsmittel fest.

Es ist offensichtlich, daß globale Protokolle der Standardisierung bedürfen (um Offene Systeme zu erhalten); lokale Protokolle sind Privatangelegenheit der Computersysteme, denen die kommunizierenden Benutzer angehören, brauchen also nicht standardisiert zu werden. Diese beiden Aussagen sind richtig, unterschlagen jedoch eine Randbedingung, die Schwierigkeiten bereitet: Die im RM Dokument kaum angesprochene aber unabweisbare Forderung an das i-te globale Protokoll und die paaren i-ten lokalen Protokolle ist, daß sie insgesamt imstande sind, die vom RM für die Schicht i vorgeschriebenen Dienste zu realisieren.

Man hat damit im Bereich des Protokoll-Entwurfs analoge Schwierigkeiten zu denen des Software-Entwurfs für Offene Systeme (s. Abschnitt 3.1): Genau wie dort stellt auch hier das RM implizite Forderungen, deren Auswirkungen auf die aktuellen Entwürfe schwer faßbar sind. Es ist dann auch ganz interessant zu sehen, daß die um

Offene Systeme bemühten und verdienten Standardisierungsorganisationen - allen voran ISO und CCITT - globale Protokolle für Offene Systeme lang und breit diskutieren, ja sogar verabschieden, die bei genauerer Betrachtung gar nicht für die vorgesehenen Schichten taugen: Sie gestatten schlicht und einfach nicht die Realisierung des vollen, vom RM für diese Schicht vorgeschriebenen Dienstes, oder sie beinhalten Funktionen, die das RM auf anderen Schichten ansiedelt.

Mit diesen knappen Anmerkungen sollte nur ganz kurz ein Problem bewußt gemacht werden, das in landläufigen Diskussionen über Offene Systeme häufig unbedacht bleibt, und zwar auf allen Schichten: eine Art Konsistenzproblem zwischen der Leistungsfähigkeit der globalen und lokalen Protokolle und den Forderungen des RM an die Schicht, zu der die Protokolle gehören.

3.7 Schlußbemerkungen zur Schichtenstruktur des RM

Mit dieser sehr stark an konzeptionellen Fragen ausgerichteten Darstellung der Schichtenstruktur des RM sollte zunächst einmal der gedankliche Überbau des RM skizziert werden - im RM Dokument selbst ist er kaum angesprochen. Aufgrund dieser Ausrichtung blieben bisher weitgehend undiskutiert

- eine Fülle derzeit bereits abklärbarer technischer, terminologischer und konzeptioneller Einzelaspekte der Schichtenstruktur des RM (um das Volumen der Arbeit in vernünftigen Grenzen zu halten)
- einige mit der Schichtenstruktur in unmittelbarem Zusammenhang stehende ganz grundsätzliche Fragen, wie z.B. die Identifikationsphilosophie des RM oder die Beschreibungstechnik für Schichten, Dienste, Verbindungen, u.ä. (um diese Arbeit nicht mit derzeit noch nicht abklärbaren Fragen zu belasten),
- eine inhaltliche Erläuterung, weshalb das RM den kommunikationsspezifischen Aspekt eines applikationsorientierten Kommunikationsvorganges gerade in die aus dem RM Dokument bekannten 7 Einzelaspekte auflöst (um die Ideen, die der Kommunikationsstruktur des RM zugrundeliegen, klar absetzen zu können von der Frage der inhaltlichen Ausgestaltung der einzelnen Schichten; kurz, um die Architektur des RM möglichst klar darstellen zu können).

Der letzte dieser drei eben genannten Komplexe wird im nächsten Kapitel behandelt, die beiden ersten können in dieser Arbeit noch nicht in Angriff genommen werden.

4. Charakteristika der Schichten Offener Systeme

In den vorigen Kapiteln wurde u.a. die Schichtenstruktur Offener Systeme eingeführt und diskutiert. Die inhaltliche Begründung für die das RM charakterisierende Zerlegung der Semantik eines applikationsorientierten Kommunikationsvorganges in die semantischen Einzelaspekte, die es den einzelnen Schichten zuordnet, kamen dabei sehr kurz weg. Diese inhaltliche Begründung etwas ausführlicher darzulegen ist Aufgabe dieses Kapitels.

Diese inhaltliche Begründung ist bereits im Abschnitt 4.2 des RM Dokuments, d.h. im N227, angegeben; üblicherweise werden die Ausführungen dieses Abschnitts jedoch als nicht sehr überzeugend empfunden. Wir gehen deshalb in diesem Kapitel so vor, daß wir zunächst im folgenden Abschnitt den Originaltext (englisch) zitieren, der diese spezielle Zergliederung rechtfertigt. Im anschließenden Abschnitt geben wir dann im wesentlichen die gleiche Rechtfertigung nochmals, jedoch in recht anderer Darstellung; diese andere Darstellung der Rechtfertigung sollte die Sinnhaftigkeit der Zergliederung - und auch ihre lokalen Schwächen - besser zur Geltung bringen. Der abschließende 3. Abschnitt enthält einige Kommentare zu diesem Vorgang der Zergliederung.

4.1 Die Identifikation von Schichten im RM Dokument

Wir zitieren im Folgenden die Abschnitte 4.2 und 4.1 des RM Dokuments in allen wesentlichen Teilen. Dieser Abschnitt 4.2 gibt die Gründe dafür an, daß Offene Systeme gerade aus den für sie charakteristischen Schichten bestehen (Die Schichten selbst sind dann im Einzelnen im Kapitel 5 des RM Dokuments beschrieben). Wir werden aus den nachfolgenden Zitaten dieses Abschnittes 4.2 sehen, daß im N227 die Auswahl der 7 Schichten mittels 13 sehr allgemeiner Entwurfs-Richtlinien geschieht, die das RM Dokument im Abschnitt 4.1 angibt.

Diese Entwurfsrichtlinien sind derartig allgemein, daß sie bei jedweder Art von Systementwurf sinnvollerweise Anwendung finden können - Kommunikationsspezifisches wird man darin vergeblich suchen. Wörtlich zitiert, lauten diese 13 Entwurfsrichtlinien (design principles):

1) do not create so many layers as to make difficult the system engineering task describing and integrating these layers,

2) create a boundary at a point where the services description can be small and the number of interactions across the boundary are minimized,

3) create separate layers to handle functions which are manifestly different in the process performed or the technology involved,

4) collect similar functions into the same layer,

5) select boundaries at a point which past experience has demonstrated to be successful,

6) create a layer of easily localized functions so that the layer could be totally redesigned and its protocols changed in a major way to take advantage of new advances in architectural, hardware or software technology without changing the services and interfaces with the adjacent layers,

7) create a boundary where it may be useful at some point in time to have the corresponding interface standardized,

8) create a layer when there is a need for a different level of abstraction in the handling of data, e.g. morphology, syntax, semantics,

9) enable changes of functions or protocols within a layer without affecting the other layers,

10) create for each layer interfaces with its upper and lower layer, only,

11) create further subgrouping and organization of functions to form sublayers within a layer in cases where distinct communication services need it,

12) create, where needed, two or more sublayers with a common, and therefore minimum, functionality to allow interface operation with adjacent layers,

13) allow by-passing of sublayers.

Hier wird weder eine weitergehende Kritik dieser Entwurfsrichtlinien noch der nachfolgenden eigentlichen Identifikation der einzelnen Schichten mittels dieses Richtlinienkatalogs formuliert. Statt dessen wird für jede der Schichten diese Identifikation (wie in Abschnitt 4.2 des RM Dokuments angegeben) zitiert und jede weitere Wertung dem Leser überlassen.

1 - It is essential that the architecture permits usage of a realistic variety of physical media for interconnection with different control procedures (e.g. V.24, V.25, X.21, etc....). Application of principles 3, 5, and 8 leads to identification of a Physical Layer as the lowest layer in the architecture.

2 - Some physical communications media (e.g. telephone line) require specific techniques to be used in order to transmit data between systems despite a relatively high error rate (i.e. an error rate not acceptable for the great majority of applications). These specific techniques are used in data-link control procedures which have been studied and standardized for number of years. It must also be recognized that new physical communications media (e.g. fibre optics) will require different data-link control procedures. Application of principles 3, 5, and 8 leads to identification of a Data Link Layer on top the Physical Layer in the architecture.

3 - In the Open Systems Architecture, some systems will act as final destination of data. Some systems may act only as intermediate nodes (forwarding data to other systems). Application of principles 3, 5, and 7 leads to identification of a Network Layer on top of the Data Link Layer. Network oriented protocols such as routing, for example, will be grouped in this layer. Thus, the Network Layer will provide a connection path (network-connection) between a pair of transport-entities, including the case of a tandem-network-connection .

4 - Control of data transportation from source end-system to destination end-system (which need not be performed in intermediate nodes) is the last function to be performed in order to provide the totality of the transport-service. Thus, the upper layer in the transport-service part of the architecture is the Transport Layer, sitting on top of the Network Layer. This Transport Layer relieves higher layer entities from any concern with the transportation of data between them.

5 - In order to bind/unbind distributed activities into a logical relationship in order to control the data exchange with respect to synchronization and structure, the need for a dedicated layer has been identified. So the application of principles 3 and 4 leads to the establishment of the Session Layer which is on top of the Transport Layer.

6 - The remaining set of general interest functions are those related to representation and manipulation of structured data for the benefit of application programms. Application of principles 3 and 4 leads to identification of a Presentation Layer on top of the Session Layer.

7 - Finally, there are applications consisting of application processes which perform information processing. A portion of these application processes and the protocols by which they communicate comprise the Application Layer as the highest layer of the architecture.

4.2 Eine explizite Identifikation der Schichten Offener Systeme

4.2.1 Die Identifikation der Semantik der Schichten Offener Systeme aus der Sicht der Software-Techniker

Die wesentliche Schwäche der Identifikation der Schichten im RM Dokument scheint zu sein, daß sie so merkwürdig "abstrakt" ist. Genauer: Ein unmittelbarer Zusammenhang ist nicht erkennbar, was die dort angegebene Beschreibung der Kommunikationsstruktur des RM mit ihren möglichen Realisierungen zu tun hat.

Nun ist offensichtlich, daß die Realisierung der vorgeschriebenen Kommunikationsstruktur in jedem Fall umfangreicher softwaretechnischer Unterstützung bedarf. Das wird auch nicht geändert durch die schaltwerkstechnische Realisierung einiger spezieller Funktionen, und erst recht nicht durch die (softwaretechnische) Mikrocode-Realisierung ganzer unterer Schichten. Andrerseits weiß man, daß solch umfangreiche Softwaresysteme aus technischen und ökonomischen Gründen unbedingt "ordentlich" strukturiert sein müssen. Es ist daher vernünftig, die Frage zu stellen, wie man die Semantik der Schichten der Kommunikationsstruktur für Offene Systeme definieren muß, damit man die sie realisierende Software in ordentlicher Weise strukturieren kann.

Um diese Frage zu klären, wird man sich zwei Teilaufgaben stellen. Man wird versuchen

a) die Semantik der Dienste, die die Applikationsschicht Offener Systeme zur Verfügung stellt, so zu identifizieren, daß alle applikationsspezifischen Kommunikationsvorgänge dadurch wesentlich vereinfacht werden, und

b) die Semantik der Dienste der anderen Schichten der Kommunikationsstruktur so zu identifizieren, daß man die sie realisierende Software stets ordentlich strukturieren kann, welche der üblichen an der Übertragung beteiligten Geräte (Computer und Leiter) man auch immer zugrunde legt.

In anderen Worten, man wird versuchen Kommunikationsverbindungen

a) nach außen so festzulegen, daß sie für alle Anwendungen möglichst "leicht" benutzbar sind,

b) nach innen so festzulegen, daß sie auf allen Systemen möglichst "leicht" implementierbar sind.

Die erste Formulierung dieser beiden Teilaufgaben ist zwar weniger griffig als die zweite, aber doch wesentlich deutlicher und dient deshalb als Grundlage der weiteren Erläuterungen.

Zunächst zu a). Die Unterstützung, die die einzelnen Applikationen von der Applikationsschicht (genauer müßte man sagen "Applikationsunterstützungsschicht") erwarten, kann man heute noch gar nicht auf operationierbare Weise beschreiben; man kann lediglich Klassen spezifischer Anwendungen angeben, die durch die Dienste der Schicht 7 erheblich vereinfacht werden sollen. Die beiden wohl wichtigsten dieser Klasse sind

- anwendungsspezifische Handhabung der Mensch/Maschine-Schnittstellen, und
- anwendungsspezifische Handhabung der Dateien

in Offenen Systemen, wobei diese spezifischen Anwendungen ganz unterschiedlicher Art sein können, je nachdem, ob sie z.B. dem Bank-, Sozial-, oder Wissenschaftsbereich angehören.

Auf Grund der Breite der so skizzierten Anwendungsbereiche ist es offensichtlich schwierig, die zu ihrer Unterstützung (von der Schicht 7) bereitzustellenden Dienste so weit zu beschränken, daß sie standardisierbar werden. Durch diese Vereinfachungen darf ja andererseits die Nützlichkeit dieser Dienste nicht zu stark beeinträchtigt werden.
Es ist nicht zu erwarten, daß wissenschaftliche Grundsatzdiskussionen dieser Schwierigkeiten - sich selbst überlassen - zu einem einheitlichen Satz solcher vereinfachter Dienste konvergieren würden. Es bedarf hier vielmehr der Vorgabe von

Fakten, die besagen, wie die Minimaldienste der Schicht 7 zunächst einmal aussehen müssen. Um die Erarbeitung dieser vorzugebenden Fakten bemühen sich eine ganze Reihe nationaler und internationaler Gremien. Welche Ergebnisse schließlich zu erwarten sein werden, ist noch nicht abzusehen und ist auch nicht weiter Gegenstand dieser Arbeit. Man kann lediglich prognostizieren, daß es auf Grund des großen ökonomischen Druckes in absehbarer Zeit zu internationalen Standards über solche Minimaldienste der Schicht 7 kommen wird.

Nun zu b). Die Unsicherheit über die von der Schicht 7 zu erbringenden Dienste - wir sagen hier genauer: die Unsicherheit über die Semantik der Hilfsmittel, die die Schicht 7 zur Verfügung stellen soll - verursacht natürlich Unsicherheiten bei der Identifikation der Semantik der darunter liegenden Schichten. Umgekehrt: Die Unsicherheit über die von der Schicht 0 jeweils erbrachten Dienste - die ja auch von Fall zu Fall recht unterschiedlich sein werden (z.B. welches System ist mit welchem anderen System direkt durch einen Leiter verbunden? permanent? zeitweise? wie schnell? wie teuer? wie zuverlässig? wie intelligent?...) - verursacht natürlich Unsicherheiten bei der Identifikation der Semantik der darüber liegenden Schichten.

Aus diesem Dilemma heraus hilft eine Beobachtung, die für alle verteilten Systeme zutrifft, nämlich: Die zur Realisierung der applikationsorientierten Kommunikationsvorgänge benötigten Maßnahmen haben insgesamt eigentlich nur einige wenige, qualitativ ganz andersartige semantische Aspekte. Diese qualitativ unterschiedlichen semantischen Aspekte - man kann sie als die "unabhängigen" semantischen Aspekte bezeichnen - haben nichts zu tun mit den im Einzelfall zu erbringenden Diensten der Schicht 7 oder den von der Schicht 0 erbrachten Diensten. In den einzelnen verteilten Systemen und bei den einzelnen applikationsorientierten Kommunikationsvorgängen können diese unabhängigen semantischen Aspekte sehr stark in den Vordergrund unserer Aufmerksamkeit treten oder daraus ganz verschwinden - zu eliminieren sind sie nicht.

Man kann nun davon ausgehen, daß Entwurf und Implementierung eines Softwareprodukts zur Realisierung der Schicht 7 in jedem Fall erleichtert werden, wenn man diese unabhängigen semantischen Aspekte eines applikationsorientierten Kommunikationsvorganges bereits auf den darunterliegenden Schichten "wahrnimmt", sich auf der Schicht 7 also nicht mehr darum zu kümmern braucht. Es ist dann naheliegend zu versuchen, diese unabhängigen semantischen Aspekte zur Identifikation der Semantik der Dienste der einzelnen Schichten zu verwenden, also der von den Schichten zur Verfügung gestellten Hilfsmittel (d.h. auf den Schichten implementierten Funktionen, die sie der darüberliegenden Schicht zu benutzen gestatten).

Diese unabhängigen semantischen Aspekte werden wir in den Abschnitten 4.2.2 und 4.2.3 aufweisen, bzw. erläutern.

4.2.2 Die Identifikation der Semantik der Höheren Schichten des RM

Aus der Sicht des RM müssen paare Applikations-Instanzen (genauer: "Applikations-unterstützungsinstanzen") miteinander kommunizieren können, damit sie die Dienste, die sie zur Abwicklung spezieller Applikationen anbieten, auch tatsächlich erbringen können. Wir wollen nun die unabhängigen semantischen Aspekte ihrer Kommunikation identifizieren.

Zunächst einmal haben wir den Aspekt der tatsächlichen Übermittlung beliebiger bit-Folgen zwischen den kommunizierenden Applikations-Instanzen, d.h. den "bit-transparenten" Transport-Aspekt. Die Wahrnehmung dieses Aspekts übertragen wir einer eigenen Schicht, der Transportschicht; sie muß Hilfsmittel zur Verfügung stellen, mittels derer Transportverbindungen zwischen Applikations-Instanzen aufgebaut, abgebaut und betrieben werden können.

Würden die Transportinstanzen ihre Hilfsmittel den Applikations-Instanzen unmittelbar zur Verfügung stellen, so würde deren Kommunikationsprotokoll (in der Transfer-Phase) unweigerlich kompliziert, und zwar aus folgenden Gründen: Einerseits dürften nämlich die Applikations-Instanzen zur Implementierung ihrer Protokollfunktionen lediglich die Transport-Hilfsmittel benutzen, und diese sehen nichts weiter vor als einen reinen Transfer von bit-Folgen. Andererseits müssen die von den Applikations-Instanzen zur Verfügung gestellten Dienste bereits sehr mächtig sein, weil sie ja Kommunikationsverbindungen, und nicht nur blanke Systemverbindungen, zur Verfügung stellen müssen. Ganz allgemein gilt aber - das kann man sich ohne große Mühe überlegen - daß ein Protokoll sehr schnell unerwünscht kompliziert wird, wenn die Hilfsmittel, die mittels seiner Funktionen implementiert werden müssen, viel mächtiger werden als die Hilfsmittel, die zur Implementierung seiner Funktionen benutzt werden dürfen.

Da wir die Mächtigkeit der von den Applikations-Instanzen angebotenen Dienste nicht reduzieren wollen, bleibt uns nichts weiter übrig, als mächtigere Hilfsmittel den Applikations-Instanzen zur Verfügung zu stellen. Diese Hilfsmittel müßten dann ihrerseits von Instanzen zur Verfügung gestellt werden, die die Hilfsmittel der Transport-Instanzen benutzen. Dabei geht man am einfachsten so vor, daß man unabhängige semantische Aspekte der von der Applikationsschicht "erzeugten" Hilfsmittel zu identifizieren versucht und dann der Applikationsschicht Hilfsmittel dieser

Semantik zur Verfügung stellt.

Das RM identifiziert in einer Kommunikationsverbindung zunächst einmal eine ganze Palette von (mehr oder weniger) unabhängigen semantischen Aspekten, die alle für die Unterstützung spezifischer Applikationen nützlich sind. Da diese Aspekte - nach gegenwärtiger Ansicht der Verfasser des RM - jedoch alternativ zueinander sind und deshalb nicht in jeder applikationsorientierten Kommunikationsverbindung auftreten können, werden ihnen keine eigenen Schichten zugeordnet. Neben einem solchen applikationsorientierten semantischen Aspekt identifiziert das RM jedoch in einer Kommunikationsverbindung stets zwei weitere unabhängige semantische Aspekte, zusätzlich zu dem bereits besprochenen Systemverbindungsaspekt (gekennzeichnet durch den bereits erwähnten Aspekt des "Benutzer-Benutzer bit-Folgen Transportes"). Diese zwei unabhängigen Aspekte ergeben sich aus den nachfolgend beschriebenen Beobachtungen.

- Wir alle wissen aus unseren Erfahrungen mit Timesharing-Systemen, daß der Kommunikationsvorgang einer Sitzung - als Ganzes betrachtet - auf ganz verschiedenen semantischen Ebenen abläuft. Die Termini "Systemebene", "Editorebene", "Eingabeebene", "Laufzeitebene (eines Programms)" kennzeichnen einige dieser verschiedenen semantischen Ebenen. Im Zuge eines ganz normalen Kommunikationsvorganges nehmen wir also mehrere Umschaltungen zwischen verschiedenen semantischen Ebenen - wir können auch sagen "semantischen Kontexten" - vor. Je nach Bedarf sollte dies manchmal explizit und manchmal implizit geschehen. Für kompliziertere Umschaltungen (z.B. beim Fehlersuchen) sollte es uns auch noch möglich sein, solche Kontexte zu vereinbaren und "automatisch" anzusteuern. Diese Maßnahmen der Verwaltung von semantischen Kontexten - manchmal spricht man auch von "Gesprächssteuerung" - gibt es natürlich auch bei Kommunikationsvorgängen in Offenen Systemen.
- Wir alle kennen aus eigener Erfahrung, welcher mühseligen Maßnahmen es bedarf, ohne "Systemunterstützung" auf einer Anlage eines Herstellers Magnetbänder zu lesen, die auf der Anlage eines anderen Herstellers beschrieben wurden. Wenn das Band gar ein Filesystem enthält, das mit der eigenen Anlage nicht kompatibel ist, hat man meist ein unlösbares Problem vor sich. Solche Probleme sind mit der Idee der Offenheit eines Verteilten Systems nicht verträglich. Um zu einer freizügigen Nutzung aller Resourcen kommen zu können, muß man in einem Offenen System in den Kommunikationsvorgängen also Erkennungsmaßnahmen ganz allgemeiner Art durchführen können, auf der Code-Ebene, auf der Geräte-Ebene, auf der Dateisystem-Ebene, usw. Genauer: Man braucht eine ganze Fülle von Maßnahmen zur Repräsentationskonversion - vielleicht noch treffender: zur Syntaxkonversion. Ganz allgemein sollten also den spezifischen Applikationen Hilfsmittel zur Verfügung stehen, um in einem Kommunikationsvorgang spezi-

fische syntaktische Konstrukte zu vereinbaren/anzusteuern (d.h. eine Repräsentationssteuerung vornehmen zu können).

Diese Ausführungen identifizieren zwei wichtige semantische Einzelaspekte von applikationsorientierten Kommunikationsvorgängen, für deren Behandlung das RM die Hilfsmittel der Schichten 5 und 6 (das sind die "Gesprächssteuerungsschicht" und die "Repräsentationssteuerungsschicht") vorsieht. Die Entscheidung des RM, die Gesprächssteuerung unterhalb der Repräsentationssteuerung anzusiedeln - und nicht umgekehrt - ist sicherlich für viele Fälle vernünftig, kann gelegentlich jedoch auch zu Beengungen führen. Dieses spezielle Problem sprechen wir im folgenden Abschnitt 4.3 nochmals kurz an.

Die Idee des RM für die Implementierung spezieller Applikationen nicht nur einfache Systemverbindungen zu benutzen, fand lange Zeit nur wenig freundliche Aufnahme und hat auch heute noch viele Gegner. Die Hauptursache ist wohl darin zu sehen, daß die Diskussion um Protokolle für Virtuelle Geräte und Virtuelle Files (s. Abschn. 4.2.1) bereits vor dem Ausbruch der großen Diskussion um Offene Systeme angelaufen war. Die zugehörigen "höheren Protokolle" (z.B. virtual terminal protocol, remote data access protocol, remote job entry protocol) gingen alle lediglich von Hilfsmitteln der Transportschicht aus, d.h. lösten die benötigten Gesprächs- und Repräsentationsprobleme von Fall zu Fall und nur auf sehr eingeschränkte Weise. Diese sehr vernünftigen Bemühungen, für Einzelprobleme eben einfach Einzellösungen zu schaffen, wurden durch das Konzept der Offenen Systeme - nämlich für die gemeinsamen Teilaspekte der Einzelprobleme einheitliche Lösungen zu erarbeiten - erheblich gestört. Dies ist umso schlimmer, als es bisher nicht gelungen ist, genaue Spezifikationen (d.h. Festlegungen der Semantik) der von den Schichten 5 und 6 erwarteten Hilfsmittel zu erarbeiten. Die mir bekannten hierfür vorgelegten "Konzepte" sind schlicht und einfach dürftig und erfüllen auch nicht ansatzweise die Erwartungen, die man - vom RM ausgehend - damit verbinden muß.

Trotzdem und erfreulicherweise gibt es neuerdings wiederum eine breite Diskussion um "Einheitliche Höhere Protokolle" für Offene Systeme. Das Vorgehen dabei ist zwar etwas beunruhigend, weil hier Protokolle für die oberen Schichten des RM in Angriff genommen werden, ohne vorher festzulegen, welche Dienste von diesen Schichten zu erbringen sind, bzw. welche Dienste der darunterliegenden Schichten zu ihrer Implementierung zur Verfügung stehen sollen. Man wird aber nach der Vorlage dieser Protokolle prüfen können, ob es damit gelungen ist den Forderungen des RM tatsächlich gerecht zu werden, oder ob ein weiteres der vielen Mißverständnisse des RM - womöglich lediglich ein Lippenbekenntnis dazu - Grundlage dieser frühen Bemühungen war.

4.2.3 Die Identifikation der Semantik der Unteren Schichten des RM

Die Fragen, die mit dem "kommunikationsspezifischen" Teil einer Kommunikationsverbindung zusammenhängen, werden gegenwärtig noch in grundsätzlicher Art diskutiert. Dagegen ist die vom RM vorgenommene Aufgliederung der Semantik einer Kommunikationsverbindung im systemverbindungsspezifischen Teil heute weitgehend akzeptiert; die Unklarheiten in diesem Bereich sind nur noch rein technischer Art.

Wir beschreiben im Folgenden die von den einzelnen "unteren" Schichten zu erzeugenden Hilfsmittel, indem wir von unten nach oben vorgehen und für jede Schicht nur den zentralen Aspekt ihrer Semantik behandeln. Die Frage nach der Sinnhaftigkeit der dabei deutlich erkennbaren Aufgabenverteilung kann sich bei diesem Vorgehen kaum stellen, weil die Auflösung der Problematik nicht fein genug erfolgt. Angemerkt sei jedoch, daß auch andere Verteilungen der Aufgaben auf die Schichten sinnhaft wären - was hier jedoch nicht zur Diskussion steht. Abbildung 9 erläutert die folgenden Ausführungen.

Schicht 1 = Leitungsverwaltungsschicht

Die Hilfsmittel der Schicht 1 müssen ermöglichen, ein geeignetes physikalisches Instrumentarium als "Leitungsverbindung" zum Austausch beliebiger Bitsequenzen zwischen mehreren verbundenen Knoten (d.h. DTE's, DCE's, DSE's) zu benutzen. Das so benutzte physikalische Instrumentarium - häufig wird man es als "Kanal" bezeichnen - braucht diese Bitsequenzen nicht binär zu übertragen; es kann also auf ganz unterschiedlichen Übertragungstechniken beruhen, z.B. auf einem elektrisch leitenden Draht, auf einer Sender/Empfänger-Apparatur der Funktechnik, auf irgend einem V.24 orientierten bitsequentiellen Übertragungsgerät, sogar auf Brieftauben oder Buschtrommeln. Die technischen Einzelheiten des in der Schicht tatsächlich benutzten Übertragungsinstrumentariums werden von der Schicht 1 "verdeckt", sind also den von ihr zur Verfügung gestellten Hilfsmitteln nicht mehr anzusehen.

Zusammenfassend: Die 1-Hilfsmittel gestatten zwischen kommunizierenden Computern die Übermittlung beliebiger Bitsequenzen und die Anforderung/Aktivierung/.../Freigabe eines physikalischen Übertragungsmediums dafür. Man kann also sagen, daß sie es der Schicht 2 ermöglichen, bit-Leiter zu verwalten, d.h. sie aufzubauen/abzubauen und so bequem zu nutzen, wie es das jeweils benutzte Leitungsmedium (der Kanal) nur zuläßt. Aufgrund der Art dieser Hilfsmittel wäre ein geeigneter Name für diese Schicht "(Abschnitts)Leitungsverwaltungsschicht".

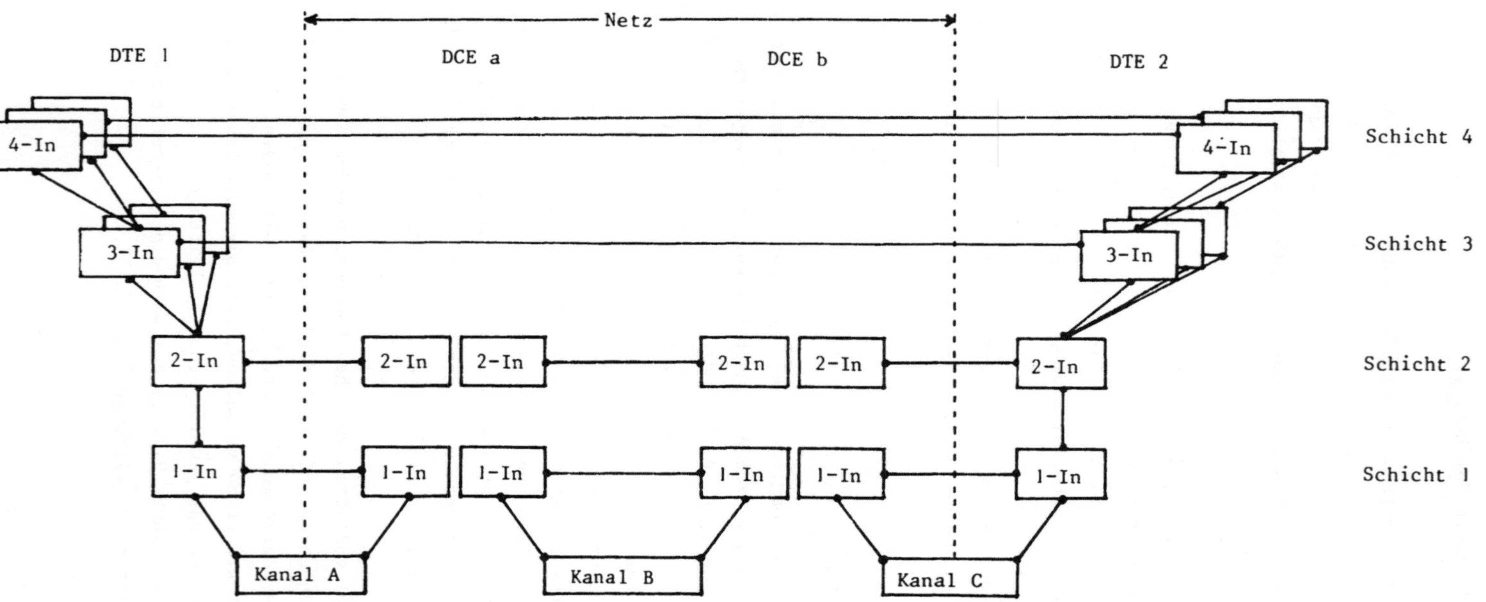

Abbildung 9 :

Schematische Veranschaulichung der "Reichweite" der einzelnen "unteren" Verbindungen. Waagerechte Striche zwischen Instanzen zeigen die globalen Verbindungen (für die die globalen Protokolle gelten), mehr oder weniger senkrechte Striche deuten die lokalen Verbindungen (für die lokale Protokolle gelten) an. In dem obigen Beispiel befinden sich die beiden Benutzer in zwei verschiedenen DTE's, die ihrerseits durch zwei DCE's verbunden sind.

Anmerkungen:
- Man überlege sich, daß - in Abhängigkeit von den Eigenarten der benutzten Kanäle - die Trennung des globalen Protokolls der Schicht 1 von den lokalen Protokollen zur Benutzung der Kanäle schwierig werden kann.
- Man kann bereits das Transportprotokoll als Benutzer/Benutzer-Protokoll bezeichnen, da Transportverbindungen nicht von mehreren Benutzern "gemultiplext" werden sollen.

Schicht 2 = Leitungssicherungsschicht

Die Aufgabe der Schicht oberhalb der Leitungsverwaltungsschicht ist es, alle Merkmale des benutzten Leiters zu beseitigen. D.h.: Die 2-Hilfsmittel müssen gestatten - unabhängig von den Möglichkeiten des tatsächlich von der Schicht 1 benutzten Kanals - beliebige Mengen beliebig großer Bitfolgen in zuverlässiger Weise zwischen zwei kommunizierenden Knoten zu übertragen. Man beachte demgegenüber, daß ein Kanal, bzw. eine Leitungsverbindung noch das gleichzeitige Ansprechen mehrerer Kommunikationspartner ermöglicht, jedoch nur durch solche Datenformate und mit einer solchen Zuverlässigkeit der Übertragung, die der Physik des Kanals entspricht.

Zusammenfassend: Die 2-Hilfsmittel gestatten, zwischen zwei Knoten Verbindungen zur Datenübermittlung auf/abzubauen und zu betreiben, wobei alle diese Maßnahmen den tatsächlichen Bedürfnissen der (Schicht-3-)Benutzer entsprechen, und völlig unabhängig sind von den Eigenarten des benutzten Kanals. Üblicherweise betrachtet man die Steigerung der Zuverlässigkeit der Datenübertragung, die diese Schicht bewirkt, als ihren wichtigsten semantischen Aspekt und bezeichnet sie daher als "(Abschnitts)Leitungssicherungsschicht".

Schicht 3 = Netzwerkschicht

Oberhalb der Schicht, die gesicherte Abschnittsleitungen zur Verfügung stellt, wird man Hilfsmittel ansiedeln, die durch Hintereinanderschalten mehrerer - technisch womöglich verschiedener - sicherer Abschnittsleitungen eine Verbindung zwischen zwei beliebigen DTE's in Offenen Systemen auf/abzubauen und zu betreiben gestatten. Eine solche Verbindung heißt Netzwerkverbindung und hat für jede der (durch sie) verbundenen DTE's genau die gleichen Eigenschaften wie ihre gesicherten Abschnittsverbindungen. Wenn die beiden DTE's nur über verschiedene Netze erreichbar sind, dann müssen diese Netze miteinander verbunden sein. Man beachte, daß eine Netzwerkverbindung für einen Kommunikationsvorgang auch dann eingerichtet werden muß, wenn die beiden kommunizierenden Partner in DTE's angesiedelt sind, die durch einen Kanal direkt miteinander verbunden sind. Ob man auf diese Netzwerkverbindungen verzichten darf, wenn sich beide Kommunikationspartner in der gleichen DTE befinden, scheint derzeit im RM noch unklar zu sein (eine analoge Frage stellte sich übrigens auch schon bei der Schicht 2).

Zusammenfassend: Die 3-Hilfsmittel gestatten den Auf/Abbau und Betrieb von DTE/DTE Verbindungen zwischen den die kommunizierenden Benutzer beherbergenden DTE's; dabei brauchen sich die Benutzer dieser Hilfsmittel nicht darum zu kümmern - und bekommen dies auch gar nicht zu sehen - über welche(n) Knoten welcher Netzwerke (welches Netzwerkes) eine Netzwerkverbindung führt, und welche Vermittlungstechnik(en) dabei benutzt werden, usw.. Netzwerkverbindungen können - wenn sie durch verschiedene Netze führen - jedoch an beiden Enden unterschiedliche Eigenschaften haben, nämlich die der Netzwerkverbindungen der zugehörigen Netzwerke. Der Name dieser Schicht "Netzwerkschicht" bedarf keiner Erläuterung.

Schicht 4 = Transportschicht

Oberhalb der Netzwerkschicht braucht man eine weitere Schicht, weil Netzverbindungen noch keine Transportverbindungen sind. Es gibt zwei ganz wesentliche Gründe dafür

- Erstens verbinden Netzwerkverbindungen DTE's, aber nicht diejenigen Benutzer, die den Transportdienst benötigen. Außerdem brauchen Netzwerkverbindungen bezüglich verschiedener Aspekte nicht "end-to-end" signifikant zu sein; der wohl wichtigste dieser Aspekte ist die Reihenfolgentreue der durch Netzwerkverbindungen übermittelten Datenfolge.
- Zweitens muß die Optimierung der Transportkosten noch auf einer Schicht erfolgen, die Netzwerkschicht kann dies aber auf saubere Weise (d.h. ohne die sie benutzenden Instanzen zu inspizieren) nicht tun. Auf einer höheren Schicht kann man diesen Aspekt auch nicht ansiedeln, wenn man zwischen mehreren Transportverbindungen (deren sämtliche "linke und rechte" Endpunkte jeweils zu Applikationsinstanzen in den gleichen DTE's gehören) auf eine einzige Netzwerkverbindung multiplexen möchte, oder wenn man eine einzige Transportverbindung mittels mehrerer Netzwerkverbindungen realisieren möchte.

Zusammenfassend: Die von der Transportschicht erzeugten Hilfsmittel müssen den Auf/Abbau und den Betrieb von "end-to-end signifikanten" Verbindungen zwischen Applikations-Instanzen ermöglichen. Außerdem müssen diese Hilfsmittel es ermöglichen, solche Verbindungen mit einer von den sie Einrichtenden anzugebenden Qualität auszustatten; mögliche Qualitätsmerkmale dabei sind Transportkosten, -güte, -bequemlichkeit. Verbindungen dieser Art heißen dann Transportverbindungen, und die Schicht, die die Hilfsmittel zur Manipulation von Transportverbindungen erzeugt, heißt die Transportschicht.

4.3 Einige Bemerkungen zur Totalen Ordnung der Semantischen Aspekte im RM

In diesem Abschnitt wollen wir ganz kurz einige fundamentale Fragen über die Kommunikationsstruktur ansprechen. Diese Fragen stellen sich in aller Deutlichkeit erst bei einer inhaltlich detaillierteren Diskussion der Sinnhaftigkeit dieser Kommunikationsstruktur, wie wir sie in diesem Kapitel in knapper Form abhandeln wollten.

- Beginnen wir mit einem der wichtigsten Merkmale der Kommunikationsstruktur: Die Semantik der oberen Schichten sollte die Offenheit der Applikationsverbindungen gewährleisten, die der unteren ihre einfache Implementierbarkeit in jeder Umgebung. Nun gibt es aber Randbedingungen, die diesen beiden Anliegen nicht zuzuordnen sind. Die Kostenoptimierung auf eine einzige Schicht beschränken zu wollen - im RM die Transportschicht - erscheint sehr restriktiv; Hilfsmittel zur Kostenoptimierung scheinen auch auf anderen Schichten angebracht.

- Bei dem Aspekt der Zuverlässigkeit siedelt das RM zunächst einmal zusammengehörige Funktionen tatsächlich auf verschiedenen Schichten an. Auf diese Weise können die Auswirkungen einer nicht hinreichend zuverlässigen Abschnittsverbindung (Schicht 2) dadurch kompensiert werden, daß alle Transportverbindungen, die über sie verlaufen und sehr zuverlässig sein müssen, ihre Redundanz geeignet steigern (Schicht 4).

- Einzelne Schichten sind mit recht unterschiedlichen semantischen Aspekten befaßt. Als Beispiel kann man wiederum die Transportschicht nehmen, die sowohl dem "Offenheitsaspekt" (Transportverbindungen müssen beliebig bequem, schnell, billig, zuverlässig,... gemacht werden können) als auch dem Systemverbindungsaspekt (end-to-end signifikant in jeder Hinsicht sein) gerecht werden muß.

- Schließlich kann man sich ohne Mühe Kommunikationsvorgänge ausdenken, bei denen die Vertauschung der Anordnung der Schichten 5 und 6 eine erhebliche Vereinfachung mit sich bringen würde.

Die Folgerung aus diesen Beobachtungen ist die Vermutung, daß die totale Ordnung auf der Menge der unabhängigen semantischen Aspekte, die das RM isoliert, noch auf absehbare Zeit kontroverse Diskussionen auslösen wird. Im übrigen ist diese Beobachtung - daß es schwierig, wenn nicht gar unmöglich ist, die unabhängigen semantischen Aspekte eines komplexen Systems total zu ordnen - in der Softwaretechnik aus dem BS-Bereich seit langem bekannt. Man hat dort begriffen, daß man solchen Schwierigkeiten am besten begegnet, indem man auf eine totale Anordnung - d.h. auf eine Schichtung - verzichtet und verschiedene der semantischen Aspekte teilweise und diszipliniert miteinander "verzahnt" und sie dabei über mehrere Schichten verteilt. Weitere Ausführungen zu dieser Sandwich-Technik findet man in den Arbeiten von PARNAS.

5. Softwaretechnische Aspekte Offener Systeme

Die Diskussion um Offene Systeme hat die Wechselwirkungen zwischen den verteilten Systemen und der Softwaretechnik auf eine unerwartete Weise intensiviert.

Zum einen stellt die Philosophie der Offenen Systeme einen massiven Einbruch einiger tragender Ideen der Softwaretechnik in den Datenfernverarbeitungsbereich dar. Eine Umorientierung auf Fragen der Softwaretechnik ist im Datenfernverarbeitungsbereich zwar fällig, seitdem es nicht mehr darum geht, Abschnittsverbindungen zwischen zwei Anlagen zu realisieren. Diese Umorientierung konnte jedoch nicht von außen her von Softwaretechnikern in die Gruppe der Datenfernverarbeiter hineingetragen werden, weil Softwaretechniker die Fülle der für die Datenfernverarbeitung charakteristischen technischen Probleme nicht kennen; von innen her konnte sie selbsttätig kaum in Gang kommen, insbesondere da die meisten hier tätigen Wissenschaftler Elektroniker, Physiker oder Mathematiker waren.

Zum anderen eröffnet die Philosophie der Offenen Systeme für die Informatiker eine ganz neue Perspektive: Ein neuer, selbständiger, softwaretechnisch orientierter Teilbereich war entstanden, in unmittelbarer Nachbarschaft des Betriebssystembereiches (aber einfacher als dieser), des Mikroprozessorbereiches (aber auf größere Universitalität festgelegt als dieser), des Spezifikationstechnikbereiches (auch hier einfacher als dieser) und mit unmittelbarem Bezug zur Anwendung.

Das OSA-Projekt (für Open Systems Architecture) stellt einen Versuch dar, mehrere neue softwaretechnische Konzepte auf die Bedürfnisse im Bereich der Offenen Systeme hin zu vereinfachen, geeignet weiterzuentwickeln und in Anwendung zu bringen. Diese Arbeit spricht an mehreren Stellen Ideen an, die im OSA-Projekt mit großer Intensität bearbeitet wurden, an einer Vielzahl von Stellen referiert sie die Diskussionen, die dabei geführt wurden. Um das Weiterspinnen der hier aufgezeigten Fäden zu erleichtern, sind die OSA-Publikationen in der Literaturliste vollständig aufgeführt.

6. Literatur

[1] Reference Model of Open Systems Interconnection, ISO/TC97/SC16, N227, Aug. 79

[2] The Reference Model - Open Systems Architecture, ISO/TC97/SC16, N117, Open Systems Interconnection, Paris, 78

[3] CCITT Provisional Recommendation - X.25 Packet Switched Data Transmission Services, Geneva, 1978

[4] Burkhardt, H.J.: Architektur Offener Kommunikationssysteme - Stand der Normungsarbeit, Tagungsband des GI-Workshops "Kommunikation in Verteilten Systemen", 3.-4. Dezember 1979, TU Berlin

[5] D.L. Parnas: Betriebssystem-Strukturen, Begleittext zur Vorlesung, WS 1974/75, Technische Hochschule Darmstadt

[6] D.L. Parnas: On a 'Buzzword': Hierarchical Structure, IFIP Congress 74, North Holland Publishing Company, 1974

[7] E.W. Dijkstra: A Discipline of Programming, Prentice-Hall, Englewood Cliffs, N.J., 76

[8] D.L. Parnas: Statements about Dijkstra's "Separation of Concerns" at SRS 79 in Cambridge

[9] Ross: Statements about "Different Views of Specifications" at SRS 79 in Cambridge

Das OSA Projekt

[0.1] S. Schindler: The OSA Project, Memo I, May 24, 1979, and Memo II, February 1, 1980 (project members are presently the students D. Altenkrüger, U. Flasche, K. Gelhard, H.G. Haase, T. Luckenbach, H. Marxen, B. Messer, B. Müller-Zimmermann, W. Schröder, J. Schulze, all of them working towards their master's degree (i.e., for their Dipl.-Inform.), and the Assistent Dipl.-Math. M. Steinacker and Dipl.-Math. M. Neumann, both working towards their Ph.D. degree (i.e., Dr.-Ing.))

[0.2] S. Schindler: The OSA Project: Specification of Data Types for Distributed Systems, TU Berlin, FB 20, TR 79-13

[0.3] T. Luckenbach, W. Schröder: The OSA Project: Specification of a Level 2 (LAP) Protocol Machine, Studienarbeit TU Berlin, August 1979

[0.4] D. Altenkrüger, U. Flasche, J. Schulze: The OSA Project: Study of the Design and Formal Specification of Transport Layer Protocols as Proposed by the Reference Model, Studienarbeit TU Berlin, August 1979

[0.5] S. Schindler, T. Luckenbach, W. Schröder: The OSA Project: Formal Specifications of the X.25 Layer 2 Protocols, Comments on Their Suitability for an Open Link Layer, TU Berlin, FB 20, TR 79-11

[0.6] S. Schindler, H. Marxen: The OSA Project: Translating RSPL Specifications, TU Berlin, FB 20, TR 79-19

[0.7] S. Schindler, K. Gelhard, H.G. Haase, B. Messer: The OSA Project: Formal Specification of the X.25 Layer 3 Protocol, Design and Formal Specification of an Open Network Layer, TU Berlin, FB 20, TR 79-10

[0.8] S. Schindler: The OSA Project: RSPL - A Reliable Software Production Language, draft available

[0.9] S. Schindler, D. Altenkrüger, U. Flasche, J. Schulze, M. Steinacker: The OSA Project: Design and Formal Specification of an Open Transport Layer and its Protocols, TU Berlin, FB 20, TR 79-12

[0.10] S. Schindler, H. Marxen, B. Müller-Zimmermann: The OSA Project: Automatic Generation of Efficient Code for RSPL Specifications, TU Berlin, FB 20 TR 79-16

[0.11] S. Schindler, D. Altenkrüger, U. Flasche, J. Schulze, M. Steinacker: The OSA Project: Design and Formal Specification of an X.25 Based Open Transport Layer and its Protocols, Proceedings of the Conference on Communication in Distributed Systems, December 3-4, 1979, Berlin

[0.12] S. Schindler: Algebraic and Model Specification Techniques, Proceedings of the 13th Hawaii International Conference on System Sciences, Honolulu, January 3-4, 1980

[0.13] S. Schindler, D. Altenkrüger, U. Flasche, J. Schulze, M. Steinacker: The OSA Project: The Layer Structure of the Reference Model, Reconsidered (the title has been changed, previous title: The Reference Model Transport Layer), Proceedings of the Pacific Telecommunications Conference 1980, January 7-9, 1980, Honolulu, and TR 79-25 (in a revised version)

[0.14] S. Schindler: Offene Kommunikationssysteme - Eine Übersicht, Proceedings of the Conference on Computer Architecture and Operating Systems, March 19-21, 1980, Kiel

[0.15] S. Schindler, T. Luckenbach, W. Schröder: The OSA Project: Open Questions About the X.25 Layer 2 Protocols (LAP A/B), in preparation

[0.16] S. Schindler, K. Gelhard, H.G. Haase, B. Messer: The OSA Project: Open Questions About the X.25 Layer 3 Protocol, in preparation

[0.17] S. Schindler: X.25, Considered Harmful?, Computer Volume 12 Number 12, Page 120, December 1979

[0.18] S. Schindler: The ISO Reference Model and the CCITT X.25 - Chances and Problems for International Standards for Open Systems, Proceedings of the 6th International Congress Data Processing in Europe, March 17-21, 1980, Wien

[0.19] S. Schindler, D. Altenkrüger, U. Flasche, J. Schulze, M. Steinacker: Erläuterungen und Beispiele zum Gebührenmodell für die Datex_P Dienste der Deutschen Bundespost, Entwurf vom Dezember 1979

[0.20] K. Gelhard, H.G. Haase, B. Messer: The OSA Project: Specification of a Level 3 Protocol Machine, Studienarbeit TU Berlin, Januar 1980

Die virtuelle Netzwerkmaschine - ein Werkzeug zur Entwicklung verteilter Betriebssysteme

Harald Kemen
Fachbereich Informatik
Universität Hamburg
Schlüterstraße 70
D-2000 Hamburg

ABSTRACT

The concept of the virtual network machine conceives the entire distributed hardware of a multicomputer system as a single virtual machine which is capable of executing a system of cooperating processes formulated in a suitable high level language, in this case CONCURRENT PASCAL. All processes communicate by means of MONITORS regardless whether they reside on the same node computer or on different ones. As a consequence of hardware failures remote procedure calls can fail. To handle those errors the use of Brinch Hansen's guarded regions is proposed.

1. Einleitung

Die Entwicklung immer leistungsfähigerer Kleinstrechnersysteme führt zunehmend dazu, daß der Einsatz von Mehrrechnersystemen auch als Alternative zu zentralen Rechensystemen in Betracht gezogen wird. Man findet solche Systeme in Anwendungen wie Prozeßkontrolle, zur Lösung von Simulationsaufgaben [9] oder auch in speziellen Anwendungsgebieten wie der Szenenanalyse oder Sprachanalyse [7].

In [6] haben wir einen Ansatz beschrieben, dessen Ziel es ist, ein zur Programmierung von verteilten Rechensystemen (hier: ein lokales Rechnernetz) geeignetes Softwarewerkzeug bereitzustellen, das Konzept der virtuellen Netzwerkmaschine.

Die Eignung dieses Ansatzes zur Entwicklung verteilter Betriebssysteme soll hier untersucht werden.

2. Die virtuelle Netzwerkmaschine

Die Erfahrung lehrt, daß es ein guter Weg ist, zur Lösung eines komplexen Problems dieses in kleinere, besser lösbare Teilprobleme zu gliedern. So ist es auch günstig, große komplexe Softwaresysteme als Prozeßsysteme zu organisieren. Die einzelnen Prozesse bilden überschaubare Einheiten mit leichter lösbaren Aufgaben. Die Gesamtaufgabe wird dann im Zusammenspiel der Prozesse bewältigt. Die Struktur von Mehrrechnersystemen, die aus relativ selbständigen, gekoppelten Prozeßeinheiten (Knotenrechnern) bestehen, legt es nahe, auch deren Aktivität als die eines Systems kooperierender Prozesse zu modellieren.

Wir wollen mit dem Konzept der Netzwerkmaschine, dessen wesentliches Merkmal ist, daß ein Mehrrechnersystem als eine logische Einheit angesehen wird, dem Anwender verteilter Systeme ein Werkzeug an die Hand geben, mit dem er

- in einer höheren Programmiersprache
- unabhängig von der aktuellen Struktur des Rechensystems
- problemorientiert seine Problemlösung als
- System kooperierender Prozesse formulieren kann.

Ein Übersetzer bildet dieses System kooperierender Prozesse, das Netzwerkprogramm für die virtuelle Netzwerkmaschine, auf die aktuelle Konfiguration der Knotenrechner ab, die durch ein geeignetes Kommunikationssystem verknüpft sein mögen. Details sind in [4,5,8] zu finden.

Als höhere Programmiersprache wurde CONCURRENT PASCAL (CP) ausgewählt [1]. Die Sprache modelliert in geeigneter Weise unsere Vorstellung eines Systems kooperierender Prozesse, sie ermöglicht die Entwicklung recht sicherer und verläßlicher Software, sie ist leicht erlernbar.

Der Ansatz der virtuellen Netzwerkmaschine (kurz: VNM) ist sprachunabhängig, die Realisation wird jedoch von der gewählten Sprachbasis stark beeinflußt. So ist z.B. durch die Wahl der Sprache CP festgelegt, daß die Interprozeßkommunikation stets und ausschließlich über Monitore erfolgt.

Das Konzept der VNM fordert, daß nicht unterschieden wird, ob die Kommunikation zwischen Prozessen stattfindet, die auf verschiedenen Rechnern residieren oder auf demselben. Auch der Zugriff auf die Betriebsmittel der VNM wird unabhängig von der räumlichen Aufteilung in einheitlicher Form formuliert.

Im Fall einer nicht-lokalen Interprozeßkommunikation oder eines Zugriffs auf ein räumlich entferntes Betriebsmittel muß die Verbindung zur räumlich entfernten Komponente mithilfe des Kommunikationssystems realisiert werden.

Es ist die Aufgabe des Übersetzers, die Aufrufe von Monitoren, die nicht auf demselben Knotenrechner wie die rufende Komponente alloziert sind, zu ermöglichen. Der Übersetzer fügt hierzu in den Zugriffsweg einer Komponente zu einem entfernten Monitor zwei zusätzliche Module ein, eine "Monitorhülle" auf der Seite des aufrufenden Prozesses, einen sog. Stellvertreterprozeß auf der Seite des Monitors. Originalprozeß und Stellvertreter verhalten sich wie Koroutinen. Beim Aufruf eines abgesetzten Monitors wird die benötigte Information (Name des Monitors und der ENTRY-Routine sowie die Parameter) durch die Monitorhülle an den Stellvertreter gesendet, dieser führt dann den eigentlichen Aufruf aus.

Die kleinste Einheit, die verteilt werden kann, ist die Inkarnation einer Programmkomponente, d.h. eines Prozesses oder eines Monitors. CP-Klassen sind als Substrukturen von Programmkomponenten anzusehen und können daher nicht unabhängig von der übergeordneten Komponente alloziert werden.

Im folgenden Beispiel eines Systems von drei Prozessen, die auf einen Monitor zugreifen, wird die Formulierung eines Netzwerkprogramms zunächst für ein 1-Knotensystem, dann für ein 2-Knotensystem dargestellt.

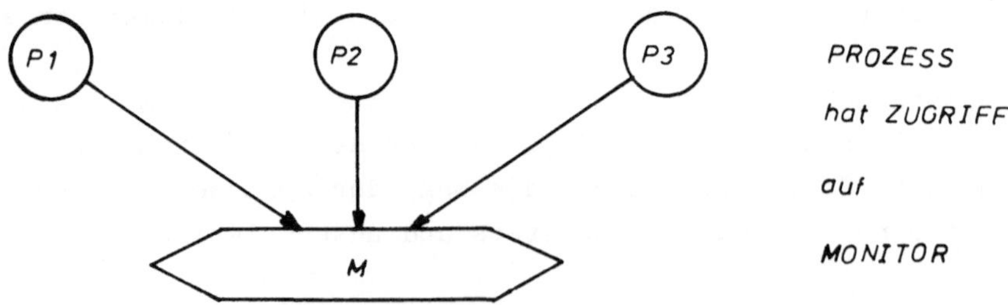

Abb. 1: Ein System mit drei Prozessen

Programm:

```
TYPE                    /Typendefinition/
resource = MONITOR;
.....
.....
reader = PROCESS ( res : resource ) ;

BEGIN .... END;

writer = PROCESS ( res : resource ) ;

BEGIN .... END;

VAR                     /Inkarnation/
m : resource;
p1,p2 : reader;
p3 : writer;


BEGIN                   /Initialisierung/
INIT m;
INIT p1(m),p2(m),p3(m);
END.
```

Typdefinition und die Angabe, welche Inkarnationen zu schaffen sind, geschehen unabhängig von der aktuellen Maschinenstruktur. Daher unterscheidet sich ein Programm für ein 2-Knotensystem nur im Initialisierungsteil:

```
START NODE1;
BEGIN
INIT m;
INIT p1(m),p2(m);
END;

START NODE2;
BEGIN
INIT p3(m);
END.
```

3. Anwendung des Konzeptes bei der Entwicklung verteilter Betriebssysteme

Verteilte Systeme werden in der Regel dedizierte Systeme sein; trotzdem ist es denkbar und wünschenswert, daß ihre Betriebssysteme zwar nicht losgelöst von der Anwendung des Systems, aber unabhängig von der speziellen Konfiguration der Hardware (Kommunikationssystem, Art und Anzahl der Knotenrechner) entwickelt werden können. Diese Unabhängigkeit wird teils dadurch erreicht, daß wir eine höhere Programmiersprache, nämlich CP einsetzen, teils durch die Verdeckung der Rechnergrenzen bei der Formulierung der Interprozeßkommunikation.

In [5] wird die Entwicklung eines dedizierten, verteilten Betriebssystems für unsere Anwendung beschrieben. Hier sollen mögliche Grenzen der Anwendung dieses Konzeptes bei der Betriebssystementwicklung und mögliche Gegenmaßnahmen aufgezeigt werden. Dabei müssen wir unterscheiden zwischen Einschränkungen, die durch die Wahl der Sprache oder ihrer Implementation entstehen, und solchen, die im Konzept der Verdeckung der Topologie des verteilten Systems ihre Ursache haben.

3.1 Sprachbedingte Einschränkungen der Anwendbarkeit des Konzeptes

Die Wahl der Sprachbasis CP für die Netzwerkmaschine ist in ihrer von uns erwarteten Eignung als Anwendersprache begründet. Das zugrundeliegende Kleinrechnernetz wird nämlich in der Analyse von Bildfolgen mit bewegten Objekten eingesetzt. Algorithmen zur Bildvorverarbeitung und -auswertung sollen simultan auf mehreren Kleinrechnern ausgeführt werden. Der Anwender formuliert das Zusammenspiel verschiedener Teilalgorithmen als System kooperierender Prozesse in CP, die Algorithmen selbst in PASCAL.

Es liegt nahe, diese einmal gewählte Sprache auch zur Entwicklung des verteilten Betriebssystems heranzuziehen. Die Aufgabe eines derartigen Betriebssystems ist, dem Anwender ein einheitliches Zugriffsverfahren zu den verteilten Betriebsmitteln zu geben und ihm eine geeignete Umgebung zur Ausführung seiner Anwendungsprozeßsysteme zu schaffen.

Zwei Entwurfsprinzipien der Sprache können in dem hier diskutierten Zusammenhang einengend wirken:

1. CP erlaubt nur die Definition statischer Prozeßsysteme.

2. Die strenge Anwendung des Typkonzeptes läßt nicht die Definition austauschbarer Module (CLASS, MONITOR) zu, die eine syntaktisch und semantisch identische Schnittstelle haben und nur in der Realisation der Funktion unterschiedlich sind.

3.11 Statische Prozeßsysteme

Einer unserer Gründe, ein Mehrrechnersystem zu betreiben, ist die Möglichkeit, zur schrittweisen Erhöhung der Leistung weitere Knotenrechner hinzufügen zu können. Da die Sprache CP die Erzeugung von Programmkomponenten zur Laufzeit nicht zuläßt, ist das einzige Verfahren, eine Veränderung oder Erweiterung eines Systems zu berücksichtigen, die erneute Übersetzung des Netzwerkprogramms mit einer veränderten Allokation der Programmkomponenten.

Solange wir nur kleine Mehrrechnersysteme betrachten, ist ein derartiges Verfahren vermutlich kostengünstig im Vergleich zu dem Aufwand, der nötig ist, um die dynamische Erzeugung von Programmkomponenten zu ermöglichen.

Betreiben wir jedoch Systeme mit einer großen Anzahl von Knotenrechnern, mag eine Neuübersetzung besonders dann nicht mehr sinnvoll erscheinen, wenn nur relativ kleine Teile des Systems verändert und dadurch Teile des Netzwerkprogramms neu übersetzt werden müssen. Da wir in unserem Anwendungsfall die statische Allokation des Prozeßsystems nicht als einengend empfunden haben, wollen wir mögliche Maßnahmen zur Bewältigung der geschilderten Rekonfiguration in großen Systemen hier nicht diskutieren.

3.12 Typverträglichkeit verschiedener Programmkomponenten

Als gravierende Einschränkung dagegen haben wir die im folgenden diskutierte Restriktion durch die Sprachdefinition empfunden. Die strenge Anwendung des Typkonzeptes in CP läßt es nämlich nicht zu, daß textuell verschiedene, jedoch semantisch identische oder verträgliche Programmkomponenten typverträglich sind. Dieser Umstand ist in der Entwurfsphilosophie von CP begründet. Wenn es nämlich keine zur Übersetzungszeit überprüfbare Beschreibung der Semantik eines Moduls gibt, so besteht die sicherste Garantie der Typverträglichkeit von Komponenten in ihrer textuellen Identität. Die Folgen dieser strengen Anwendung des

Typkonzeptes zeigt das folgende Beispiel:

Denken wir wieder an die Erweiterung eines Mehrrechnersystems durch Hinzufügen zusätzlicher Knotenrechner. Im Idealfall homogener Systeme können wir ohne Schwierigkeiten durch Neuübersetzung des erweiterten Netzwerkprogramms die zusätzlichen Knotenrechner in das System einbringen. Häufig wird es jedoch so sein, daß man heterogene Systeme hinzufügt, weil man am technologischen Fortschritt teilhaben möchte oder weil der verfügbare Etat zu einer derartigen Lösung zwingt. In dem in [6] beschriebenen System müssen wir z.B. zwei verschiedenartige Dateisysteme einsetzen, um kompatibel mit den Dienstprogrammen der einzelnen Systeme zu bleiben. Dieser Umstand hat zur Folge, daß die Programmkomponenten, die den Zugriff auf die Dateisysteme realisieren, verschiedene von der Art des Dateisystems abhängige Zugriffsoperationen ausführen müssen, während ihre Schnittstellen zum Benutzer syntaktisch und semantisch identisch sind. Die beiden Programmkomponenten sind daher von unterschiedlichem Typ. Die Tatsache, daß wir zwei Module, die funktionell die gleiche Aufgabe haben und eine identische Schnittstelle anbieten, nicht unter einem Typ subsummieren können, läßt die Inhomogenität der Hardware bzw. in diesem Fall die der Dateisysteme bis in das Anwenderprogramm sichtbar werden. Dadurch wird die angestrebte konfigurationsunabhängige Formulierung eines verteilten Programms oder Betriebssystems sehr erschwert.

Eine Ausdehnung der Anwendung des schon zum Sprachumfang gehörenden UNIVERSAL-Konzeptes auf Programmkomponenten verspricht Abhilfe. Das UNIVERSAL-Konzept erlaubt nämlich dem Programmierer, explizit die Typabprüfung bei der Parameterübergabe an Prozeduren zu unterbinden. Die einzige Einschränkung ist, daß beide Datenstrukturen den gleichen Speicherplatzbedarf haben müssen. Ein ähnliches Konstrukt ist denkbar zur Einschränkung der Typabprüfung bei Zugriffen auf Programmkomponenten. Die Prüfung sollte auf die Einhaltung der Syntax der Schnittstelle beschränkt werden. Die Einhaltung der Semantik ist wie beim UNIVERSAL-Konzept in die Verantwortung des Programmierers gestellt, solange nicht auch dies mechanisch überprüft werden kann.

3.2 Probleme, die durch die Verdeckung der Topologie entstehen

Das Ziel unseres Ansatzes ist, die konfigurationsunabhängige Formulierung eines verteilten Betriebssystems zu ermöglichen. Wir wollen nicht die Eigenschaft der räumlichen Verteilung verschleiern. Sie spiegelt sich in der Formulierung des Systems als kooperierende Prozesse wider, wodurch auch der dezentrale Charakter der Steuerungsalgorithmen hinreichend berücksichtigt werden kann. Nur die aktuelle Konfiguration, die von der Anwendung oder dem augenblicklichen Zustand des Systems abhängig ist, soll verdeckt werden.

Diese Verdeckung wird ja nun dadurch erreicht, daß bei der Formulierung eines Netzwerkprogramms nicht unterschieden werden muß, ob der Aufruf einer Monitorroutine zu einem abgesetzten Zugriff oder einem lokalen Zugriff führt. Da ein abgesetzter Zugriff jedoch mit Hilfe des Kommunikationssystems realisiert werden muß, können aus technischen Gründen bei diesen Zugriffen neue typische, bis dahin unbekannte Fehler auftreten:

1. Der Kommunikationsweg zwischen zwei Knotenrechnern kann gestört oder gar unterbrochen werden.

2. Einer der beteiligten Knotenrechner kann ausfallen, während der zweite funktionsfähig bleibt.

Wegen dieser beiden Situationen kann nun der Fall eintreten, daß eine Prozedur aufgerufen werden soll, die nicht mehr erreichbar ist oder gar nicht mehr existiert.

In [2] ist ein Mehrrechnersystem vorgestellt, dessen Knotenrechner über ein ringförmiges Kommunikationssystem kommunizieren können. Das vorgeschlagene Programmsystem ist ein Beispiel für ein in CP geschriebenes, verteiltes Programm, das allerdings nicht konfigurationsunabhängig formuliert wurde. Prozesse, die auf demselben Knotenrechner alloziert sind, kommunizieren nämlich durch Aufruf von Monitorprozeduren, solche, die auf verschiedenen Rechnern residieren, bedienen sich dabei der Kommunikationskanäle und wickeln zur Kommunikation ein andersartiges Protokoll ab. Modellieren wir das in [2] geschilderte Mehrrechnersystem als eine Netzwerkmaschine, würde die unterschiedliche Realisation der Kommunikation verdeckt, alle Prozesse würden nach dem gleichen Protokoll kommunizieren, nämlich durch Aufruf von Monitorprozeduren. Der Rückgriff auf das Kommunikationssystem würde nicht im Programmtext sichtbar. Eine solche Formulierung ist flexibler, weil sie unempfindlich gegen eine Rekonfiguration des Systems ist. Natürlich muß in jedem Fall nach einer Rekonfiguration der Hardware das Programm neu übersetzt werden, nur ist der Aufwand zur Rekonfiguration der Software in unserem Konzept geringer. Der Vorteil der expliziten Formulierung der nicht-lokalen Kommunikation in [2] liegt darin, daß die o.g. für eine solche Kommunikation typischen Fehlerfälle leichter in den betroffenen Komponenten behandelt werden können.

Die Behandlung derartiger Fehlersituationen in Netzwerkprogrammen, die in CP für eine VNM formuliert sind, ist Gegenstand dieses Abschnittes.

Der Zugriff auf einen abgesetzten Monitor wird dadurch realisiert, daß zwei zusätzliche Module vom Übersetzer in den Zugriffspfad eingefügt werden:
Stellvertreterprozeß und Monitorhülle (s. Abb. 2).

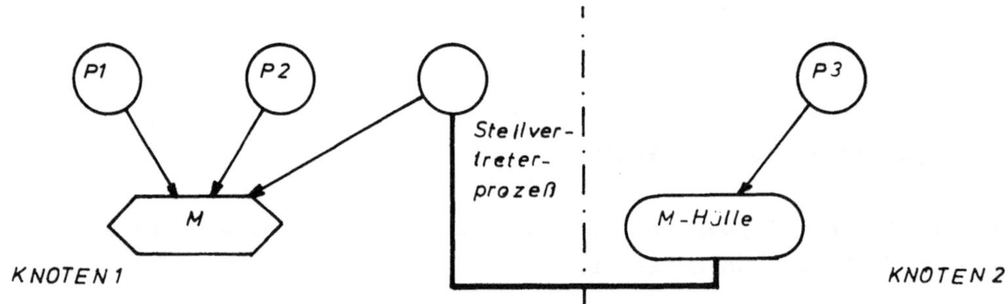

Abb. 2: Der Überbrückungsmechanismus

Zur Diskussion der Auswirkung eines Ausfalls des Kommunikationssystems oder eines Knotenrechners muß unterschieden werden, welche der Hardwarekomponenten ausfallen (Abb. 3).

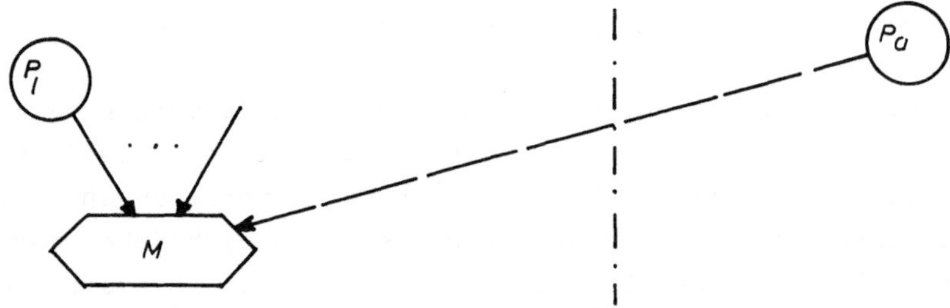

Abb. 3: Ein abgesetzter Zugriff

(a) Sei Pa ein Prozess, der eine Betriebsmittelanforderung hat. Das Betriebsmittel werde durch den Monitor M repräsentiert. Weitere Prozesse (z.B. P1) konkurrieren mit Pa um dieses Betriebsmittel.

a1: Der Knotenrechner mit dem Betriebsmittel M fällt aus.

a2: Der Knotenrechner mit dem Verbraucher Pa fällt aus.

a3: Der Kommunikationsweg zwischen Pa und M fällt aus, ein alternativer Weg existiert nicht oder ist ebenfalls ausgefallen.

(b) Zwei Prozesse Pa und Pl kooperieren über einen Monitor M miteinander. Es kann die Situation auftreten, daß einer der Kommunikationspartner ausfällt, während der andere funktionstüchtig bleibt.

Ferner müssen wir bedenken, zu welchem Zeitpunkt während eines abgesetzten Zugriffs eines der o.g. Ereignisse eintritt:

1. Vor dem Aufruf der abgesetzten Komponente.
2. Während des Zugriffs bzw. bei der Rückkehr von der abgesetzten Komponente.
3. Während der Abarbeitung der entfernten Prozedur.

Um diese drei Situationen meistern zu können, müssen wir bestimmte Forderungen an die Organisation des Überbrückungsmechanismus bzw. an das Kommunikationssystem stellen. Es müssen nämlich Sicherheitskopien von den Nachrichten angelegt werden, die zwischen Hülle und Stellvertreter ausgetauscht werden. Diese Kopien dürfen erst gelöscht werden, wenn der Aufruf einer abgesetzten Prozedur vollständig abgeschlossen ist.

Wir können nun die einzelnen Fehlersituationen näher beleuchten und Gegenmaßnahmen diskutieren.

Zu a1: (Der Knotenrechner mit dem Betriebsmittel fällt aus)
Ein derartiger Fehler hat zur Folge, daß der Aufruf einer Prozedur des ausgefallenen Monitors zu einem Laufzeitfehler führt, weil die aufgerufene Komponente nicht mehr erreichbar ist oder die Rückkehr vom Aufruf nicht mehr erfolgen kann. Der Fehler kann dadurch erkannt werden, daß das Kommunikationssystem den Knotenrechnerausfall feststellt.

Wir wollen nun ein Konstrukt angeben, mit dem vom Programmierer des Netzwerkprogramms eine Reaktion auf Laufzeitfehler formuliert werden kann. Als Beispiel für eine mögliche Reaktion wählen wir die Angabe einer alternativen Betriebsmittelanforderung. Wir schlagen die Erweiterung von CP um das in [3] vorgeschlagene Konstrukt 'guarded region' vor. Die 'guarded region' ist eine Erweiterung der 'conditional critical region' auf mehr als eine 'scheduling'-Bedingung. Sie hat die folgende syntaktische Form:

```
WHEN
B1:S1;
B2:S2;
END;
```

Tritt in einem Prozeß diese Anweisung auf, wird der Prozeß solange verzögert, bis eine der beiden Bedingungen (B1, B2) (guards) erfüllt ist. Ausgeführt wird dann die korrespondierende Anweisung S. Dieses Konstrukt kann dazu benutzt werden, um Prozessen, die in einer 'queue' verzögert sind, die Möglichkeit zu geben, auf eines von mehreren Ereignissen zu warten. Die Anweisung ersetzt die folgende Anweisungsfolge:

```
IF NOT (B1 OR B2) THEN DELAY ( q );
IF B1 THEN S1
       ELSE S2 ;
```

Ferner führen wir neben der Standardprozedur attribute [1] eine weitere boolsche Standardfunktion B(x) ein, die anzeigt, ob eine Programmkomponente x erreichbar ist oder nicht. Mit Hilfe dieser neuen Standardfunktion ist unter Verwendung der 'guarded region' die Formulierung einer Reaktion auf Laufzeitfehler der genannten Art möglich. Ein Monitoraufruf hat in einem CP-Programm die folgende Gestalt:

```
p = PROCESS (m:m-type ; ....);
.
.
m.access (par1,.....);
.
.
end;
```

Bei der Formulierung eines Netzwerkprogramms soll der Programmierer an dieser Stelle keine Rücksicht auf die spätere Konfiguration des Mehrrechnersystems nehmen müssen. Wird nun der Aufruf des Monitors m durch die unabhängig definierte Allokation zu einem abgesetzten Aufruf, kann der Fall eintreten, daß wegen eines Hardwarefehlers die Komponente nicht mehr erreichbar ist. Ohne Angabe einer spezifischen Reaktion führt dieser Laufzeitfehler zur Terminierung des Prozesses oder gar des gesamten auf dem betroffenen Rechner residierenden Prozeßsystems.

Mit Hilfe des WHEN-Konstruktes und der oben eingeführten Standardfunktion B(x) kann der Programmierer jedoch eine Fehlerreaktion formulieren:

```
p = PROCESS (m1:m-type; m2:m-type);
.
.
WHEN
            B(m1) : m1.access (par1, ...);
            B(m2) : m2.access (par1, ...);
END ;
.
END ;
```

Es wird die Anweisung ausgeführt, deren Bedingung wahr ist; sind beide wahr, wird eine der beiden Anweisungen ausgeführt, ist keine wahr, wird der Prozeß verzögert.

Wir wollen diese Vorschrift zur Abarbeitung einer WHEN-Klausel beibehalten, um sie allgemein als Konstrukt einsetzen zu können. Falls der Übersetzer jedoch aufgrund des Auftretens der Standardfunktion B(x) im Programmtext feststellt, daß die Erreichbarkeit einer Komponente getestet werden soll, wird die Abarbeitung der WHEN-Klausel modifiziert, um der besonderen Charakteristik eines abgesetzten Aufrufs Rechnung zu tragen. Liegt ein abgesetzter, in eine WHEN-Klausel eingeschlossener Aufruf vor, wird zunächst geprüft, ob im Kommunikationssystem schon Information darüber vorliegt, ob die gewünschte Komponente erreichbar ist. Dieses Wissen beruht auf vergangenen Ereignissen. Ist z.B. m1 erreichbar, wird deren Aufruf ausgeführt. Bei der Absetzung der Nachricht an den Stellvertreterprozeß auf dem anderen Knotenrechner oder auch zu einem späteren Zeitpunkt kann nun die Situation eintreten, daß die Komponente nicht mehr erreichbar ist. In diesem Fall wird die WHEN-Klausel mit der neuen Information über die Erreichbarkeit von m1 erneut abgearbeitet. Ist eine der übrigen Bedingungen der WHEN-Klausel wahr, wird die korrespondierende Anweisung ausgeführt.

Durch die Formulierung einer Fehlerreaktion mit Hilfe einer WHEN-Klausel berücksichtigt der Programmierer die Tatsache, daß ein verteiltes System vorliegt und damit ein abgesetzter Aufruf möglich ist. Die Formulierung ist auch weiterhin unabhängig von der aktuellen Konfiguration.

Zu a2: (Der Knotenrechner mit dem Verbraucher fällt aus)
In diesem Fall müssen wir bedenken, daß der Verbraucher Statusänderung im Betriebsmittelverwalter hinterlassen haben kann, z.B. dadurch, daß er das Betriebsmittel reserviert hat.

Solange wir nur die kurzfristige Sperrsynchronisation eines Monitors betrachten, kann sich der Ausfall des rufenden Prozesses, des Verbrauchers nicht schädlich auswirken. Anstelle des entfernten Prozesses Pa ist ja am Orte des Monitors M der Stellvertreterprozeß tätig (Abb. 2).

Anders sieht es auf der Ebene der mittelfristigen Planung aus, die ja mit Hilfe der Standardprozeduren DELAY und CONTINUE sowie des Datentyps QUEUE im Monitor formuliert wird. Diese Ebene der Planung wird dann benötigt, wenn der einfache Mechnaismus des 'first come, first served' der kurzfristigen Sperrsynchronisation eines Monitors zur Entscheidung, wer das Betriebsmittel erhält, nicht ausreicht, um ein Betriebsmittel zu verwalten. Am Beispiel des 'virtuellen Gerätes' [1] möchte ich dies näher erläutern.

Vor dem eigentlichen Zugriff auf ein physisches Gerät müssen sich die Verbraucher P beim Verwalter V, einem Monitor, um den Zugriff bewerben (z.B. durch Aufruf der Verwaltungsroutine RESERVE). Ist das Gerät frei, kann der Zugriff sofort erlaubt werden, andernfalls wird der rufende Prozeß im Monitor verzögert. Fällt in diesem Augenblick der Prozeß, der das Gerät belegt hat, aus, tritt eine Behinderung der übrigen Prozesse ein. Diese Situation, die ja auch in nicht verteilten Systemen auftreten kann, kann dadurch gemeistert werden, daß man die Einhaltung einer Zeitschranke fordert, also im Verwaltungsmonitor V kontrolliert, ob ein Prozeß ungebührlich lange ein Gerät belegt, ohne aktiv zu werden.

Zu a3: (Das Kommunikationssystem fällt teilweise aus)
Fallen alle Kommunikationswege zwischen Knotenrechnern aus, so können wir das wie einen Knotenrechnerausfall behandeln. Wegen der Sicherheitskopien der zwischen Stellvertreterprozeß und Hülle ausgetauschten Daten führt, wie schon erwähnt, der Leitungszusammenbruch zu keinen zusätzlichen Problemen.

Zu b: (Störung einer Interprozeßkommunikation)
Auch diese Situation, in der einer der Partner einer Interprozeßkommunikation durch Knotenrechnerfehler ausfällt bzw. der Kommunikationsweg zwischen ihnen zusammenbricht, kann mit Hilfe einer Zeitüberwachung gemeistert werden. Hier zeigt sich jedoch eine gewisse Grenze eines konfigurationsunabhängigen Entwurfs, kann man doch in einem 1-Rechnersystem nach genügend zahlreichen, erfolgreichen Testläufen eines Programms annehmen, daß ein Synchronisationsfehler kaum mehr auftritt, das

Synchronisationsschema also korrekt ist. In einem verteilten System bleibt jedoch die Gefahr des Ausfalls von Hardwarekomponenten immer bestehen, und damit die Gefahr des Auftretens von Synchronisationsfehlern.

Es sei abschließend noch bemerkt, daß die in diesem Abschnitt diskutierten Probleme nicht durch die Tatsache entstehen, daß zur Kommunikation von Prozessen nur Monitore eingesetzt werden, sondern nur dadurch, daß für jede Art der Kommunikation die gleiche sprachliche Formulierung verwendet wird. Eine Folge davon ist nämlich auch, daß Laufzeitfehler, die typisch für Mehrrechnersysteme sind, dem Programmierer verdeckt werden. Dies scheint der Preis dafür zu sein, daß er ohne Rücksicht auf die aktuelle Konfiguration des Mehrrechnersystems sein Netzwerkprogramm formulieren kann.

4. Zusammenfassung

Das hier vorgestellte Konzept einer virtuellen Netzwerkmaschine wurde am FB Informatik Hamburg für eine bestimmte Anwendung implementiert. Bestimmte Eigenschaften der Sprache CP, besonders die strenge Typprüfung bei Programmkomponenten, stellten sich dabei als restriktiv heraus. Jedoch kann durch Erweiterung des UNIVERSAL-Konzeptes diesem Umstand begegnet werden. Kern des Ansatzes der Netzwerkmaschine ist die Verdeckung der Netzstruktur eines verteilten Systems, so daß Zugriffe auf abgesetzte Komponenten und damit die Interprozeßkommunikation unabhängig von der aktuellen Konfiguration der Hardware formuliert werden können. Durch diese Verdeckung können jedoch Laufzeitfehler auftreten, die in Einrechnersystemen nicht erscheinen. Die Einführung der 'guarded region' in die Sprache kann uns ein Mittel an die Hand geben, mit dem wir wiederum unabhängig von der aktuellen Netzstruktur einfache Reaktionen auf derartige Laufzeitfehler formulieren können. Auf Grund dieser Spracherweiterungen erscheint die Verwendung des Konzeptes selbst in Anwendungsbereichen wie der Betriebssystementwicklung möglich, wo höhere Anforderungen an die Verläßlichkeit der Software gestellt werden als in dem Anwendungsbereich des Konzeptes, für den es ursprünglich entworfen worden ist.

5. Literatur

[1] P. Brinch Hansen, The Architecture of Concurrent Programs, Prentice Hall, Englewood Cliffs N.J. (1977)

[2] P. Brinch Hansen, Network: A Multiprocessor Program, IEEE Trans. on Softw. Eng. SE-4, 3(1978) pp. 194-199

[3] P. Brinch Hansen, J. Staunstrup, Specification and Implementation of Mutual Exclusion, IEEE Trans. on Softw. Eng. SE-4, 5 (1978) pp. 365-370

[4] B. Brügge, B. Linde, H. Linde, Ma. Mittelstein, P. Rubarth, C. Ruhe, H. Westphal, COPANET - CONCURRENT PASCAL Netzwerkmaschine, Fachbereich Informatik, Universität Hamburg, Diplomarbeit (1978)

[5] V. Haarslev, H.P. Subel, A. Urbach, Entwurf und Implementation eines verteilten Betriebssystems, Fachbereich Informatik, Universität Hamburg, Diplomarbeit in Vorbereitung (1979)

[6] H. Kemen, H.-H. Nagel, Experiences with a Virtual Network Machine Concept for an Inhomogeneous Local Computer Network, Proc. IEEE COMPCON Fall 78, Washington D.C. pp. 280-286 (1978)

[7] V.R. Lesser, L.D. Erman, A Retrospective View of the HEARSAY-II Architecture, 5. Int. Joint Conf. on Artificial Intelligence, Cambridge/Mass. 1977, pp. 790-800

[8] B. Nebel, Weiterführende Arbeiten am COPANET-Compiler, Realisierung der verdeckten Interrechner-Kommunikation im COPANET, Fachbereich Informatik, Universität Hamburg, Diplomarbeit in Vorbereitung (1979)

[9] L.D. Wittie, MICRONET: A reconfigurable micro-computer network for distributed systems research, SCS-Simulation, La Jolla Ca./USA, pp. 145-153 (Nov. 1978)

INPUT TOOLS AS A BASIS FOR COMMUNICATING PROCESSES

Jan van den Bos
Rinus Plasmeijer
Jan Stroet

Nijmegen University
Informatica / Computer Graphics
Nijmegen, The Netherlands

A model of communicating parallel processes, based on high-level input functions, is introduced. It is called the input tool process model. In this model every process contains an input rule which specifies in an input expression the processes from which it expects input. Depending on the input some action takes place inside the tool process and as a result messages may be sent to the outside world. Because senders and receivers may specify each other with different degrees of identification the model supports very general classes of communication. It is for instance very suitable to utility processes and service routines in operating systems, for communication between system components and between user programs and system components, as well as for user programs communicating with each other. The tool process model is also applicable to nets of processes each running on their own processor. No special primitives for synchronization are needed, because the latter is accomplished implicitly by the input specification.

Keywords: operating systems, real-time programming, input, output, input tools, procedures, processes, communication, concurrency, parallel processes, communicating processes, programming, programming primitives, parallel programming, nondeterminacy, synchronization, abstract data structures, input expressions, processor arrays, networks, data flow

1 Introduction

The input tool process model which we are going to present derives its main impetus from an input-based approach to interactive computing by Van den Bos [1,2,3], called the input tool method. The philosophy behind the method is that in interactive computing input and output play a predominant, closely-coupled role, not only between primary source (e.g. man) and target (e.g. machine), but also in the communication between processes. It is our opinion that all advanced programming languages should be based on constructs which communicate with one another by means of input/output messages. In other words constructs or objects which are triggered by input (possibly a pattern of input stimuli) resulting in action within the object, normally followed by one or more outputs.

Languages based on the concept of communicating objects could be used for programming single- or multiprocessor computers or even distributed computers, without the programmer or user being aware of the hardware configuration. Typical for these objects is that they are largely self-contained and do not share information with other objects except when objects are contained within one another. Information exchange between separate objects is strictly by means of messages. The input tool method [1,2,3] stresses the specification of input at the entrance to the module. The specification facilities provide for the basic control structures sequencing, selection, and repetition.

2 Brief review of Input Tool Method

We will now present a brief description of the fundamentals of a streamlined version of the input tool method [2,3]. This method spells out in a so-called input expression the tools it expects input from. The input expression itself is similar to the right hand side of a grammatical production rule. Acceptable input patterns are specified by means of tool expressions controlled by conditionals. Sequencing (; operator), selection (+ operator), and repetition (* and $ operators) are offered as control structures in the input rule. The operands are themselves tools, allowing for a structured and hierarchical approach to building high-level input functions (up to complete programs) out of low-level ones. Some notation was borrowed from Habermann's path expressions [4]. Once an input rule has been satisfied, an action, called the tool body is executed and as a result some output information is produced.

As an example let us consider a typical coordinate digitizer equipped with two switches, a tipswitch and a stopswitch. An x,y sample it taken when the tipswitch is depressed. The sample is placed in the hardware registers REGX and REGY. An input tool representing this device could look as follows:

```
tool sample = input tipswitch end
     xout := REGX;    # copy hardware registers #
     yout := REGY     # X and Y of digitizer    #
end
```

Depressing the tipswitch causes the input rule to be satisfied. As a result the tool body of 'sample' is executed, in this case meaning that digitizer registers are copied to some global variables xout and yout.
We now build a tool 'CD-array' that returns a complete sequence of x,y samples. The sampling is terminated when the user depresses the stopswitch. Construction of this tool proceeds by building a tool layer around a slightly modified tool 'sample':

```
tool CD-array([]int x,y) = input sample* ; stop end
     int i;
     tool sample = input tipswitch end
          x[i] := REGX;
          y[i] := REGY;
          i := i+1
     end
     tool stop = input stopswitch end
     end
     init i := 0
     end
end
```

The tool returns zero or more samples in the arrays x and y. The outer input rule specifies that input is awaited from a tool 'sample' zero or more times (indicated by *); the complete input rule is matched (or 'satisfied') when input from tool 'stop' has occurred (the

; operator indicates that 'stop' follows the previous operand). When tool 'CD-array' becomes active, id est when its input rule becomes a candidate for matching, the very first thing that happens is the execution of the init statement, which initializes variables and performs other chores.
At any level, when an input rule is satisfied, the corresponding tool body is executed. At the inner level, when a signal from tipswitch arrives, the input rule of 'sample' is satisfied. The body of 'sample' is executed, resulting in putting the sampled x,y pair in elements of arrays. Once this is done, at the outer level we wait for another matching of 'sample' or 'stop'. As soon as the stopswitch is hit, the input rule of tool 'CD-array' is satisfied, causing it to execute its tool body (in this case empty) and to terminate, thereby making the completed sequence of x,y pairs available to the invoker of the tool (a higher level input rule).
Tools may also have parameters in square brackets. These parameters are read-only. They are frequently used to create an array of tools but other uses are possible.

An alternative solution to the above problem shows the use of the selection operator +, and the (conditional) repetition operator $. We make use of a so-called prior-test function, which makes a tool a conditional candidate for matching. Coupled with the $ operator it amounts to the control structure while test function do tool od:

```
tool CD-array([]int x,y) = input ¦proceed¦:(sample + stop) $ end
     int i; bool proceed;
     tool sample = input tipswitch end
          x[i] := REGX;
          y[i] := REGY;
          i := i+1
     end
     tool stop = input stopswitch end
          proceed:=false
     end
     init i := 0; proceed := true
     end
end
```

At init time the boolean proceed is made true, so in the outer input rule either 'sample' or 'stop' are acceptable. As long as proceed remains true sampling may go on. Once stopswitch is depressed proceed is made false and the repetition terminates, and consequently the tool 'CD-array'.

There also exist so-called post-test functions, which test return parameter values. They provide powerful possibilities, since even when a tool has been active we may reject it on the basis of its information returned. A simple example is a tool that only accepts a certain Key stroke from an alphanumeric keyboard, here upper or lower case Z:

```
tool Zz = input Key(c):¦c="Z" or c="z"¦ end
end
```

or:

```
tool Zz = input Key(c):¦c="Z"¦ + Key(c):¦c="z"¦ end
end
```

It is important to realize that matching is done by a special (external) input parser, and not by the program in which the input

tools occur. The input parser also executes prior- and post-test functions in order to determine acceptability.
Input rules define an ad-hoc, tool process dependent, simple grammar with operators that may be used to generate regular expressions. The presence of prior and/or post-test functions as a kind of dynamic grammatical attribute allows in fact to expand the set of languages accepted to type-0 languages.

An implementation [5] of the input tool method under the time-sharing system Unix [6] is presently being used by some installations in pilot and production projects.

3 Input Tool Process Model

The input tool method, explained in the previous Section, is based on interaction, especially as occurring in man-machine communication. If we model for a moment the human by a sequential process we realize that the two processes are involved in ping-pong communication. That is, when the computer process is executing, the user process waits and vice versa. We notice that there are two kinds of output: one goes directly to the user (via terminal responses), the other is output from one tool to the next one by means of return parameters (e.g. arrays x and y in tool 'CD-array').
In an environment of multiple, communicating processes the input tool method at least has to be extended by a way to indicate sources and destinations for message exchange. Furthermore we really do not want one process to be executing while all others wait: we shall allow production of messages at any place in the executable code (in our case tool body and init statement); this enables processes to run concurrently, except perhaps when they are communicating. To effect this we have made the following provisions in the input tool process model:

1. Input rule operands may optionally contain a process variable list, which identifies the source of input.

2. In the input tool model of Section 2 tools are defined in terms of ever lower tools. At the lowest level must be what we call basic tools, possibly physical devices which 'directly' produce the information (cf. tool 'tipswitch'). In the tool process model we make these formerly hidden basic tools explicit: the programmer may define them himself. All external messages are received by basic tools. These tools differ from normal tools in that they have a receive rule instead of an input rule. The receive rule defines a message slot, the structure of which has to agree with the structure of the message to be received.

3. Processes communicate by means of send primitives. The send primitive sends a message (optional) to an identified or unidentified destination. Identification may be at the process level, the basic tool level, or both. If the identification is left out then any process waiting for this type of message is a potential customer.

4. Send primitives may be issued from any executable part of a process.

5. The process issuing a send is suspended until the message has been accepted somewhere. The process issuing a receive (directly, or

indirectly via the input rule) is suspended until the indicated message arrives. In all other circumstances processes run in parallel and asynchronously.

6. The receiver of a message may request the identity of the sending process by means of the sender primitive: this primitive returns a string containing the process name. The receiving process can assign this name to a process variable, in order to define future candidates for sending.

7. Synchronization is implicitly accomplished by binding an external process to all or part of an input rule operand. The input expression itself then takes care of necessary serialization.

Different from the sequential tool model which only named senders, the tool process model accomodates sender/receiver combinations up to varying degrees of identification. Of course, underspecifying source and target identities may in cases lead to serious problems, but they can be solved by protocol or implementation. The idea is that the input tool process model can be applied to any communication situation; depending on the communication context a particular implementation may wish to restrict the number of unknowns to prevent deadlocks, race conditions, or starvation from occurring.
For analysis of later examples we give the combinations of send and receive as a function of source identification:

```
spb : send processname.basictoolname
sb  : send .basictoolname
sp  : send processname
s   : send
rp  : input processname->basictoolname
r   : input basictoolname
```

We now present some examples in which the tool processes are applied. The notation in the examples reminds of Algol68, although we felt free to make minor departures from its syntax. We shall put each example in the appropriate send/receive category.

PRINTER PROCESS

As a first example we present a process that handles a line printer. The process may be stopped by operator intervention from the System console.

```
tool printer = input (line1 ; source->|same|:line$) *;
                      Sysconsole->console
               end
     int close=-1; string source; bool same;
     struct (int type, string s) msg;
     tool line1 = receive msg;
          same := type of msg ~= close;
          source:=sender;
          lineprint(s of msg)
     end
     tool line = receive msg;
          if type of msg = close then same:=false fi
          lineprint(s of msg)
     end
     tool console =  receive ;
          lineprint("process printer terminated")
     end
end
```

This simple, yet not entirely impractical example, works as follows. The tool process 'printer' specifies via its input rule that it waits for zero or more occurrences of the expression within parentheses. Each expression handles a single user, thus serializing use of the printer. Every message sent to 'printer' contains the message type followed by the string to be printed. The first message is received by tool 'line1', which identifies the sender, puts its name in a string 'source' which is used to ensure that further reception in this expression is from the same user. The last message is indicated by type 'close'. At that time 'same' is made false, and as a consequence the conditional repetition terminates. Both 'line1' and 'line' contain a tool body which calls a (built-in) procedure lineprint which prints the string s. Note that if the first message to arrive in tool 'line1' is of type 'close', the logical viable 'same' is made false. As a result the iterative execution of tool 'line' will be skipped, and the process 'printer' will be ready to accept a new batch of messages, the first one of which goes to 'line1'.
At any time the computer operator at the System console, driven by a process 'Sysconsole', may decide to stop the 'printer' process by sending a signal to the subtool 'console'. This causes the body of tool 'console' to be executed, resulting in the string "process printer terminated" to appear on the printer. Following this the process 'printer' dies. Let us now take a look at a user process utilizing 'print':

```
tool user = input .... end
     struct (int type, string alpha) mes;
     .
     .
     mes:=(0,"my string");
     send printer(mes)
     .
end
```

The user process obeys the same syntax as any other process. We assume that it has been started. As a result of satisfying one of its subtools it executes a tool body which among other things contains the send statement directed at process 'printer', with actual parameter 'mes'. Process 'user' is suspended until the output information has been consumed by 'printer'.

Analysis
The user knows that he needs process 'printer', but 'printer' may receive calls for service from any process, so that the communication (one-way only) is of the type:

user -> printer : sp/r

THE DINING PHILOSOPHERS

We quote this problem from Hoare [7]: "Five philosophers spend their lives thinking and eating. The philosophers share a common dining room where there is a circular table surrounded by five chairs, each belonging to one philosopher. In the center of the table there is a large bowl of spaghetti, and the table is laid with five forks. On feeling hungry, a philosopher enters the dining room, sits in his own chair, and picks up the fork on the left of his place. Unfortunately, the spaghetti is so tangled that he needs to pick up and use the fork on his right as well. When he has finished, he puts down both forks, and leaves the room. The room should keep a count of the number of philosophers in it." We prevent starvation by never allowing more than 4 philosophers in the dining room.

```
tool phil[int i] = input living* ; die end
     tool living = receive ;
          send room.enter;
          send fork[i].pickup;             # pickup left fork #
          send fork[(i+1)mod5].pickup;     # pickup right fork #
          EAT;
          send fork[i].putdown;            # putdown left fork #
          send fork[(i+1)mod5].putdown;    # putdown right fork #
          send room.exit;
          THINK
     end
     tool die = receive ;
     end
end

tool room = input phil[0..4]->(¦occupancy<4¦:enter + exit) $  end
     int occupancy;
     tool enter = receive ;      # waiting for a signal #
          occupancy:=occupancy+1
     end
     tool exit = receive ;
          occupancy:=occupancy-1
     end
     init  occupancy:=0
     end
end

tool fork[int i] = input ( phil[(i-1)mod5]->(pickup;putdown) +
                           phil[i]->        (pickup;putdown) )$
                   end
     tool pickup = receive ;
     end
     tool putdown = receive ;
     end
end
```

The notation phil[0..4] in the tool process 'room' is short for:

{phil[0],phil[1],phil[2],phil[3],phil[4]}

Analysis

Again, this example shows one-way communication, from 'phil' to 'room' and to 'fork'. Since 'room' has 2 active basic tools, namely 'enter' and 'exit', the one that is intended as target must be identified. When sending to process 'fork' naming the basic tools is optional, because 'putdown' only becomes active after (; operator) 'pickup' has completed. So we find the following communication types:

```
phil -> room : spb/rp
phil -> fork : spb/rp    or sp/rp
```

4 Conclusion

This paper has illustrated that the extension of Van den Bos's input tool model [1,2,3] to a model for parallel input tool processes is a fruitful device to handle general communication between processes. Our model has accomplished this with relatively few primitives and without undue restrictions such as reciprocal naming or static bounds on the number of processes [7]. Faced with the choice between synchronous

send and receive without parallelity (cf. the call primitive in the model in [8]), or asynchronous send and receive such as in [10] (with all its concomitant message queuing and status inquiry functions), we have opted for the middle road of synchronous message exchange with parallel processing. In all other respects the input tool process model is in fact a superset of the proposals [7-11], catering to any communication need that may arise. We realize that in most environments it would be advisable to adopt a subset of our model, since a well-chosen subset will cover most applications and there is a smaller risk that process communication is interfered with.
In the model, transactions, defined as a series of logically connected messages, are almost naturally realized by exchanging process identities and/or some send/receive protocol. An example of this is the 'printer' process in the previous Section.

A preliminary implementation, which is in fact an extension of [5], has now been completed. It allows tool processes running on the same or different processors. This new implementation is presently undergoing tests using toy programs such as multi-player mastermind.

Because the input tool process model does not require complete specification of sender and receiver, the communication cannot be done by means of regular I/O. We need therefore a communication manager, which we have loosely called a monitor: it is the intermediate source and destination of all communication. This monitor is the place where precautions against deadlock, race conditions, and starvation have to be taken.
Protection problems may of course be partially solved using variable process identifiers, as we have done in some of our examples. Via some handshaking mechanism a sender/receiver pair could always make sure that messages reach the correct destination.

In terms of traditional concepts we may typify the input tool method as a hybrid between an algorithmic (flow of control) and a data flow view of programming. In terms of the latter any network of data flow modules can be described and defined by input expressions. Data flow modules may either be programmed as input tools, or, much more flexibly, as tool processes, which situation offers dynamically changing networks instead of the static network approach common to data flow languages.

A final positive point of the input tool process model is its clear hierarchic notation which does not need any special synchronization primitives for serialization. In fact because the operation between sending and receiving is indivisible, the tool process model in principle offers a solution to more general synchronization problems such as for instance solved by monitors, guarded regions, semaphores and the like.

References

1. Van den Bos, J., "Definition and use of higher-level graphics input tools", Proc. ACM-Siggraph, Atlanta, USA, pp. 38-42, 1978
2. Van den Bos, J., "High-level graphics input tools and their semantics", Proc. IFIP-WG 5.2 Workshop on Methodology of Interaction, Seillac 1979, North Holland, Amsterdam 1979.
3. Van den Bos, J., "Input Tools - A new language concept for input-driven programs", Proc. EuroIFIP 79 pp. 273-279, North-Holland, Amsterdam 1979.
4. Habermann, A.N., "Path expressions", Computer Science Report, June 1975, Carnegie-Mellon University, Pittsburgh, Pa., USA
5. Plasmeijer, M.J., Stroet, J.M., Van den Bos, J., "An implementation of high-level graphics input tools", Proc. EuroGraph Conf., Bologna 1979.
6. Ritchie, D.M., "The Unix time-sharing system", CACM 17,7,1978, pp. 365-375
7. Hoare, C.A.R., "Communicating sequential processes", CACM 21,8, 1978, pp. 666-677
8. Brinch Hansen, P., "Distributed Processes: a concurrent programming concept", CACM 21,11, 1978, pp. 934-941
9. Ingalls, D., "The Smalltalk-76 programming system: design and implementation", Fifth Annual ACM Symposium on principles of programming languages, pp. 9-16, Tucson, Arizona, 1978
10. Feldman, J., "High-level programming for distributed computing", CACM 22,6,1979, pp. 353-359
11. Anson, E.K., "The semantics of graphical input", Proc. ACM-Siggraph, 1979, Chicago, pp. 113-120

AKTIVIERUNG UND ZUORDNUNG VON KOOPERIERENDEN PROZESSEN IM ASSKO-MEHRPROZESSORSYSTEM

Ch. Steigner / K. Waldschmidt
Universität Dortmund

Kurzfassung

Echt parallel ablaufende Prozesse in einer modularen, symmetrischen Mehrprozessorumgebung bedürfen einer konfliktfreien wechselseitigen Abstimmung. Durch die Separation und Abspeicherung aller hierfür notwendigen, globalen Synchronisationsvariablen in einem modularen Assoziativspeicher-Koordinatorsystem (ASSKO) können die Prozesse und Betriebsmittel des Mehrprozessor-Systems zu einem effektiven Gesamtwirken gebracht werden. In diesem Beitrag wird der Einsatz dieser Synchronisationsmittel bei der Programmierung von gleichzeitigen, kooperierenden und zueinander asynchron startenden Prozessen angegeben.

1. Einleitung

Seit der Herstellung von großintegrierten, leistungsfähigen Mikroprozessoren und Halbleiterspeichern sind viele neuartige Vorschläge zum Aufbau von Mehrprozessorsystemen gemacht worden. Viele Systeme dieser Art sind für Spezialanwendungen konzipiert worden und weisen eine hierarchische, asymmetrische Funktionsverteilung auf. Andererseits gibt es heute wesentliche Anstrengungen im Hinblick auf die Entwicklung von modularen, symmetrischen, universell verwendbaren Mehrprozessor-Strukturen im Sinne eines "Verteilten Datenverarbeitungssystems"[1]. In unserer Arbeit wird eine Konzeption für ein derartiges universelles Mehrprozessorsystem angegeben (Bild 1), dessen modulare Hardwarestruktur eine Anpassung an geforderte Systemgrößen zuläßt.
Alle Datenverarbeitungsaufgaben, die in gleichzeitig ausführbare Teilaufgaben zerlegbar sind, können in mehreren Prozessoren bearbeitet werden (MIMD-Prinzip). Dabei muß mit der Ausführung einer Teilaufgabe auf das Ende einer anderen Teilaufgabe nur dann gewartet werden, wenn eine direkte, sequentielle Abhängigkeit zwischen den Aufgaben besteht. Anhand eines Prozeßgraphen [12], der die Reihenfolgebeziehungen zwischen den Teilaufgaben darstellt, läßt sich zeigen, wie im ASSKO-System ein echter Parallelprozeß zum Ablauf gebracht werden kann. Zeitparallele Prozesse können nur dann in einem symmetrischen Mehrprozessorsystem determiniert kooperieren, wenn es gelingt, die hierzu notwendigen Informationsbewegungen zwischen den Prozessormodulen durchzuführen. Dieser Informationstransport läßt sich in drei Informationsflüsse zerlegen [14]:

- den Datenfluß - Er umfaßt alle Datenmengen, die von den einzelnen Prozessen verarbeitet werden. Die Daten dieser Kategorie sind auch in der Lage, den sie verarbeitenden Prozeß zu beeinflussen. Im ASSKO-System werden alle Arbeitsdaten, die zwischen den lokalen Prozessormodulspeichern mit Hilfe des Kommunikationssystems (Bild 1) übertragen werden, zum Datenfluß gerechnet.

- den Steuerfluß - Er ist der Informationsfluß, der einem Prozessor die Tätigkeitsfolge vorgibt, nach der er die an ihn herangeführten Daten- und Steuerdatenflüsse auswerten und verändern soll. Im ASSKO-System wird der Steuerfluß genau wie die Arbeitsdaten zwischen den lokalen Prozessormodulspeichern übertragen.

- den Steuerdatenfluß - Er ist diejenige Information, welche die Prozesse zur wechselseitigen Abstimmung ihrer Aktivitäten benötigen. Zu diesem Fluß können alle Prozeßsynchronisationselemente bzw. Betriebsmittelstatusvariablen gezählt werden. Die Auswertung, Veränderung und Erreichbarkeit dieser Informationen unterliegt bestimmten Zugriffsschutzmechanismen von der Art der unteilbaren Semaphoroperationen. Der Anteil des Steuerdatenflusses, der aus den globalen Statusvariablen des ASSKO-Systems besteht, wird im Assoziativspeicher des Koordinators zwischengespeichert, was für diesen Datentypus charakteristische Zugriffsvorteile erbringt. Die lokalen Statusvariablen werden über das Kommunikationssystem, welches die lokalen Speicher verbindet, übertragen.

Da jeder der drei angegebenen Informationsflußtypen von unterschiedlicher Auftrittshäufigkeit, Datenmenge und allgemeiner Erreichbarkeit ist, wurden im ASSKO-System verschiedene Übertragungseinrichtungen vorgesehen. Der Steuerfluß und der Datenfluß werden über ein universelles Buskommunikationssystem übertragen; der globale Anteil des Steuerdatenflusses wird dagegen über den Koordinator (Bild 1) geführt. Um den Koordinator für alle Synchronisationsanfragen gleichschnell erreichbar zu machen, wurde versucht, den globalen Anteil der Synchronisationsprozeduren so gering wie möglich zu halten; denn je besser dies gelingt, umso mehr Prozessormodule können zu einem Verband zusammengeschlossen werden. Die durch die Existenz des "law of decreasing return" [11] vorgegebene Grenze für die maximal sinnvolle Anzahl von Prozessormodulen ist eine Variable, die hauptsächlich von den globalen Synchronisationszeiten abhängig ist. Aus diesem Grund wurde der Steuerdatenfluß in einen globalen und einen lokalen Anteil zerlegt. Der lokale Steuerdatenfluß dient, wie noch gezeigt wird, ausschließlich zur Abstimmung der Prozesse mit den von ihnen benötigten Software-Betriebsmitteln.

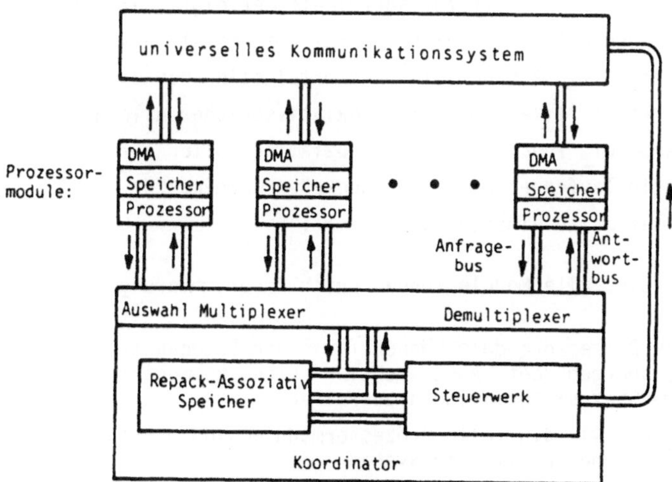

Bild 1: Das ASSKO-System

2. Aufbau und Eigenschaften des ASSKO-Systems

Das ASSKO-System ist aus drei in sich modularen Komponenten zusammengesetzt (Bild 1):

- den gleichberechtigten Prozessormodulen
- dem Koordinator
- dem gleichzeitige Verbindungen uneingeschränkt zulassenen Kommunikationssystem

Die Prozessormodule sind alle untereinander identisch und bestehen aus einem Prozessor, einem lokal fest zugeordneten Speicher, einer direkten Speicherzugriffseinrichtung (DMA) und mehreren Ein-Ausgabeschnittstellen. Alle Prozessormodule sind zwischen einem modularen Kommunikationssystem und einem Koordinator eingebettet. Jeder Prozessormodul teilt dem Koordinator moduleigene Statusveränderungen von globaler Bedeutung mit, die im Assoziativspeicher des Koordinators in Form eines Datenworteintrages vermerkt werden. Die wortparallele Suchzugriffsmöglichkeit des Assoziativspeichers ist eine wichtige Voraussetzung für eine schnelle, wechselseitige Abstimmung der in den Prozessormodulen gleichzeitig laufenden Prozesse. Der Koordinator enthält neben dem Assoziativspeicher noch ein programmierbares Steuerwerk, das folgende Aufgaben übernimmt:

- Aktivierung und Überwachung der Assoziativspeicherfunktionen
- Vorselektion von ankommenden Prozessormodulanfragen
- Erzeugung von Rückantworten
- Schaltung von Datenwegen zwischen den Funktionseinheiten des Koordinators
- Erzeugung eines Steuercodes zur Schaltung von Datenbusverbindungen im Kommunikationssystem (Bild 1).

Die Prozessormodule des ASSKO-Systems sind mit DMA-Kanälen ausgestattet. Mit diesen Kanälen ist es möglich, eine Datenübertragung zeitgleich zu einem im Prozessormodul laufenden Prozeß auszuführen, wodurch der Einfluß der Datenaustauschzeiten auf die Gesamtprozeßdauer stark vermindert wird. Der Zugriff zum Koordinator erfolgt über Anfragebusse, die an der Peripherie des Koordinators von einer "First Come First Served"-Logik ausgewählt werden. Der Koordinator selbst kann seine Antwortsignale über einen Demultiplexer zurück an die Prozessormodule leiten. Da der Assoziativspeicher alle globalen Systemzustände registriert, kann sein Inhalt als ein Assoziationsmuster zur gegenseitigen Orientierung der gleichzeitig laufenden Prozesse angesehen werden. Für das ASSKO-System wurden folgende Eigenschaften aufeinander abgestimmt:

- Dynamische Architektur [2], d.h. alle Module können durch Programmierung stets neu konfiguriert werden
- Feste Kopplung [3], d.h. alle Prozessormodule können für einen Datenaustausch horizontal, ohne Umweg über eine übergeordnete Austauscheinrichtung kommunizieren und können auf gemeinsam nutzbare Statusinformationen zugreifen.
- Symmetrische, homogene Struktur [4], d.h. alle Prozessormodule sind gleich hinsichtlich ihrer inneren Organisation und Funktion im System
- Modularität [5], d.h. das Mehrfachprozessorsystem muß durch Ergänzung von genormten Bausteinen ohne Strukturveränderungen erweiterbar sein
- Demokratisch-Dezentrale Organisation [1,6], d.h. die Prozessormodule haben die Fähigkeit, sich selbst zu verwalten und mit anderen Modulen zu kooperieren, ohne zu be-

stimmten Diensten gezwungen zu werden

- Hochniveau-Synchronisation [7], d.h. es existiert eine direkte Abstimmungsmöglichkeit zwischen den gleichzeitig laufenden Prozessen
- Ausgewogene Zurückstufung [8], d.h. bei Ausfall eines Prozessors kann das System mit verminderter Leistung weiterarbeiten
- Asynchrones Multiprozeß-Scheduling [9], d.h. der Aktivierungszeitpunkt für die einzelnen Prozesse ist nur abhängig von der Verfügbarkeit der jeweilig nötigen Daten
- Uneingeschränkte, gleichzeitige Kommunikationsmöglichkeit, d.h. alle denkbaren Verbindungen können gleichzeitig und unabhängig voneinander geschaltet werden
- Systemtransparenz [1], d.h. Teilprozesse werden nur durch ihren Namen gekennzeichnet. Das ausführende Betriebsmittel muß bei der Programmierung nicht angegeben werden.

Damit die Betriebsmittelzuordnung zwischen den parallelen Prozessen konfliktfrei ablaufen kann, müssen auch die aus der Systemprogrammierung her bekannten Probleme wie das wechselseitige Ausschlußproblem, die Deadlockhandhabung, die Reihenfolgesynchronisation und die Determiniertheit der parallelen Abläufe hinreichend bewältigt werden.
Ein Vorschlag zur konfliktfreien Verwaltung der aktiven Betriebsmittel (Bild 2) wurde in [10] gemacht. Mit einem Datenwegkennsatz, der das Format eines Assoziativspeicherwortes hat, wurde eine globale Synchronisationsvariable zur Kennzeichnung von aktiven Betriebsmitteln geschaffen. Der Assoziativspeicher wurde für diese Verwaltungsaufgaben mit einer besonderen Repack- und Trefferauswertung ausgestattet. Diese Operationen ermöglichen die Bildung von mehreren, voneinander unabhängigen Warteschlangen im Assoziativspeicher. Auch bot das Ablegen aller zurückgestellten, wartenden Datenweganfragen im Assoziativspeicher die Möglichkeit, schnelle Deadlocksuch- und Deadlockbeseitigungs-Algorithmen im Koordinatorsteuerwerk aufzubauen. Andere Verfahren der Deadlockbehandlung wie die Verhinderung oder die Vermeidung von Deadlocks gewähren nicht gleichzeitig einen hohen Grad an Zugriffsparallelismus und uneingeschränkten Zugriff [15].

3. Klassifikation der Betriebsmittel im ASSKO-System

Um die Betriebsmittel eines Mehrprozessorsystems mit passenden Synchronisationsmechanismen zu erfassen, müssen sie gemäß ihren Eigenschaften klassifiziert werden (Bild 2). Für dieses Vorhaben werden folgende Eigenschaften, denen die Betriebsmitteltypen zugeordnet werden können, gegenübergestellt.

1. Wiederverwendbarkeit oder Verbrauchbarkeit
2. aktiv oder passiv
3. Hardware oder Software
4. global oder lokal erreichbar

Ein wiederverwendbares Betriebsmittel ist nach dem Gebrauch durch einen Prozeß weiterhin verfügbar, wogegen verbrauchbare Betriebsmittel nach der Benutzung durch einen Prozeß nicht mehr vorhanden sind.
Ein aktives Betriebsmittel ist eine Hardwarefunktionseinheit, in der ein Prozeß residieren kann. Aktive Betriebsmittel führen Berechnungen aus oder bewegen Informationen. Passive Betriebsmittel sind sowohl alle Daten, die ein Prozeß zum Ablauf benötigt als

auch die Speichermedien, in denen die Daten abgelegt werden.
Hardware-Betriebsmittel sind alle Funktionseinheiten, die zur Ausführung von Programmen und zur Speicherung sowie Übertragung von Daten benötigt werden. Alle berechneten und programmierten Daten sind Software-Betriebsmittel.
Betriebsmittel, auf die mehr als ein Prozeß räumlich zugreifen kann, sind global erreichbar; Betriebsmittel, die stets einem Prozessormodul fest zugeordnet sind und nur von einem Prozeß belegt werden können, der in diesem Prozessormodul abläuft, werden als lokal erreichbar eingestuft.

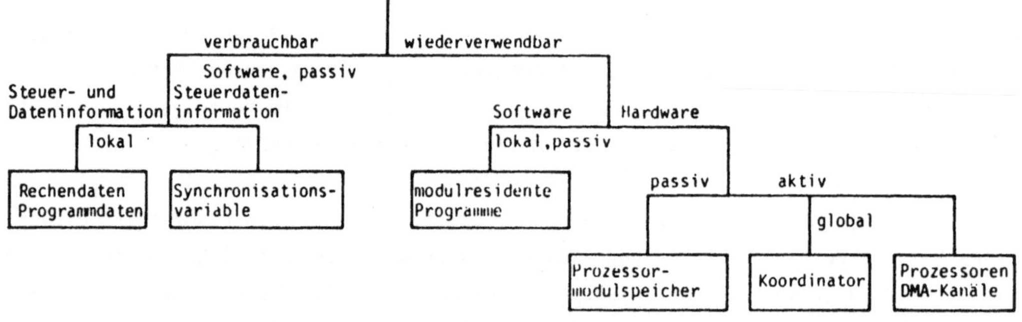

Bild 2: Klassifikation der Betriebsmittel

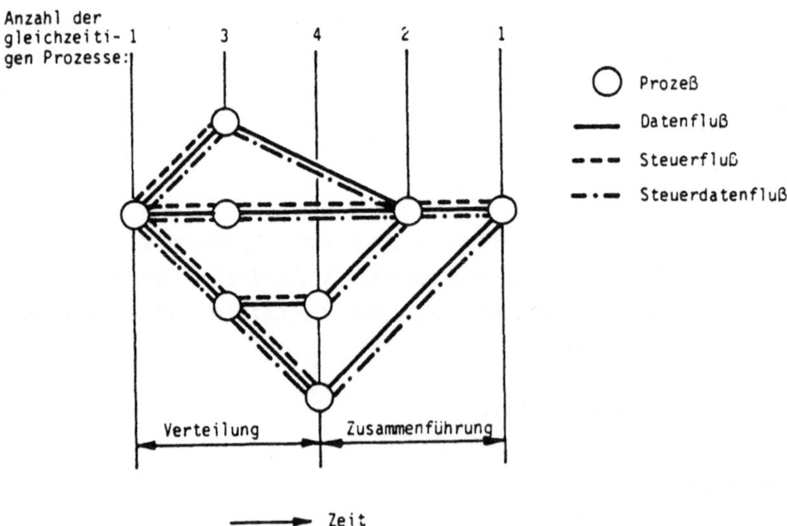

Bild 3: Prozeßgraph

4. Anordnung und Wirkungsweise der Synchronisationsmittel im ASSCO-System

Zur Programmierung von echt parallelen, autonomen, miteinander kooperierenden Prozessen müssen die Teilaufgaben, die von den Prozessen bearbeitet werden sollen, den gegebenen Prozessormodulen zugeordnet werden. Die zeitliche und räumliche Zuordnung der einzelnen Prozesse muß vom Programmierer festgelegt werden und kann durch einen Prozeßgraphen (Bild 3) dargestellt werden. Die Zuordnungsoperation besteht aus zwei Teilen:

1. Der Verteilung (Distribution) der Programm- und Rechendaten
2. Der Zusammenführung (Redistribution) der Rechendaten

Für das ASSKO-System wurden zwei Verfahren entwickelt, die sich sowohl durch die Programmierungstechnik als auch durch die Hardwarevoraussetzungen unterscheiden:

1. Die reelle, offene Vergabe der Betriebsmittel

   Dieses Verfahren ist immer dann anzuwenden, wenn die Zahl der verfügbaren Prozessormodule kleiner ist als die Zahl der gleichzeitig lauffähigen Prozesse (Bild 3). In dieser Situation muß der Programmierer die Zuordnung zwischen den Prozessen und den Prozessormodulen selbst festlegen; d.h. er muß ein optimales Scheduling für die echt-parallelen Prozesse ermitteln [16].

2. Die virtuelle, verdeckte Vergabe der Betriebsmittel

   Dieses Verfahren ist immer dann anzuwenden, wenn die Zahl der verfügbaren Prozessormodule größer gleich der Zahl der gleichzeitig lauffähigen Prozesse ist. Der Programmierer wird hierbei von der Aufgabe der Zuordnung der einzelnen Prozesse an die Prozessormodule entbunden. Er muß nur die durch den Prozeßgraphen vorgegebene Reihenfolge der Prozesse mit Hilfe der Prozeßkennungen programmieren. Da bei diesem Verfahren kein lauffähiger Prozeß auf einen freien Prozessormodul warten muß, stellen sich immer optimal Schedules ein. Die Zuordnung zwischen den Prozessen und Prozessormodulen wird durch Prozeduren, die hauptsächlich im Koordinator wirksam werden, ausgeführt.

Aufgabe der Synchronisationsprozeduren ist es, alle erzeugten gleichzeitig laufenden Prozesse mit den von ihnen benötigten Betriebsmitteln zu versorgen, ohne Behinderungen und Zugriffskonflikte.

4.1 Die reelle Vergabe der Betriebsmittel

Bei dem reellen Betriebsmittelvergabe-Verfahren zeigte es sich, daß alle Synchronisationsmittel zur Belegung von Hardware-Betriebsmitteln durch globale, im Koordinatorassoziativspeicher ablegbare Synchronisationsvariable repräsentiert werden können. Auch sind die Prozesse, die sich um die Belegung eines Hardware-Betriebsmittels bewerben, als miteinander konkurrierend zu verstehen.
Dagegen ist die Bereitstellung von Software-Betriebsmitteln durch eine Prüfung von lokalen, in jedem Prozessormodul dezentral abgelegten Synchronisationsvariablen organisierbar. Prozesse, die für ihren Fortgang dieser lokalen Variablen bedürfen, sind als miteinander kooperierend zu verstehen.

4.1.1 Organisation der Synchronisationsmittel zur Abstimmung der konkurrierenden Prozesse

In einem symmetrischen Mehrprozessorsystem sind Konkurrenzsituationen immer dann möglich, wenn ein Prozeß Daten in ein bestimmtes Prozessormodul übertragen will. Bei einer Übertragung werden neben dem Sendeprozessorkanal ein Empfängerprozessorkanal, ein Verbindungsdatenbus und genügend Speicherplatz auf der Empfängerseite benötigt. Die sich hier stellende Synchronisationsaufgabe besteht aus folgenden Teilen:

1. Prüfung, ob alle Betriebsmittel für eine Übertragung verfügbar sind
2. Ausschluß von mehrfachen, gleichzeitigen Anfragen nach dem gleichen Betriebsmittel
3. Organisation von Warteschlangen für den Fall, daß ein angefordertes Betriebsmittel nicht verfügbar ist.

Die Synchronisationsvariablen, die den Verfügbarkeitsstatus der genannten Hardware-Betriebsmittel anzeigen, haben das Format eines Assoziativspeicherwortes und sind in maskierbare Assoziationsfelder unterteilt:

Typ I	*Sender Kennung*	*Empfänger Kennung*	*Status*	Datenwegkennsatz
Typ II	*Prozessor Kennung*	*Speicher Kennung*	*Status*	Speicherkennsatz

Da das Kommunikationssystem (Bild 1) alle denkbaren Verbindungen herstellen kann, ist im Datenwegkennsatz kein Assoziationsfeld zur Kennzeichnung eines bestimmten Verbindungsdatenbusses vorgesehen. Die Ablage dieser Kennsätze im Assoziativspeicher und die damit verbundene, hochparallele Zugriffsmöglichkeit über den gesamten Speicherbereich gestattet die Entwicklung von schnellen, kurzen Synchronisationsprozeduren. Die Maskierung des Assoziativspeicher-Suchkriteriums eröffnet zusätzlich die Möglichkeit, mit einem bekannten Teil eines Kennsatzes nach den unbekannten Teilen eines (oder mehreren) Kennsatzes (Kennsätzen) im Assoziativspeicher zu fragen. Neben dem Datenwegkennsatz kann auch der Speichermodulkennsatz im Assoziativspeicher verwaltet werden. Das Zusammenwirken beider Kennsätze bei der Belegung und Freigabe von Verbindungen ist durch eine Belegungs- und Freigabeprozedur in Bild 4 dargestellt. Diese Prozeduren sind aus Operationen zusammengesetzt, die selbst wiederum durch Zerlegung von Semaphoroperationen gewonnen wurden. Die so entstandenen elementaren Operationen haben folgende Wirkung [17]:

1. Anfrage nach dem Eintritt in den kritischen Bereich *(A)*
2. Unteilbares Verschließen der Semaphorvariable *(V)*
3. Unteilbares Öffnen der Semaphorvariable *(Ö)*

Die in Bild 4 gezeigten Prozeduren dienen zur Verwaltung von folgenden durch Semaphore *(S)* dargestellten Betriebsmitteln:

1. dem Übertragungsweg (S_1)
2. der Speicherplatzsituation (S_2)
3. der Zahl der wartenden Übertragungsweganfragen (S_3)
4. der Zahl der wartenden Speicherplatzanfragen (S_4)

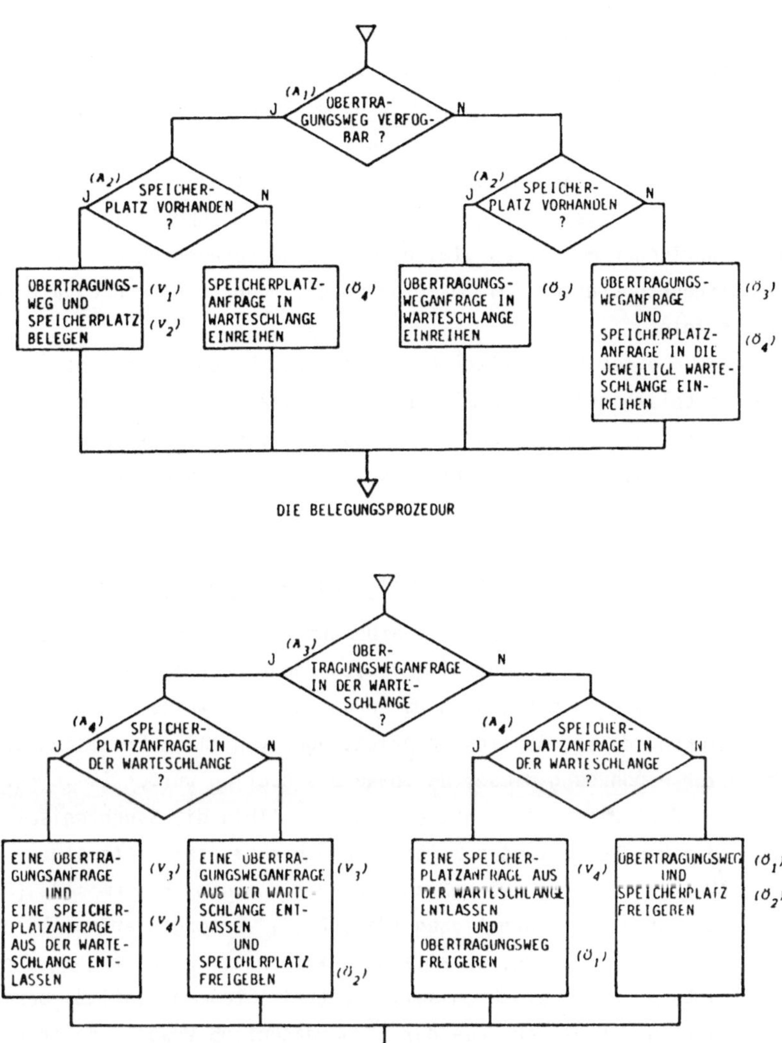

Bild 4: Belegungs- und Freigabeprozedur von Übertragungseinrichtungen

Die Belegungsprozedur in Bild 4 besteht aus zwei aufeinanderfolgenden Anfragen (A_1, A_2), die ein Durchlaßkriterium für den Eintritt in den kritischen Bereich bilden. Werden beide Anfragen bejaht, so folgt das unteilbare Verschließen (V_1, V_2) der Semaphorvariablen, indem die entsprechenden Statuskennungen in den Assoziativspeicher eingetragen werden. Wird dagegen eine (oder beide) der Anfragen verneint, so wird durch eine unteilbare Öffnungsoperation die verneinte Anfrage in eine Warteschlange eingereiht, was wiederum der Eintragung einer Kennung mit dem Status "Warten" in den Assoziativspeicher entspricht.

Die Freigabeprozedur in Bild 4 besteht ebenfalls aus zwei aufeinanderfolgenden Anfragen

(A_3, A_4) bezüglich der Anzahl der wartenden Anfragen nach Datenwegen und Speicherplatz. Werden beide Anfragen bejaht, so können zwei zurückgestellte Anfragen aus der jeweiligen Warteschlange entlassen werden (V_3, V_4), da gesichert ist, daß diese Anfragen erfüllt werden können. Wird dagegen eine der Anfragen verneint, so wird durch eine unteilbare Öffnungsoperation das entsprechende Betriebsmittel freigegeben. Die andere, bejahte Anfrage führt dagegen zu einer unteilbaren Verschlußoperation, was einer Reaktivierung eines wartenden Prozesses gleichkommt. Eine Verneinung beider Anfragen hat eine doppelte Öffnungsoperation $(Ö_1, Ö_2)$ zur Folge, wodurch eine Freigabe der belegten Betriebsmittel erfolgt.

Wenn jeder Prozeß in einem symmetrischen, nichthierarchischen Mehrprozessorsystem zu jeder Zeit und in beliebiger Reihenfolge Betriebsmittel ausschließlich belegen darf, ohne daß sie ihm entzogen werden können, sind Systemverklemmungen möglich. In [10] wurde eine Methode angedeutet, durch Erkennung und Beseitigung der Verklemmung diesem Konflikt zu begegnen.

4.1.2 Organisation der Synchronisationsmittel zur Abstimmung kooperierender Prozesse

Im Gegensatz zu konkurrierenden Prozessen arbeiten kooperierende Prozesse an einer gemeinsamen Aufgabe, indem sie gleichzeitig verschiedene Operationen ausführen und Informationen austauschen. Sobald sie jedoch Daten austauschen wollen, können Konkurrenzsituationen entstehen, da die Austauscheinrichtungen von allen Prozessen erreichbar sind. Maßnahmen zur Handhabung dieser Wettbewerbssituation wurden im vorherigen Abschnitt angegeben. Ziel dieses Abschnittes ist es, allein die Synchronisationsmittel zu beschreiben, die zur Verwaltung der Softwarebetriebsmittel nötig sind.

Jeder dezentral zu startende Prozeß muß zu Beginn mit einem Programmcode (Steuerfluß) und für den Ablauf mit Dateninformationen (Datenfluß) versorgt werden. Dazu muß jeder Prozeß in der Lage sein zu prüfen, ob alle Dateninformationen verfügbar sind. Dies bedeutet, daß auf lokaler Ebene Synchronisationsmittel (Steuerdatenfluß) bereitgestellt werden müssen. Hier wird deutlich, wie der Steuerdatenfluß sowohl in einen lokalen als auch globalen Anteil aufgegliedert werden kann. Lokale, modulare, in jedem Prozessormodul residente Prozeduren müssen die Fähigkeit haben, den echt parallelen Gesamtprozeß in Gang zu bringen. Aufgabe der Prozeduren ist es, nach den Synchronisationsvariablen des lokalen Steuerdatenflusses zu suchen und auszuwerten. Die für diesen Zweck entwickelten Synchronisationsvariablen haben folgende Bezeichnungen:

1. Die Zielortkennung kennzeichnet alle Informationen, die zur Übertragung an die einzelnen Prozessormodule vorgesehen sind. Hierzu gehören alle Programm-, Start- und Ergebnis-Informationen.
2. Die Programm-Modul-Kennung kennzeichnet alle Programminformationen.
3. Die Startdatenkennung kennzeichnet alle Start- und Ergebnisinformationen.

Die Prozedur in Bild 5 zeigt, wie die oben angegebenen Synchronisationsvariablen ausgewertet werden. Zuerst wird nach der Zielortkennung gesucht. Ist die Suche erfolgreich,

so wird sofort durch eine Interaktion mit dem Koordinator eine Übertragung des gekennzeichneten Datenblocks eingeleitet. Sobald die Übertragung abgeschlossen ist, wird die Zielkennung gelöscht. Dies wird solange fortgesetzt, bis alle Zielkennungen im Bereich eines lokalen Prozessormodules verschwunden sind. Ist dagegen die Suche nicht erfolgreich, so bedeutet dies, daß keine Übertragung nötig ist und mit der Bearbeitung von Programm-Modulen, falls diese vorhanden, begonnen werden kann.
Wird also eine Programm-Modul-Kennung gefunden, so wird festgestellt, ob es zum Ablauf gebracht werden kann. Hierzu wird geprüft, ob alle benötigten Startdaten verfügbar sind. Dazu wird vorher der Kopf des Programm-Moduls (Bild 6) nach allen Startdatenkennungen abgefragt. Ist auch diese Prüfung erfolgreich gewesen, so wird noch eine Speicherplatzreservierung für zu erwartende Ergebnisdaten vorgenommen und das Programm-Modul gestartet. Nach dem Ende des Programms werden die Kennungen für die Startdaten und Programm-Module gelöscht. Wenn dagegen eine der letzten beiden Abfragen nicht erfolgreich war, so beginnt ein neuer Durchlauf dieser lokalen Verwaltungsprozedur.

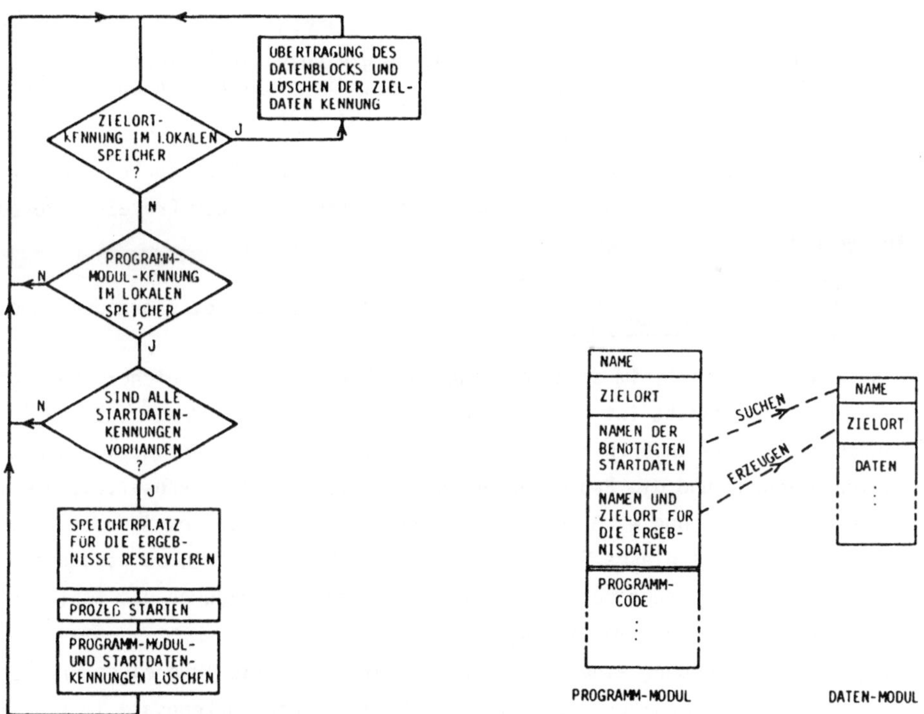

Bild 5: Die lokale Verwaltungsprozedur

Bild 6: Programm- und Daten-Modul für einen Teilprozeß

Mit diesen bisher beschriebenen Synchronisationsmitteln kann ein echter paralleler Prozeß in Form von dezentralen, kooperierenden, autonomen Teilprozessen programmiert werden. Aufgabe des Programmierers ist es, die räumliche und zeitliche Zuordnung der Prozesse zu den Prozessormodulen festzulegen. Diese Zuordnung kann durch eine Etikettierung aller zum Austausch vorgesehenen Informationsblöcke mit einem Namen und einer Zielortkennung vorgenommen werden (Bild 6).

4.2 Die virtuelle, verdeckte Vergabe der Betriebsmittel

Die virtuelle Betriebsmittelvergabe kann als eine Ergänzung der reellen Vergabeorganisation verstanden werden. Die Mechanismen zur Verwaltung der Hardwarebetriebsmittel können bei dem virtuellen Vergabeverfahren unverändert übernommen werden, da alle kooperierenden Prozesse zum Zwecke der Kommunikation sich um die gemeinsam nutzbaren Übertragungseinrichtungen bewerben (konkurrieren) müssen. Die Voraussetzung der virtuellen Betriebsmittelvergabe, nach der jeder ablauffähige Prozeß ein freies Prozessormodul erhält, läßt eine unmittelbare Programmierung des vorgegebenen Prozeßverkopplungsplanes (Bild 3) zu. Der Programmierer braucht keinerlei räumliche Zuordnung für die einzelnen Prozesse zu treffen [13]. Dieses Verfahren benötigt folgende zusätzliche Synchronisationsmittel:

1. Eine Referenztabelle für die Ortsbestimmung aller gleichzeitig laufenden Prozesse.
2. Eine Prozeß-Prozeß-Warteschlange für alle Prozesse, die nicht miteinander kommunizieren können, da der Partnerprozeß noch nicht erzeugt ist.

Die Referenztabelle gibt jedem Prozeß die Möglichkeit, den Prozeß zu suchen, den er für sein Fortschreiten benötigt. Für die Referenztabelle wurde folgender Prozeß-Prozessorkennsatz festgelegt.

Typ III	*Prozeß-kennung*	*Prozessormodul-kennung*

Prozeß-Prozessormodulkennsatz

Dieser Kennsatz wird ebenfalls im allgemein zugänglichen Assoziativspeicher abgelegt. Mit einem einzigen Suchschritt ist es somit möglich, den Ort eines Prozesses unter allen Ortsangaben für alle anderen Prozesse herauszufinden. Als Suchkriterium dient hierfür die Typenkennung und die Prozeßkennung des Prozeß-Prozessorkennsatzes; die unbekannte Prozessormodulkennung wird durch die Maskierungsoperation des Assoziativspeichers ausgeblendet. Erzeugt dieses Suchkriterium eine Trefferantwort, so wird dieses Signal zur direkten Adressierung des Kennsatzes herangezogen, wodurch das Auslesen der gesuchten Prozessormodulkennung möglich wird.

Voraussetzung für die Erzeugung eines Prozesses ist die Bereitstellung eines Prozessormodules. Da alle Prozessormodulzustände durch den Prozeß-Prozessorkennsatz im Assoziativspeicher abgelegt sind, kann mit einer Suchanfrage ein freier Prozessormodul gefunden und durch Eintrag der Prozeßkennung belegt werden. Dieser Eintrag ist zugleich für alle anderen zeitparallel laufenden Prozesse, die mit dem eben registrierten Prozeß kommunizieren möchten, eine Orientierung für den Aufbau eines Datenweges. Über eine Anfrage an den Koordinator wird es den einzelnen modulresidenten Prozeduren möglich, den Zielort für eine Datenübertragung zu finden. Für den Fall, daß ein gesuchter Folgeprozeß noch nicht im gesamten Mehrprozessorsystem existiert, muß die vergeblich gestellte

Anfrage registriert werden. Eine so konservierte Anfrage kann dann später, sobald der gesuchte Folgeprozeß erzeugt ist, nochmals gestellt werden. Ähnlich wie bei den konkurrierenden Belegungsanfragen läßt sich diese Situation durch den Aufbau von Prozeß-Prozeß-Warteschlangen im Assoziativspeicher organisieren. Die Glieder dieser Warteschlange bestehen aus folgenden Prozeß-Prozeß-Kennsätzen:

Typ IV	*Kennung des suchenden Prozesses*	*Kennung des gesuchten Prozesses*

Prozeß-Prozeß-Kennsatz

Mit diesem Kennsatz und den bereits angegebenen Assoziativspeicherfunktionen lassen sich Warteschlangen für alle vergeblich gestellten Prozeß-Suchanfragen bilden.
Die bisher beschriebenen Prozeßverknüpfungsabläufe sind in Bild 7 durch zwei Prozeduren, die im Koordinator ablaufen, dargestellt. Sowohl die Prozeß-Such-Prozedur als auch die Prozeßbelegungs- und Reaktivierungs-Prozedur sind aus elementaren Semaphoroperationen zusammengesetzt und können von allen Prozessen in den isomorphen Prozessormodulen erreicht werden.

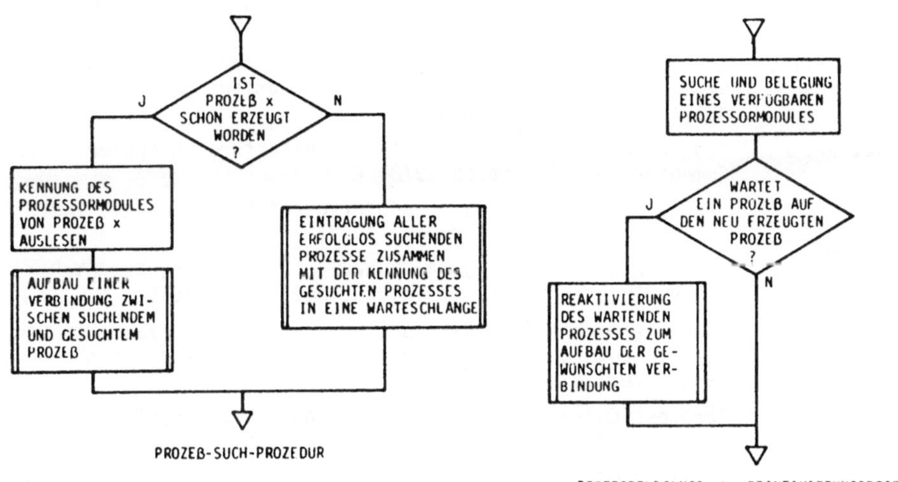

Bild 7

5. Zusammenfassung

Das rasche Voranschreiten der Hardwaretechnologie zu immer komplexeren Funktionseinheiten auf einem Chip, sowie die Entstehung neuer Denkweisen in der Programmierungstechnik [18] fordern die Entwicklung von flexiblen, kooperationsfähigen, programmierbaren Hardwaremodulen. Die Vorteile echter Parallelprogrammierung können nur genutzt werden, wenn in einem digitalen System alle Einzelmodule durch programmierbare Verbindungselemente stets neu konfigurierbar sind. Ein gegebenes Parallelprogramm kann daher erst dann voll zur Wirkung gebracht werden, wenn alle Programmteile die zu ihrem Ablauf notwendige

Hardware in zeitlich und räumlich optimaler Weise zugeordnet bekommen. Die hierbei auftretende hohe Anforderung nach schnellen Synchronisationsoperationen wurde im ASSKO-System durch den Einsatz von einer eigens für diese Operationen entwickelten Hardware (Assoziativspeicher, Repacklogik, Arbiterlogik usw.) erfüllt.
Auch können die Leistungsfähigkeiten und Strukturvorteile der neu konzipierten abstrakten Sprachen wie Concurrent Pascal, Algol 68 oder Modula nur in einem Rechensystem zur Geltung kommen, in dem nicht mehr mit einem interruptgetriebenen Prozeßmultiplexing gearbeitet wird [18]. Nicht dargestellt wurde in diesem Papier die Struktur und Funktionsweise des Kommunikationssystems. Für die Kommunikationsaufgabe sind Netzwerke aus mehreren Schalterebenen besonders geeignet [19], da diese Strukturen im Gegensatz zum Mehrfachbus oder Crossbarswitch einen weit geringeren Bedarf an Schaltelementen aufweisen. Das beschriebene, ausbaufähige ASSKO-System besteht zur Zeit aus vier Mikroprozessormodulen. Der in diskreter Logik erstellte Koordinator-Assoziativspeicher hat eine Speicherkapazität von 24 x 10 Bit.

6. Literatur

[1] Enslow, P.H. "What is a "Distributed" Data Processing System?" Computer, IEEE Computer Society, January 1978

[2] Kartashev, S.I., Kartashev, S.P. "Selection of the control organization for a multicomputer system with dynamic architecture" Euromicro 1978, North-Holland Publishing Company

[3] Gonzalez, Jr. "Future Directions in Computer Architecture" Computer, IEEE Computer Society, March 1978

[4] Lorin, H. "Parallelism in Hardware and Software" Prentice-Hall Inc. Englewood Cliffs, New Jersey 1972

[5] Fuller, S.H.et.al. "Multi-Microprocessors: An Overview and Working Example" Proceedings of the IEEE, Vol.65, No.2, Feb. 1978

[6] Kuznia, Ch. "Parallelrechner mit Mikroprozessoren" Mikroprozessoren und Mikrocomputer, 2.Treffen 1977 des German Chapter of the ACM, Hanser-Verlag

[7] Siewiorek, D.P. "Process Coordination in Multimicroprocessor Systems" Euromicro 1975, North-Holland Publishing Company

[8] Enslow, P.H. "Multi processors & Parallel Processing" John Wiley & Sons, Inc., 1974

[9] Dennis, J.B., Misunas, D.P. "A Preliminary Architecture for a Basic Data-Flow Processor" The 2nd Annual Symposium on Comp. Arch. Vol. 3, 1974 (ACM-SIG ARCH) S. 126-132

[10] Steigner, Ch., Waldschmidt, K. "ASSCO - A Solution to Mutual Exclusion and Deadlock Situations in a Multiprocessor System" Euromicro 1978, North-Holland Publishing Company

[11] Giloi, W.K. "Grundlagen, Operationsprinzipien und Strukturen von innovativen Rechnerarchitekturen" GI-Jahrestagung 1978, Berlin

[12] Fung, K., "On the Analysis of Memory Conflicts and Bus Contentions in a Multiple-Microprocessor System", IEEE Transactions on Comp., Vol. C-27, Jan. 1979

[13] Eckhouse, Jr. "Issues in Distributed Processing - An Overview of Tow Workshops", Computer, IEEE Comp.Soc., Jan. 1978

[14] Wiederhold, G. "Database Design", Mc GRAW-HILL BOOK COMP., 1977

[15] Bittmann, P. "MODELS AND ALGORITHMS FOR "DEADLOCK DETECTION", Operating Systems: Theory and Practice, North-Holland Publishing Comp.1979

[16] Gonzalez, Jr. "Deterministic Processor Scheduling", Computing Surv., Vol.9, No.3, Sept. 1977

[17] Belpaire, G. Wilmotte, J.P. "On programming dependencies between parallel processes", Institue de Mathematique Pure et Applique , Univ. de Louvain, Belgium, April 1974

[18] Hansen, P.B. "A Keynote Address on Concurrent Programming", Computer, IEEE Comp. Soc. May 1979

[19] Lawrie, D.H. "Access and Alignment of Data in an Array Processor" IEEE Transactions on Computers, Vol. C-24, No. 12, Dec. 1975

Experiences and Opportunities in Vertical Migration of Function

A. Heller
IBM, San Jose, Calif.

Abstract +)

This paper focuses on the characteristics of functions in large computing systems that are evaluated in the determination of function placement and selection of implementation media, i.e. software, microcode or hardware. It provides a basic understanding of the tradeoffs of some actual implementations of migrated software functions into microcode and hardware. Further the paper evaluates some future opportunities for significant restructure and function migration in large commercial systems.

+) The full paper will be available at the conference.

PROBLEME BEI DER VERTIKALEN VERLAGERUNG AUF EINEM GROßRECHNER

Raimund T. Kölsch
Siemens AG, München

1. Einleitung

Trotz immer schnellerer Zentraleinheiten von Mehrzweckrechnern bleibt der Wunsch nach weiteren Leistungssteigerungen der Rechnersysteme bestehen. Wo er mit Software-Methoden nicht mehr erfüllt werden kann, äußert sich dies häufig in der Entwicklung dedizierter Systeme. Wenn dieser Weg nicht gangbar ist, bietet sich bei mikroprogrammierbaren Prozessoren die Möglichkeit, den Rechner den aktuellen (eventuell wechselnden) Anforderungen anzupassen und dadurch die erstrebten Leistungssteigerungen zu erzielen.

Dies kann durch die Aufnahme neuer, problemorientierter Befehle in den Maschinenbefehlsvorrat geschehen oder aber durch die komplette Verlagerung zeitaufwendiger Softwareteile in die Firmware /1,2/. Dabei ist es prinzipiell gleich, ob System- oder Anwenderprogramme betrachtet werden.

Bei dieser Verlagerung können nun Probleme auftreten, die daher rühren, daß die technologische Entwicklung zwar beschreibbare Mikrospeicher hervorgebracht hat, daß jedoch die übrige Hardware und die Software auf die nun prinzipiell mögliche dynamische Mikroprogrammierung nicht ausgerichtet wurde.

Ziel dieser Arbeit ist es, einige der aus dem momentanen Stand resultierenden Probleme bzw. deren Auswirkungen aufzuzeigen und Forderungen an ein die Verlagerung unterstützendes System aufzustellen. Es wird dabei auf eine mikroprogrammierbare Siemens 7.755 und ein die Verlagerung unterstützendes PASCAL-System an der Universität Kiel Bezug genommen /3,4/.

---

* Diese Arbeit entstand am Institut für Informatik und Praktische Mathematik der Universität Kiel.

2. Sicherheitsaspekte für das System

Voraussetzung für die Mikroprogrammierung durch Anwender ist ein beschreibbarer Mikroprogrammspeicher (WCM), der vom System im Normalbetrieb nicht benötigt wird. Dieser Speicher kann im allgemeinen aus dem Arbeitsspeicher oder von einer Floppy-Disk geladen werden. Es existieren ein oder mehrere Maschinenbefehle, um die Kontrolle an eine beliebige Stelle im WCM zu übergeben. Diese Lade- und Startbefehle sind aus Sicherheitsgründen normalerweise privilegiert und laufen nur im Systemmodus.
Da mit Mikroprogrammen fast alle Funktionen und Register einer CPU ansprechbar sind, stellen sie für die Benutzer ein möchtiges, aber auch gefährliches Werkzeug dar.
Auf einem für die Benutzer-Mikroprogrammierung nicht von vorneherein vorgesehenen Prozessor müssen daher folgende Sicherheitsanforderungen erfüllt werden:

- Einschränkung des Mikrosprachumfangs
- Laden des Mikroprogrammspeichers unter Systemkontrolle
- Kontrollierter Aufruf von Mikroprogrammen

2.1 Spracheinschränkungen

Benutzerprogramme dürfen generell nur im Normalmodus ablaufen. Dies bedeutet, daß auch durch die Öffnung der Mikroebene dem Benutzer keine neuen Rechte entstehen dürfen. Durch diese Forderung wird für normale Benutzer eine ganze Reihe von Mikrooperationen ausgeschlossen, die im Folgenden privilegiert genannt werden. Die wichtigsten Einschränkungen sind:

Speicherzugriffe nur im virtuellen Modus
Keine Änderung der Speicherschutzmechanismen
Keine Änderung von System-Kontrollinformationen
Kein Wechsel in den privilegierten Modus
Kein freier Zugriff auf Systemmikroprogramme
Nur benutzereigene Register im Registerfile erreichbar
Keine Änderung der WCM-Belegung

In diesem Zusammenhang ist auch der Datenschutz von besonderer Bedeutung, so daß auch der lesende Zugriff auf beliebige Speicherzellen

nicht tolerierbar ist.
Diese Einschränkungen bestimmen eine Teilmenge der Mikroprogrammiersprache, durch die normale Benutzer bei der Verlagerung ihrer Funktionen nicht eingeschränkt sind, die jedoch eine vorsätzliche oder zufällige Beeinträchtigung des Systems oder anderer Benutzer ausschließt.

Bei der Verlagerung "tiefliegender" Systemfunktionen können diese Einschränkungen vom Mikroprogrammübersetzer jedoch aufgehoben werden.

2.2 Laden von Mikroprogrammen

Um zu verhindern, daß beliebige Bitmuster (Mikroprogramme) in den WCM geladen werden, muß der Ladevorgang unter Systemkontrolle erfolgen. (Die entsprechenden Mikrobefehle sind deshalb privilegiert). Dennoch liegt hier eine der kritischen Stellen der freien Mikroprogrammierung. Sowohl die durch den Übersetzer garantierte syntaktische Korrektheit als auch der eingeschränkte Sprachumfang garantieren noch nicht das dynamische Wohlverhalten der Mikroprogramme. Der entscheidende Punkt ist dabei die Möglichkeit zu langer oder unendlicher Schleifen, durch die der Durchsatz gestört oder der Rechner lahmgelegt werden kann. Im letzteren Fall ist dann ein Neustart erforderlich. (Auf dieses Problem wird im Kapitel 4 eingegangen).

Im Zusammenhang mit der Problematik "zuverlässiger" oder "ungefährlicher" Programme ist die herausragende Bedeutung solcher Mikroprogrammerstellungssysteme zu sehen, die Spezifikation, Konstruktion und Verifikation als zusammenhängenden Prozess begreifen. Mit diesem Gebiet beschäftigt sich seit einiger Zeit die Disziplin Firmware-Engineering /5/.

Um unzulässige Manipulationen am Objektcode zu verhindern (siehe 2.1), muß der Übersetzer den Objektcode Korrekter Mikroprogramme direkt in eine System-Mikroprogrammbibliothek eintragen. Von dort wird er dann bei Bedarf vom System in den WCM geladen.
Die Spracheinschränkung erfordert es also, sowohl den Microcode als auch den Mikrospeicher dem direkten Zugriff des Benutzers zu entziehen.

Bei der dazu nötigen Mikrospeicherverwaltung sind die verschiedensten Strategien denkbar, wobei beispielsweise zwischen permanent geladenen Dienstleistungsroutinen und benutzerspezifischen Mikroprogrammen unterschieden werden kann, die nur bei Bedarf geladen werden /3/.

2.3 Mikroprogrammaufruf

Der Befehl mit dem auf den Siemens 7.000-Rechnern Mikroprogramme aktiviert werden (CCPU), entspricht nicht den Anforderungen der dynamischen Mikroprogrammierung. Zum einen dauert seine Ausführung zu lange, zum anderen ist er privilegiert. Er kann jedoch nicht einfach entprivilegiert werden, da er noch weitere Funktionen ausführen kann, wie das Laden des WCM, das wie erwähnt nur vom System ausgeführt werden darf.
Schon aus diesem Grund muß ein neuer Maschinenbefehl zum Mikroprogrammaufruf entwickelt werden. Aus Sicherheitsgründen darf dieser Befehl jedoch nicht zu beliebigen Adressen im Mikrospeicher verzweigen. Softwarefehler könnten sonst dazu führen, daß ein solcher Befehl mitten in ein Mikroprogramm oder in eine "Lücke" im WCM springt. Das Normalverhalten des Rechners könnte in solchen Fällen nicht mehr garantiert werden. Es wäre zwar möglich, die Lücken mit Rücksprüngen vorzulöschen, unendliche Mikroprogrammschleifen könnten durch das Umgehen von Plausibilitätstests aber immer noch entstehen. Wenn außerdem gleichzeitig mit Benutzermikroprogrammen auch privilegierte Mikroprogramme zur Betriebssystemunterstützung im WCM lagern, könnten solche unkontrollierten Einsprünge zu beträchtlichen Störungen führen.

Bei einer Hardware (wie bei 7.755) ohne Schutzmechanismus vor zu langen Schleifen oder ohne benutzerspezifische Adressräume im Mikrospeicher, sollte der Eintritt in das Mikroprogramm über eine Sprungtabelle erzwungen werden. Bei Adressfehlern kann dann das Benutzerprogramm abgebrochen werden oder es erhält die Kontrolle mit einem Fehlerflag zurück. Falls ein fremdes nichtprivilegiertes Mikroprogramm aufgerufen wird, kann dies nur das rufende Programm beeinflußen. Im Falle von privilegierten Mikroprogrammen im WCM kann das weitere Tests im Aufrufbefehl erfordern. Solche Mikroprogramme könnten aber auch mit einem privilegierten Aufrufbefehl aktiviert werden, der eine zweite Sprungtabelle verwendet.

Wenn die Implementierung eines solchen neuen Befehls nicht vom Hersteller durchgeführt wird, können Schwierigkeiten auftreten, wenn die Mikroprogramme für die Maschinenbefehle im ROM liegen oder das Mikrobefehlsformat der CPU so eng ausgelegt ist, daß in einem den jeweiligen Formaten eigenen Teil bereits mit der Befehlsinterpretation begonnen wird, wobei unter Umständen gewisse Information des Befehls verloren geht (unpassend interpretiert wird).

3. Benutzerforderungen

Neben den erwähnten Erfordernissen des Systems existieren natürlich auch Benutzerwünsche an ein Mikroprogrammierungssystem.
Zunächst wird einmal Software oder Firmware nützlich sein, die in den zu beschleunigenden Programmen die Module oder Prozeduren größten Laufzeitanteils ermittelt. Darüberhinaus sollte es möglich sein, von kleineren Programmteilen genauere Profile zu erhalten. Dies kann z.B. mit Hilfe von Befehlsgewichten erreicht werden, da auf dieser Ebene mit Softwaremethoden im allgemeinen keine Zeitmessungen mehr möglich sind. Besonders nützlich ist es, wenn solche Monitore Bestandteil von Sprachsystemen sind, so daß ein einfacher Bezug zum Sourcecode möglich ist /6/.

Nachdem zu verlagernde Programmstücke ermittelt sind, wird zur Programmerstellung eine höhere Mikroprogrammiersprache gefordert, die möglichst wenig Hardware-Kenntnisse erfordert /7,9/. Zum Testen sollte eine Software-Unterstützung vorhanden sein, die den direkten Zugang zur Hardware auf ein Minimum reduziert.
Diese Aspekte sollen hier jedoch nicht weiter betrachtet werden.

3.1 Schnittstelle Software - Firmware

Die neue Schnittstelle zwischen Software und Firmware soll klar im Konzept und effizient implementiert sein. Da immer mehr Software, auch aus dem Bereich Systemprogrammierung, in höheren Programmiersprachen formuliert wird, ist eine Einbettung von Mikroprogrammaufrufen in diese Sprachen nötig /4,8/. Der Umweg über die dazwischenliegende Assemblerebene sollte unbedingt vermieden werden, da dies den Anwender nur mit neuen Problemen belasten würde.
In dem betrachteten PASCAL-System werden Mikroprogramme als externe Prozeduren deklariert und wie normale Prozeduren aufgerufen. Adressen und Werte der verwendeten PASCAL-Variable sollten aus methodischen Gründen als Parameter übergeben werden. Da dies nicht erzwungen wer-

den kann, sollte dem Mikroprogrammierer ein besonders effizienter Parametermechanismus zur Verfügung gestellt werden.
In dem PASCAL-System folgt die Parameterübergabe daher nicht der üblichen PASCAL-Prozedurkonvention, sondern sie wird über einen freien Registerbereich bzw. ein Pseudodatensement abgewickelt.
Bezüglich der Parameter einer Mikroprozedur gilt die Einschränkung, daß keine Prozeduren als Parameter übergeben werden können. (Siehe Kapitel 4).
Da vom Mikroprogrammierer nicht erwartet werden kann, daß er die Interna der Codeerzeugung eines Sprachübersetzers kennt (z.B. Relativadressierung, Registerbelegung) ,hat der Compiler der höheren Programmiersprache die Verlagerung zu unterstützen.
Der PASCAL-Compiler tut dies dadurch ,daß er bei der Deklaration einer Mikroprozedur ausgibt, wie die Parameter abgelegt werden, bzw. durch Adreßbuchauszüge, die die komplexeren Datenstrukturen transparent machen.

4. Hardwarebedingte Probleme der Firmwareseite

Nachdem Funktionen oder Programmteile zur Verlagerung ausgewählt worden sind, kann der entsprechende Programmabschnitt dennoch häufig nicht ohne weiteres in ein Mikroprogramm übertragen werden. Zu verlagernde Funktionen können z.B. so umfangreich sein, daß dynamisches Nachladen des WCM erforderlich ist.

4.1 Laufzeitbeschränkungen

Schwerwiegender ist jedoch der bereits in Abschnitt 2.2 angesprochene Fall, daß durch eine zu große Ausführungsdauer der Rechnerdurchsatz gestört wird. Auf der 7.755 besteht beispielsweise von Seiten des Systems keine Möglichkeit, ein solches Mikroprogramm an der weiteren Abarbeitung zu hindern.
Vom Mikroprogrammierer wird vielmehr erwartet, daß er sich diszipliniert verhält und das Mikroprogramm ab und zu unterbricht, so wie das in den Mikroprogrammen gewisser Maschinenbefehle (z.B. CLCL) getan wird.

Der Programmierer kann dazu mit einem mikroprogrammierten Test in

gewissen Abständen abfragen, ob Unterbrechungen anstehen. Falls eine Unterbrechung erfolgen soll, sind die relevanten Inhalte der internen (dem Assemblerprogrammierer unzugänglichen) Register zu retten. Dies ist zeitaufwändig und kostet zusätzlichen Mikrospeicher. Unter Umständen können dabei auch Speicherplatz- oder Registerbelegungsprobleme auftreten.
Um das Problem einer zu langen Laufzeit zu lösen, kann eventuell auch das gesamte Mikroprogramm in mehrere Stücke aufgeteilt werden.

Gut zur Verlagerung sind von daher nur "kürzere" Programmstücke geeignet (einige hundert Mikrobefehle).

Diese Situation ist für den Programmierer unerfreulich und für das System bedenklich, da nicht sicher ist, ob das Mikroprogramm auch wirklich unterbrochen wird.

Falls Unterbrechungen anstehen, wäre es vom Systemstandpunkt aus am einfachsten, ein Benutzermikroprogramm, das schon zu lange läuft, abzubrechen. Wenn es wiederaufsetzbar unterbrochen werden soll, müßte dagegen Folgendes unternommen werden:

Retten der Adresse des nächsten Mikrobefehls
Retten der internen Register
Setzen eines Merkers FWI (Firmware Interrupt)
Sprung zur Unterbrechungsbehandlung

Das Retten der Register sollte aus Zeitgründen in einem Zyklus geschehen. Dies erfordert auf der Hardwareseite allerdings beträchtliche Änderungen. Diese Register könnten natürlich auch per Firmware nacheinander gerettet werden. Die gerettete Information sollte in (zusätzliche) Register des aktuellen Programmzustands geladen werden (P1). Bei einem Task-switch müssen diese Informationen mit ausgeladen bzw. restauriert werden.

Der Neustart eines solchermaßen unterbrochenen Prozesses erfolgt mit einer Modifikation des Standardverfahrens zum Programmwechsel. Normalerweise geht dabei die Kontrolle an den Maschinenbefehl über, dessen Adresse zu Beginn der Unterbrechung gerettet wurde. Im Fall, daß das FWI-Bit des unterbrochenen Zustands gesetzt ist, wird FWI zurückgesetzt, die internen Register werden restauriert und über die gerettete Mikrospeicheradresse wird zurückgekehrt.

Durch die Task-Bezogenheit der geretteten Informationen würden im Mehrbenutzer-Betrieb keine Probleme entstehen.

4.2 Aufruf weiterer Prozeduren

Sehr häufig werden in zu verlagernden Prozeduren weitere Prozeduren aufgerufen, die nicht selbst verlagert werden sollen. Hier taucht dann das Problem auf, wie diese Aufrufe zu behandeln sind.

In der grundlegenden Arbeit zur vertikalen Verlagerung /2/ werden sie ausgeschlossen. Bei der betrachteten 7.755 existiert keine Möglichkeit von einer solchen (zwar aufrufbaren) Prozedur mit sauberen Programmiermethoden in das rufende Mikroprogramm zurückzukehren. Dies liegt daran, daß das Mikroinstruktionsadreßregister nicht per Firmware auslesbar und ladbar ist.
In manchen Situationen ist es möglich ,die äußere Prozedur in mehrere Mikroprogrammaufrufe zu zerlegen, zwischen denen dann die kritischen Prozeduraufrufe stehen bleiben. Diese Technik ist jedoch nicht generell anwendbar.

Beispiel:

```
        WHILE B1 DO
                 BEGIN
                    .
                    .
                 IF B2 THEN P
                       ELSE ...  ;
                    .
                    .
                 END;
```

Diese Schleife sei aufgrund ihres Laufzeitprofils zur vollständigen Verlagerung geeignet. Wegen des Aufrufs von P muß das Mikroprogramm jedoch aufgebrochen werden. Das IF-Statement muß dann bis auf den ELSE-Teil in PASCAL-Notation verbleiben. Das heißt aber, daß nur noch die punktierten Programmstücke verlagert werden können. Insbesondere kann nun nicht mehr die ganze WHILE-Schleife verlagert werden, wodurch gegenüber einer vollständigen Verlagerung Laufzeiteinbußen entstehen können.

In manchen Situationen kann der zu verlagernde Algorithmus so umstrukturiert werden, daß der anstehende Prozeduraufruf verzögert wird. Dazu wird bei Bedarf im Mikroprogramm eine Flagge gesetzt, die nach Verlassen des Mikroprogramms in PASCAL abgefragt wird und den noch fehlenden Prozeduraufruf veranlaßt.
Dieser Weg ist sicher nicht immer möglich, und wenn, meistens umständlich.
In beiden beschriebenen Fällen sind jedenfalls Einschränkungen bzw. Änderungen an der Programmstruktur nötig.

Eine weitere (unsaubere) Möglichkeit besteht darin, die Prozedur vom Mikroprogramm aus zu aktivieren. Dazu ist vor dem Wegsprung die relevante Information der internen Register zu retten und der Maschinenbefehlszähler muß auf den Mikroprogrammaufruf zeigen, so daß nach der Rückkehr aus der gerufenen Prozedur sofort wieder in das Mikroprogramm gesprungen wird. Dort muß dann durch globale Steuergrößen dafür gesorgt werden, daß beim wiederholten Eintritt zu der korrekten Stelle im Mikroprogramm verzweigt wird und dort forgefahren wird. Dieses Verfahren sollte jedoch nur ein Behelf sein, der viel Überblick erfordert.

Falls das Mikroprogrammadreßregister auslesbar ist, könnte natürlich auch der Mikroprogrammaufruf modifiziert werden. Dies bedeutet aber den Verlust der "Reentrant-Fähigkeit" des Gesamtprogramms und widerspricht den Forderungen aus Kapitel 2 nach kontrollierter Aktivierung.

Diese Zwänge bzw. die Methoden zu ihrer Umgehung sind im Hinblick auf eine einfache Verlagerbarkeit sehr hinderlich.

Momentan sind so z.B. auf der 7.755 nur solche Programmstücke gut zu verlagern, die in dem Sinne modular sind, daß keine weiteren, nicht verlagerten Prozeduren aufgerufen werden.

Es wird daher eine Möglichkeit gefordert, aus Mikrocode heraus Software-Prozeduren so aufzurufen, daß eine problemlose Rückkehr in die Firmware möglich ist.
Die Parameterübergabe ist in diesem Fall ebenso vom rufenden Mikroprogramm durchzuführen wie der eventuell nötige Aufbau der Prozedurlinkage. Dies dürfte bei einfacheren Systemprogrammiersprachen aber nicht schwierig sein.
Der Sprung zum Prozedur-Code stellt kein Problem dar, muß aber mit einem

neuen Mikrobefehl (-Programm) SOFTCALL erfolgen, der die Adresse des Folgemikrobefehls rettet, den Inhalt der Internen Register abspeichert und ein SC-Bit setzt.

Am Ende der Software-Prozedur wird die Rückkehr von einem speziellen Befehl organisiert. Wenn SC=O ist, wird normal über die in der Prozedur-Linkage eingetragene Rückkehradresse gesprungen, andernfalls wird SC rückgesetzt, die internen Register werden restauriert und über den Mikroadreßkeller wird ins aufrufende Mikroprogramm zurückgekehrt.
Da die Register, die die gerettete Information aufnehmen prozeßspezifisch sind, dürfen keine zwei Mikroprogramme gleichzeitig aktiv sein. Falls der SC-Bit gesetzt ist, muß die Hardware den Versuch unterbinden, von der Software aus durch einen Mikroprogrammaufruf in ein weiteres Mikroprogramm zu gelangen.
Sollten beliebige Aufruffolgen von Software- und Firmwareprozeduren erwünscht sein, sind mächtigere Kellerungsverfahren nötig, also noch größere Abweichungen von der Standard-Hardware erforderlich.

4.3 Seitenfehler (Page Queue Error)

In virtuellen Speichersystemen kommt es bei Speicherzugriffen vor, daß eine Seite zuerst von der Platte nachgeladen werden muß. Dazu wird das verursachende Programm unterbrochen und erst wieder fortgesetzt, wenn die Seite vorhanden ist.
Es wird dann der Maschinenbefehl wiederholt, der zu diesem "Fehler" führte. Im Fall von Operationen die größere zusammenhängende Speicherbereiche überdecken, kann vorher mit speziellen Operationen (z.B. Feldendenüberprüfung) gewährleistet werden, daß die Zugriffe funktionieren.
Bei beliebig gestreuten Speicherzugriffen kann diese Sicherheit nicht mehr gewährleistet werden.

Beispiel: (Siemens 7.755):

```
            LD := MZR1     ; (* lies Mehrzweckregister 1*)
            W  := LD + 32  ; (*besetze Verbindungsregister *)
            A  := W        ; (*besetze Adreßregister *)
           MZR1:= W  ;     ; (*beschreibe Mehrzweckregister 1*)
           READ (A,B) (* B:= Speicher(A) *);
```

In diesem Beispiel würde im Fall eines PQE der Maschinenbefehl (Mikroprogramm) wiederholt und damit ein Wort gelesen, dessen Adresse um 32 zu groß ist.

Beim PQE muß kein Fehler auftreten. Es kann auch sein, daß "nur" eine ganze Reihe von Mikrobefehlen unnötigerweise wiederholt durchlaufen wird.
Eine Möglichkeit das PQE-Problem zu eliminieren besteht darin, die betroffenen Programm oder Datenbereiche im residenten Teil des Speichers zu halten. Dies dürfte jedoch bei normalen Benutzern nicht möglich sein.
Im allgemeinen muß bei der vorhandenen Hardware eine ähnliche Lösung wie für das Problem in 4.2 gefunden werden. So kann z.B. bei Schleifen die Speicheradresse des aktuellen Worts in einem Register gespeichert werden, aus dem das Mikroprogramm beim Neustart dann die relevante Adresse wieder ausliest. Die Initialisierung darf natürlich nur einmal durchlaufen werden, so daß wieder externe Steuergrößen benötigt werden.

Um diese Unhandlichkeit zu umgehen, kann man fordern, daß nach einem PQE nicht der unterbrochene Maschinenbefehl wiederholt wird, sondern daß mit dem die Unterbrechung verursachenden Mikrobefehl fortgefahren wird.

Dazu ist ein ähnliches Verfahren wie in den beiden anderen Fällen erforderlich. Erschwerend kommt hier dazu, daß nicht der nächste Mikrobefehl nach der Unterbrechung auszuführen ist, sondern der gleiche zu wiederholen ist (Speicherbefehl).
Eventuell durch das quasihorizontale Mikrobefehlsformat bereits ausgeführte weitere Operationen dieses Mikrobefehls dürfen nicht wiederholt werden.

Der Lösung dieses Seitenfehlerproblems kommt bei Anlagen mit virtueller Adressierung für die vertikale Verlagerung entscheidende Bedeutung zu.

5. Schlußbemerkung

Die in Kapitel 4 angesprochenen Probleme erschweren die vertikale Verlagerung heute noch erheblich. Der Mikroprogrammierer möchte jedoch davon ausgehen, daß er eine einfache virtuelle Maschine programmiert, die nur durch die für ihn sichtbaren Register und Funktionseinheiten bestimmt ist.

Neben den häufig benutzten heuristischen Methoden zur Verlagerung werden heute an manchen Stellen bereits Hybrid-Compiler vorgeschlagen, die selbständig oder auf Anweisung gewisse Teile des Quellcodes einer höheren Programmiersprache in Microcode übersetzen. Für eine solche automatische Verlagerung bzw. Mikrocodeerzeugung ist sicherlich ebenfalls ein natürlicheres Verhalten der CPU-Steuerung und Mikroprogrammumgebung Voraussetzung.

Damit die Möglichkeiten der Mikroprogrammierung von Anwendern einfach , sicher und effizient genutzt werden können, ist nicht nur dem Bereich "Firmware-Engineering" größere Bedeutung beizumessen, sondern es sind auch durch die Hardware Voraussetzungen zu schaffen, die über den heute meist üblichen Standard hinausgehen.

Literatur

/1/ Rauscher,T.G; Agrawala,A,K.: Dynamic Problem-Oriented Redefinition of Computer Architecture via Micropgrogramming, IEEE-TC Vol. C-27, No.11, 1978

/2/ Stockenberg,J.; VanDam,A.: Vertical Migration for Performance Enhancement in Layered Hardware/Firmware/Software Systems, IEEE Computer, 5,1978

/3/ Andresen,H.;Kölsch,R.T.: Dynamic Microprogramming on the upper Siemens 7.000 Series, Euromicro-Journal, Vol. 4,No.6, 1978

/4/ Flöthe,J.;Kölsch,R.T.: MIKRO-Programme als externe PASCAL-Prozeduren, in: PASCAL, German Chapter of the ACM, Berichte 1, Teubner, 1979

/5/ Berg,H.K; Franta,W.R.; Giloi,W.K.: Vorschlag einer Firmware-Engineering Disziplin, in: Fachgespräch Mikroprogrammierung, 8.GI-Jahrestagung, Berlin, 1978

/6/ Andresen,H.:Kölsch,R.T.: Vertikale Verlagerung in PASCAL-Programmen, in: Tagungsbericht WASCO, Großhadern, 1979

/7/ Bushell,R.G.: Higher Level Languages för Microprogramming, Euromicro Journal Vol. 4, No.4, 1978

/8/ Chroust,G.: Direct call of microcoded functions from PL/I, IBM Technical Disclosure Bulletin, Vol. 21 No. 7, 1978

/9/ Kölsch,R.T.: Eine höhere Mikroprogrammiersprache zur Unterstützung vertikaler Verlagerung, in Kurzvorträge, 9. GI-Jarestagung, Bonn 1979

PROBLEME DER EMULATION UNKONVENTIONELLER RECHNERARCHITEKTUREN: PSEUDOASSOZIATIVE VERARBEITUNG IM PROJEKT EGPA

Arndt Bode

Universität Erlangen-Nürnberg
Institut für Mathematische Maschinen
und Datenverarbeitung (III)
Martensstraße 3
D-8520 Erlangen
09131/85-7910

Zusammenfassung:

Es werden Probleme der Emulation der Vertikalverarbeitung dargestellt, die als eine Teilaufgabe im Rahmen des EGPA-Mehrrechner-Projektes (Erlangen General Purpose Array) auf mikroprogrammierbaren 32-bit Rechnern AEG 80-60 implementiert wurde. Die Vertikalverarbeitung erlaubt die Formulierung paralleler und assoziativer Sprachelemente innerhalb eines einzigen Maschinenbefehls, wobei die Ausführung auf konventioneller Hardware geschieht, so daß die Einbettung in die vorgegebene Sprachstruktur gegeben ist, der Aufwand für einen Spezialprozessor vermieden wird und die Austauschbarkeit von Prozessoren im Fehlerfalle erhalten bleibt ("fail-soft"). Die Eigenschaften der Mikroprogramme zur Emulation der Vertikalverarbeitung (lange Laufzeiten, großer Mikroprogrammspeicherbedarf, Zugriff auf sehr umfangreiche Datenbestände) werfen Probleme bezüglich der Unterbrechbarkeit von Mikroprogrammen, der Übergabe der Parameter, des Zugriffs auf den virtuellen Speicher u.ä. auf, die exemplarisch diskutiert werden und Forderungen an einen emulationsfreundlichen Rechner zulassen.

1. Zielsetzung, Grundlagen des EGPA-Projektes

1.1 Struktur des EGPA-Rechners

Zweck des EGPA-Rechnerfeldes ist es, durch ein reguläres Multiprozessorsystem einen Allzweck-Rechner bereitzustellen, der in einem einzigen System die Eigenschaften unterschiedlicher bekannter Rechnerarchitekturen miteinander kombiniert (HÄNDLER, HOFMANN, SCHNEIDER, 1975).

- Dezentrales Multiprozessorsystem ("C.mmp"-Modus),
- Feldrechner ("ILLIAC IV"-Modus),
- Macropipelining (spezielles Multiprozessorsystem mit strenger Funktionstrennung),
- Assoziatives System ("STARAN"-Modus) sowie
- Kombinationen aus den oben genannten Arten (z.B. Feldrechner - Assoziativ-Rechner).

Die einzelnen Rechnertypen bieten jeweils für gewisse Anwendungen spezifische Vorteile, die jedoch i.a. durch Spezial-Hardware und -Software erkauft werden. Dies führt nicht nur zu erhöhten Kosten, sondern bei funktionsorientierten Mehrprozessoren auch zu verminderter Zuverlässigkeit des Gesamtsystems wegen der nicht gewährleisteten Austauschbarkeit ("fail-soft"). Im Rahmen des EGPA-Projektes sollte untersucht werden, inwieweit insbesondere der Aufwand an spezieller Hardware (z.T. auch der Software) durch die mikroprogrammierte Emulation der oben genannten Rechnertypen vermieden werden kann. Im folgenden wird dabei nur auf die sogenannte "Vertikalverarbeitung" - als ein Teilprojekt von EGPA - eingegangen, durch die konventionelle Hardware mit mikroprogrammierten Assoziativbefehlen und Vektorarithmetik ausgestattet wird.

Die Struktur des EGPA-Rechnersystems ist pyramidenförmig: Den Sockel der Pyramide bilden die Rechner der A-Ebene - Arbeitsrechner mit ihren Privatspeichern, die rechtwinklig zueinander angeordnet sind - wobei jeder Rechner eine Prozessor-Speicher-Verbindung zu seinen vier unmittelbaren Nachbarn (N, S, O, W) besitzt ("Mailboxkommunikation über Multiportspeicher"). Diese Rechner verfügen lediglich über ein Rumpf-Betriebssystem, die Steuerung und die Kommunikation mit der Peripherie übernehmen Rechner der B-Ebene - Betriebssystem-Rechner und ihre Privatspeicher. Auf je 4 A-Rechner wird ein B-Rechner mit einseitiger Mailboxkommunikation als Spitze einer Teilpyramide geschaltet. Bei größeren Multiprozessorsystemen werden die B-Rechner analog zur A-Ebene zusammengeschaltet und ggf. durch C-Rechner gesteuert usw., vgl. Abbildung 1.

Die derzeitige Implementierung einer Teilpyramide mit 5 Rechnern AEG 80-60 umfaßt einige Modifikationen des Grundkonzeptes: Die 4 A-Rechner sind nur mit ihren jeweiligen 2 Nachbarn verknüpft, die vorgesehene toroidale Verknüpfung der Randelemente des Feldes entfällt, da sie in einer Elementarpyramide nicht sinnvoll ist. Die Multiportspeicher verfügen damit über Eingänge vom privaten Prozessor, den 2 Nachbarn und dem B-Rechner.

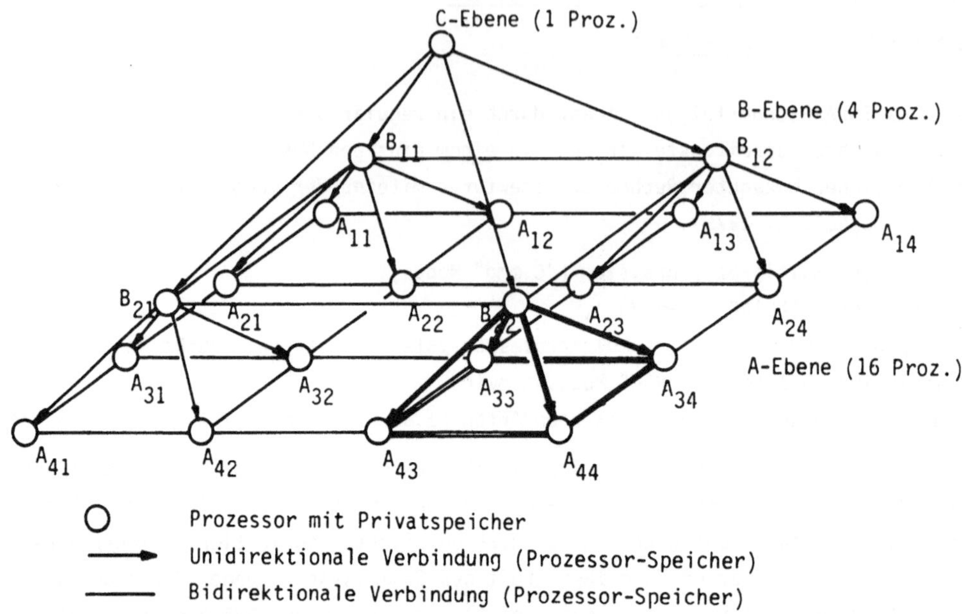

Abbildung 1: Konfiguration eines EGPA-Feldes, bestehend aus 21 Prozessoren mit ihren Privatspeichern. Die derzeitige Implementierung umfaßt eine Elementarpyramide (in der Darstellung hervorgehoben). Die toroidalen Verbindungen der Prozessoren der A-Ebene sind nicht dargestellt.

1.2 Vertikalverarbeitung

Der Gedanke der Vertikalverarbeitung (HÄNDLER, 1974) beruht im wesentlichen auf einer Uminterpretation der gespeicherten Daten und der verarbeitenden Einheit ALU konventioneller Rechenanlagen. Die konventionell-"horizontal"-abgespeicherten Daten der Wortlänge w (EGPA: w = 32) werden nicht als Worte der Länge 32 bit betrachtet, sondern als stellengleiche Bits eines Blockes mit w abgespeicherten "vertikalen" Datenkomponenten der beliebigen Länge k, wobei sinnvollerweise $k \ll 32$ oder $k \gg 32$. Die Funktionsweise der ALU ist dann nicht mehr bitparallel/wortseriell, sondern wortparallel/bitseriell wie bei seriell-assoziativen Rechnern (THURBER, WALD, 1975, vgl. Abbildung 2). Durch geeignete Mikroprogrammierung, d.h. entsprechende Kombination der in konventionellen "horizontalen" ALUs vorhandenen logischen Verknüpfungen können recht mächtige Assoziativbefehle sowie eine Vektorarithmetik für Vertikaldaten bereitgestellt werden. Lediglich zur Unterstützung der Ein/Ausgabe von Vertikaldaten wird eine Hardware-Sondereinrichtung, die "Drehscheibe" (HESSENAUER, 1977) verwendet. Vorteile der Vertikalverarbeitung sind (HOFFMANN, 1977):

- höhere Verarbeitungsgeschwindigkeit durch Parallelisierung und Assoziativität (z.B. Suchoperationen),

- geringerer Speicherverschnitt bei Datenlängen mit w ≠ 32,
- größere Benutzerfreundlichkeit durch einfache Darstellung paralleler, assoziativer Algorithmen, Anpassung der Datendarstellung an das Datum (z.B. Rechengenauigkeit).

Eine Erhöhung des Parallelitätsgrades der Vertikalverarbeitung ist ggf. durch die Parallelschaltung mehrerer Prozessoren eines Mehrprozessorsystems bei Verwendung eines gemeinsamen Mikroprogrammwerkes erreichbar. Aus technischen Gründen wurde im Rahmen des EGPA-Projektes die Vertikalverarbeitung nur auf dem einzelnen Prozessor implementiert.*

2. Vertikalverarbeitung im Projekt EGPA

Für die weitere Diskussion muß zunächst eine gewisse terminologische Grundlage geschaffen werden. Eine Menge zusammengehöriger assoziativer Daten wird eine Datei genannt. Eine feste Anzahl von Elementen einer Datei ist ein Block von assoziativen Daten (wegen der Wortlänge der Rechner AEG 80-60 besteht im folgenden jeder Block aus 32 Elementen). Jedes Element des Blockes aus assoziativen Daten wird Satz genannt. Jeder Satz besteht aus einem oder mehreren Feldern beliebiger Bitlänge, die zusammengehörige Information beinhalten. Die Sätze einer Datei haben gleiche Felder und gleiche beliebige Wortlänge, die einzige obere Begrenzung ist durch die Datendarstellung in der Vertikalverarbeitung gegeben: die Länge (Adreßraum) des Hauptspeichers.

Felder eines Satzes können zwei verschiedene Typen beinhalten: integer-Felder (int) werden als Zweierkomplementdarstellung von ganzen Zahlen interpretiert, character-Felder (char) stehen für 8-bit codierte Zeichen.

Die Implementierung assoziativer Dateien in der Vertikalverarbeitung kann horizontal oder vertikal geschehen. Für die Ausführung von Vertikalbefehlen ist jedoch vertikale Darstellung von Dateien vorausgesetzt, einzelne Sätze (Masken und ähnliche Parameter) können auch horizontal implementiert sein, wobei die aufeinanderfolgenden 32-bit Teile des gesamten Satzes in konsekutiven, steigenden Adressen des Hauptspeichers stehen. Blöcke von Dateien werden ebenfalls aufeinanderfolgend abgespeichert.

2.1 Begründung für die Verschiebung der Hardware-Software-Schnittstelle

Gegenüber einer Realisierung der Aufgaben auf assoziativen Rechnern wie STARAN ergibt

---

* Es ist zu beachten, daß der Begriff Vertikalverarbeitung sich auf die Speicherdarstellung der bearbeiteten Daten im Hauptspeicher bezieht. Vertikale Verschiebung der Software-Schnittstelle bezieht sich dagegen auf die Lage der Benutzerschnittstelle in einem Rechner-Schichtenmodell. Schließlich: vertikale Mikroprogrammierung ist eine Mikroprogrammierungs-Technik, bei der das Mikrowort sehr hoch codiert ist.

sich eine Verschiebung der Hardware-Software-Schnittstelle in Richtung auf die Software. Die Begründung hierfür liegt in der Überlegung, daß teuere Spezialhardware zwar gegebenenfalls kürzere Laufzeiten erbringt, die hohen Investitionen aber nur bei voller Auslastung zu rechtfertigen sind. Diese Auslastung ist bei der Vertikalverarbeitung auf konventioneller Hardware nicht nur durch assoziative Aufgaben gegeben, sondern durch konventionelle Aufgaben, in die jene eingestreut werden. Ferner ist im Mehrrechner-Betrieb wegen der Austauschbarkeit höhere Gesamt-Verfügbarkeit durch fail-soft-Mechanismen erzielbar.

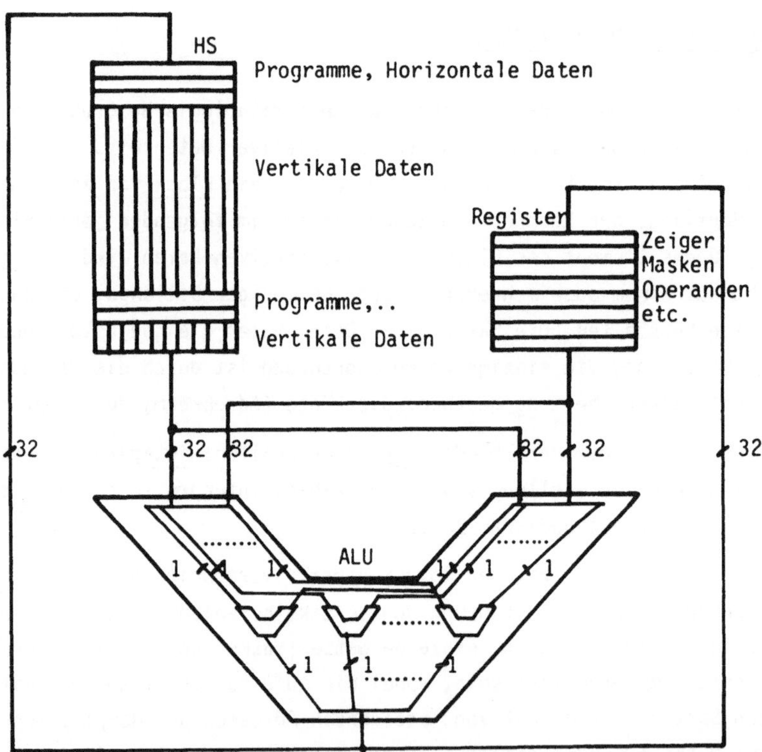

Abbildung 2: Schematische Darstellung von arithmetisch-logischer Einheit (ALU) und Hauptspeicher (HS) eines mikroprogrammierten Rechners mit Vertikalverarbeitung. Im HS stehen gemischt horizontale Programme und Daten, sowie Vertikaldaten. Die 32-bit ALU arbeitet in der Vertikalverarbeitung wie 32 1-bit Verknüpfungswerke.

Gegenüber einer Software-Simulation des assoziativen Verhaltens auf Maschinensprach-Ebene oder darüber ergibt sich ein hoher Laufzeitgewinn durch den Wegfall einer Vielzahl von Befehlshol- und Decodier-Phasen, die entsprechende Unterprogramme beinhalten müßten. Den Mikroprogrammen für die Vertikalverarbeitung äquivalente

Maschinensprachprogramme würden bis über 100 Befehle umfassen, wobei interne Schleifen mit bis zu 25 Befehlen über die Bitlänge von Sätzen oder Feldern durchlaufen werden müßten. Hier ergibt sich also eine wesentliche Einsparung im Prolog/Epilog-Bereich (STOCKENBERG, van DAM, 1978).

Gegenüber der nicht-assoziativen Behandlung auf Maschinenebene erreicht die Vertikalverarbeitung die üblichen Vorteile serieller assoziativer Rechner. Etwa bei Suchoperationen über eine Datei mit n Sätzen kann bei gleichverteilten Werten im Durchschnitt spätestens nach 2 Vergleichsschritten ein Ergebnis abgeleitet werden, wohingegen bei nicht-assoziativer Behandlung n Vergleiche notwendig wären. Ferner wird eine entsprechende Anzahl an Befehlsholphasen eingespart.

2.2 Strukturentscheidungen über den Emulator

Mikroprogramme für die Vertikalverarbeitung sind im Gegensatz zu Mikroprogrammen zur Realisierung von Maschinenbefehlssätzen sehr mächtig, was sich in ihrer Laufzeit, dem Mikroprogrammspeicheraufwand und der Vielzahl von Speicherzugriffen bemerkbar macht. So können innerhalb eines einzigen Mikroprogramms bis zu $n \times l_A \times b$ Hauptspeicherzugriffe auftreten, wobei n = Anzahl der Zugriffe auf eine einzelne Bitposition eines Satzes, l_A = Länge des Satzes, b = Anzahl der Blöcke der Datei. Während n befehlsabhängig zwischen 3 und 7 liegt, sind die Größen l_A und b datenabhängig. BATCHER, 1977 erwähnt, daß l_A Werte bis zu 64 K annehmen kann, weswegen im Assoziativrechner STARAN E die Wortlänge auf diese Größe erhöht wurde gegenüber 256 bit bei STARAN B, die für zu kurz betrachtet wurden.

Laufzeit und Speicherzugriffe machten es im vorliegenden Rechner nötig, Mikroprogramme nicht auf Dateien, sondern auf Blöcken arbeiten zu lassen. Operationen auf Dateien müssen somit als Makroprogrammzyklen implementiert werden, was die Behandlung nebenläufiger Prozesse erleichtert.

Um dem Benutzer der Vertikalverarbeitung eine relativ komfortable Aufruf-Schnittstelle zur Verfügung zu stellen und um den technisch beschränkten Mikroprogrammspeicher möglichst gut auszunutzen, wurden verschiedene Varianten eines Befehls (z.B. Operationen auf int/char, Suche mit/ohne Schwellwert) in einem Mikroprogramm codiert und durch Parameter gesteuert.

Die genannten Strukturentscheidungen führen zu Mikroprogrammen, die im Mittel etwa 2^{12} bit Mikroprogrammspeicher belegen. (Als Vergleich: dieser Speicherbereich genügt, um den vollen, 68-Befehle umfassenden, Maschinenbefehlssatz des monolithischen 16-bit Mikrorechners TEXAS INSTRUMENTS 9940 zu mikroprogrammieren!) Dieser Umfang der Mikroprogramme führt zu Problemen, die im Abschnitt 3 behandelt werden.

2.3 Befehlsumfang des Emulators

Analog zu den in assoziativen Prozessoren vorfindlichen Befehlsklassen (THURBER, WALD, 1975) lassen sich auch die Operationen der Vertikalverarbeitung in drei Gruppen einteilen:

- Assoziative Suchoperationen: Suchbefehle, Vergleiche über assoziative Information der Typen int und char,
- Vektor-Arithmetik: Parallele Block- oder Skalar-Addition/Subtraktion auf Blöcken des Typs int, Arithmetischer Vergleich der Sätze von Blöcken, Summenbildung über die Sätze von Blöcken, Komplementbildung der Sätze von Blöcken,
- Hilfsoperationen: Einfügen und Extrahieren von horizontal implementierten Sätzen in vertikal implementierte Blöcke, Mischen von Blöcken, Index-Extraktion aus gegebenen (Ergebnis-)Masken.

Die genannten Befehle bilden eine durch die spätere Anwendung von EGPA mitbestimmte Untermenge der in einer Pilotimplementierung auf dem Rechner INTERDATA 85 erstmals emulierten Vertikalverarbeitung (WICHMANN, 1977).

3. Einige Detailprobleme der Emulation

3.1 Verhältnis Vorlauf-Nachlauf zum Kernalgorithmus

Für die folgenden Überlegungen werden vier Beispielmikroprogramme und deren Charakteristika (vgl. Tabelle 1) zugrundegelegt. MAXMINT ist ein assoziativer Suchbefehl für Maxima/Minima mit/ohne Schwellwertvorgabe mit/ohne Extremwertextraktion für Daten der Typen int und char (lexikalische Ordnung). SAV ist ein assoziativer Exaktvergleich, ADDSUBV ein Vektor-Additions/Subtraktionsbefehl für stellengleiche Sätze zweier Blöcke, wobei eine 32-bit Maske angibt, welche Sätze addiert, welche subtrahiert werden sollen. INS ist ein Hilfsbefehl, der horizontale Sätze in vertikale Blöcke einschreibt.

Mikroprogramm	Gesamtlänge Mikroworte	Vorlauf Mikroworte	Nachlauf Mikroworte	Kernalgor. Mikroworte	Innere Schleife Mikroworte
MAXMINT	179	43	42	94	10 - 15
SAV	71	15	12	44	15 - 18
ADDSUBV	95	45	28	22	18
INS	57	10	6	41	25

Tabelle 1: Mikroprogrammlängen für Beispiel-Befehle aus der Vertikalverarbeitung (Länge der Mikroworte: 40 bit).

Untersucht man das Verhältnis von Vorlauf/Nachlauf zum Kernalgorithmus bezüglich der Länge der entsprechenden Mikroprogramme, so ist ein Verhältnis von 0,4 : 1 bis 3 : 1 festzustellen, d.h. die Vorlauf/Nachlauf-Komponenten sind relativ aufwendig. Beachtet man ferner, daß zur Laufzeit nicht alle Alternativen des Kernalgorithmus, sondern lediglich eine innere Schleife ausgeführt wird, so verschlechtert sich das Verhältnis - bezogen auf ein einmaliges Durchlaufen der inneren Schleife - auf Werte bis 8 : 1, wobei das Verhältnis von Hauptspeicherzugriffen (also langen Befehlen) im Vorlauf/Nachlauf gegenüber der inneren Schleife für alle Programme in etwa einen Wert von 5 : 1 annimmt. Da die Anzahl der zu durchlaufenden Zyklen in den inneren Schleifen direkt von der Länge l_A des zu bearbeitenden Satzes abhängt, läßt sich schließen, daß in der vorliegenden Implementierung die pseudoassoziative Verarbeitung nur dann laufzeiteffizient ist, wenn l_A die Wortlänge konventioneller Daten (32 bit) überschreitet. Kürzere Wortlängen sind also nur durch Hauptspeicherersparnis zu rechtfertigen.

Die langen Vorläufe/Nachläufe sind einerseits den starken Unterschieden in der Architektur des Wirtsrechner und des Emulators geschuldet: eine Vielzahl von Parametern muß zunächst geladen werden, die der assoziativen Verarbeitung dienen: Adressen und Längen der beteiligten Blöcke, Auswahlmasken, Variantenmasken, Überlauf- und Ergebnismasken etc... Während dieses Problem also ein allgemeines Emulationsproblem darstellt, das nur etwa durch Register-Block-Lademikrooperationen erleichtert würde (Ersparnis bezüglich Adreßgenerierung und -Decodierung), ist ein weiterer Grund rein implementierungsabhängig: wäre genügend Mikroprogrammspeicher vorhanden und der Aufrufmechanismus komfortabler, müßte nicht eine Vielzahl von Befehlsvarianten in ein- und dasselbe Mikroprogramm integriert sein: maßgeschneiderte Einzelversionen für Befehlsvarianten könnten Abfragen und Verzweigungen im Mikroprogramm ersparen. Schließlich ist auch die hohe Codierung der Mikrooperationen für die langen Mikroprogramme verantwortlich: man würde sich heute eher ein horizontales Mikrowort ($\geq$ 64 bit) wünschen.

3.2 Zugriff auf Daten im virtuellen Adreßraum

Assoziative Operationen arbeiten auf sehr großen Datenmengen (Blöcke z.B. über 100 K bits), die jedoch wegen der Benutzerschnittstelle virtuell adressiert werden (auch aus dem Mikroprogramm). Die Datenbehandlung muß also entweder

- auf Maschinenprogramm-Ebene dafür sorgen, daß sich die Daten zu einem Programm während dessen Laufzeit im Hauptspeicher befinden (Residenz erzwingen)

- auf Mikroprogramm-Ebene Unterbrechungen des Mikroprogrammes durch "page-fault" - und Nachladeroutinen zulassen.

Die erste Lösung führt in jedem Fall zu zusätzlichem Verwaltungsaufwand: eine statische Festlegung für ein vollständiges Programm ist nicht möglich, da in diesem Fall ganze Dateien resident gesetzt werden müßten, was die Hauptspeicherkapazität oft überschreiten würde. Eine dynamische Festlegung von Mikroprogrammaufrufen würde zu extremen Laufzeitverlusten führen.

Mikroprogramme dieser Größenordnung müssen also Unterbrechungen zulassen, was zu neuen Problemen führt, die im folgenden Abschnitt besprochen werden.

Für die weitere Zukunft bleibt zu erhoffen, daß über die Erweiterung der Adreßräume und der realen Hauptspeicherkapazitäten (z.B. Adreßräume von 32 bit für VAX 11/780, 48 bit für IBM System /38, DURNIAK, 1979) zumindest ein Teil der Hauptspeicherprobleme beseitigt wird.

3.3 Unterbrechbarkeit von Mikroprogrammen

Die langen Laufzeiten der Mikroprogramme (bis über einige 100 ms) machen die Synchronisation mit externen oder internen Ereignissen nötig (interrupt, trap). Während externe Unterbrechungen während Mikroprogrammen gegebenenfalls zu unterdrücken wären, ist eine solche Maskierung interner Ereignisse, insbesondere des "page-fault" nicht sinnvoll. Mikroprogramme müssen also unterbrechbar gehalten werden, was eine Rettung des Mikroprogramm-Zustandes - soweit dies nicht durch die Hardware selbst unterstützt wird - nötig macht. Im Falle der Vertikalverarbeitung muß dazu eine größere Anzahl von internen Registern abgespeichert werden, da nur die Benutzer-Register beim Prozeßwechsel automatisch gerettet werden.

Sinnvollerweise müßte diese Maßnahme vor jedem Hauptspeicherzugriff durchgeführt werden, um gegebenenfalls einen "page-fault" aufzufangen. Die durch das häufige Retten solcher Register zusätzlich gegebene Gefahr des "page-fault" und die extreme Laufzeitverschlechterung führten zu einem Kompromiß, der nur an gewissen strategischen Punkten innerhalb von Mikroprogrammen Wiederaufsetzpunkte vorsieht und deshalb Laufzeitverluste durch teilweise Wiederholungen von Mikroprogramm-Abschnitten in Kauf nimmt.

In zukünftigen Rechnergenerationen, in denen umfangreichere Software-Elemente in die Firmware integriert werden sollen (vertical migration), müssen Hardware-Mechanismen für die Unterstützung des Mikro-Zustandswechsels vorgesehen werden, da die Laufzeitgewinne durch Mikro- gegenüber Makroprogrammierung sonst durch aufwendige Rettungssequenzen zunichte gemacht werden.

3.4 Adreßraum des Mikroprogrammspeichers

Der sehr knapp bemessene schreibbare Mikroprogrammspeicher (40 K bit) bringt es mit sich, daß entweder die Mikroprogramme so kompaktifiziert werden müssen, daß durch Alternativabfragen im Vorlauf Laufzeitverluste entstehen, oder ein dynamisches Nachladen erforderlich ist. Da im vorliegenden Fall das dynamische Nachladen nicht hardwaremäßig unterstützt wird, verbietet sich aus Effizienzgründen auch diese Lösung. Das benutzerorientierte Nachladen von Mikroprogrammspeicherinhalten ist hier bestenfalls "statisch" vor längeren Programmen mit Vertikalverarbeitung denkbar, nicht aber dynamisch im Programm.

Zukünftige mikroprogrammierbare Rechner müssen dieses Problem effizient lösen, entweden durch sehr große Mikroprogrammspeicher (IBM 4331: 1 M bit) oder durch schnelle, dynamisch nachladbare "Cache"-Mikroprogrammspeicher (X-Node, PATTERSON et al., 1979).

4. Ausblick

Mit Ausnahme einiger Spezialrechner für die Benutzer-Mikroprogrammierung (Nanodata QM-1, Burroughs B 1700) führen die wenigen, auf dem Markt erhältlichen, mikroprogrammierbaren Rechner durch Hardware-Einschränkungen zu Laufzeitverlusten, die die theoretischen Gewinne durch vertikale Verlagerung der Hardware-Software-Schnittstelle zumindest verringern, wenn nicht sogar zunichte machen. Mit der weiteren Entwicklung der VLSI-Technologie werden diese Beschränkungen jedoch möglicherweise bald entfallen: durch Bitslice-Mikroprozessoren lassen sich schon heute bekannte Rechnerstrukturen emulieren und durch geeignete Mikroprogrammtechniken erweitern (BODE, 1979).

Monolithische Mikroprozessoren mit 16 und 32 bit Wortlänge werden schon aus Entwurfsgründen und wegen der besseren Integrationsmögichkeiten mikroprogrammiert, wobei sich Lösungen mit Vermischung von Haupt- und Mikroprogrammspeicher anbieten (PATTERSON et al., 1979), die dann auch eine komfortable Benutzer-Mikroprogrammierung versprechen.

5. Literatur

BATCHER, K.E.: STARAN Series E
Proc. of the 1977 Int. Conf. on Parallel Processing, 1977

BODE, A.: Bitslice-Mikroprozessoren und Monoprozessorstrukturen
Workshop on Microcomputing, German Chapter of the ACM, München 1979

DURNIAK, A.: VLSI shakes the foundation of computer architecture
Electronics, May 24, 1979, pp. 111-133

HÄNDLER, W.: Unconventional Computation by Conventional Equipment Arbeitsberichte des IMMD, Vol. 7, No. 2, Universität Erlangen-Nürnberg, 1974

HÄNDLER, W.; HOFMANN, F.; SCHNEIDER, H.J.: A general purpose array with a broad spectrum of applications
Computer Architecture, HÄNDLER, W. (ed.), Workshop of the GI, Informatik-Fachberichte, Vol. 4, Springer Verlag, 1974

HESSENAUER, H.: Support of Vertical Dataprocessing by Additional Hardware
Parallel Computers - Parallel Mathematics, FEILMEIER (ed.), Proc. of the IMACS(AICA)-GI-Symposium, München, North Holland, 1977, pp. 83-86

HOFFMANN, W.: Implementation and Evaluation of Vertical Algorithms On a Microprogrammable Computer
Parallel Computers - Parallel Mathematics, FEILMEIER (ed.), Proc. of the IMACS(AICA)-GI-Symposium, München, North Holland, 1977, pp. 79-82

PATTERSON, D.A.; FEHR, E.S.; SEQUIN, C.H.: Design Considerations for the VLSI-Processor of X-TREE
Proc. of 6th Int. Symp. on Comp. Arch., SIGARCH, Vol. 7, No. 6, 1979, pp. 90-101

STOCKENBERG, J.; VAN DAM, A.: Vertical Migration for Performance Enhancement in Layered Hardware/Firmware/Software Systems
Computer, May 1978, pp. 35-50

THURBER, K.J.; WALD, L.D.: Associative and Parallel Processors
Computing Surveys, Vol. 7, No. 4, Dec. 1975, pp. 215-255

WICHMANN, H.: Entwurf und Bewertung von Algorithmen für ein mikroprogrammiertes Parallel- und Assoziativkonzept auf Mikroprogramm- und Benutzerebene
Dissertation, Arbeitsberichte des IMMD, Vol. 10, No. 16, Universität Erlangen-Nürnberg, 1977

Rechnergestützter Entwurf digitaler Systeme:

Stand, Probleme, Aussichten +)

R. Piloty
Institut für Datentechnik, Technische Hochschule Darmstadt

Rechnerbeschreibungssprachen bilden die Grundlage für den rechnergestützten Entwurf digitaler Systeme. Es handelt sich dabei um formale operative Sprachen, die den Signalverlauf auf den Signalträgern (z.B. Anschlüsse, Register, Speicher) charakterisieren. Sie können sich dabei nicht, wie es bei Programmiersprachen der Fall ist, darauf beschränken, Zustandsänderungen in den Trägern durch Anweisungsfolgen abstrakter Steueranweisungen (Kontrollstrukturen) darzustellen. Sie müssen vielmehr auch die Darstellung solcher Zustandsänderungen als signal- bzw. ereignisgesteuerte Aktivitäten und auf unterster Ebene als Signalfluß unterstützen. Auch müssen neben reinen Signalfolgen auch Signalverläufe in realer Zeit darstellbar sein.
Es existieren heute rund 50 Rechnerbeschreibungssprachen, mit denen digitale Systeme auf verschiedenen Detailebenen beschrieben werden können. Sie sind jedoch hauptsächlich im akademischen Bereich entstanden und nur zum kleinen Teil implementiert, sei es zur Simulation oder zur automatischen Synthese von Schaltnetzen.
Der Grund für die geringe Akzeptanz beim Entwurf komplexer Systeme im industriellen Maßstab ist darin zu suchen, daß

(1) die Darstellungsbreite der einzelnen Sprachen zu eng ist, um den gesamten Entwurfsprozeß zu unterstützen.
(2) Sprachen, die verschiedene Abstraktionsebenen abdecken, untereinander keinen semantischen und syntaktischen Bezug haben.
(3) nur wenige von ihnen implementiert sind.
(4) es keine zusammenhängende Entwurfsmethodologie auf der Basis formaler Sprachen gibt.

Für die Zukunft besteht Aussicht, diese Situation wesentlich zu verbessern. Eine internationale Arbeitsgruppe legt in diesem Jahr unter Bezeichnung CONLAN den Vorschlag für ein universelles Konstruktionssystem für Rechnerbeschreibungssprachen vor. Es handelt sich dabei um

---

+) Kurzfassung. Die vollständige Fassung erscheint als Bericht RO 80/4 des Institutes für Datentechnik der Technischen Hochschule Darmstadt.

eine selbstdefinierende, erweiterbare Sprachfamilie, deren Mitglieder auf bestimmte Spezifikations- und Entwurfsaufgaben zugeschnitten sind. Alle Glieder der Sprachfamilie haben eine gemeinsame Kernsyntax und sind semantisch entweder direkt oder indirekt über Zwischensprachen aus einer einzigen Grundsprache herleitbar. Das Konstruktionssystem erlaubt die Ableitung von Sprachen für die Beschreibung des Verhaltens oder der Struktur von Systemen virtueller oder in realer Zeit. Sie ist hochmodularisiert und benutzt das Konzept abstrakter Datentypen zur Ableitung verschiedener Abstraktionsstufen. Hilfsmittel zur Modifikation (Einschränkung, Erweiterung) der Syntax beim Ableitungsprozeß erlauben, die einzelne Teilsprache einfach und aussagekräftig zu halten.

APL*DS - Ein Programmsystem zur Spezifikation und Simulation von Computerhardware auf der Registertransferebene

P. M. Behr und W. K. Giloi
Institut für Technische Informatik
Technische Universität Berlin
Fachbereich Informatik
Einsteinufer 35-37
1000 Berlin 10

Zusammenfassung

Moderner Hardwareentwurf von digitalen Systemen ist ohne Einsatz von Computern nicht möglich. Es werden hierzu Systeme für die Spezifikation, Simulation und Dokumentation der zu entwickelnden Hardware benötigt. In diesem Beitrag werden die verschiedenen Beschreibungsebenen von Computerhardware und speziell die verschiedenen Formen einer Registertransferbeschreibung dargestellt. Ein ausführlicher Anforderungskatalog zeigt, welche Eigenschaften ein leistungsfähiges Hardwareentwurfssystem für die Registertransferebene besitzen sollte. Mit APL*DS wird ein integriertes Spezifikations- und Simulationssystem vorgestellt, in dem alle geforderten Eigenschaften eines solchen Systems realisiert wurden. Es werden einige Aspekte der Implementierung von APL*DS in der Sprache APL aufgezeigt. Die Syntax und Semantik der wichtigsten Sprachkonstruktionen werden erläutert und ihre Anwendung anhand kleiner Beispiele gezeigt. APL*DS hat sich an verschiedenen Stellen bereits in der Praxis bewährt.

1. Einführung

Der Entwurf von Computerhardware, oder allgemein von Hardware digitaler Systeme, kann als ein iterativer Top-down-Prozeß betrachtet werden, der aus vielerlei Gründen, vor allem aber wegen der notwendigen Intuition nicht vollautomatisch durchgeführt werden kann. Ein Entwurfssystem, dem man die Leistungsdaten eines zu entwerfenden Rechners zusammen mit einer Befehlsliste und eventuell noch mit Angaben zur Architektur eingibt, und das als Ausgabe die Verdrahtungs- und Bestelllisten der Bauteile erzeugt, wird es wohl nie geben. Ein moderner, leistungsfähiger Hardwareentwurf kann und sollte jedoch weitgehend mit Rechnerunterstützung durchgeführt werden. In diesem Beitrag wird hierzu ein leistungsfähiges, interaktives Werkzeug zur Spezifikation, Simulation und Dokumentation von Hardware digitaler Systeme auf der Registertransferebene vorgestellt.

2. Beschreibungsformen der RT-Ebene

Bei der Beschreibung von Hardware lassen sich fünf Ebenen unterscheiden: die Architekturebene, die Instruktionsebene, die Registertransferebene (RT-Ebene), die (logische) Gatterebene und die (physikalische) Schaltkreisebene. Auf jeder dieser Ebenen sind die Eigenschaften wie Verhalten, Funktion und Struktur der jeweils betrachteten Merkmale von Interesse. Eine Beschreibung der RT-Ebene kann somit auf verschiedene Arten erfolgen.

Eine Verhaltensbeschreibung auf der RT-Ebene ist eine informale und nicht unbedingt vollständige Beschreibung der Algorithmen, die zur Instruktionsausführung benötigt werden, sowie der Rolle, die die einzelnen Hardware-Betriebsmittel dabei spielen. Wegen der Unvollständigkeit der Beschreibung und der fehlenden Zeitangaben ist eine Simulation auf dieser Ebene nicht möglich, sondern die Beschreibung hat rein dokumentarischen Charakter.

Bei einer Funktionsbeschreibung der RT-Ebene ist die Isomorphie zur realen Hardware schon wesentlich größer. Alle in der Beschreibung benutzten Carriers und Hardwarefunktionen müssen genau spezifiziert werden und den tatsächlich vorhandenen Hardwareeinrichtungen entsprechen. In einer funktionellen Beschreibung müssen Möglichkeiten vorhanden sein, das zeitliche Verhalten der Hardware zu spezifizieren, damit eine realistische Simulation durchgeführt werden kann.

Eine Strukturbeschreibung der RT-Ebene enthält zusätzlich die explizite Beschreibung der Datenwege eines Hardwaremoduls. Die Funktion des Steuerwerks wurde in den vorausgegangenen Beschreibungsformen durch hardwarenahe Kontrollkonstruktionen dargestellt. In einer strukturellen Beschreibung werden alle Hardwarebetriebsmittel des Systems einschließlich ihren Verbindungen deklariert, damit sie eindeutig identifizierbar sind.

3. Motivation für ein neues System

Bevor man sich zur Entwicklung eines Systems zur Unterstützung des Hardwareentwurfs entschloß, wurden die vorhandenen Hardwarebeschreibungssysteme auf ihre Brauchbarkeit hin analysiert. Keines der damals vorhandenen Systeme erwies sich als hinreichend leistungsfähig. Viele von ihnen waren nur reine "Papiersprachen" zur Verhaltensbeschreibung oder sie waren nur auf einem speziellen Rechner ablauffähig und damit nicht portabel. Nur sehr wenige hatten die Möglichkeit der Zeitbuchführung, was eine realistische Simulation ausschloß. Keine der vorhandenen Systeme unterstützte einen Top-down-Entwurfsprozeß, der es ermöglicht, die Hardware auf verschiedenen Ebenen zu beschreiben und durch eine schrittweise Verfeinerung bis zu einer strukturellen Beschreibeung zu gelangen.

4. Anforderungen an ein neues System

Um nicht eine weitere Hardwarebeschreibungssprache zu definieren, sondern um ein leistungsfähiges, universelles Hardwarespezifikations- und Simulationssystem für die RT-Ebene zu erhalten, wurden alle wünschenswerten Eigenschaften eines solchen Systems zusammengestellt. Hieraus ergab sich folgender Anforderungskatalog:

- die Isomorphie zwischen der Hardware und einer Beschreibung muß leicht und treffend darstellbar sein, so daß eine Beschreibung die zugehörige Hardware genau spezifiziert;
- eine Beschreibung muß ohne Änderung der Syntax als Simulationsprogramm ausführbar sein;
- die Sprache muß eine einfache und gut lesbare Syntax besitzen;
- das System soll portabel sein;
- das System muß erweiterbar sein, damit der Benutzer neue und spezielle Hardwarebausteine selbst in das System einbauen kann;
- die Sprache muß der Hardware entsprechende binäre Datentypen, wie Skalare, Vektoren und Felder besitzen, die in der Beschreibung Flip-Flops, Register oder Speicher repräsentieren können;

- für diese Datentypen müssen leistungsfähige, hardwarenahe Operatoren zur Verfügung stehen; nicht in der Sprache vorhandene Operationen müssen durch Funktionsdefinition realisierbar sein;
- es muß die Möglichkeit bestehen, die Carriers als entsprechende Datentypen in Art und Größe zu deklarieren, so daß während der Simulation Konformitätstests durchgeführt werden können;
- die Sprache muß hardwarenahe Kontrollkonstruktionen enthalten, damit man Verzweigungen in der Hardwarekontrolle und iterative Abläufe (zeitliche und örtliche) leicht beschreiben kann;
- die Beschreibung des Zeitverhaltens der Hardware erfordert Möglichkeiten zur Zeitangabe für Hardwareoperationen, die auch bei der Simulation berücksichtigt werden; weiter müssen parallele (gleichzeitige) Hardwareaktivitäten darstellbar sein;
- das System muß eine modulare Hardwarebeschreibung ermöglichen, so daß ein komplexes Hardwaresystem in Teilprozesse zerlegt werden kann;
- zur Synchronisation dieser Teilprozesse müssen geeignete Sprachkonstruktionen zur Verfügung stehen;
- das System muß ein durchgehendes Sprachkonzept für die verschiedenen Beschreibungsformen auf der RT-Ebene bieten;
- die schrittweise Verfeinerung einer Hardwarespezifikation von einer rein funktionellen Beschreibung bis zu einer vollständigen strukturellen Beschreibung muß unterstützt werden;
- eine Hardwarespezifikation sollte auch die für den Firmware-Entwurf notwendige Spezifikation der Semantik der Hardwarefunktion liefern;
- das System muß ein interaktives Arbeiten ermöglichen und hierzu ausreichende Testhilfen und Abfragefunktionen zur Verfügung stellen;
- die Simulationsergebnisse, insbesondere das Zeitverhalten und die Auslastung der Hardwaremodule müssen in übersichtlicher Form ausgegeben werden.

5. Realisierung des Systems in APL

Diese Anforderungen waren die Grundlage für das neu zu entwickelnde Hardwarespezifikations- und Simulationssystem. Die Suche nach einer ökonomischen Realisierungsmöglichkeit ergab, daß APL als Implementierungssprache für das System viele Vorteile bietet. Mit APL konnte das System ohne Abstriche an den gestellten Zielen mit einem minimalen Aufwand realisiert werden. So wurden die Forderung nach Portabilität, Simulierbarkeit, binären Datentypen mit entsprechend mächtigen Operatoren und interaktives Arbeiten mit ausreichenden Test- und Abfragefunktionen allein schon durch die

Wahl von APL als 'host language' erfüllt. Zur Erfüllung der anderen Punkte des Anforderungskatalogs mußte die Syntax von APL erheblich erweitert werden. Da sich APL aufgrund seiner extrem liberalen Syntax sehr gut als Implementierungssprache eignet, war dies voll im Rahmen der APL-Syntax möglich, so daß die Portabilität des Systems gewährleistet ist. Durch die Einführung von Schlüsselwörtern (APL-Funktionen) wurde die Syntax des Systems, im Gegensatz zur APL-Syntax, einfach und gut lesbar. Ebenfalls durch Schlüsselwörter wurden die Hardwaredeklarationen und die Kontrollkonstruktionen in das System eingefügt.
Zur Simulation von parallelen Prozessen mußte das Coroutinen-Prinzip in APL*DS realisiert werden; APL selbst kennt nur die übliche Hauptprogramm-Unterprogramm Aufruffolge. Da innerhalb der APL-Syntax jedoch alles möglich ist, konnte auch dies verwirklicht werden [3]. Damit wurden die Prozesse an jeder beliebigen Stelle unterbrechbar und fortsetzbar, was eine quasi-parallele Prozeßausführung in der Simulation ermöglicht.

6. Aufbau einer APL*DS Spezifikation

Eine funktionelle Spezifikation eines Hardwaresystems auf der RT-Ebene besteht aus folgenden drei Teilen:

1. Spezifikation aller Carrier des Systems,
2. Spezifikation aller Hardwarefunktionen, die durch die Funktionseinheiten des Systems ausgeführt werden,
3. Beschreibung aller Hardwarealgorithmen, die das System mit seinen Funktionseinheiten auf den Carrier-Inhalten ausführt.

Die Spezifikation der Carriers eines Systems erfolgt durch ihre Deklaration in Art und Größe im Deklarationsteil der Hardwareprozesse.

Die Spezifikation der Hardwarefunktionen kann wegen der Standardisierung der Funktionseinheiten für die meisten Funktionen ein für allemal angegeben werden. Diese Standard-Hardwarefunktionen stehen dem APL*DS Benutzer zur Beschreibung der Hardwarealgorithmen zur Verfügung; sie sind in Tabelle 1 angegeben. Spezielle Funktionseinheiten werden vom Benutzer selbst spezifiziert und in das System eingebaut.
Die Beschreibung der Hardwarealgorithmen erfolgt bei APL*DS in der Form eines Prozesses. Ein Prozeß ist ein eintrittsinvariant geschriebenes Programm, welches wiederholt mit unterschiedlichen Daten aktiviert werden kann. Durch diese Beschreibungsform ist jeder Hardwarealgorithmus als Simulationsprogramm ausführbar und kann parallel mit anderen Hardwarealgorithmen ablaufen. Weiter unterstützt diese Form den modularen Aufbau der Beschreibung.

Syntaktische Form eines Prozesses:

∇ Prozeßname
→ DECLARE
<Deklarationsteil>
→ PROCESS
<prozeduraler Teil>
→ END | → FOREVER
∇

Im Deklarationsteil werden die in der Prozeßbeschreibung benötigten Informationseinheiten deklariert; es sind dies:

- Carriers (Register, Speicher, Busse, Pfade)
- Synchronisationsvariablen (Semaphoren, Signale, Statusindikatoren)
- Konstanten
- Indexvariablen

Der prozedurale Teil des Prozesses besteht aus den Transferanweisungen und den Kontrollanweisungen. Auf der RT-Ebene ist jede Hardwareoperation mit einem Registertransfer verbunden. Betrachtet man auch die Identitätsfunktion als Operation, so gilt auch umgekehrt, daß jeder Registertransfer eine Hardwareoperation beinhaltet. Die Transferanweisungen beschreiben die Abläufe im Datenteil eines Hardwaremoduls; durch die Kontrollanweisungen werden die Aktivitäten des steuernden Teils der Hardware beschrieben.

Die Syntax der Transfer- und Kontrollanweisungen wird nur so weit angegeben, wie es zur Darstellung des Sprachkonzepts notwendig ist. Anhand des Beispiels am Ende des Berichts kann man sicher erkennen, wie gut verständlich und lesbar eine APL*DS Beschreibung ist. Für syntaktische und semantische Einzelheiten wird auf die Arbeiten [1] und [4] verwiesen.

Syntax der APL*DS Transferanweisungen:

<transferstatement> ::= <transfercommand> {<timing-specification>}$_0^1$
<transfercommand> ::= <single transfercommand>|
<parallel transfercommand>|
<compound transfercommand>
<single transfercommand> ::= <carrier name>←<APL*DS expression>
<parallel transfercommand> ::=
PAR '<single transfercommand> {;<single transfercommand>}$_1$'
<compound transfercommand> ::=
COMPOUND '<carrier name>{LINK<carrier name>}$_1$←<APL*DS expression>'
<timing-specification> ::= TIME t1 {t2}$_0^1$

Semantik der APL*DS Transferanweisungen:
Bei einem einfachen Transferstatement wird die im APL*DS-Ausdruck stehende Hardwareoperation ausgeführt und das Ergebnis in den angegebenen Carrier transferiert. Alle in einer PAR-Anweisung angegebenen Registertransfers werden gleichzeitig ausgeführt. Damit kann auch ein Registeraustausch beschrieben werden, wie dies bei Master-Slave-Registern möglich ist.
Soll das Ergebnis einer Hardwareoperation in mehrere miteinander verbundene Carriers transferiert werden, so kann dies mit einer COMPOUND-Anweisung beschrieben werden. Ein APL*DS-Ausdruck wird, wie in jeder Programmiersprache, aus den Operatoren und den Variablen und Konstanten der Sprache gebildet; in APL*DS sind dies die Hardwarefunktionen und die Carriers.

Mit einer Zeitangabe kann die Ausführungszeit einer Transferanweisung spezifiziert werden. Wird dabei nur t1 angegeben, so braucht die Ausführung der Operation t1 Elementartakte des Systems; werden t1 und t2 angegeben, so wird bei der Simulation ein Zufallswert zwischen t1 und t2 eingesetzt. Fehlt die Zeitangabe, so wird als Default-Wert ein Elementartakt als Ausführungszeit angenommen.

Zur Beschreibung des steuernden Teils eines Hardwaremoduls besitzt APL*DS eine reiche Auswahl hardwarenaher Kontrollkonstruktionen. Nachfolgend werden sie mit ihrer auf die Hardware bezogenen Semantik vorgestellt.

Sprachkonstruktion	Semantik
→GOTO	unbedingte Verzweigung der Hardwarekontrolle
→IF...THEN DOTO.. {→ELSE DOTO ..}$^1_0$ →FI	bedingte Ausführung von Hardwareaktivitäten
→CASE ... →ESAC	alternative Ausführung von Hardwareaktivitäten
→FOR .. FROM .. TO . →ROF	wiederholte Ausführung von Hardwareaktivitäten
→REPEAT .. →UNTIL	bedingte Wiederholung von Hardwareaktivitäten
→ON , →OFF , →WAIT	'low-level'-Synchronisationskonstruktion mit Setzen und Rücksetzen von Signalen und dem Aufschub von Hardwareaktivitäten, bis eine Signalbedingung erfüllt ist.
→LOCK .. →FREE	'high-level'-Synchronisationskonstruktion zur Implementierung eines kritischen Bereichs mit Semaphoren.
→INIT .. →EVENT	'high.level'-Synchronisationskonstruktion zur leichten Beschreibung der Prozeßkooperation mit dem 'eventual-value'-Konzept.

OPERATION	NOTATION	COMMENT
ADDITION OR SUBTRACTION	A ADD2 (B) CARRY C	A,B ARE 2'S-COMPLEMENT NUMBERS C IS THE CARRY-IN
MULTIPLICATION	A MULT2 B	A×B, 2'S-COMPLEMENT OPERANDS
DIVISION	A DIV2 B	A÷B, 2'S-COMPLEMENT OPERANDS
GREATER THAN	A GT B	A > B
GREATER EQUAL	A GE B	A ≥ B
EQUAL	A EQ B	A = B
LESS EQUAL	A LE B	A ≤ B
LESS THAN	A LT B	A < B
NOT EQUAL	A NE B	A ≠ B
LOGICAL AND	A AND B	A ∧ B
LOGICAL OR	A OR B	A ∨ B
LOGICAL NOT	NOT A	~A
LOGICAL NAND	A NAND B	A ⍲ B
LOGICAL NOR	A NOR B	A ⍱ B
ROTATION	k ROT B	ROTATES ARGUMENT B k STEPS FOR k>0 TO THE LEFT FOR k<0 TO THE RIGHT
SHIFT AND FILL	k SHIFT (B) FILL C	k=NUMBER OF SHIFTS, B=ARGUMENT C=FILL ELEMENT
CONCATENATION	A LINK B	A,B (ρ(A,B)=(ρA)+(ρB))
PORTION OF A VECTOR	A MASK ι1 ι2	A[ι1+ι(ι2-ι1)] (0-ORIGIN!) 0≤ι1≤ι2≤ρA
INCREMENTATION	INCR A	A ← A+1
DECREMENTATION	DECR A	A ← A-1
BINARY-TO-DECIMAL CONVERSION	DEC B	B=BINARY NUMBER IN 2'S-COMPLEMENT, RESULT=DECIMAL EQUIVALENT
DECIMAL-TO-BINARY CONVERSION	k BIN D	D=DECIMAL INTEGER, RESULT=2'S-COMPLEMENT, k-DIGIT BINARY NUMBER REPRESENTATION
INDEX GENERATOR	INDX ι1 ι2	ι1 + ι(ι2-ι1) (0-ORIGIN!)
REGISTER INITIALIZATION	SET 'LIST OF REGISTER NAMES'	ALL POSITIONS IN THE NAMED REGISTERS ARE FILLED WITH 1'S
REGISTER INITIALIZATION	RESET 'LIST OF REGISTER NAMES'	ALL POSITIONS IN THE NAMED REGISTERS ARE FILLED WITH 0'S
NO OPERATION	DELAY k	NOOP, CONSUMES k TIME UNITS

Tabelle 1: Liste der APL*DS-Operatoren

7. Strukturbeschreibung auf der RT-Ebene

Die funktionelle Beschreibung eines Hardwaresystems kann in APL*DS durch eine schrittweise Verfeinerung in eine strukturelle Beschreibung überführt werden. Alle Zwischenformen sind dabei jederzeit simulierbar; selbst für eine gemischte Beschreibung, bei der nur einige Module eines komplexen Hardwaresystems strukturell beschrieben sind, kann durch Simulation die Korrektheit des vorausgegangenen Verfeinerungsschrittes überprüft werden. Die Unterschiede zwischen einer funktionellen und einer strukturellen Spezifikation sind im wesentlichen folgende:
Im Deklarationsteil werden zusätzlich alle Quellen der Registereingänge spezifiziert. Alle Funktionseinheiten, die in einer funktionellen Beschreibung durch den Aufruf einer Hardwarefunktion beschrieben wurden, müssen im Deklarationsteil als entsprechende Hardwareeinheiten mit Angabe der Ein- und Ausgangsverbindungen spezifiziert werden. Für Zählgrößen vom Typ INDEX und für die Synchronisationsvariablen muß entsprechende Hardware (z.B. Zähl- und Statusregister) deklariert werden. Schließlich muß man noch alle Verbindungseinrichtungen, wie Multiplexer, Pfade und Busse und die Kontrollvektoren der Funktionseinheiten deklarieren.
Die Kontrollanweisungen im Prozeßrumpf werden durch Verzweigungsanweisungen im Mikroprogramm oder durch die Beschreibung des Steuerwerks ersetzt.
Die Registertransfers können nur noch über die im Deklarationsteil spezifizierten Verbindungen ausgeführt werden. Die Hardwareoperationen eines Mikroprogrammschrittes werden durch je eine ACTIVATE- und CLOCK-Anweisung beschrieben. In einer ACTIVATE-Anweisung werden alle an einem Mikroprogrammschritt beteiligten Hardwareeinheiten mit ihren jeweiligen Kontrollvektoren aktiviert. Die darauf folgende CLOCK-Anweisung gibt an, welche Einheiten (Register, Zähler usw.) in diesem Schritt getaktet werden müssen. Ein aus einer ACTIVATE- und CLOCK-Anweisung gebildetes Paar spezifiziert damit alle Mikrooperationen, die in diesem Mikroprogrammschritt auszuführen sind. Eine strukturelle Beschreibung kann dadurch als Grundlage für den Firmwareentwurf dienen; es müssen nur noch die entsprechenden Kontrollkonstruktionen in die Nachfolge-Adreß-Berechnung der Mikroinstruktion einbezogen werden, Die Kontrollvektoren für die Hardwarefunktionseinheiten werden entweder explizit in einer ACTIVATE-Anweisung angegeben oder, falls auch das Steuerwerk komplett beschrieben ist, direkt dadurch erzeugt.
Mit einer solchen vollständigen Beschreibung können die Abläufe in einem Hardwaresystem auf der RT-Ebene emuliert werden.

8. Beispiel

Nachfolgender Multiplikationsalgorithmus soll mit der in Bild 1 gezeigten Hardware ausgeführt werden. Im Prozeß MULT1 ist dieser Algorithmus funktionell beschrieben; der Prozeß MULT2 ist eine strukturelle Verfeinerung von MULT1.

```
PROCEDURE MULT
BEGIN  INITIALIZE (AC := 0; I := 0);
       REPEAT IF  MR(15) = 1 THEN AC := AC + MD;
              (AC,MR) := RSHIFT (AC(0); AC,MR);
              I := I + 1;
       UNTIL  I = 15;
       IF MR(15) = 0 THEN GOTO EXIT;
       AC := AC - MD;
       EXIT: (AC,MR) := RSHIFT (AC(0); AC,MR);
END
```

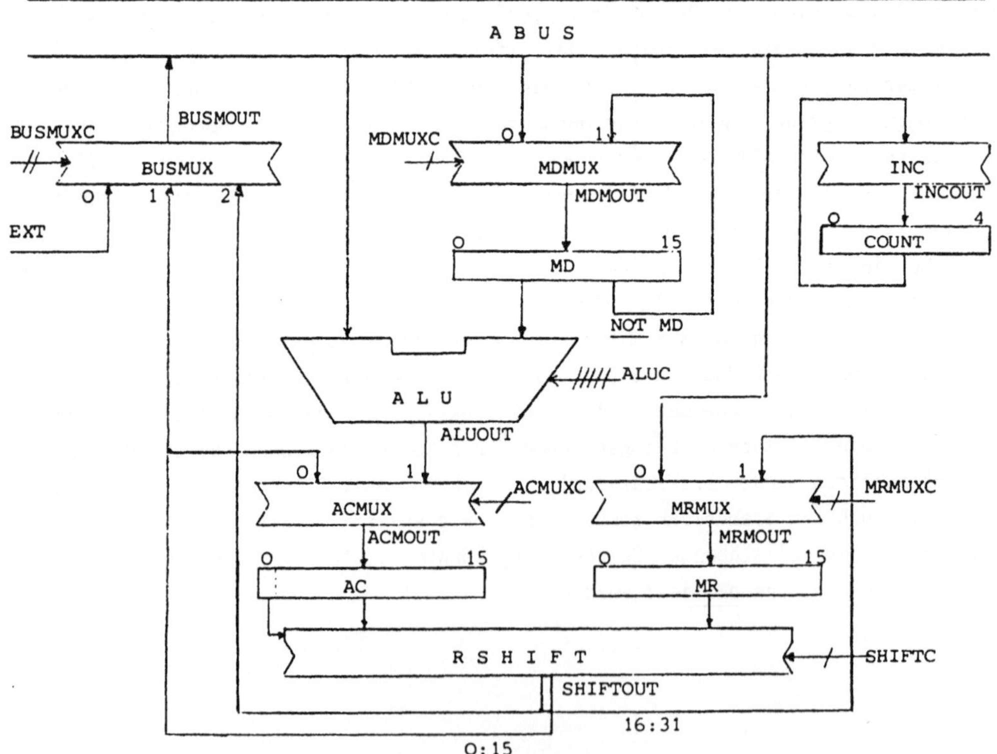

Bild 1: Hardware zur Ausführung einer Multiplikation von Ganzzahlen in 2-Komplement-Darstellung

```
 ∇     MULT1
[1]   →DECLARE
[2]    STATE 'MULTBUSY'
[3]    REGISTER 'AC(16); MD(16); MR(16)'
[4]    INDEX 'I'
[5]   →PROCESS
[6]   →ON 'MULTBUSY'
[7]    PAR 'AC ← 0; C ← 0; I ← 0'
[8]   →REPEAT
[9]   →IF MR[15] DOTO SKIP
[10]   AC ← AC ADD2 MD CARRY C
[11]  SKIP:→FI
[12]   COMPOUND 'AC LINK MR ← ¯1 SHIFT (AC LINK  MR) FILL  AC[0]'
[13]   I ← INCR I  TIME 0
[14]  →UNTIL I EQ 15
[15]  →IF MR[15] DOTO EXIT
[16]   PAR ' MD ← NOT MD; C ← 1'
[17]   AC ← AC ADD2 MD CARRY C
[18]  EXIT:→FI
[19]   COMPOUND 'AC LINK MR ← ¯1 SHIFT (AC LINK  MR) FILL  AC[0]'
[20]  →OFF 'MULTBUSY'
[21]  →END
 ∇

 ∇     MULT2
[1]   →DECLARE
[2]    REGISTER 'MD(16); AC(16); MR(16); COUNT(5)'
[3]    BUS 'ABUS(16)'
[4]    PATH 'ALUOUT(16); ACMOUT(16); MDMOUT(16); SHIFTOUT(32)'
[5]    PAHT 'MRMOUT(16); INCOUT(16); BUSMOUT(16)'
[6]    CONTROLVECTOR ' ACMUXC ; MRMUXC ; MDMUXC ; BUSMUXC(2)'
[7]    CONTROLVECTOR ' ALUC(5); SHIFTC'
[8]    CONNECTION 'AC←ACMOUT; MR←MRMOUT; MD←MDMOUT; COUNT←INCOUT'
[9]    'ACMUX' MULTIPLEXOR 'ACMOUT : SHIFTOUT[INDX 0 15]; ALUOUT;
        ACMUXC'
[10]   'MRMUX' MULTIPLEXOR 'MRMOUT : ABUS ; SHIFTOUT[INDX 16 31];
        MRMUXC'
[11]   'MDMUX' MULTIPLEXOR 'MDMOUT : ABUS ; NOT MD ; MDMUXC'
[12]   'BUSMUX' MULTIPLEXOR 'ABUS : EXT; SHIFTOUT[INDX 0 15];
        SHIFTOUT[INDX 16 31]; BUSMUXC'
[13]   'ALU' CREATEALU 'ALUOUT : ABUS; MD; ALUC'
[14]   'INC' INCREMENTER 'INCOUT: COUNT'
[15]   'RSHIFT' SHIFTUNIT 'SHIFTOUT : AC LINK MR ; AC[0] ;SHIFTC'
[16]  →PROCESS
[17]   CLOCK 'AC ← 0; COUNT ← 0'
[18]   RSHIFT 0
[19]  →REPEAT
[20]   ACTIVATE 'BUSMUX 0 1 ; ALU 0 1 0 0 1 ; ACMUX 1'
[21]   CLOCK 'AC/MR[15]'
[22]   ACTIVATE 'RSHIFT 1 ; ACMUX 0 ; MRMUX 1 ; INC'
[23]   CLOCK 'AC ; MR ; COUNT'
[24]  →UNTIL COUNT EQ 15
[25]   MDMUX 1
[26]   CLOCK 'MD/MR[15]'
[27]   ACTIVATE 'BUSMUX 0 1 ; ALU 1 1 0 0 1 ; ACMUX 1'
[28]   CLOCK 'AC/MR[15]'
[29]   ACTIVATE 'RSHIFT 1 ; ACMUX 0 ; MRMUX 1'
[30]   CLOCK 'AC; MR'
[31]  →END
 ∇
```

Die umfangreiche Zeitbuchführung und die übersichtliche Ergebnisprotokollierung des APL*DS-Systems ist aus Bild 2 ersichtlich. Es zeigt einen Ausschnitt aus den Signalverläufen und die Zeitbuchführung für einen Teilprozeß, wie sie bei der Simulation des IBM/360 Multiplex-Kanals, der durch 7 Teilprozesse beschrieben wurde, entstanden sind.

```
      PLOT

                   1  1  1  1  1  1  1  1  2  2  2  2  2  2  3  3  3  3  3
             0  8  0  1  2  3  5  7  8  9  0  1  4  7  8  9  0  1  2  5  7
             .  .  .  .  .  .  .  .  .  .  .  .  .  .  .  .  .  .  .  .  .
OPIN      :_________nnnnnnnnnnnnnnnnnnnnnnnnnn_____________nnnnnnnnnnnnnnnnn
SEL0      :_________________________________________________________________
SEL1      :_________________________________________________________________
STWD0     :_________________________________________________________________
TRANSOUT  :______nnnnnn_______nnnnnn_______nnnnnn_______________________nnnn
OPOUT     :______nnnnnnnnnnnnnnnnnnnnnnnnnnnnnnnn__________nnnnnnnnnnnnnnnnn
STRD1     :_________________________________________________________________
SELOUT    :______nnnnnn____________________________________nnn______________
TRANSIN   :_______________nnnnnn_______nnnnnn________________________nnnnnn_
SIO       :___nnn______________________________________________nnnnnnnnnnnnn
TDV       :_________________________________________________________________
REQUEST   :_____________________________________________nnnnnnnnn___________
STRD0     :______________________nnnnnnnnnnnnnnnnnnnnnnnnnnnnnnnnnnnnnnnnnnnn
STWD1     :_________________________________________________________________
SETDV1    :_________________________________________________________________
SELIN     :_________________________________________________________________
READYDV0  :__________________________________________nnnnnnnnnnnnnnnnnnnnnnn
READYDV1  :_________________________________________________________________

      REPORT
TIME LIMIT IS =500
SIMULATION TIME IS=450

***  PROCESS: ADAPTER1   (=)          P.INDEX=0
SIGNALS: SEL1 (S.I=2), STRD1 (S.I=6), STWD1 (S.I=15), SETDV1 (S.I=16)
ACTUAL INVOKING PROCESS INDEX : ¯1 (=) SIMULATION STARTED
WAITING INVOKING PROCESS INDEX :
P.LINE = 7  ,  P.STATE = BLOCKED     , FROM TIME = 448
P.TOTAL WAITING TIME = 363  ,  P.TOTAL ACTIVE TIME = 87
PROCESS UTILIZATION :   P.UE = 1  ,  P.WE= 0.8066666667
P.NUMBER OF COMPLETIONS = 5
```

Bild 2: Ausschnitt aus den Signalverläufen und der Zeitbuchführung eines Simulationsprotokolls

9. Schlußbemerkung

Das APL*DS System bietet sich aufgrund seiner leistungsfähigen Synchronisationskonstruktionen und wegen seiner umfangreichen Zeitbuchführung nicht nur zur Spezifikation und Simulation von Hardwaresystemen an. Überall wo konkurrente Prozesse (z.B. Betriebssystemfunktionen oder Multiprozessorsysteme) synchronisiert werden müssen, kann APL*DS zur Beschreibung und Simulation des Problems eingesetzt werden.
Das System wird zur Zeit zur Unterstützung des Entwurfs von Hardwaremoduln im Rahmen mehrerer Diplomarbeiten an der TU-Berlin eingesetzt. Ein umfangreiches Hardwaresystem wird vom Heinrich-Hertz-Institut in Berlin mit APL*DS beschrieben und simuliert. Es handelt sich um einen digitalen Frequenzumsetzer für den GHz-Bereich, der durch 14 asynchrone Prozesse beschrieben wird. Weiter wird das System zur Ausbildung und Lehre an der TU-Berlin eingesetzt. In der Vorlesung "Funktioneller Rechnerentwurf" können die Studenten selbst Hardwaremodule mit Unterstützung von APL*DS entwerfen, spezifizieren und simulieren.

Literatur

[1] Giloi, W.K.; Balaci, R.; Behr, P.M.: APL*DS - A Powerful Portable Programming System for RT-Level Hardware Description and Simulation, Microprogram Specification, and the Simulation of Parallel Processing Concepts. Technische Universität Berlin, Bericht No. 78-21, Juni 1978

[2] Giloi, W.K.; Hoffmann, R.: Adding a Modern Control Structure to APL Without Changing its Syntax. Proc. APL 76 Congress, ACM Publ. 1976

[3] Balaci, R.: APL*DS - An APL-Based Hardware Description and Simulation System at Register Transfer Level. Ph.D. Thesis, University of Minnesota, Department of Computer Science, 1978

The Design of a Subprocessor with Dynamic Microprogramming with MIMOLA

Peter Marwedel
Institut für Informatik und
Praktische Mathematik
Olshausenstr. 40-60
2300 Kiel 1
W.-Germany

Abstract

MIMOLA is a language for the optimized design of digital processors, based upon computing resource utilizations for typical programs. It has been used for the design of a well-structured, fast, parallel and microprogrammable processor. Although not larger than a conventional minicomputer, it is about 26 times faster. It proves, that microcode need not be larger than equivalent machinecode. This paper also discusses possible architecture alternatives with low cost/performance ratios.

0. Introduction

MIMOLA is a language for the top-down design and description of computer hardware.

The conventional computer aided design starts with a description of a computer structure /Bre/. The design system then faciliates the step-wise refinement of the design but it does not explore the cost/performance tradeoffs in the design space. In conventional systems, simulations measure performance only roughly. Simulation times are rather high (for that reason, CASSANDRE was extended by LASCAR /Bor/). Therefore only few sets of input parameters can be tested. Furthermore, many systems use non-procedural languages (i.e. languages without implicit control flow like e.g. CDL /Chu/). It is hard to write a large number of programs without implicit control flow. Therefore only a small number of programs is simulated and the result is an unreliable performance estimate. Therefore the new language MIMOLA was defined /Zim 77/.

1. Designing with MIMOLA

MIMOLA allows us to estimate performance and cost of digital structures. It is a procedural language (i.e. the flow of control is similar to conventional programming languages like PASCAL). This makes it possible to write such a large number of algorithms in MIMOLA that reliable performance estimates can be derived. For this purpose MIMOLA is problem-oriented. But at the same time it is easy to give software statements a hardware meaning. One of the tools for this is a macro processor /Hol/. Any sequence of MIMOLA symbols, that can be reduced to a single symbol, can be replaced by any other sequence of symbols. High-level language (HLL) elements like e.g. FOR .. TO, WHILE .. are special cases of macros. The processor allows parameters and considers the types of parameters. This flexible macro mechanism is missing in HDL /Hof/.

After the HLL elements have been replaced, part B of our MIMOLA Software System (MSS)/MaZ/ is able to map all language expressions into hardware /Mar/. Cost computation is based on the fact that a structured hardware description (consisting e.g. of modules and ports) is generated. Hardware may but need not be predeclared. The declaration allows to put a limit on the resources that can be used by a program. Intermediate steps are automatically inserted if this is a way to get round hardware limitations /UZi/. By insertion of intermediate buffering and new jumps, original semantics remain unchanged.

After the software/hardware mapping, the MSS computes cost/performance characteristics and utilization statistics. This includes for example the first and second order utilization frequencies of modules, ports and the fields of the microinstruction. Instead of computing repeat counts for microsteps by time-consuming simulations, the MSS uses a different and new approach: the user may manually set weighting factors for the microsteps. In a number of cases it is easy to determine these factors: In matrix computation they are normally equal to a power of the matrix dimension, for sorting and searching statistical methods may be used /Knu/ and for operating systems hard- or software monitors measure statistics more realistic than simulators.

A MIMOLA design starts with a set of typical application programs for the target processor /Zim 76, Zim 79a/. The MSS maps these programs into hardware and computes utilization statistics. A large amount of hardware is usually required due to some highly parallel parts of the input program. The resources will be used inefficiently and the designer may limit the resources to those declared in a hardware declaration. The MSS will do those transformations on the input program that are necessary in order to make the programs executable on a limited hardware. Statistical analysis of the transformed programs allows the repetition of the process until a good cost/performance relation is obtained.

2. Design and Implementation of the SPDM /KSc,WSc/

After the definition of the design method it had to be applied to a real problem. The large speed of highly parallel, microprogrammable computers had already been proven by an older design /Zim 75/. This was a special purpose processor that was coupled through a fast DMA-channel to a general purpose minicomputer and therefore the processor was called a subprocessor with dynamic microprogramming (SPDM). This asymmetric double-processor structure speeds up lengthy computations by a significant factor while there is no need to design a new operating system with assembler, compilers and editor.

It was decided to apply the MIMOLA design method to systematically design a SPDM, using the IBM Scientific Subroutine Package (SSP) /MOD/ as a representative for scientific calculations. Fortunately the SSP does not contain I/O-statements and only a low number of called routines. Therefore we can load all called subroutines into the SPDM and need not interrupt the execution process until a complete SSP subroutine has been executed.

18 subroutines of different mathematical areas of the SSP were selected because we assumed that 18 routines provide a sufficient statistical basis. The SSP is written in FORTRAN, this allows an easy translation of the SSP to MIMOLA. Sequential FORTRAN flow was translated into parallel MIMOLA microsteps. At an average, between two and three FORTRAN statements were put into a single microinstruction step (c.f. /Kuc/). Conditional FORTRAN statements were translated to IF .. THEN .. ELSE .. FI . Nested conditions within one microstep were not used.

These 18 routines were then analysed by a preliminary version of the MSS (allowing only statistical analysis). Table 1 shows how often certain function or storage modules are required for the initial MIMOLA version.

function	once per instruction	twice per instruction	>twice per instruction	Σ
x-1	6 %	1 %	-	7 %
DEFINE FUNCTION	1 %	-	-	1 %
x+1	11 %	7 %	-	18 %
x^2, $\sqrt{x}$	1 %	-	-	1 %
$\|x\|$	8 %	1 %	-	9 %
x+y	25 %	16 %	3 %	44 %
x/y	6 %	-	-	6 %
x*y	31 %	6 %	-	37 %
x-y	18 %	2 %	-	20 %
<,≤,=, ≥,>,≠	23 %	1 %	-	24 %
reference to DO-loop variable	8 %	16 %	9 %	33 %
input to memory	30 %	20 %	26 %	76 %
output from memory	12 %	24 %	47 %	83 %

Table 1. Function and memory statistics for initial program version

This table shows that there should be at least 3 memory ports in each direction in addition to the DO-loop index storage. Large memory circuits with more than an input and an output port are not available. However, a lot of memory references is to a low number of local scalar variables. Therefore, a separate small multi-port memory can reduce the load on the main memory. With the integrated circuits SN 74172 two input- and two output-ports (with one common address) can be easily implemented.

ALU-name	function
BA	+,-,.DECREM,.COMPLEM,.ABS
BS	+,-,.INCREM.,.COMPLEM
BM	*,/
BR	+
BV	<,≤,=,≥,>,≠

Table 2. Function boxes of SPDM

The mapping of functions to function boxes was based upon the second order frequency distribution of used functions. This led to five function boxes (c.f. Table 2). Other functions are implemented as subroutines.

The 18 input routines were then transformed by hand such that they fitted into this limited hardware and the MSS statistical analyser computed utilization statistics for modules and connections. Modules were now used more efficiently. However, there was a large number of infrequently used connections. The number of connections was reduced by:

a) replacing shift operations by multiplications and divisions

b) replacing a ROM used for constants by a reference to a preloaded RAM

c) replacing DO-loop counters by a second multi-port RAM

d) replacing memory to memory transfers by an addition of zero.

Table 3 is a comparison of the hardware requirements and the estimated runtime for the three mayor design steps.

	initial programs	reduction of modules and ports	final design
# of microinstructions	480	728	1015
μ instruction word and length	>220	150	112
# of connections (16 bit each)	394	140	100
estim. run-time for computation of eigenvalues matrix dimension = 32×32 [msec]	18.6	19.4	31

Table 3. Characteristics of the three MIMOLA program versions

Fig. 1 shows the block diagram of the final design.

The hardware was implemented by an experimental module system, containing for example 16 bit ALU's with look-ahead, multiplexer-units and different storage modules. Flat cables are used for 16 bit data paths. This system eases testing. The total system includes about 670 integrated circuits, most of them MSI except for the memory chips.

The SPDM (slave) is coupled to the MODCOMP II (master) by a custom-designed channel /Ber/ that has complete control over the MODCOMP's internal buses and uses the full memory speed (0.8 μsec/16 bit) of the MODCOMP II. While the SPDM is busy, the channel may disable operations in the MODCOMP (except DMA-Transfers) or return the control to the master. If the control is returned to the master, the SPDM may interrupt it upon completion. Hence, parallel operation in the MODCOMP is possible.

3. Results

Table 4 shows the resultant speed of the SPDM.

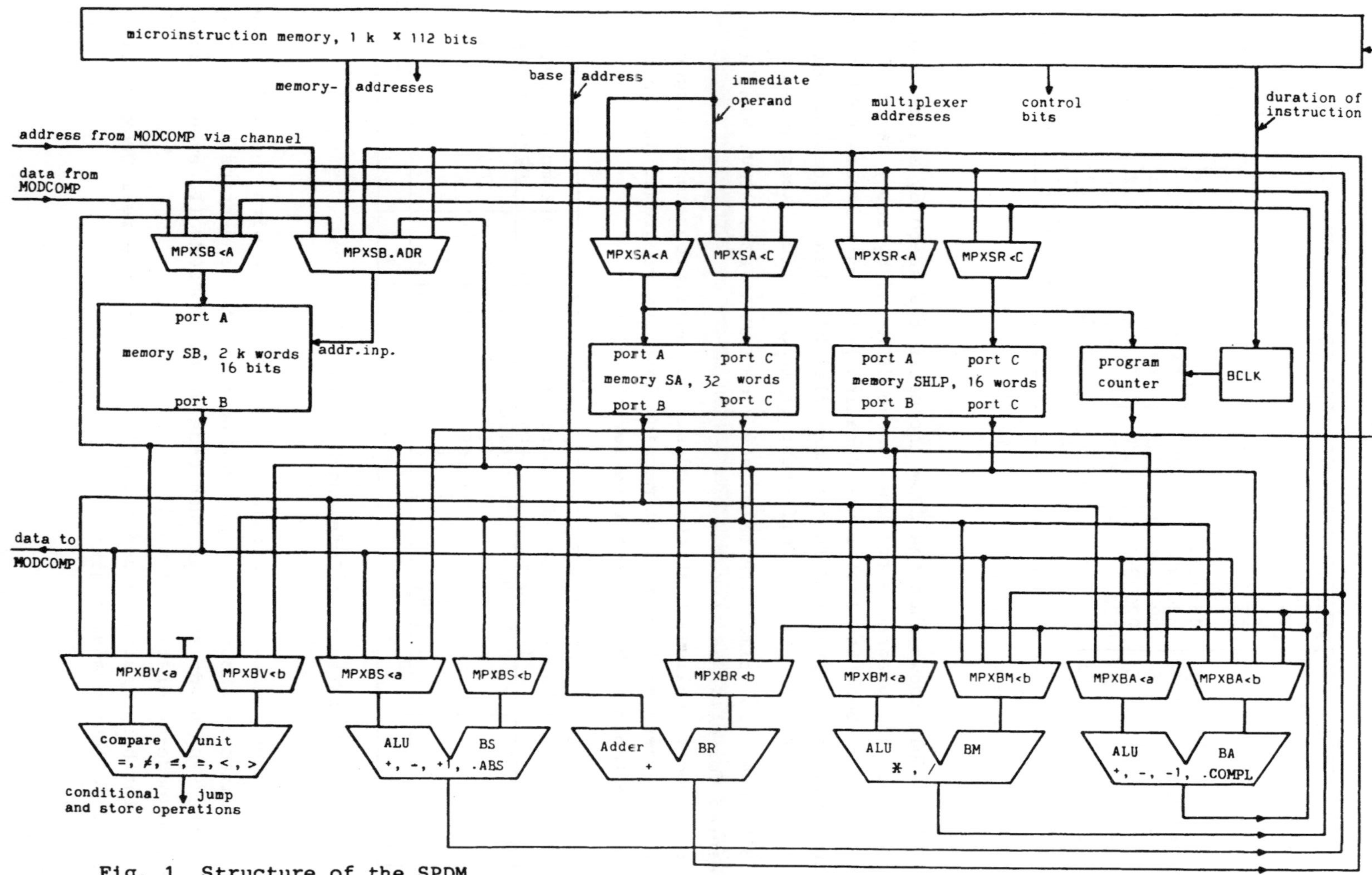

Fig. 1 Structure of the SPDM

sub-routine name	dimension	load time [μsec]		execution time [μsec]		speed increase		
		program	data	SPDM	MODCOMP	exec only	with data load	with data & program load
GAMMA	-	263	2.5	13.3	675	51	43	2.4
LEP	11	69	10.4	33	825	25	19	7.5
MINV	15x15	465	362	19200	871000	45	44.5	43.5
SIMQ	15x15	320	206	8600	156000	18.1	17.7	17.1
MATA	5x 5	220	42.4	488	7100	14.5	13.4	9.4
	15x15	220	362	8388	150400	18	17.2	17.1
RANK	10	130	17.6	232	3900	16.8	15.6	10.2
	100	130	161	2949	70600	23.9	22.7	21.8
Average						26.5	24.1	16.1

Table 4. Speed of SPDM

This table shows that the SPDM increases the speed by a factor of about 24 if the program is preloaded in the SPDM and by about 16 if it is not. This is about the factor the floating point unit speeds up floating point operations. The SPDM is far more flexible than a floating point unit and costs are not very different if memory prices keep going down.

SPDM-execution times are calculated for GAMMA, LEP, MINV, SIMQ and measured for MATA and RANK.

Some people believe that the codesize of microprograms is larger than the codesize of equivalent machine language programs. As can be seen from table 5 this is not true for the SPDM.

Subroutine name	Code SPDM hand-translated (= 100 %)	Code MODCOMP II Compiler FRX Rev M.00		PDP-10/KI Compiler FORTRA V5	
		abs.	rel.	abs.	rel.
CANOR	12320	14128	115 %		
MATA	2576	2672	104 %	2952	115 %
MINV	9296	10992	118 %		
MULTR	6048	6576	109 %		
SIMQ	6384	6656	104 %		
Σ	36624	41024	112 %		

Table 5. Comparison of Codelength [bits]

First experiments with automatic code-generation with the aid of the MSS resulted in about 10 % more code compared to hand-translation. Therefore the SPDM needs about as much code as the MODCOMP II, even if suboptimal code-generation is used.

For further results we use the MSS instead of the real SPDM. This has the following advantages:

- Statistical results can be obtained with the statistical analyser of the MSS more easily than with a logic state analyser
- The time characteristics of the hardware can be changed by declaration. This allows us to study the effects of memory access times, multiplication times etc.
- The structure of the hardware can be changed.

However, we have to guarantee that the repeat counts for the statements and the time that is required to execute a statement are computed correctly. Therefore (and in order to speed up MSS analysis) we choose a subset of five matrix routines of the SSP with repeat counts equal to a power of the matrix dimension. The MSS computes a total execution time for subroutine MATA that is 20 % larger than the value measured by Schulz and a total execution time for MINV that is 18 % shorter than the time computed by Schultze. Differences are due to incomplete time specifications for the SPDM and therefore we do not attempt to reduce them now.

As a first application of the MSS we determine how much the fast modules contribute to the speed of the SPDM. To that end we assume that we had to build the SPDM with modules that have the same speed as those in the MODCOMP. For example, multiplications need 6.42 μsec (instead of 0.3 μsec) and divisions need 10.74 μsec (instead of 0.6 μsec). Reading and writing from or to the main (core-) memory requires between 0.3 μsec (access-time) and 0.8 μsec (cycle-time) in the MODCOMP. Using 0.3 μsec for the read access-time and for write data hold-time the SPDM would be 5.37 times slower than the actual SPDM, using 0.8 μsec it would be 7.31 times slower. This means that the SPDM would still be 26.5/7.31= 3.62 times faster than the MODCOMP, even if we had to wait a full memory cycle for every read and write operation.

Obviously the precise result depends on the amount of multiplications and divisions in the test program. Furthermore we assumed that a full microinstruction is read from main memory in one memory cycle. One cannot completely seperate the influence of the architecture and the module speed because the MODCOMP has seperate memories with different access times for two kinds of instructions while the SPDM has only one instruction memory.

We conclude that the speed increase caused by the architecture is about the same order of magnitude as the speed increase caused by the fast modules.

4. Design Alternatives

As a second application of the MSS we examine how effective the microinstruction of the SPDM is used (Fig. 2)

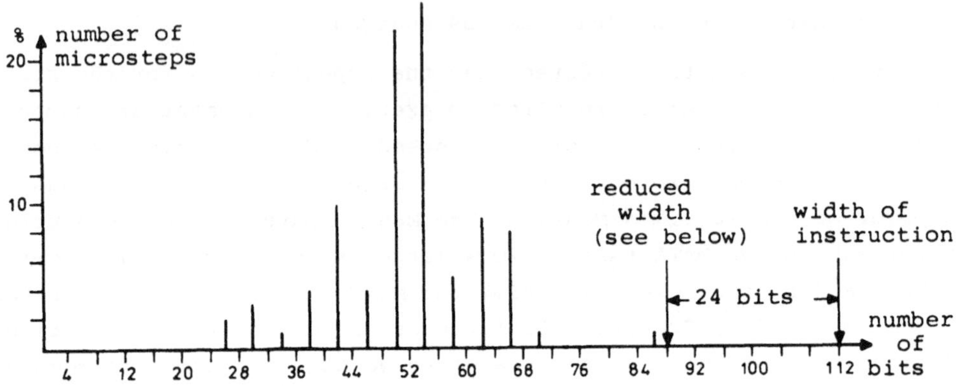

Fig.2 Distribution of the number of used bits

Although the instruction length is not used very inefficiently, a reduction of the length by about 20 bits seems to be possible. For this reduction we consider the use of one instruction field for two controlled destinations. This is possible if the original field only selects a function, a memory or a multiplexer-address ('select' fields /Nag/) and does not require additional multiplexing bits. The second order frequency distribution of used instruction fields determines fields that can be put together. The fields need not be used mutually exclusive. Microsteps that need fields for both destinations are automatically split into two instructions by the MSS.

Two possible reductions have been tested:

1. Using the jump address field also for the address of memory SA port A, thereby saving five bits.
2. Using the jump address field for the address of port C of memory SA, the address of port A of memory SR for port A of memory SA and using only one direct address for the two ports of memory SB. This saves 20 bits.

Table 6 shows the resultant changes in runtime, instruction width and cost (unchanged SPDM = 100 %):

	instruction width	number of instructions	run-time	total cost	cost × runtime
change 1	95.5 %	100.9 %	100.9 %	98.6 %	99.5 %
change 2	82 %	108.6 %	104.6 %	94.3 %	98.6 %

Table 6. Influence of the reduction of the instruction width

The relative reduction of the total cost is not very large because of the cost of the other modules. - Another four bits can be saved if instruction fields for multiplexers are included in the code generation. However, the current MSS cannot yet split microstatements with resource conflicts at multiplexers. But because there are only few resource conflicts for these 4 bits we may assume we can save 24 bits of 112 (21 %). Further reduction will significantly increase runtime (as can be expected from Fig. 2).

The present MSS allows us to explore cost/performance relations in the design space to a larger extend than the designer of the SPDM could. We now may compare the SPDM to other architectures, including different memories and operators and a more detailed speed analysis.

At first we analyse the requirements of the mentioned five matrix routines. After an initial pass through the MSS we limit the hardware resources mainly following the method that is outlined in /Zim 79b/ : we delete all modules and ports whose ration utilization (in %) divided by cost is below 1. Instead of the absolute utilization we use the joint utilization of the resource that is to be deleted and another resource that can serve as a substitute.

For the purpose of this paper we minimize only modules and ports and do not attempt to minimize the number of connections and the width of the instruction.

We compare three design styles:

1. a processor with a small memory SHLP for intermediate buffering and a large memory SB. We start with different modules for different functions. Function boxes with more than one function are introduced during the deletion process if one module has to take over the job for one that is deleted.
2. same as 1. except that all local scalar variables are kept in a small memory SA.
3. same as 2. except that we start with only one type of function box that can execute all required functions.

Fig. 3 shows the resultant cost/performance relations for three combinations of the sizes of data memory SB and instruction memory SI:

a. SB : 2 K × 16 bit, SI: size of tested routines (∿ 5 K bytes)
b. SB : 20 K × 16 bit, SI : 10 × size of tested routines
c. SB : 200 K × 16 bit, SI : 100 × size of tested routines

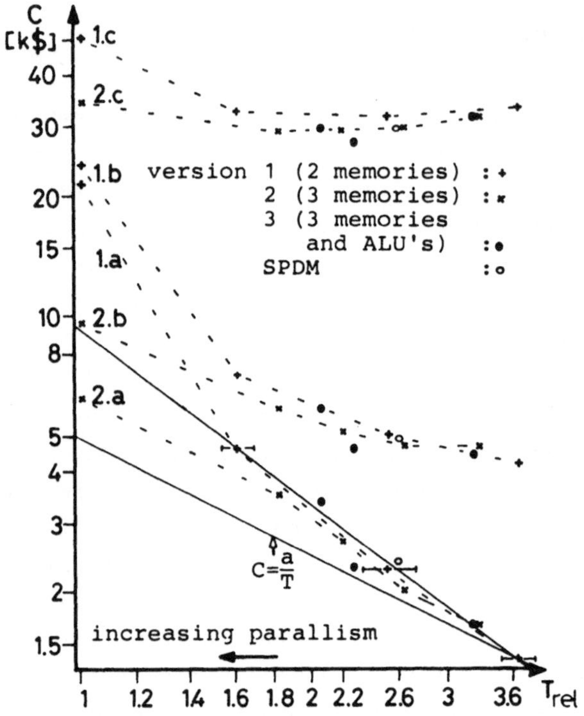

Fig.3 Cost/performance relations

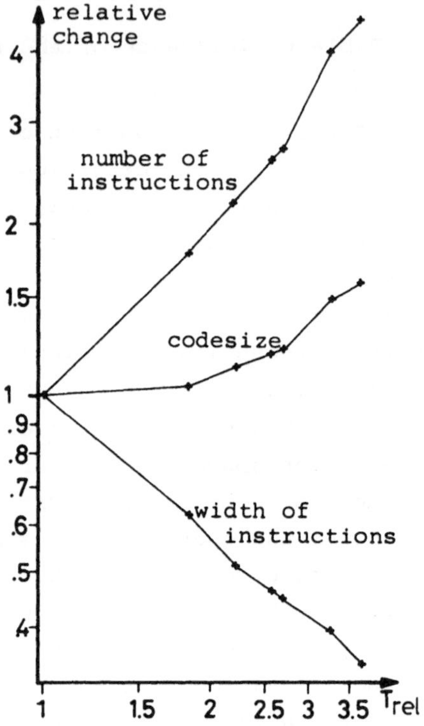

Fig.4 Change of codesize

For small memories SB and SI (.a) the right most point corresponds to the lowest speed-runtime product. For large memories (.c) the cost of SI dominates and because it decreases much slower than the runtime increases, the lowest codesize (Fig. 4) and the lowest speed-runtime product is obtained on the left side of the drawing (this means that parallel computers are best if a large number of instructions is stored). For the matrix routines the codesize (= number of instructions times instruction width) of parallel computers is even smaller than for more sequential computers (Fig. 4).

The use of a local memory reduces costs mainly for highly parallel architectures (left most points in Fig. 3) and for a large number of stored instructions (.c). In these cases the large number of addressing bits for SB increases costs siginificantly.

Multiple-function boxes (ALU's) instead of single-function modules seem to be useful in the medium range of T. For large values of T there are two multiple-function boxes for all alternatives and thus there is no difference between alternative 2. and 3. . For small values of T the ALU's lead to more connections (this partly may be caused by our present software/hardware mapping and needs further investigation).

For a. all points can be approximated by a straight line in the logarithmic diagram:

$$C = 9.2 \cdot T^{-1.49}$$

Fig. 3 also contains the actual SPDM, except that memory sizes have been computed like those for the other points of the diagram. It turns out that the SPDM is between 11 and 1 % slower than the MSS-optimized structures with equal cost. The difference would be larger if we had used instruction width and connections optimization. The SPDM corresponds to architectures with a lower number of ports than it has. This shows that the 'effective' number of ports in the SPDM has been decreased by a rigorous limitation to the number of connections.

Further studies showed that runtime decreases by about 10 % if the controlling operand of IF-clauses and the THEN-part are evaluated simultaneously. It increases by the same amount if the access-time of memory SB is doubled.

We may want to estimate how much the inclusion of additional matrix routines will affect our cost/performance relations. The cost computation is not influenced by statistical errors. In order to estimate the error of the runtime computation we consider the runtime increments of each of our five routines to be a measurement with value x_i ($1 \leq i \geq 5$). Three error bounds, based upon the standard deviation of the x_i have been drawn in Fig. 3.

For comparison we analyse a set of eight mathematical functions of the SSP (Fig. 5).

Exept for the rightmost points, we did not combine the multiplication unit with the other function boxes although we had to do this if we had strictly used the deletion criterion 'utilization/cost < 1'. Therefore the cost-runtime product of the rightmost points, corresponding to only one ALU, is comparatively low.

Points marked by 'o' are obtained by executing the mathematical functions on the hardware that is optimized for the five matrix routines. The functions execute about 9% slower on the matrix hardware, compared with the optimized mathematical function hardware.

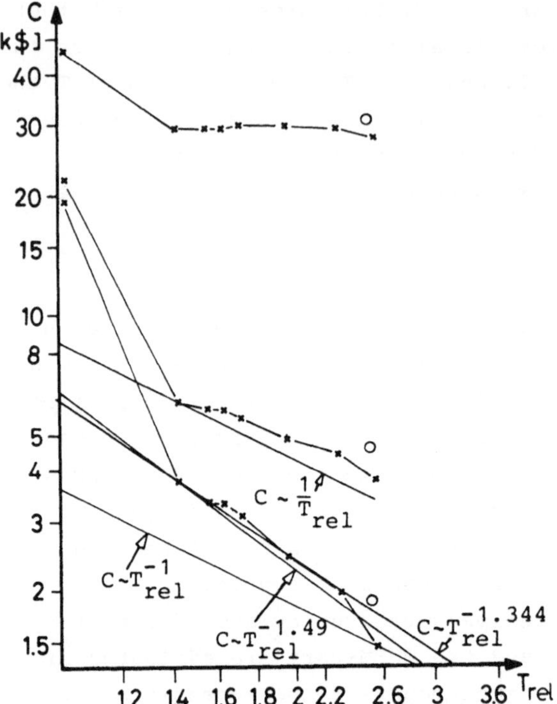

Fig. 5 Cost/performance relations for mathematical functions

Acknowledgement

I want to express my thanks to those whose work contributed to this paper: R. Berlinski (fast channel), R. Hollenbach und U. Zimmermann (MSS), K. Schultze and W. Schulz (SPDM), and G. Zimmermann (fundamental ideas).

References

/Ber/ R. Berlinski: "Ein mikroprogrammierbarer DMA-Kanal zur Rechnerkopplung", Diploma Thesis, Kiel, 1978.

/Bor/ D. Borrione: "Description et Simulation d'une architecture multi--Processeur à l'aide du language LASCAR", Rapport de Recherche n° 87 ENSIMAG, Grenoble,1977.

/Bre/ Y. Bressy, B. David, Y. Fantino, J. Mermet: "A hardware Compiler for interactive Realisation of logical Systems Described in CASSANDRE". Proc.Int.Symp. on Computer Hardware Description Languages, New York, 1975.

/Hof/ R. Hoffmann: "Rechenwerke und Mikroprogrammierung", München 1977.

/Hol/ R. Hollenbach: " Ein flexibler Makroprozessor für die Sprache MIMOLA", Diploma Thesis, under preparation.

/Knu/ D.F. Knuth: "The art of computer programming", Vol. 1, Reading, 1973.

/KSc/ K. Schultze: "Systematischer Entwurf eines Prozessors mit der Sprache MIMOLA", Diploma Thesis, Kiel, 1978.

/Kuc/ D. J. Kuck, Y.Muraoka, S.-C. Chen: "On the Number of Operations Simultaneously Executable in Fortran-Like Programs and Their Resulting Speedup, IEEE C-21 (1972), 1293-1310.

/Mar/ P. Marwedel: "The MIMOLA DESIGN SYSTEM: Detailed Description of the Software System", Proc. 16th Design Automation Conference, San Diego, 1979.

/MaZ/ P. Marwedel, G. Zimmermann: "MIMOLA Report Revision 1 and MIMOLA SOFTWARE SYSTEM User Manual", Report 2/79 of the Institut für Informatik und Praktische Mathematik, Kiel, 1979.

/MOD/ MODCOMP Inc.: "MAX II/III Library: Scientific Subroutine Library", Ft. Lauderdale, 1976.

/Nag/ A. W. Nagle: "Automatic Synthesis of Microcontrollers", Proc. 15th Design Automation Conference, 1978.

/UZi/ U. Zimmermann: "Ein Compiler zur Sequentialisierung von MIMOLA-Programmen", Diploma Thesis, 1979.

/WSc/ W. Schulz: "Realisierung eines Rechnerverbundes aus einem Universalrechner und einem mit einer Entwurfssprache konstruierten Prozessor", Diploma Thesis, Kiel, 1979.

/Zim 75/ G. Zimmermann: "SPDM - A Subprocessor with Dynamic Microprogramming", EUROMICRO, Nice, 1975.

/Zim 76/ G. Zimmermann: "Eine Methode zum Entwurf von Digitalrechnern mit der Programmiersprache MIMOLA", Informatik-Fachberichte, Stuttgart, 1976.

/Zim 77/ G. Zimmermann: "Report on the Computer Architecture Design Language MIMOLA", Report 4/77 of the Institut für Informatik und Praktische Mathematik, Kiel, 1977.

/Zim 79a/ G. Zimmermann: "The MIMOLA DESIGN SYSTEM: A Computer Aided Digital Processor Design Method", Proc. 16 Design Automation Conference, San Diego, 1979.

/Zim 79b/ G. Zimmermann: "Cost Performance Analysis and Optimization of Highly Parallel Computer Structures: First Results of a Structured Top-Down-Design Method", Proc. Int. Symp. on Computer Hardware Description Languages and Their Applications, Palo Alto, 1979.

KOMBINATORISCHE BESCHREIBUNG UND LÖSUNG VON ORGANISATIONSPROBLEMEN

W.Kluge und K.Lautenbach
Universität Bonn
und Gesellschaft für Mathematik
und Datenverarbeitung mbH. Bonn

Zusammenfassung:

Die Arbeit befaßt sich mit der geordneten Auflösung von Konfliktsituationen in dynamischen Systemen mithilfe eines Regulationsschemas, das auf dem Begriff des gewichteten Synchronabstandes, einer Invarianzeigenschaft zur Bemessung von Restriktionen im Systemverhalten, beruht. Anhand einer realen Konfliktsituation, wie sie in einem Hochleistungsrechner zwischen mehreren nebenläufig aktiven Kanalprozessen in Bezug auf die Zuteilung des Arbeitsspeicherzugriffs auftritt, wird eine mögliche Anwendung des Regulationsschemas demonstriert.

1) Einleitung

Die Behandlung von Konfliktsituationen in dynamischen Systemen gehört zu den wichtigsten organisatorischen Aufgaben. Dies gilt besonders dann, wenn die konfliktauslösenden Vorgänge für interaktives Eingreifen ungeeignet sind, weil sie zu schnell oder 'zu verteilt' stattfinden. Diese 'Zugriffsentzogenheit' schließt die Improvisation als Methode aus und zwingt dazu, die Problematik der Konfliktbereinigung präzise zu beschreiben und einfach zu lösen.

Konfliktsituationen sind, grob gesagt, Prozess- oder Systemzustände, von denen aus mehrere verschiedene Weiterführungen des Geschehens möglich sind, die sich jedoch paarweise ausschließen. Das objektive Wissen darüber, mit welcher dieser alternativen Möglichkeiten der Prozeß fortgeführt wird, ist die zur Lösung des Konfliktes erforderliche Information. Diese Information ist entweder implizit in der 'Umgebung' des Konflikts vorhanden und muß lediglich an den Ort des Konflikts geleitet werden, oder aber die Information wird durch eine Zufallsentscheidung *(arbitration)* 'aus dem Nichts' gewonnen /1,2/.

Die Auflösung von Konflikten durch Zufallsentscheidungen ist in vielen Fällen durchaus angemessen, falls das Prozess- (System-) Verhalten sich im Rahmen eines vorgegebenen 'Spielraumes' bewegt. Allerdings gibt es auch 'kritische' Konflikte, die einer geordneten Bereinigung bedürfen, sei es, um eine unzulässige Abweichung vom vorgegebenen Verhaltensspielraum, d.h. einen Systemfehler, zu vermeiden, oder aber um gewissen Interessenlagen der am Konflikt beteiligten 'Parteien' durch eine faire Regelung gerecht zu werden. Um in solchen Fällen eine bewußte Entscheidung fällen zu können, sind die Registrierung und Bilanzierung relevanter Ereignisse notwendig.

Zur Verdeutlichung betrachten wir ein *task*-orientiertes Computersystem, in dem unabhängige *tasks* im Wettbewerb um die Zuteilung des Prozessors stehen. Es gibt im wesentlichen drei von der Natur der *tasks* abhängige Methoden, derartige Konflikte zu bereinigen. Gehören die *tasks* einem Job an und müssen demzufolge alle ausgeführt werden, um den Job zu beenden, so genügt i.a. *arbitration*, da die Ausführungsreihenfolge keine Rolle spielt (Prinzip der Datenflußmaschine /3,4/). Falls die *tasks* von verschiedenen Benutzern initiiert sind, ist eine FIFO-Regelung zur fairen Behandlung der Benutzerinteressen allgemein akzeptabel /5,6/. Unterliegen sie jedoch bestimmten Realzeitbedingungen, so entstehen hinsichtlich der Zuteilung des Prozessors handfeste Ansprüche (engl. *claims*), die bei der Konfliktauflösung ausgewertet werden müssen. Diese *claims* sind i.a. dynamischer Natur, d.h. das *claim* einer *task* erhöht sich (wird dringlicher) immer dann, wenn eine Konfliktsituation zugunsten einer anderen *task* aufgelöst wird. Das *claim* darf sich bis zu einer oberen Grenze erhöhen, bei deren Überschreiten ein Systemfehler verursacht werden würde; d.h. es wird unabweisbar und muß in der nächsten Konfliktsituation honoriert werden.

Ein abstraktes Regulationsschema, das die *claims* im Konflikt stehender *tasks* darzustellen und zu bedienen gestattet, ist auf der Basis der Petri-Netz-Theorie /8,9,10/ in /7/ eingeführt worden. Es beruht im Wesentlichen auf folgenden Annahmen:

(a) gewisse a-priori-*claims* können für jede der konfligierenden *tasks* festgelegt werden;
(b) die *claims* sind miteinander vergleichbar;
(c) das Regulationsschema ist verletzungsdefizit, d.h. Verletzungen des Schemas sind unmittelbar erkennbar,
(d) die Konfliktauflösung zugunsten unabweisbarer *claims* ist gewährleistet.

Gegenstand dieser Arbeit ist die exemplarische Behandlung einer realen Konfliktsituation mithilfe der in /7/ eingeführten Methodik, bei der sich die Formulierung der Ansprüche als besonders einfach erweist.

2) Problematik

In Hochleistungsrechnern treten Konfliktsituationen, die den o.a. Annahmen genügen, nahezu unaufhörlich an der Schnittstelle zum Arbeitsspeicher auf, an der neben dem Zentralprozessor i.a. mehrere schnelle Kanalprozessoren angeschlossen sind. Diese Kanäle übertragen größere zusammenhängende Datenblöcke zwischen peripheren Massenspeichern wie Platten und Bändern und dem Arbeitsspeicher. Die Datentransferrate durch die Kanäle und damit auch die Rate der Speicherzugriffe wird bestimmt durch die mechanischen Umlaufgeschwindigkeiten der Speichereinheiten. Sind mehrere Kanäle nebenläufig tätig, so stellt die Auflösung der dadurch entstehenden Speicherzugriffskonflikte ein vorrangiges organisatorisches Problem dar, für das bisher lediglich ziemlich unflexible Prioritätsregelungen bekannt sind /11/. Obwohl der 'Andrang' an der Speicherschnittstelle bis zu einem gewissen Grade durch Datenpuffer innerhalb der Kanäle bzw. Gerätesteuereinheiten gemildert werden kann, ist es unumgänglich, daß den aktiven Kanälen ihr jeweiliger, der Datentransferrate entsprechender Anteil an Speicherzugriffen pro Zeitintervall zugeteilt wird, um ein Überlaufen oder Unterlaufen der individuellen Puffer und damit Datenverluste während der Transferoperationen zu verhindern.

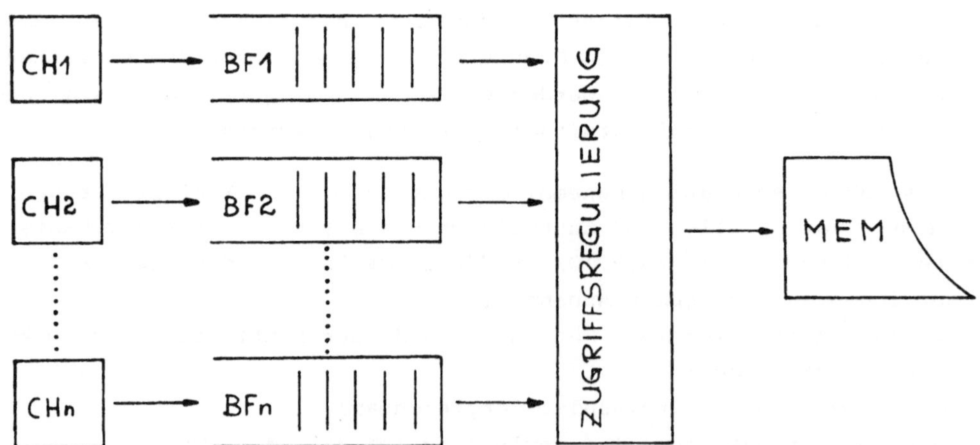

Fig. 1. Schematische Darstellung der Systemkonfiguration

Die für die Untersuchung dieses Zugriffszuweisungsproblems ausgewählte Systemkonfiguration ist schematisch in Fig. 1 dargestellt. Sie umfaßt die Kanäle CH1, CH2,...,CHn, die über zugehörige Puffer BF1, BF2,..,BFn mit dem Zugriffsregulationsmechanismus an der Speicherschnittstelle verbunden sind. Der Zentralprozessor bleibt unberücksichtigt, da er aufgrund seiner Arbeitsweise auf die Zuteilung einer festen Speicherzugriffsrate nicht angewiesen ist, sondern sich mit den nicht von den Kanälen beanspruchten Zugriffsmöglichkeiten begnügen kann.

Sei g_M die Zahl von Zugriffen pro Zeitintervall, die die Speicherschnittstelle maximal ermöglicht, und sei g_i die Anzahl der Daten, die vom Kanal CHi während einer Lese- oder Schreiboperation im selben Zeitintervall übertragen werden. Dann muß der Zugriffsregulationsmechanismus g_i der g_M Zugriffe dem Kanal CHi zuweisen, um im Puffer BFi den Zugang und den Abgang von Daten im Gleichgewicht zu halten. Dies bedeutet, daß das a-priori-*claim* des Kanals CHi hinsichtlich der benötigten Speicherzugriffe gegeben ist durch $a_i = g_i/g_M$. Falls $I \subseteq \{1,...,n\}$ die Indizes der in einem aktuellen Zustand nebenläufig aktiven Kanäle umfaßt, dann muß gelten: $\sum_{i\epsilon I} a_i \leq 1$, d.h. die a-priori-*claims* dürfen die 'Zugriffskapazität' der Speicherschnittstelle nicht überschreiten.

Das zu lösende Problem besteht nun darin, eine Zugriffsregulierung zu entwerfen, die den *claims* aller aktiven Kanäle gerecht wird. Dabei ist zu beachten, daß der Datenfluß durch die Kanäle starr durch die Umlaufgeschwindigkeiten der jeweiligen peripheren Speichermedien vorgegeben ist, die weder verlangsamt (gestoppt) noch beschleunigt werden können. Eine symmetrische Synchronisation zwischen der Kanaltätigkeit einerseits und der Speicherzugriffsregulierung andererseits ist deshalb nicht möglich. Dies bedeutet jedoch, daß eine vollständige Entkoppelung der Kanäle von der Zugriffsregulierung über hinreichend große Pufferbereiche gewährleistet werden muß. Während einer Datenübertragung, etwa vom Kanal zum Speicher, muß demnach immer eine freie Pufferposition zur Verfügung stehen, falls der Kanal ein Datum übergibt, andererseits muß immer wenigstens ein Datum im Puffer sein, falls die Zugriffsregelung eins zur Übernahme anfordert, d.h. weder die Kanäle noch die Zugriffsregelung müssen ihre Tätigkeit mit den 'Füllständen' der jeweiligen Puffer synchronisieren.

Der Einfachheit halber wird davon ausgegangen, daß einer Speicherschnittstelle die *claims* <u>aller</u> Kanäle befriedigen kann, d.h. $\sum_{i=1}^{n} a_i = 1$. Dies ermöglicht die Realisierung einer starren Zugriffsregulierung, die in Zyklen von g_M Zugriffen jedem Kanal CHi seinen Anteil g_i zuteilt, unabhängig davon ob der Kanal aktiv ist oder nicht. Die inaktiven Kanälen zugeteilten Zugriffe können ggf. über einen simplen Umschaltmechanismus dem Zentralprozessor zugeschlagen werden.

Bei der Dimensionierung der individuellen Puffer wird eine gewisse 'Anlaufphase' der Kanäle beim Start einer Datenübertragung berücksichtigt, so daß die vollständige Unabhängigkeit vom aktuellen Zustand der Zugriffsregelung auch beim Startvorgang gewahrt bleibt.

Bei der formalen Behandlung dieser Problemstellung beschränken wir uns auf den einfachen Fall zweier konkurrierender Kanäle. Wir stützen uns dabei auf ein Petri-Netz-Modell der entsprechend vereinfachten Systemkonfiguration von Fig. 1, das im wesentlichen auf dem im nächsten Abschnitt behandelten Konzept des gewichteten Synchronabstandes beruht.

3) Der gewichtete Synchronabstand

Wir setzen in diesem Abschnitt die Kenntnis einiger elementarer Begriffe aus der Theorie der Stellen/Transitions-Netze (Petri-Netze) voraus, bzw. verweisen auf einführende Arbeiten /8,9,10/.

Unter einem dynamischen System versteht man allgemein eine Kollektion von kooperierenden Komponenten. Die Kooperation zwischen diesen Komponenten bedarf einer Organisation. Das bedeutet, daß sich die Komponenten in ihren individuellen Möglichkeiten zugunsten des (Gesamt-) Systems beschränken lassen müssen. In der Organisation des Systems ist dann die Gesamtheit aller derjenigen Restriktionen der Komponenten zu sehen, durch welche die Kooperation ermöglicht wird. Zur Beschreibung und Beurteilung der Organisation eines Systems ist es unumgänglich, die zugehörigen Restriktionen beurteilen zu können. Wir benötigen also Restriktionsmaße.

Für die Lösung der o.a. Problematik ist ein Maß für Restriktionen erforderlich, die bei Synchronisationen auftreten. Ein solches Maß ist der gewichtete Synchronabstand, dessen Definition wir nun vorbereiten wollen.

Sei C die Inzidenzmatrix eines Stellen/Transitions-Netzes; dann nennen wir die minimalen, ganzzahligen, nicht-negativen, von O verschiedenen Lösungen des homogenen linearen Gleichungssystems $C \cdot h = 0$ Reproduktionskomponenten des Netzes. Alle im folgenden betrachteten Netze besitzen nur eine Reproduktionskomponente, so daß es besonders einfach ist, die Bedeutung des Begriffs der Reproduktionskomponente zu erkennen:
Sei r die Reproduktionskomponente des Netzes mit der Inzidenzmatrix C, und sei M eine Markierung, die durch eine Schaltfolge p_r reproduziert

wird. Dann gilt, falls man M als "Stellenmarkierungsvektor" auffaßt, $M+C\cdot h(p_r)=M$, wobei der "Transitionsvektor" $h(p_r)$ angibt, wie oft jede Transition im Verlaufe von p_r geschaltet hat. Da $h(p_r)\neq 0$ eine nicht-negative ganzzahlige Lösung von $C\cdot h=0$ ist, gilt $h(p_r)=n\cdot r$ $(n\in\mathbb{N})$; d.h. der "Schalthäufigkeitsvektor" jedes irgendeine Markierung reproduzierenden Prozesses ist ein Vielfaches von r. Diese Unabhängigkeit der Schalthäufigkeiten von der Markierung berechtigt dazu, r als Reproduktionskomponente des Netzes zu bezeichnen. (Von der Markierung selbst hängt dann nur die Schaltreihenfolge ab.)

Jede Markierung M', die durch das Schalten aktivierter Transitionen aus einer Anfangsmarkierung M hervorgeht, heißt Folgemarkierung von M. (In dieser Arbeit sind alle betrachteten Markierungen reproduzierbar. Sie sind somit Folgemarkierungen von sich selbst.)

Sei wieder M eine Markierung. Dann wird jeder Übergang zwischen zwei Folgemarkierungen von M ein Prozeß genannt. Die Menge dieser Prozesse bezeichnen wir mit P(M).

Sei nun M eine lebendige Markierung eines Stellen/Transitions-Netzes, r seine Reproduktionskomponente und t_1,t_2 zwei Transitionen; d sei der größte gemeinsame Teiler von $r(t_1)$ und $r(t_2)$. Der gewichtete Synchronabstand zwischen t_1 und t_2 ist dann definiert als

$$syn(t_1,t_2):=\frac{1}{d}\cdot \underset{p\in P(M)}{Max}\ (|r(t_2)\cdot h_1(p)-r(t_1)\cdot h_2(p)|),$$

wobei $h_1(p)$ bzw. $h_2(p)$ angeben, wie oft t_1 bzw. t_2 im Verlaufe des Prozesses p schalten.

Als Beispiel, an dem die bisher eingeführten Begriffe verdeutlicht werden sollen, betrachten wir zunächst das Netz der Fig. 2, ein sogenanntes Regulationsprimitiv R mit zwei Transitionen:

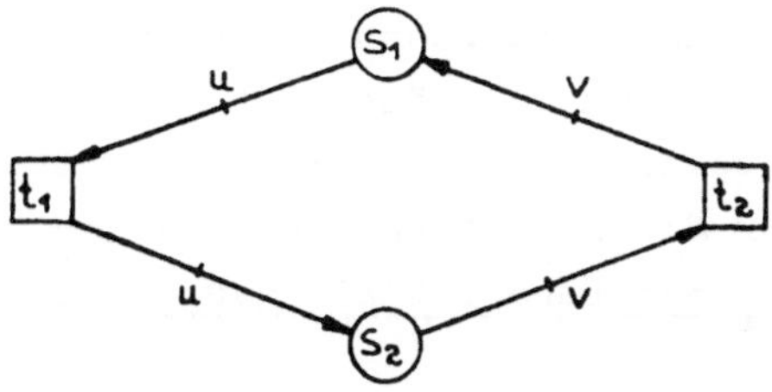

Fig. 2. Netzmodell des Regulationsprimitivs

Die Inzidenzmatrix von R ist

$C =$		t_1	t_2
	s_1	$-u$	v
	s_2	u	$-v$

Also ist die Reproduktionskomponente von R $r=\frac{1}{d}\begin{pmatrix} v \\ u \end{pmatrix}$, d=g.g.T. von u und v. Genau dann sind <u>alle</u> Markierungen M von R, die aus insgesamt k Marken bestehen, lebendig, wenn gilt $k \geq u+v-1$.

Sei M eine lebendige Markierung von R mit $M(s_1)=k-q$, $M(s_2)=q$; dann ist

$$syn(t_1,t_2)=\frac{1}{d}\cdot \max_{p\varepsilon P(M)} (|u\cdot h_1(p)-v\cdot h_2(p)|) = \lceil (k-q)/d \rceil + \lceil q/d \rceil$$

($\lceil j \rceil$:= größte ganze Zahl $\leq j$)

Dieses Maximum wird angenommen für alle Prozesse, welche die Folgemarkierung von M mit maximal möglicher Markenzahl auf s_1 (bzw. auf s_2) umwandeln in diejenige Folgemarkierung von M mit maximal möglicher Markenzahl auf s_2 (bzw. auf s_1).

Betrachten wir nun R für den speziellen Fall (u=2, v=3 (also d=1)) für zwei verschiedene lebendige Markierungen ($M(s_1)=3$, $M(s_2)=1$), ($M'(s_1)=5$, $M'(s_2)=6$). Die zugehörigen gewichteten Synchronabstände sind nach der obigen Formel $syn(t_1,t_2)=4$ und $syn(t_1,t_2)=11$.
Eine graphische Darstellung des jeweiligen Prozeßverhaltens wird in Fig. 3a bzw. Fig. 3b gezeigt. Die Markierungen sind durch Gitterpunkte in einem Bereich dargestellt, der durch zwei parallele Geraden und die Koordinatenachsen begrenzt ist. Der Koordinatenursprung in Fig. 3a entspricht der Markierung M, der in Fig. 3b der Markierung M'. Der Anstieg der Begrenzungsgeraden ist $tg(\alpha)=2:3$. Zwei Markierungen sind genau dann gleich, wenn ihre zugehörigen Gitterpunkte auf einer Geraden mit dem Anstieg 2:3 liegen. Andere Anfangsmarkierungen mit ebenfalls 4 bzw. 11 Marken würden einer Verschiebung des Koordinatenursprungs entsprechen. Der Abstand der Begrenzungsgeraden bleibt dabei unverändert. Je größer dieser Abstand ist, um so größer ist der "Freiheitsgrad" der Prozesse, d.h. um so weiter kann man sich von dem durchschnittlichen Verhältnis 2:3 für die Schalthäufigkeiten von t_1 und t_2 entfernen. <u>Der gewichtete Synchronabstand ist ein Maß für diesen Freiheitsgrad</u>.

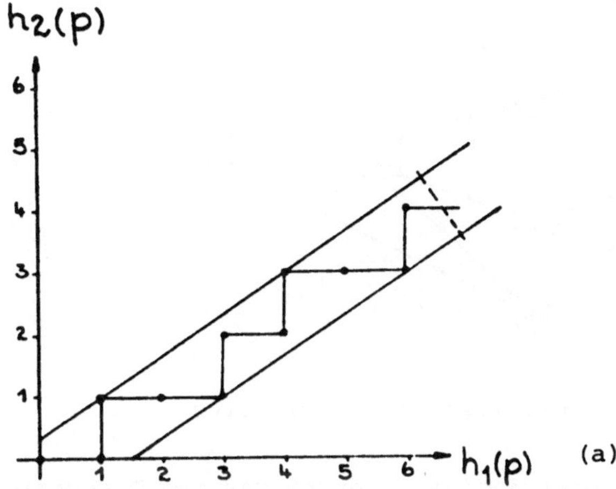

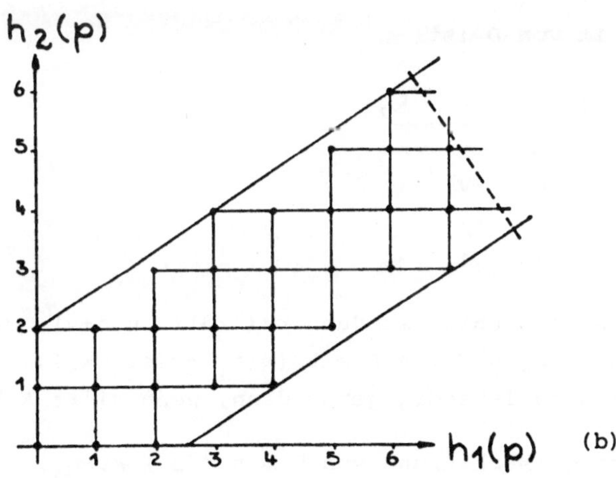

Fig. 3 Graphische Darstellung des Prozeßverhaltens für zwei verschiedene Markierungen

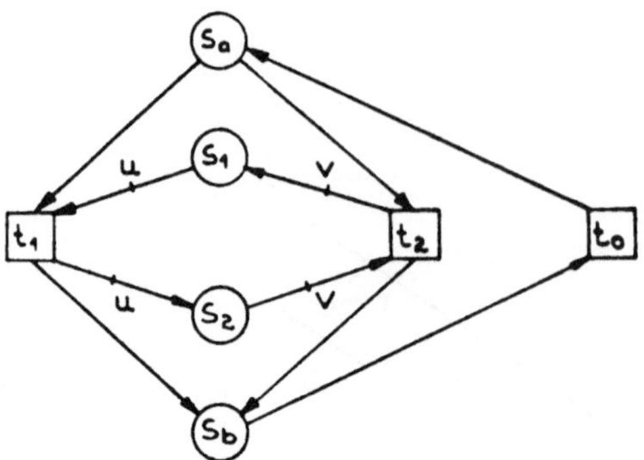

Fig. 4. Netzmodell des Verteilungsprimitivs

Neben dem Regulationsprimitiv R, durch das man Transitionen ein bestimmtes Schalthäufigkeitsverhältnis aufzwingen kann, betrachten wir im folgenden ein sogenanntes Verteilungsprimitiv D (Fig. 4). Hier wird ein Kontingent von Schaltvorgängen im Verhältnis u:v auf t_2 und t_1 aufgeteilt. Dabei ist das Kontingent selbst gegeben durch die Schalthäufigkeit von t_0.

Die Inzidenzmatrix von D ist

	t_1	t_2	t_0
s_1	-u	v	
s_2	u	-v	
s_a	-1	-1	1
s_b	1	1	-1

Die Reproduktionskomponente ist dann $r=(1/d)(v,u,u+v)^T$, d=g.g.T. von u und v. Alle Markierungen M von D mit $(M(s_1)+m(s_2)=k_1)$, $(M(s_a)+M(s_b)=k_2)$ sind lebendig genau dann, wenn gilt: $k_1 \geq u+v-1$, $k_2 \geq 1$.

Sei M eine lebendige Markierung von D mit $M(s_1)=k_1-q_1$, $M(s_2)=q_1$, $M(s_a)=k_2-q_2$, $M(s_b)=q_2$; dann ist

$$\text{syn}(t_1,t_0)= \frac{1}{d}\cdot \underset{p\varepsilon P(M)}{\text{Max}} \left(\left|(u+v)\cdot h_1(p)-v\cdot h_0(p)\right|\right)$$

$$= \lceil (k_1-q_1)/d\rceil + \lceil q_1/d\rceil + (v/d)\cdot k_2$$

4) Netzmodell der Speicherzugriffsregelung

Die im vorigen Abschnitt bereitgestellten Hilfsmittel erlauben ein Petri-Netz-Modell zu entwerfen, das in seinen für die Lösung des vorliegenden Problems relevanten Eigenschaften der Systemkonfiguration von Fig. 1 entspricht. Wir beschränken uns allerdings der Einfachheit halber auf ein System mit zwei Kanälen, deren *claims* a_1, a_2 der Bedingung $a_1+a_2=1$ genügen.

Das Verteilungsprimitiv D kann zur Modellierung sowohl des Kanalverhaltens als auch der Zugriffsregulierung herangezogen werden, indem über die Kantengewichte $v=g_1$ bzw. $u=g_2=g_M-g_1$ die relativen Schaltraten $h_1(p_r)/h_0(p_r)=g_1/g_M$ zwischen den Transitionen t_1, t_0 bzw. $h_2(p_r)/h_0(p_r)=g_2/g_M=(g_M-g_1)/g_M$ zwischen den Transitionen t_2, t_0 hergestellt werden. Das Schalten von t_1 bzw. t_2 bildet demnach die Datentransferraten der Kanäle einerseits, aber auch die Zugriffsverteilungsraten der Speicherzugriffsregulierung andererseits nach.

Die Transition t_0 ist dabei jeweils als eine interne Uhr aufzufassen, deren zweimaliges aufeinanderfolgendes Schalten einen Zyklus (oder 'Zeittakt') festlegt. Falls $M(s_a)+M(s_b)=1$ ist, dann können t_1 und t_2 nur alternierend zu t_0, d.h. <u>während</u> eines Uhrzyklus der jeweiligen Systemkomponente schalten.

Fig. 5 zeigt das vollständige Petri-Netz der Systemkonfiguration, das aus je einem Verteilungsprimitiv zur Modellierung der beiden Kanäle sowie der Zugriffsregulierung zusammengefügt ist. Die beiden Regulationsprimitive SYN1 (bestehend aus den Stellen s_{s1}, s'_{s1}) und SYN 2 (bestehend aus den Stellen s_{s2}, s'_{s2}), durch die die Kanalkomponenten über die Transitionen t_{10} bzw. t_{20} mit der Regulierungskomponente über die Transition t_{R0} verkoppelt sind, dienen der Synchronisation der internen Uhren. Die Kantengewichte 1 sowie die Tokenbelegungen $M(s_{s1})+M(s'_{s1})=M(s_{s2})+M(s'_{s2})=1$ sorgen dafür, daß die Uhren der Zugriffsregulierung einerseits und der Kanäle andererseits im gleichen Takt, aber phasenverschoben gegeneinanderlaufen,da t_{10}, t_{20} nur alternierend zu t_{R0} schalten können. Dadurch wird den drei Systemkomponenten das gleiche 'Zeitraster' unterlegt, über das die jeweiligen Schaltraten untereinander vergleichbar sind (es ist unmittelbar zu erkennen, daß aufgrund dessen zwischen den Schaltraten von t_{11} und t_{R1} sowie t_{22} und t_{R2} die Beziehungen $h_{11}(p_r)=h_{R1}(p_r)$ bzw. $h_{22}(p_r)=h_{R2}(p_r)$ bestehen).

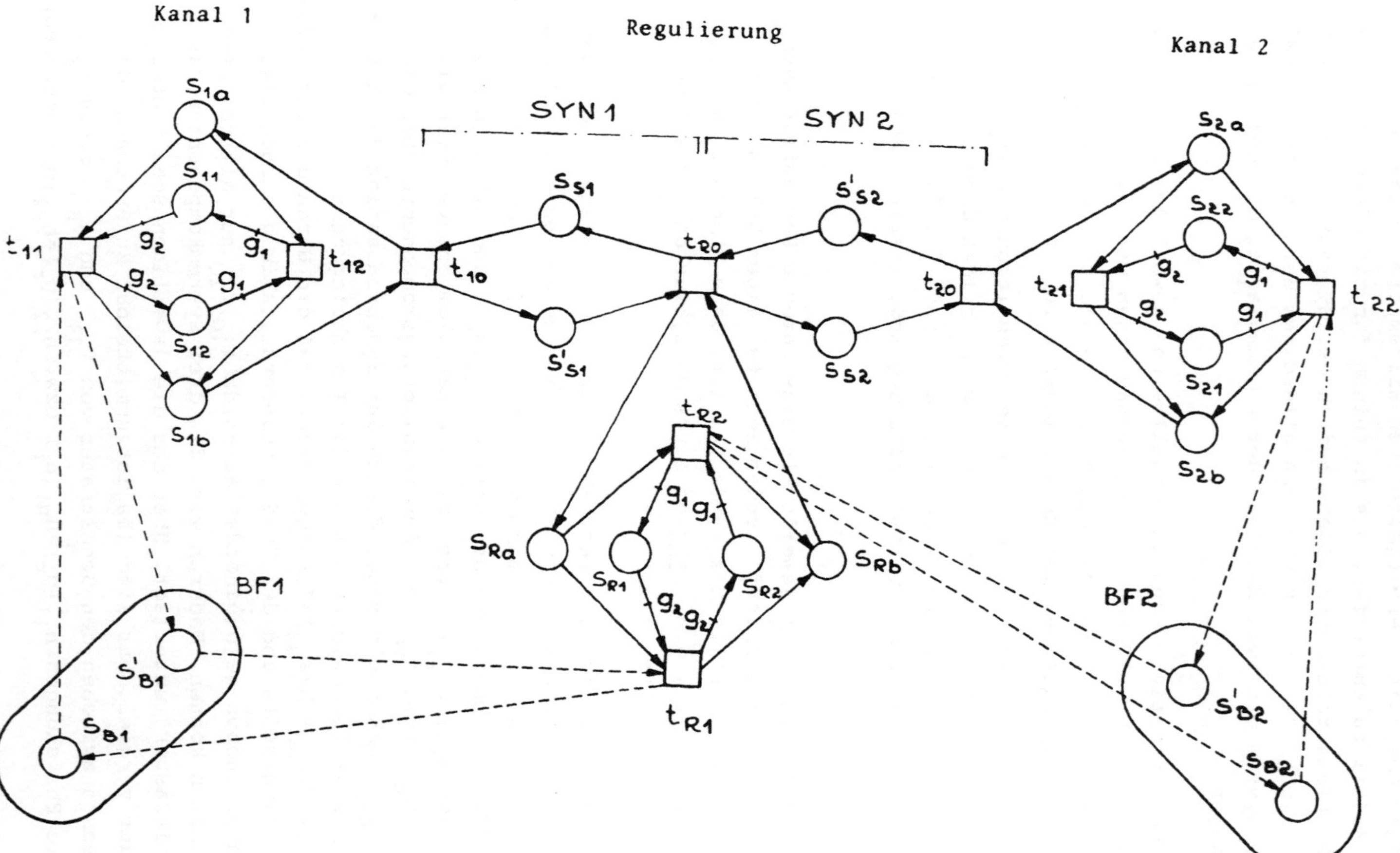

Fig. 5 Netzmodell der Speicherzugriffsregelung

Die zwischen den Kanälen und der Zugriffsregulierung angelegten Datenpuffer werden durch die Regulationsprimitive BF1 (bestehend aus den Stellen s_{B1}, s'_{B1}) bzw. BF2 (bestehend aus den Stellen s_{B2}, s'_{B2}) modelliert, deren Kanten die Gewichte 1 tragen. Die Tokenbelegungen $(M(s_{B1})+M(s'_{B1}))$ bzw. $(M(s_{B2})+M(s'_{B2}))$, d.h. die durch diese Teilnetze festgelegten Synchronabstände, entsprechen in diesem Fall den Pufferkapazitäten.

In diesem Modell entspricht das Schalten der Transition t_{11} dem Transfer eines Datums zwischen dem Kanal CH1 und dem Puffer BF1, und das Schalten der Transition t_{R1} dem Transfer eines Datums zwischen dem Puffer BF1 und dem Speicher.

Entsprechendes gilt für das Schalten von t_{22} bzw. t_{R2} hinsichtlich der Datentransfers über den Puffer BF2. Die Phasenverschiebung zwischen den Uhren der Kanäle und der Zugriffsregulierung modelliert dabei den nur wechselseitig möglichen Zugriff auf die Datenpuffer.

Gemäß den Vorgaben von Abschnitt 2 besteht das zu lösende Problem im wesentlichen lediglich darin, die Tokenbelegungen in den Puffern BF1, BF2 so zu wählen, daß das Schalten der Transitionspaare (t_{11}, t_{R1}) und (t_{22}, t_{R2}) nicht über die Puffer synchronisiert wird. Zunächst wird dabei von einem 'offenen' Netzmodell ausgegangen, aus dem die Pufferkomponenten entfernt sind. Für dieses Netz werden die Synchronabstände $syn(t_{11}, t_{R1})$ und $syn(t_{22}, t_{R2})$ berechnet. Die vollständige Entkoppelung der Kanäle von der Zugriffsregulierung ist im Netzmodell dann gewährleistet, wenn bei Einfügen der Pufferkomponenten in das Netz diese Synchronabstände nicht verkleinert werden. Das heißt aber, daß die Pufferkapazitäten zumindest größer sein müssen als die durch die Verkoppelung über die 'Uhren' zustandegekommenen Synchronabstände.

Darüberhinaus muß berücksichtigt werden, daß das vorliegende Netzmodell lediglich den 'eingeschwüngenen' Zustand modelliert (d.h. die Kanäle sind aktiv). Vor dem Beginn einer Datenübertragung sind die Puffer aber in jedem Fall leer. Der Kanal soll jedoch in jedem beliebigen Zustand der Zugriffsregulierung eine Übertragung starten kann. Dies hat aber zur Folge, daß entweder die jeweilige Datensenke eine dem Synchronabstand entsprechende Zahl von Daten dem Puffer entnehmen können muß, bevor die Quelle nachliefert, bzw. daß die Quelle eine dem Synchronabstand entsprechende Anzahl von Daten dem Puffer übergibt, bevor die Senke Daten übernimmt. Um diese Anfangssituation bewältigen zu können, muß die Pufferkapazität mindestens doppelt so groß sein wie der Synchronabstand, und außerdem muß der Puffer seitens der Datenquelle halb gefüllt werden, bevor die Senke aktiv wird.

Die Berechnung der Puffergrößen wird repräsentativ für die Verhältnisse am Kanal CH1 durchgeführt. Der dafür relevante Teil der Inzidenzmatrix des Netzes von Fig. 5 ist gegeben durch:

	t_{10}	t_{11}	t_{12}	t_{R0}	t_{R1}	t_{R2}
s_{1a}	1	-1	-1			
s_{1b}	-1	1	1			
s_{11}		$-g_2$	g_1			
s_{12}		g_2	$-g_1$			
s_{s1}	-1			1		
s'_{s1}	1			-1		
s_{Ra}				1	-1	-1
s_{Rb}				-1	1	1
s_{R1}					$-g_2$	g_1
s_{R2}					g_2	$-g_1$

Daraus resultieren unmittelbar die Reproduktionskomponente

$r=(g_1+g_2,\ g_1,\ g_2,\ g_1+g_2,\ g_1,\ g_2)^T$

und der Synchronabstand $syn(t_{11},\ t_{R1})=\frac{1}{g_1}\cdot \underset{p\varepsilon P(M_O)}{\text{Max}} \ (|g_1\cdot h_{11}(p)-g_1\cdot h_{R1}(p)|)$.

Es wird angenommen, daß die Markierung M_O des Gesamtnetzes lebendig ist, und für das betrachtete Teilnetz folgendes gilt:

$$
\begin{array}{l}
g_1, g_2 \quad \text{teilerfrei} \\
M_O(s_{1a}) + M_O(s_{1b}) = 1 \\
M_O(s_{11}) + M_O(s_{12}) = l_1 \\
M_O(s_{s1}) + M_O(s'_{s1}) = 1 \\
M_O(s_{Ra}) + M_O(s_{Rb}) = 1 \\
M_O(s_{R1}) + M_O(s_{R2}) = l_R
\end{array}
$$

Seien nun M und M' zwei beliebige Folgemarkierungen von M_O, wobei M' aus M erreichbar sei. Dann gilt $M+C\cdot h=M'$, woraus man leicht folgert $|(g_1+g_2)h_{11}(p)-(g_1+g_2)h_{R1}(p)|\leq 3g_1+l_1+l_R$.

Weniger leicht ist der Nachweis, daß diese obere Schranke angenommen wird: $\underset{p\varepsilon P(M_O)}{\text{Max}} \ (|(g_1+g_2)h_{11}(p)-(g_1+g_2)h_{R1}(p)|) = 3g_1+l_1+l_R$,

woraus für den Synchronabstand zwischen t_{11}, t_{R1} folgt:

$$syn(t_{11},t_{R1})= \underset{p\varepsilon P(M_O)}{\text{Max}} \ (|h_{11}(p)-h_{R1}(p)|) = \lceil(3g_1+l_1+l_R)/(g_1+g_2)\rceil$$

Durch Vertauschung von g_1 und g_2 sowie Ersatz von l_1 durch $l_2=M_0(s_{21})+M_0(s_{22})$ ergibt sich unmittelbar auch der Synchronabstand zwischen t_{22} und t_{R2}:

$$syn(t_{22},t_{R2}) = \underset{p\varepsilon P(M_0)}{Max} =(|h_{22}(p)-h_{R2}(p)|)=\lceil(3g_2+l_2+l_R)/(g_1+g_2)\rceil .$$

Den o.a. Begründungen für die Entkoppelung der Kanäle von der Zugriffsregulierung und für die Handhabung der Situation am Beginn einer Datenübertragung folgend, müssen demzufolge die Puffergrößen wie folgt festgelegt werden:

Puffer BF1: $M(s_{B1})+M(s'_{B1})\geq 2\cdot syn(t_{11},t_{R1})$

Puffer BF2: $M(s_{B2})+M(s'_{B2})\geq 2\cdot syn(t_{22},t_{R2})$

Am Beginn einer Datenübertragung müssen die Puffer jeweils von der Datenquelle her mit $M_0(s_{B1})=M_0(s'_{B1})$ bzw. mit $M_0(s_{B2})=M_0(s'_{B2})$ initialisiert werden.

Zur Illustration dieser Ergebnisse sei als Beispiel angenommen, daß die *claims* der beiden Kanäle durch $a_1=3/8$ (d.h. CH1 benötigt 3 von 8 Speicherzugriffen) bzw. $a_2=5/8$ (d.h. CH2 benötigt 5 von 8 Speicherzugriffen) gegeben sind, d.h. $g_1=3$, $g_2=5$. Wird außerdem davon ausgegangen, daß sowohl die Kanäle als auch die Zugriffsregulierung mit minimalem 'internem' Synchronabstand (zwischen den jeweiligen Transitionen t_1,t_2) arbeiten, dann ist: $l_1=l_2=l_R=g_1+g_2-1=7$.
Dieser Synchronabstand erlaubt genau eine zyklische Schaltfolge für die Transitionspaare (t_{11},t_{12}), (t_{R1},t_{R2}) und (t_{21}, t_{22}), nämlich:

$$\begin{matrix} s_1 \\ s_2 \end{matrix} \cdots \left|\begin{matrix}4\\3\end{matrix}\right| t_1 \left|\begin{matrix}1\\6\end{matrix}\right| t_2 \left|\begin{matrix}6\\1\end{matrix}\right| t_1 \left|\begin{matrix}3\\4\end{matrix}\right| t_1 \left|\begin{matrix}0\\7\end{matrix}\right| t_2 \left|\begin{matrix}5\\2\end{matrix}\right| t_1 \left|\begin{matrix}2\\5\end{matrix}\right| t_2 \left|\begin{matrix}7\\0\end{matrix}\right| t_1 \left|\begin{matrix}4\\3\end{matrix}\right| \cdots\cdots$$

derzufolge sich Puffergrößen von mindestens 4 Zellen für BF1 und von mindestens 6 Zellen für BF2 entsprechend den o.a. Gleichungen ergeben. Die durch den Synchronabstand vorgegebene Schaltfolge der Transitionen ergibt sich auf der Kanalseite durch die Synchronisation der vom peripheren Gerät asynchron transferierten Daten mit der Taktung des Kanals; in der Zugriffsregulierung ist diese Schaltfolge leicht durch ein entsprechendes sequentielles Schaltwerk zu realisieren.

Resümee

Die dargestellte Methodik der Konfliktauflösung in dynamischen Systemen unterscheidet sich von den sonst üblichen Verfahren, wie sie z.B. bei der Betriebsmittelvergabe allgemein eingesetzt werden, wesentlich dadurch, daß sie weder probalistisch noch streng deterministisch, aber wohldefiniert und vor allem verletzungsdefinit ist. Die letztge-

nannte Eigenschaft ist von entscheidender Bedeutung für die Behandlung von Konflikten, die ggf. mit Sicherheit in festgelegter Weise aufgelöst werden müssen, um einen vorgegebenen Verhaltensspielraum des Systems einzuhalten. Voraussetzung dafür ist allerdings eine eindeutige und vergleichbare Formulierung der Ansprüche der am Konflikt beteiligten Parteien. Das behandelte Problem ist diesbezüglich repräsentativ für eine Klasse ähnlich gelagerter Probleme.
Das für zwei konfligierende 'Parteien' bzw. Prozesse angegebene Regulationsschema kann ohne prinzipielle Schwierigkeiten auf den allgemeinen Fall der Behandlung von Mehrfachkonflikten erweitert werden.

Literaturverzeichnis

(1) C.A.Petri: 'Concepts of Net Theory', Proc. Symp. Math. Found. Comp. Sci., High Tatras, 1973, pp. 137-166

(2) S.S.Patil: 'Synchronizers and Arbiters', Computation Structures Group Memo 91, Project MAC, M.I.T., Cambridge Mass., 1972

(3) O.B.Dennis, D.P.Misunas: 'A Preliminary Architecture for a Basic Data-Flow Processor', Proc. 2nd Annual Symp. on Computer Architecture, IEEE, New York, 1975, pp. 126-132

(4) J.C.Syre et.al., 'Pipelining Parallelism and Asynchronism in the LAU System', Proc. 1977 Int. Conf. on Parallel Processing, 1977, pp. 87-92

(5) P.Brinch Hansen: 'Operating System Principles', Prentice Hall Inc., Englewood Cliffs, N.J., 1973

(6) J.M.McKinney: 'A Survey of Analytical Time-Sharing Models', ACM-Computing Surveys Vol. 1, No.2, 1969, pp. 105-116

(7) K.Lautenbach: 'Ein kombinatorischer Ansatz zur Beschreibung und Erreichung von Fairness in Scheduling Problemen', Appl. Comp. Sci., 8, ed. Mühlbacher, J., München, Wien: Verl. Carl Hanser, 1977

(8) J.L.Peterson: 'Petri-Nets', ACM Computing Surveys, Vol. 9, No.3, 1977

(9) B.Baumgarten, R.Prinoth: 'Einige Begriffe und Ergebnisse aus der Theorie der Petri-Netze', Internal Report GMD-IFV, Ges.Math. und Datenverarbeitung, 1978

(10) H.J.Genrich, K.Lautenbach, P.S.Thiagarajan: 'An Overview of Net Theory', Course Material of the Advanced Course on General Net Theory of Processes and Systems (erscheint in: 'General Net

Theory of Processes and Systems', Springer Lecture Notes in Computer Science)

(11) Dirlewanger et.al.: 'Aufbau von Datenverarbeitungsanlagen', Walter de Gruyter, Berlin, 1976.

On the Partitioning of Computing Systems into Communicating Agencies

Siegfried Wendt
Department of Electrical Engineering
University of Kaiserslautern
D-6750 Kaiserslautern

1. Introduction

The paper deals with transparent modelling of information processing systems. Instead of considering hardware and software as the two complementary aspects of the system, the paper considers the physical structure and the informational structure. The informational structure is the abstraction which the human mind associates to the physical structure. In this sense, software also has a physical structure aspect, for example as a magnetic pattern on a disk, and hardware also has an informational structure aspect, for example a group of gates which is interpreted as an adder.

2. Processes, Agencies and Channels

A digital process is defined as a set of events where each event is assigned to a point of a discrete time scale. This assignment provides a partial ordering of the events; the ordering is only partial since it is permitted to assign more than one event to the same point of the time scale. An event is a change of value of an observation variable. A structure which describes completely or in some aspects the partial ordering of the events is called a structure of causality. Petri-Nets are used to describe structures of causality /1/. Sets or classes of events are assigned to transitions of the net. Fig. 1 shows an example with three observation variables u, v and w.

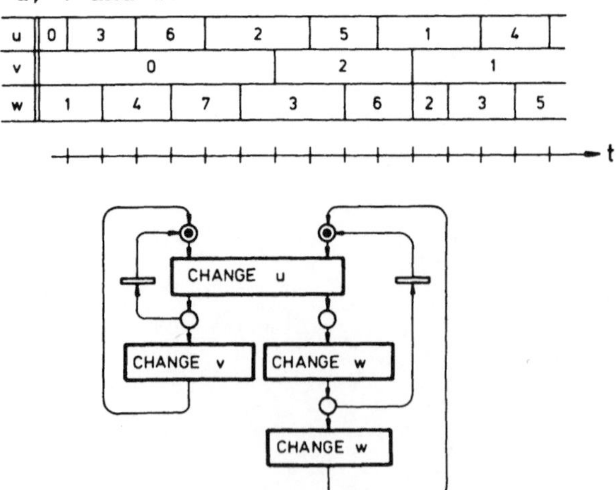

Fig.1

Now, the functional units are considered which produce the events;these units are called agencies /2/. Agencies are obtained by partitioning the set of transitions of the structure of causality; each block of the partition corresponds to an agency. Only such partitions are permitted where transitions with a common place are assigned to the same block, because the decision in a conflict situation must be made by one agency. If two transitions in different blocks of the partition are connected in the Petri-Net, the two corresponding agencies must communicate in order to guarantee the relation between the produced process and the causality structure. The communication requires that the agencies are interconnected via so-called channels. Since the channels are interpreted as containers for information, it is not necessary to restrict the use of channels to the communication between agencies but to allow the connection of a channel to a single agency which then represents a memory of that agency. There is always a channel for each observation variable, but these channels are not necessarily sufficient for the required communication. This is demonstrated in Fig. 2 :

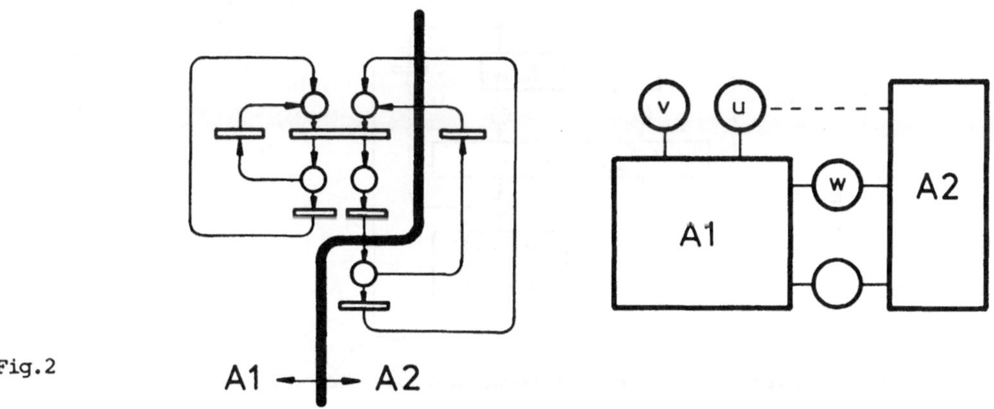

Fig.2

Two agencies A1 and A2 are defined by partitioning the set of transitions from Fig.1. Since all events concerning the observation variables u and v are assigned to the agency A1, the corresponding channels could be memories of A1. Only if the action of A2 depends somehow on the value of u, the agency A2 must have access to read u. Since the structure of causality shows the independence between the changes of v and the changes of w, there is no access from A2 to v. The channel for w, however, must be shared by A1 and A2, since both agencies can change the value of w. There must be yet another channel between A1 and A2 which follows from the structure of causality: A2 can observe the change at w produced by A1, and it interprets this as the start signal for its own action. Since there are two alternatives for the action of A2, namely change w oder do nothing, A1 cannot decide whether A2 has finished its action or not, just by looking at w.

3. Programmed Agencies and Data Flow Graphs

Now, it is assumed that the function of an agency is defined by a program which must not necessarily be sequential. The program must correspond to the structure of causality. Instead of sets or classes of events, now instructions are assigned to the transitions of the Petri-Net - one instruction at most to one transition. An instruction has the general form S:=f(S) where S is the vector of all observation variables.

Fig. 3 shows the program corresponding to Fig. 1. One transition has been eliminated because the execution of the instruction $v:=(u)_{mod3}$ does not always produce a change of v. One transition has two alternative instruction assigned to it; in the given context, these two instructions are equivalent with respect to their effect on w; they are not equivalent, however, with respect to the resulting data flow graph.

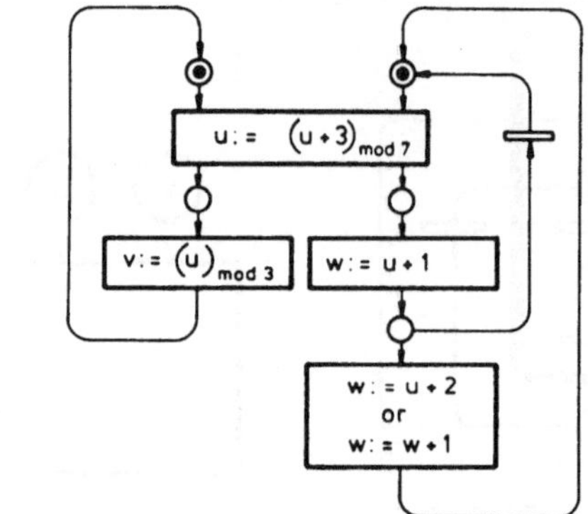

Fig.3

The data flow graph is the representation of the access relation between programmed agencies and the observation variables referred to in the instruction /3/. For the program in Fig. 3 and the partition in Fig. 2, the data flow graphs are shown in Fig. 4; the two versions correspond to the two alternative instructions in the program.

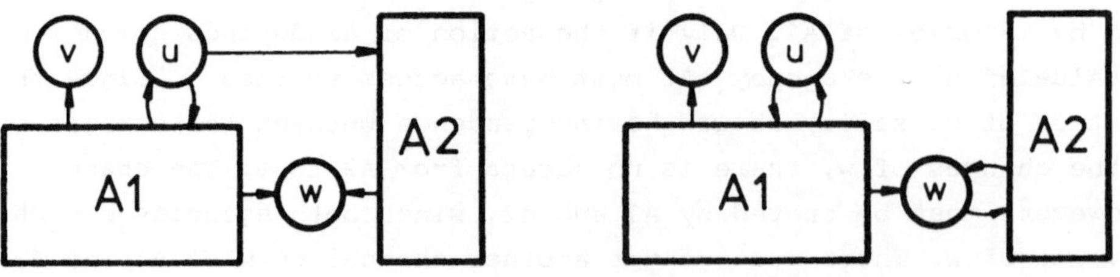

Fig.4

The data flow graph only shows those channels which are given by the observation variables; the communication via these channels is called shared variable communication. The communication via the other channels is called token communication. Since all communication must be finally implemented in form of shared variable communication, the token communication only exists on a certain level of abstraction, where it represents communication for synchronisation purposes. Fig. 5 shows, how token communication is implemented:

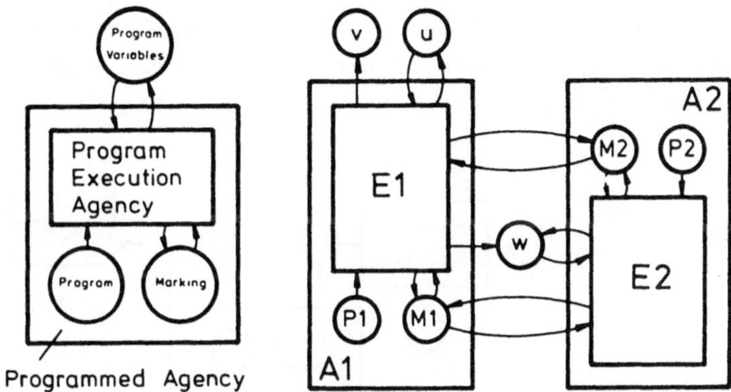

Fig.5

Each programmed agency can be decomposed into its program execution agency and the two memories for the program and its marking. Token communication between two agencies A1 and A2 now means that the program execution agency E1 of A1 has modifying access to the marking M2 of A2 or vice versa. While A1 and A2 are said to have token communication, E1 and E2 only have shared variable communication.

Of course, it is possible to show the token channel between A1 and A2 explicitly by decomposing the memory M2 into the memory access agency and the memory information container m2. Let M2 be a program counter built of flipflops and gates, then m2 is only a location on the output wires where the stored value can be measured. Figure 6 shows this de-

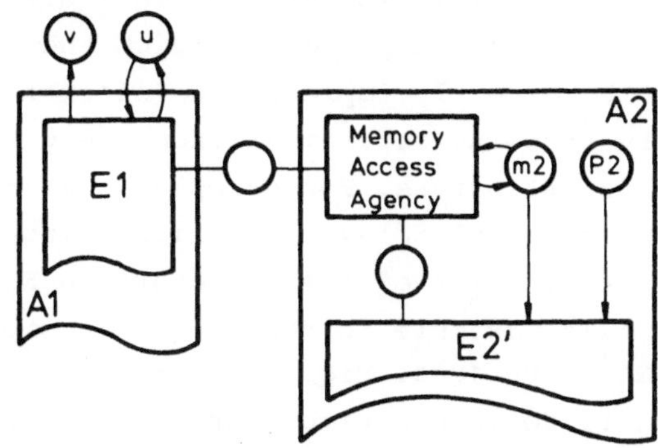

Fig.6

composition. Since the distinction between token communication and shared variable communication, however, is crucial for the transparent modelling of computing systems, the representation in Fig.5 is preferred to that in Fig. 6.

4. Mapping between Informational Structure and Physical Structure

Between an informational structure and a corresponding physical structure there is either the relationship of direct implementation or of indirect implementation. Direct implementation means that the physical structure can be partitioned such that there is a 1:1-mapping between the agencies and channels of the informational structure and the partition blocks of the physical structure (see Fig.7). The basic principle

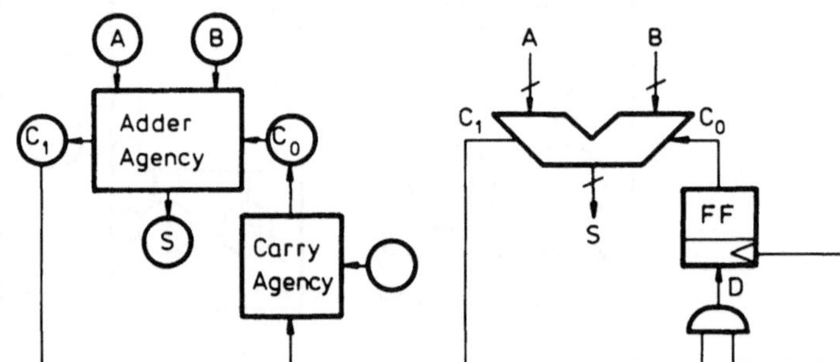

Fig.7

of indirect implementation is multiplex which means that a component of the physical structure in different intervals of time plays the role of different components of the informational structure. The most common case of multiplex is processor multiplex which means that one physical processor in different intervals of time plays the role of the program execution agency of different programmed agencies (see Fig. 5).

Of course, for each physical structure which can be interpreted as an information processing system, there exists an informational structure of which the physical structure is a direct implementation. But the same physical structure can be the indirect implementation of another informational structure. The two informational structures must be equivalent with respect to certain processes which they define. It shall be pointed out that the directly implemented informational structure cannot be obtained by stepwise refinement from the given indirectly implemented informational structure. For example, the interrupt agency which is needed for processor multiplex in a timesharing system cannot be found by stepwise refinement of the structure in Fig.5.

5. Examples

The first example is taken from a complex software system: GOLEM from SIEMENS in BS 1000. Fig. 8 shows a system where m users simultaneously want to do interactive retrieval on a common data pool.

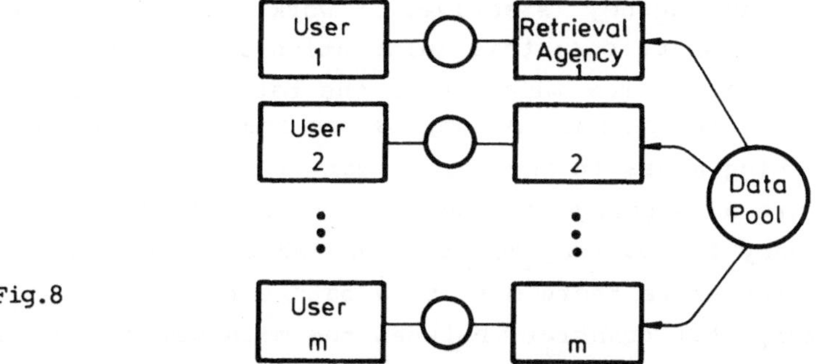

Fig.8

Instead of implementing this system directly, it is more economical to implement only a single retrieval agency and multiplex it. Fig.9 shows the informational structure for this multiplex. This structure, again,

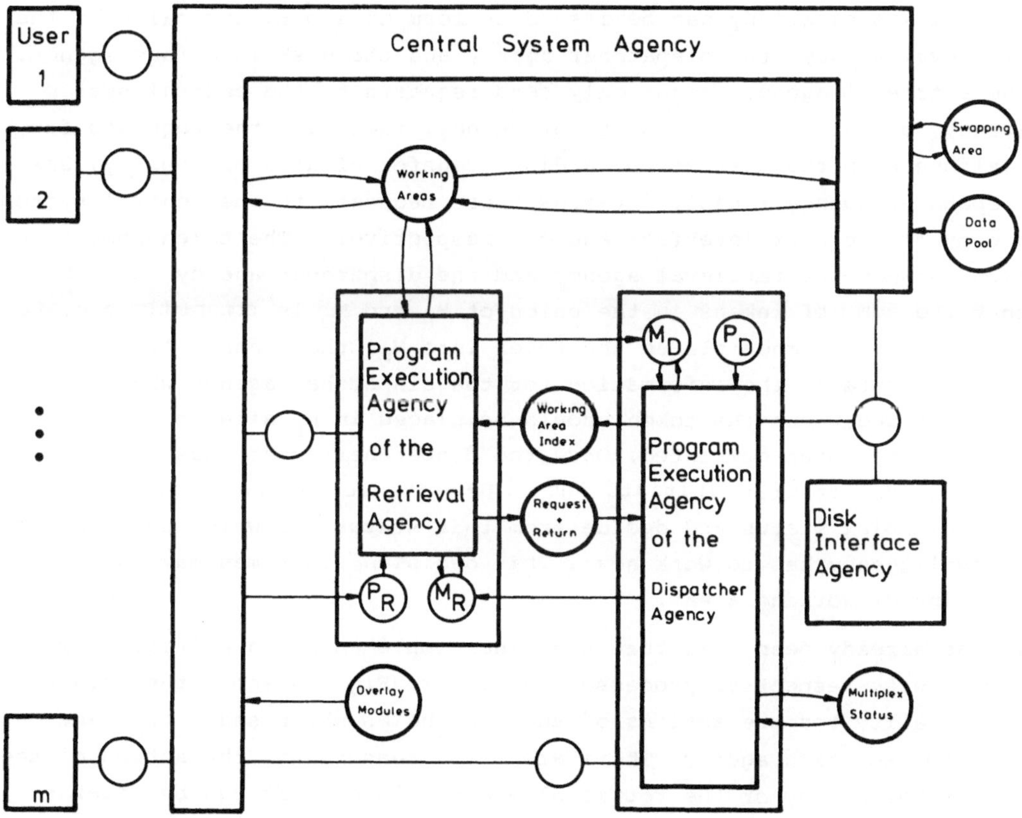

Fig.9

is not directly implemented, since it contains more than one program execution agency which finally will be implemented by multiplex, too. But except of this processor multiplex, the structure in Fig. 9 is already very close to the implementation.

Whenever the retrieval agency is active, it works for one of the users, but it must not know which one; this information is part of the multiplex status. The working area index tells the retrieval agency which of the working areas in the main memory is the one of the actual user. The number of working areas in the main memory is less than the number of users; therefore a swapping area on disk is needed. The program of the retrieval agency is too long for the available program space P_R in the main memory; therefore there must be a path for overlay modules from disk to main memory. All transfers between the main memory and peripheral sources and sinks are done by the central system agency which has a hardware section (channels, devices) and a software section (operating system). The structure of causality for the activities of the central system agency contains concurrency. Requests for activities of the central system agency can be issued in form of supervisor calls by the retrieval agency, the dispatcher agency and the disk interface agency. The retrieval agency cannot only send requests to the central system agency, but also to the dispatcher agency; these are the requests for dialogue with the user or for a disk transfer of data or overlay. The dispatcher agency finally forwards these requests to the central system agency or the disk interface agency, respectively. The token communication between the retrieval agency and the dispatcher agency is such that the sum of tokens in the union of M_R and M_D is constantly one. When the retrieval agency places the token into M_D, the channel 'request + return' contains the information for the dispatcher agency what the request is and where the token should be placed in M_R after the requested activity has been completed. Once the dispatcher agency has obtained the token in M_D, it will initiate the requested activity, update the multiplex status and decide from this status for which user the retrieval agency has to work next. This decision sometimes may cause a swapping of working areas.

It has already been said that the final implementation differs from Fig. 9 with respect to processor multiplex. Fig. 10 shows the structure of causality for the actions of those agencies which share the same program execution agency. There are three reasons why the action of the dispatcher agency or the retrieval agency can end: It can be inter - rupted (i), or it can call another agency, either the central system agency (n) or the partner in the pair (N).

The second example is the philosophers problem /4/. Fig.11 shows the non-sequential program decomposed in such a way that each philosopher agency has a sequential program and only the fork administration agency has a non-sequential program. It is now assumed that the system shall

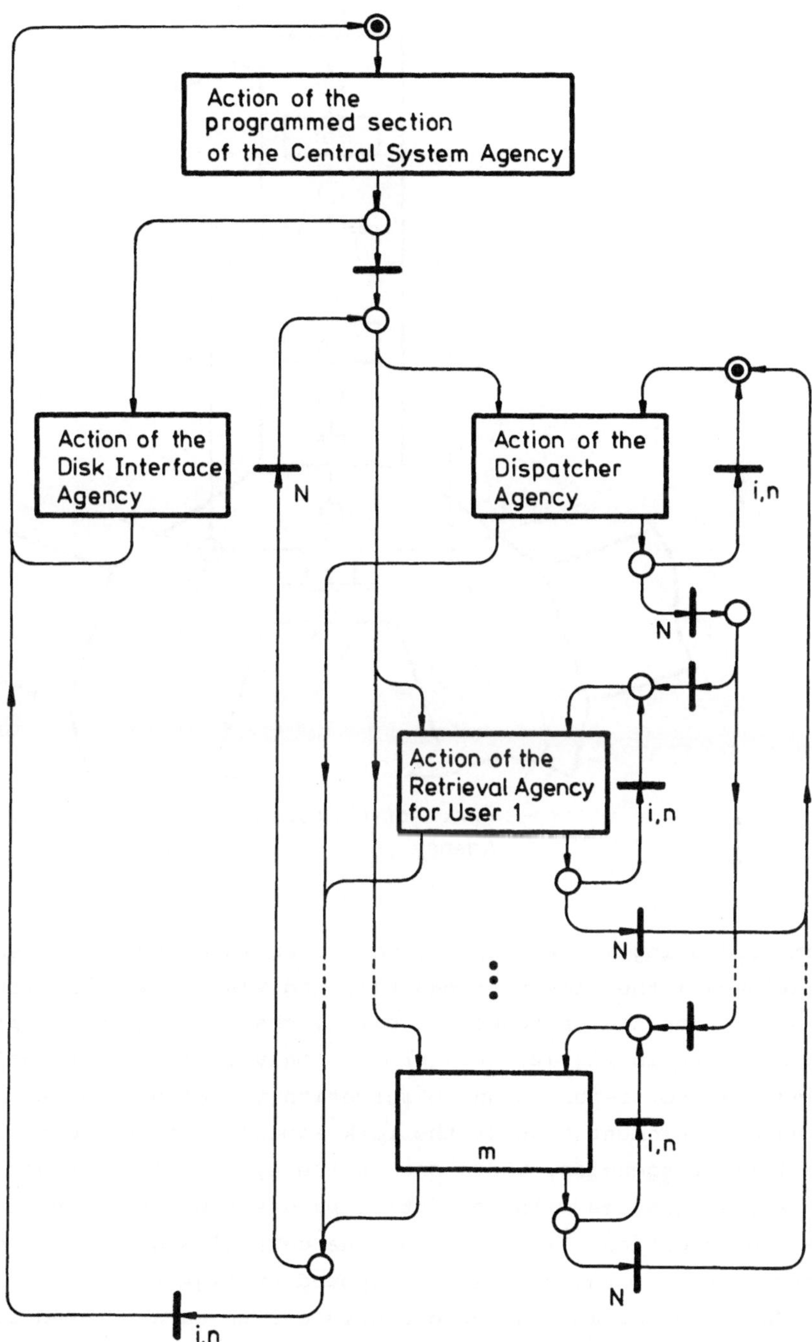
Action of the
programmed section
of the Central System Agency
Action of the
Disk Interface
Agency
N
Action of the
Dispatcher
Agency
i,n
N
Action of the
Retrieval Agency
for User 1
i,n
N
m
i,n
N
i,n

Fig. 10

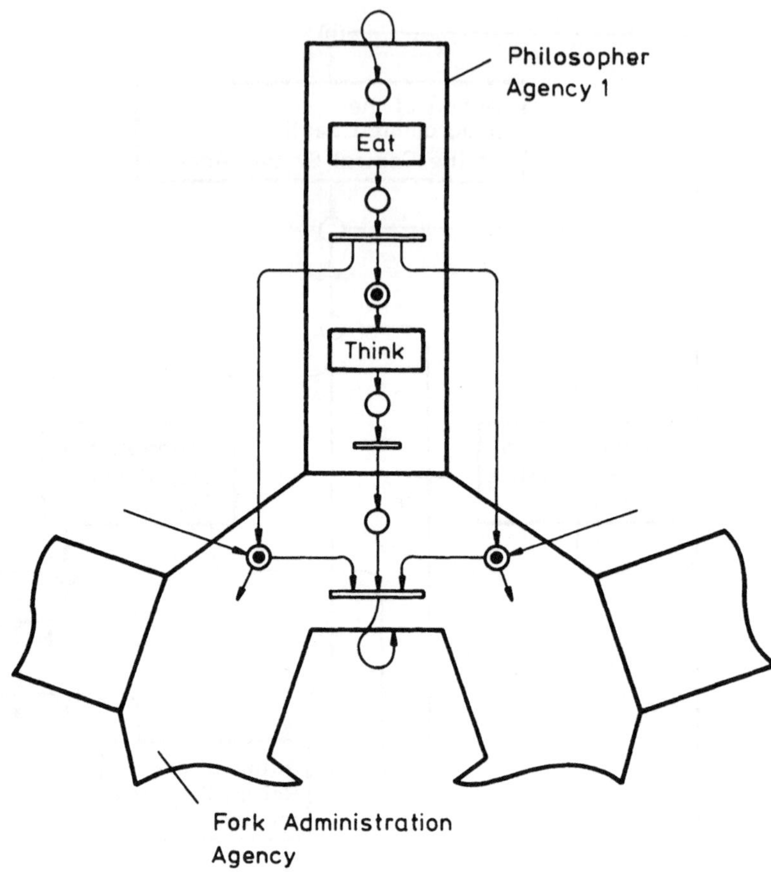

Fig.11

be implemented using a given operating system which supports semaphor communication via the instructions P(s) and V(s). That means that a so-called synchronization agency is given, the non-sequential program of which is shown in Fig.12; this program only deals with transfer of tokens and does not refer to any observation variables. The problem now is to find an implementation of the fork administration agency in form of communicating agencies, where one is the synchronization agency and the others are agencies with sequential programs which can have shared variable communication. Fig. 13 shows the data flow graph of the system which corresponds to the solutions proposed by Dijkstra, Hoare and others /5/. The token communication channels are shown as dashed lines. Usually, the philosopher agency j and the assistant agency j are combined to one agency with a sequential program,called 'the philosopher j'.

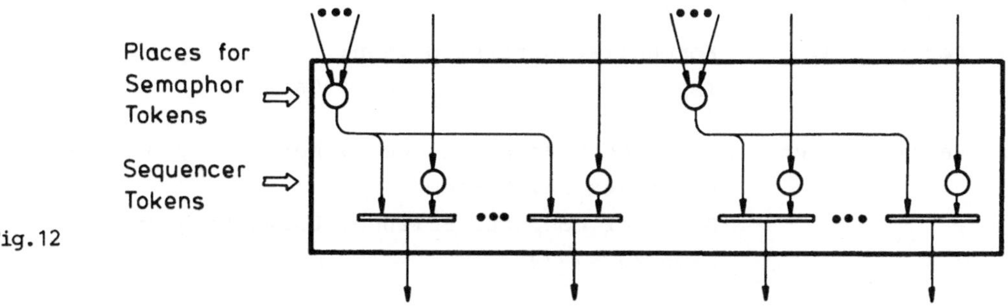
Places for
Semaphor
Tokens
Sequencer
Tokens

Fig.12

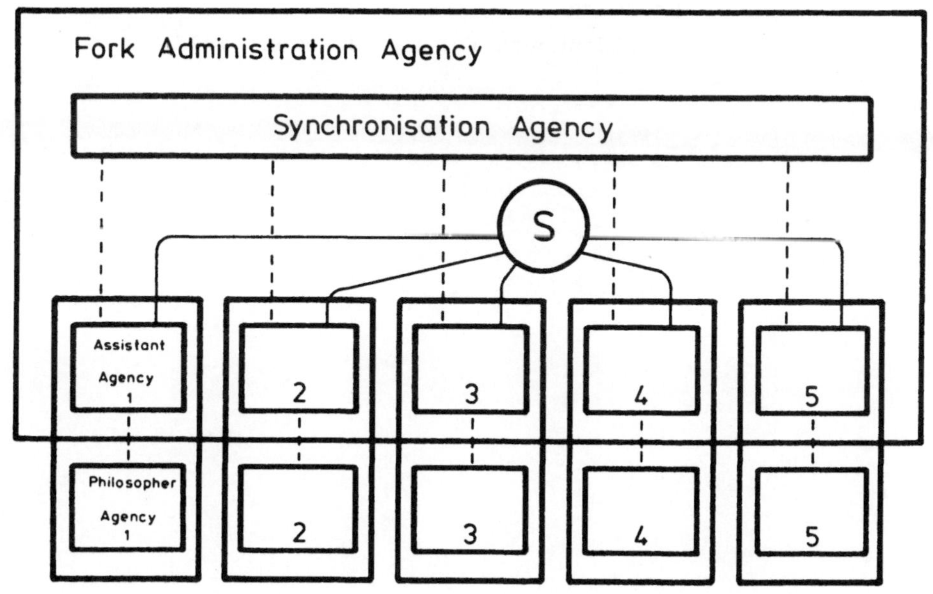
Fork Administration Agency
Synchronisation Agency
S
Assistant
Agency
1
2
3
4
5
Philosopher
Agency
1
2
3
4
5

Fig.13

References :

/1/ Petri, C.A. Kommunikationsdisziplinen.
ISF - 76 - 1, GMD, Bonn, 1976

/2/ Petri, C.A.et.al. Advanced Course on General Net Theory of Processes and Systems.
Dept. of Computer Science, University of Hamburg, 1979.

/3/ Wendt, S. The programmed action module: an element for system modelling.
Digital Processes, 1979.

/4/ Dijkstra, E. Hierarchical ordering of sequential processes.
In "Operating System Techniques" ed. Hoare,Perrot.
Academic Press London-New York, 1972.

/5/ Pieper, F. Einführung in die Programmierung paralleler Prozesse.
R. Oldenbourg Verlag, München, 1977.

Entwurf, Beschreibung und Implementation von Systemen mit Hilfe der nebenläufigen Programmiersprache CAP

Franz J. Rammig
Universität Dortmund
Abt. Informatik I

Kurzfassung:

Es wird eine Sprache vorgestellt, die aufbauend auf einem einheitlichen Konzept (zeitbewertete interpretierte Petri Netze) Beschreibungen auf sehr unterschiedlichen Abstraktionsebenen erlaubt. Diese Abstraktionsebenen reichen von der Ebene der Verschaltung von integrierten Bausteinen hin bis zu Warteschlangenmodellen. Auf die Möglichkeit, nebenläufige Prozesse beschreiben zu können, wurde besonders Wert gelegt (CAP steht für Concurrent Algorithmic Programming Language) /RA1/.

In diesem Beitrag wird das Grundkonzept der Sprache, insbesondere die CAP-Netze, erläutert und spezielle Spracheigenschaften von CAP anhand von fünf kleinen Beispielprogrammen vorgestellt. Diese Beispielprogramme sind:
- *auf der IC-Ebene: Beschreibung eines "8-bit-ripple-counter"*
- *auf der RT-Ebene: Beschreibung eines synchronen sequentiellen Komplementierers*
- *auf der RT-Ebene: Beschreibung eines asynchronen sequentiellen Komplementierers*
- *auf der BS-Ebene: Beschreibung eines Resourcenverwalters*
- *auf der Systeminteraktionsebene: Beschreibung einer Tankstelle.*

Abschließend wird die bisher implementierte CAP-Software (Compiler, Interpreter/Simulator, Debugger, Dokumentationsgenerator, optimierender Cross Code Generator, Maschinenmodellgenerator) kurz vorgestellt.

1. Grundkonzept

Das CAP-Grundkonzept läßt sich als alphanumerisches Äquivalent zu zeitbewerteten interpretierten Petri Netzen charakterisieren, wobei die Interpretation (= Datenmanipulation) in PL/1-artigen Sprachkonstrukten ausgedrückt wird.

Für die Beschreibung des Petri Netzes (Kontrollstruktur der Sprache) werden Label zur Identifikation von Stellen benutzt, während "ON CONDITIONS" auf Labeln zur Beschreibung von Transitionen dienen. Formal erhält man dadurch Sprachkonstrukte, die nicht unähnlich zu Dijkstras "Guarded Commands" /DI1/ sind. Z.B.:

ON(A, B) : C : D : F := G+H; entspricht einer Transition mit Eingangsstellen A und B, Ausgangsstellen C und D sowie der Interpretation F := G+H. In diesem Beispiel ist die Transition nicht zeitbewertet.

Dies könnte beispielsweise dadurch geschehen, daß das Terminatorsymbol ";" ersetzt wird durch "DELAY(20).

In Anlehnung an LOGOS /RO1/ gibt es in CAP-Netzen /RA2/ neben der üblichen Petri Netz Transition auch Oder-Transitionen, Entscheidungs-Transitionen und Transitionen zur Blockschachtelung. Weiterhin können Stellen mit einer individuellen Kapazität versehen werden, wobei es Bestandteil der Schaltregel jeder Transition ist, daß nur dann geschaltet werden kann, wenn alle Ausgangsstellen der Transition freie Kapazität haben. (Vergleiche die Einteilung in "Integer Places" und "Boolean Places" in /YB1/.)

Von zentraler Bedeutung ist nun die Möglichkeit, in CAP das steuernde Petri Netz nicht explizit aufzuschreiben, sondern durch Angabe von "Makrokonstrukten" implizit. Man erhält dadurch strukturierte nebenläufige Programme wobei auch die Vorgehensweise der schrittweisen Verfeinerung unterstützt wird. Diese Makrokonstrukte werden in Anlehnung an PL/1 als DO-Gruppen geschrieben. So bedeutet ein Konstrukt:
DO CONCURRENT I := 1 TO 5 BY 1 SEQUENTIAL;...............END;
daß die Anweisungen in der Gruppe pro Indexwert nebenläufig zueinander ausgeführt werden sollen, die verschiedenen Indizes dagegen sequentiell angewendet werden sollen. Wichtig in diesem Zusammenhang ist die Unterscheidung zwischen DO CONCURRENT und DO PARALLEL. Ersteres bedeutet Nebenläufgkeit (nicht synchronisierte Parallelität), letzteres synchronisierte Parallelität (Gleichzeitigkeit).

2. Eine kurze Einführung in CAP-Netze

2.1 Def.:

APN := (S,T,F) heißt Petri Netz Graph :<=>
- S endliche Menge von Stellen
- T endliche Menge von Transitionen
- $F \subset S \times T \cup T \times S$, $S \cap T = \emptyset$
- $\forall x \in S \cup T : \exists y \in S \cup T : ((x,y) \in F \vee (y,x) \in F)$

Wie üblich bezeichnen wir mit $^{\bullet}t$ die Menge der Eingangsstellen der Transition t, mit $t^{\bullet}$ die Menge ihrer Ausgangsstellen. Eingangs- und Ausgangsstellen sind geordnet, die Position einer Stelle s bzgl. einer Transition t wird mit $id_{\bullet t}(s)$ bzw. $id_{t \bullet}(s)$ angegeben. Stellen können Marken enthalten, wobei die Kapazität von Stellen beschränkt sein kann:

cap : S -> $\mathbb{N} \cup \{\infty\}$ (Kapazitätsvereilung)
m : S -> $\mathbb{N} \cup \{o\}$ (totale Markierung)

Mit M wird die Menge aller Markierungen eines gegebenen Petri Netzes bezeichnet.

2.2 Def.: (AND-Transition)

A⊂T. Für alle a ∈ A gilt:
a aktiviert unter einer Markierung m :<=>
$(\forall s \in {}^{\bullet}a : m(s)>o) \wedge (\forall s \in a^{\bullet} : m(s)<cap(s))$.
f_a: M -> M, $f_a(m)$ = m' heißt Schalten von a :<=>
a ist aktiviert und $\forall s \in {}^{\bullet}a : m'(s) = m(s)-1$
$\forall s \in a^{\bullet} : m'(s) = m(s)+1$
$m'(s) = m(s)$ sonst
Schreibweise im CAP: on(&(e_1,..., e_n)) : a_1:...: a_m
oder einfach: on (e_1,..., e_n)) : a_1;...: a_m

2.3 Def.: (OR-Transition)

O⊂T. Für alle o∈O gilt:
o ist aktiviert unter einer Markierung m :<=>
$(\exists s \in {}^{\bullet}o : m(s)>o) \wedge (\forall s \in o^{\bullet} : m(s) < cap(s))$.
f_o: M -> M, $f_o(m)$ = m' heißt Schalten von o :<=>
o ist aktiviert und
$m'(s) = m(s)-1$:<=> $s \in {}^{\bullet}o \wedge id._o(s) = \min\{id._o(s) \mid m(s) > o\}$
$m'(s) = m(s)+1$:<=> $s \in o^{\bullet}$.
Schreibweise in CAP: on(|(e_1,..., e_n)) : a_1:...: a_m

2.4 Def.: (IF-Transition)

D⊂T. Für alle d ∈ D gilt:
$|{}^{\bullet}d| = 1$, $|d^{\bullet}| = 2$, es gibt ein Datenprädikat P_d, d ist aktiviert unter einer Markierung m :<=>
$(\forall s \in {}^{\bullet}d: m(s) > o) \wedge (\forall s \in d^{\bullet}: m(s) < cap(s))$.
f_d: M -> M, $f_d(m)$ = m' heißt Schalten von d :<=>
d ist aktiviert und
$m'(s) = m(s)-1$:<=> $s \in {}^{\bullet}d$

$$m'(s) = m(s)+1 :\Longleftrightarrow \begin{cases} id_{d^{\bullet}}(s) = o \wedge P_d = \text{"true"} \\ id_{d^{\bullet}}(s) = 1 \wedge P_d = \text{"false"} \end{cases}$$

Schreibweise in CAP: on(e_1) : if(P_d) then a_0 :;
else a_1 :;

Zwei spezielle AND-Transitionen dienen zum Aufruf von Unternetzen bzw. zur Synchronisation mit deren Fertigsignalen:

C-Transition, in CAP: on(e_1) : a_1 : call a_2;
Man beachte, daß die rufende Instanz über a_1 aktiv bleibt.

R-Transition, in CAP: on($\leftarrow e_2, e_1$) : a_1 :; .

2.5 Def.: (BLKHEAD-Transition)

$H \subset T$. Für alle $h \in H$ gilt:
$|h^{\bullet}| > 1$, $|{}^{\bullet}h| = |h^{\bullet}|$, h ist aktiviert unter m :<=>
$\forall s \in {}^{\bullet}h,\ id_{\bullet h}(s) = o : m(s) > o;$
$\exists s \in {}^{\bullet}h,\ id_{\bullet h}(s) \neq o : m(s) > o;$
$\forall s \in h^{\bullet}: m(s) < cap(s).$
$f_h : M \to M$, $f_h(m) = m'$ heißt Schalten von h :<=>
h ist aktiviert und

$$m'(s) = m(s)-1 :\Leftrightarrow \begin{array}{l} s \in {}^{\bullet}h \wedge id_{\bullet h}(s) = o \vee \\ s \in {}^{\bullet}h \wedge id_{\bullet h}(s) = \min\{id_{\bullet h}(s) \neq o \mid m(s) > o\} \end{array}$$

$$m'(s) = m(s)+1 :\Leftrightarrow \begin{array}{l} s \in h^{\bullet} \quad id_{h^{\bullet}}(s) = o \vee \\ s \in h^{\bullet} \quad id_{h^{\bullet}}(s) = \min\{id_{\bullet h}(s) \neq o \mid m(s) > o\} \end{array}$$

Schreibweise in CAP: on call($e_1, \ldots, e_n$) : a_1: procedure

Als Blockend-Transition wird eine symmetrische Transition mit gleichen Schaltverhalten benutzt.
Schreibweise in CAP: on(e_1) : end

Blockhead- und Blockend-Transitionen kommen nur paarweise als Gebilde folgender Form vor:

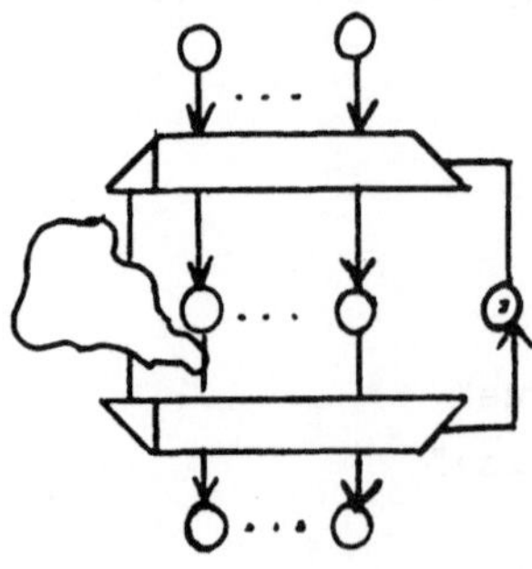

Oben sieht man die "Aufrufstellen" e_1 bis e_n, die nach Prioritätenregeln bedient werden. Der bediente Aufruf wird durch Markieren einer korrespondierenden Stelle festgehalten, sodaß eine Rückmeldung an die richtige Instanz möglich ist. Die "Rückmeldungs"-Stelle (nach rechts versetzt) steuert die Aktivierbarkeit des Unternetzes (Block).

CAP-Netze sind nun Petri-Netze bestehend aus Transitionen der eben eingeführten Typen. Hinzu kommt eine Vielzahl globaler Beschränkungen, insbesondere zur korrekten Blockschachtelung, auf die hier nicht eingegangen werden soll. Die Transitionstypen wurden aus denen der LOGOS-Netze /RO1/ entwickelt. Ähnliche Transitionen findet man in den Makro-E-Netzen /NO1/, der Hauptunterschied besteht darin, daß dort mit attributierten Marken, in CAP-Netzen mit attributierten Transitionen gearbeitet wird. Schränkt man sich auf AND-, OR-, IF-Transitionen ein (OR ohne Prioritätenregelung), betrachtet nur Transitionen mit Grad (2,1) bzw. (1,2) und Stellen mit unendlicher Kapazität, so erhält man die Netze von Herzog und Yoeli /HY1/. Netze, in denen Stellen mit Kapazität 1 gemischt mit solchen unendlicher Kapazität vorkommen, werden auch in /BY1/ beschrieben. Für jedes CAP-Netz, in dem nur Stellen beschränkter Kapazität vorkommen, kann man ein semantisch äquivalentes Petri-Netz konstruieren /RA2/.

3. Spezielle Spracheigenschaften

Nachfolgend werden anhand von Beispielprogrammen spezielle Spracheigenschaften vorgestellt. Es ist jedoch keinesfalls so, daß die aufgeführten Eigenschaften nur für die jeweilige Abstraktionsebene relevant seien. Sie sollen nur jeweils besonders deutlich gemacht werden.

3.1 Strukturbeschreibung auf IC-Ebene (Anhang 1)

Das Beispiel zeigt eine hierarchische Strukturbeschreibung. Dies wird dadurch möglich, daß das "LIKE"-Attribut auch auf Prozeduren und Funktionen angewandt werden darf (statisches Analogon zu SIMULA-Klassen). Im Beispiel werden dadurch zwei Inkarnationen der Beschreibung eines 4-Bit-Zählers und pro Inkarnation vier Inkarnationen der Beschreibung eines D-Flipflops erzeugt. Als weitere Besonderheiten fallen auf:

- Strukturen werden in PASCAL-Notation geschrieben
- Funktionen können auch vom Typ Struktur sein
- Es gibt eine Vielzahl von logischen Operatoren (angegeben ist die ASCII-Notation: & für und, ! für oder, / für nicht)
- Neben Variablen mit Speicherwirkung gibt es auch solche, die immer dann einen neuen Wert erhalten, wenn eine Variable, von der sie abhängen einen neuen Wert bekommt (IMPLICIT-Variable, vergleichbar mit TERMINAL in CDL /CH1/).

In der vorliegenden Beschreibung wurde von der Fiktion absoluter

Gleichzeitigkeit ausgegangen.

In den Zeilen 6 bis 13 wird das einzelne Flipflop beschrieben. Das Flipflop wird gesteuert von der negativen Flanke des Signals C. Diese wird durch den Vergleich von altem und neuem Wert identifiziert. Die Zeilen 10 und 11 enthalten die eigentlichen Flipflop-Gleichungen. Hierzu ist zu beachten, daß in einer Funktion auf sich selbst referiert werden kann, dann allerdings nicht im Sinn eines Funktionsaufrufs sondern nur im Sinn einer Referenz auf den aktuellen Wert einer gleichnamigen Variable. In der Zeile 16 werden drei weitere Kopien des Flipflops angelegt und in den Zeilen 17 bis 22 zum einem "ripple-counter" verschaltet. Damit ist ein 4-bit-Zähler definiert. In Zeile 26 wird eine Kopie dieses Zählers angelegt. Diese beiden 4-bit-Zähler werden in den Zeilen 29 und 30 zu dem gewünschten 8-bit-Zähler verschaltet.

3.2 Verhaltensbeschreibung auf RT-Ebene (Anhang 2)

Hier ist in CAP ein CDL-Beispiel von Chu /CH1/ aufgeschrieben. Daher ist auch hier keine Nebenläufigkeit vorhanden. Man sieht, daß Register-Transfer-Beschreibungen auf natürliche Art und Weise auf heute übliche Programmierkonventionen übertragen werden. Als weitere Besonderheiten fallen auf:

- FIXED-Zahlen lassen sich bzgl. Darstellungsart und Länge genau spezifizieren. So bedeutet (3,UN) bespielsweise 3-bit-Wortlänge und "unsigned integer".
- Konkatenation wird wie in PL/1 geschrieben (!! in ASCII)

Das Programm wird gesteuert von einem endlichen Automaten mit drei Zuständen, codiert in der Variable S in 1-aus-3-code. Im Zustand "001" (Zeilen 8 bis 12) wird der Folgezustand "010" bestimmt, A unter Komplementierung des rechtesten Bit rundgeshiftet und die Einzelkomplementiervorgänge gezählt. Im Zustand "010" wird entschieden, ob man fertig ist oder nicht. Der Automat wird synchron betrieben, die Implusform wird in Zeile 6 angegeben.

3.3 Asynchrone Verhaltensbeschreibung auf RT-Ebene (Anhang 3)

Hier ist im Prinzip der gleiche Komplementierer in einer asynchronen Realisierung aufgeschrieben. Das Netz ist explizit angegeben, an die Stelle des Zustandsregisters S treten die Stellen des CAP Netzes (Label).

3.4 Beschreibung von Resourcenverwaltern (Anhang 4)

Die Blockhead-Transition modelliert zusammen mit der Blockend-Transition einen Monitor /HO1/, d.h. jede CAP-Prozedur, die mehrfach aufgerufen wird, ist als Monitor aufzufassen. Im Gegensatz zum Orginalansatz wird in CAP neben der Resourcenvergabe auch die Resourcenmanipulation vom Monitor übernommen (Resource als abstrakter Datentyp).

Als weitere Besonderheiten fallen auf:
- Bei Zeichenketten ist auch der Code spezifizierbar (hier ASCII)
- E/A geschieht durch simple Verwendung von File-Variablen (wie in XPL /MK1/)

3.5 Warteschlangenmodelle (Anhang 5)

Indem man bei der Oder-Transition und bei der Blockhead-Transition neben der starren Prioritätenvergabe auch andere Vergabealgorithmen zuläßt, und außerdem Entscheidungstransitionen einführt, die analog entscheiden, erhält man die Bausteine für eine Warteschlangensimulation, ohne die für Petri Netze relevanten Analysen zu beeinträchtigen. Warteschlangen endlicher Kapazität lassen sich elegant mittels Stellen endlicher Kapazität modellieren.

CAP erlaubt zudem, der Kontrollstruktur eine nebenläufige Unterbrechungsstruktur zu überlagern (zur Problematik von Unterbrechungsmechanismen in nebenläufigen Systemen siehe /GR1/). In der Simulation werden Unterbrechungssignale von programmierbaren Zufallsgeneratoren dargestellt.

4. Implementierte und in Kürze fertiggestellte CAP-Software

Implementiert sind:
- CAP-Compiler CAPCOM. Zielsprache ist die Zwischensprache CAPID
- CAP-Interpreter CAPSIM. Interpretiert direkt CAPID, zugleich hervorragender ereignisgesteuerter Simulator
- Dokumentationsgenerator CAPDOC. Erzeugt nebenläufige Struktogramme /NS1/ aus strukturierten CAP-Programmen, eine Netzdarstellung sonst
- Testhilfesystem CAPTEST. Erlaubt das interaktive Austesten von CAP-Programmen und von Maschinensprachprogrammen, die auf in CAP beschriebenen Maschinen laufen
- Codegeneratorfamilie CAPCCL. Erzeugt weitgehend Zielprozessorunab-

hängig optimierten Code für verschiedene Zielprozessoren.

- Binder CAPLIN. Erlaubt die externe Übersetzung von CAP-Programmen.
- Generator für Maschinenmodelle CAPVM. Erzeugt aus der Codetabelle eines Prozessors das Gerippe seiner Beschreibung in CAP.

Eine Beschreibung der CAP Software ist in /RA3/ enthalten.

Anhang 1: Beschreibung eines 16 bit Aufwärtszählers (IC-Ebene)

```
function CNT8(CNT)returns struct(LOW struct((AO,A1,A2,A3) bit(1)),
                                HIGH struct((A4,A5,A6,A7) bit(1));

  function CNT4L(CNT) returns struct((BO,B1,B2,B3) bit(1));

    function FF1(D,C) returns struct((NQ,Q) bit(1));
      dcl(C,D,AC,D) bit(1);
      do parallel;
         AC := C;
         FF1.Q  := FF1.Q&(C>=AC) ! D&(C<AC);
         FF1.NQ := \(FF1.Q&(C>=AC) ! D&(C<AC));
      end;
    end; /*FF1*/

    dcl CNT bit(1),
        (FF2,FF3,FF4) like FF1;
    do  parallel delay(20);
        CNT4L.BO := FF1.Q(\BO,CNT);
        CNT4L.B1 := FF2.Q(\B1,BO);
        CNT4L.B2 := FF3.Q(\B2,B2);
        CNT4L.B3 := FF4.Q(\B3,B2);
    end;
  end; /*CNT4L*/

  dcl CNT bit(1),
      CNT4H like CNT4L,
      CARRY bit(1) implicit(CNT4L.B3);
  do  parallel;
      CNT8.LOW  := CNT4L(CNT);
      CNT8.HIGH := CNT4H(CARRY);
  end;
end; /*CNT8*/
```

Anhang 2: Beschreibung eines synchronen seriellen Komplementierers (RT-Ebene)

```
on call(COMPLEMENT): procedure;
   dcl A bit(5), C fixed(C,un) init(0),
       FINI bit(1) init("0"), S bit(-3) init("100"),
       P bit(1) implicit;
   do parallel while \FINI;
      P := \P delay(up 10, down 1);
      if P then do parallel delay(5);
         if substr(S,0) then do parallel;
            S := "010";
            A := \substr(A,0) !! substr(A,1,4);
            C := C+1;
         end; else;
         if substr(S,1) then if C=5 then S := "001";
                                        else S := "100";
                             else;
         if substr(S,2) then do parallel;
            S := "000";
            FINI := "1";
         end;
      end;
   end;
end;
```

Anhang 3: Beschreibung eines asynchronen seriellen Komplementrierers (RT-Ebene)

```
on call(COMPLEMENT_ASYNCH): START : procedure;
   dcl A bit(5), C fixed(3,un) init(0),
      (GO_ON,START,OP1,OP2,OP1_DONE,OP2_DONE,FINI) label;
   on(! (GO_ON,START)): OP1 : OP2 :;
   on(OP1): OP1_DONE : A := \substr(A,0)!! substr(A,1,4);
   on(OP2): OP2_DONE : C := C+1;
   on(OP1_DONE,OP2_DONE): if C=5 then FINI :;
                                 else GO_ON :;
on(FINI): end;
```

Anhang 4: Beschreibung eines Resourcenverwalters (BS-Ebene)

```
on call(CONSOLE_MONITOR): export(WRITE,WRITE_READ) procedure;
   dcl file LINE char(ascii,-82);
   dcl (CR,LF) char(ascii,1) init("(3)55","(3)52");

   on call (WRITE): procedure(TEXT);
      dcl TEXT char(ascii,-80);
      LINE := TEXT !! CR !! LF;
   end;

   on call(WRITE_READ): procedure(OUTTEXT,INTEXT);
      dcl (OUTTEXT,INTEXT) char (ascii,-80);
      do sequential;
         LINE := OUTTEXT !! CR !! LF;
         INTEXT := LINE;
      end;
   end;
   /* Aufruf z.B. mit : */
   :
   do concurrent
   :
   call  CONSOLE_MONITOR.WRITE(MESSAGE);
   :
   call CONSOLE_MONITOR.WRITE_READ(MESSAGE,ANSWER);
   :
   end
```

Anhang 5: Simulationsgerippe einer Tankstelle mit 4 Zapfsäulen und zwei Tankwarts. Die Tankstelle hat eine 10 PKW fassende Einfahrt und 2 Ausfahrten, die jeweils 2 PKW fassen und auf eine gemeinsame Ausfahrt vereinigt werden. Für den Tankvorgang werden 7 Minuten, für das Ausfahren auf die Straße 5 Minuten angesetzt.

```
on call (GAS_STATION): BUSY  :  procedure;
   dcl (Z1,Z2,Z3,Z4,W1,W2,EXIT) label(1), /*cap. = 1*/
       (E1,E2)                  label(2), /*cap. = 2*/
       WAIT_QUEUE               label(10); /*cap. = 10*/
   dcl (ENTER,FIVE_O_CLOCK) interrupt label;

   on interrupt(ENTER): WAIT_QUEUE :
     do;.../*description of station entering*/...end

   on interrupt(FIVE_O_CLOCK): do; disable(ENTER); end;

   on(WAIT_QUEUE): rdm-server(Z1,Z2,Z3,Z4):;
   on(fifo(Z1,Z2,Z3,Z4)): rdm-server(W1,W2):;
   on(W1): E1 : do sequential delay (7);
                 : /* description of filling procedure */
                 end;
   on(W2): E2 : do sequential delay(7);
                 : /* description of filling procedure */
                 end;
   on(rdm(E1,E2)): EXIT : delay(5);
end;
```

Literatur:

/CH1/: Y.Chu:
Introducing CDL
IEEE Computer, December 1974

/DI1/: E. W. Dijkstra:
Guarded Commands, Nondeterminacy and Formal Derivation of Programs
CACM Vol. 18, No. 8 (1975)

/GR1/: K. Gröning:
Zur Darstellung und Simulation von Interrupts in parallelen Systemen durch Petri-Netze

Diplomarbeit, Abt. Informatik, Univ. Dortmund (1979)

/HO1/: C. A. R. Hoare:
Monitors: An Operating Systems Structuring Concept
CACM Vol. 17, No. 10 (1974)

/HY1/: O. Herzog & M. Yoeli:
Control Nets for Asynchronous Systems, Part 1
Technion Haifa, Dept. of Computer Science, Techn. Report 74 (1976)

/MK1/: W. M. McKeeman et al.:
A Compiler Generator
Prentice Hall (1970)

/NO1/: J. D. Noe, G. J. Nutt:
Macro E-Nets for Representation of Parallel Systems
IEEE ToC Vol. C-22, No. 8 (1973

/NS1/: I. Nassi, B. Shneiderman:
Flowchart Techniques for Structured Programming
SIGPLAN Notices, Nor. 1976

/RA1/: R. J. Rammig:
An Introduction to the Concurrent Algorithmic Programming Language CAP, or Looking at CAP with the revised Ironman's Eyes
Forschungsbericht Nr. 80 d. Abt. Informatik d. Univ. Dortmund (1979)

/RA2/: F. J. Rammig:
Überlegungen zur Kontrollstruktur einer Computer Hardware Beschreibungssprache
Forschungsbericht Nr. 62 d. Abt. Informatik d. Univ. Dortmund, (1978)

/RA3/: F. J. Rammig:
The Concurrent Programming Language CAP and the CAP CAD-System
Ersch. in: Proceedings EUROMICRO '79 Göteborg August 1979

/RO1/: C. W. Rose:
LOGOS and the Software Engineer
FJCC (1972)

/YB1/: M. Yoeli, Z. Barzilai:
On Behavioral Description of Communication Switching Systems
Technion - Israel Institute of Technology, CS Dept.
Technical Report No. 99 (1977)

EIN KALKÜL ZUR KONSTRUKTION DEADLOCKFREIER SYSTEME

S. Keramidis; L. Mackert
Institut für Mathematische Maschinen und Datenverarbeitung
der Universität Erlangen-Nürnberg, Martensstr.3, 8520 Erlangen

Abstract

Da das Problem der Deadlockfreiheit in seiner allgemeinen Form nicht lösbar ist, ist die Angabe von nicht allzu schwachen hinreichenden Kriterien zur Vermeidung von Deadlocks besonders wichtig. Dazu kann man einerseits Kriterien angeben, mit deren Hilfe man die Deadlockfreiheit bereits vorhandener Softwaresysteme nachweisen kann. Andererseits kann man aber auch Vorschriften für die schrittweise Erstellung von Systemen angeben, so daß bei Einhaltung dieser Regeln per Definition deadlockfreie Systeme entstehen.

In dieser Arbeit wird ein Kalkül aus zwei Axiomenschemata für primitive deadlockfreie Strukturen und einigen Ableitungsregeln angegeben. Die Ableitbarkeit eines Systems in diesem Kalkül ist hinreichend für die Deadlockfreiheit dieses Systems. Dieses Kalkül stellt ein Werkzeug (tool) zur Konstruktion deadlockfreier Systeme dar.

1. Einführung

Die Konstruktion deadlockfreier Systeme ist ein schwieriges und für viele Bereiche der Datenverarbeitung (z.B. Datenbanksysteme, Betriebssysteme) ein wichtiges Problem. Dieses Problem ist im allgemeinen nicht lösbar (/3/). Lösungen dieses Problems können durch Einschränkungen gefunden werden (/1/, /4/). Diese Einschränkungen betreffen u.a. die maximale Anzahl der im System vorhandenen gemeinsamen Objekte (Resources) eines Typs, die Art und die Reihenfolge der Zugriffe auf diese Objekte und den maximalen Bedarf der Prozesse dieses Systems an gemeinsamen Objekten. Solche Einschränkungen können dazu führen, daß die so erhaltenen Systeme so eingeschränkt sind, daß manche wichtige Probleme auf diese Art und Weise nicht dargestellt und gelöst werden können. Außerdem ist der mit diesen Strategien verbundene organisatorische Aufwand in vielen Fällen sehr groß. Einige andere hinreichende und allgemeinere Kriterien für die Feststellung der Deadlockfreiheit von Systemen werden in /2/ angegeben. Bei etwas komplizierteren Systemen ist aber die Überprüfung, ob die hinreichenden Bedingungen erfüllt sind oder nicht sehr komplex. Somit dürften diese theoretisch interessanten Ergebnisse in der Praxis schwer einsetzbar sein. Man kann nun sagen, daß in den bisherigen aus der Literatur bekannten Arbeiten folgende Philosophie verfolgt wurde: Von einem vorgegebenen allgemeinen oder eingeschränkten System ist festzustellen, ob dieses System deadlockfrei ist oder nicht. Die mit dieser Methodik verbundene Komplexität der entsprechenden Algorithmen ist naturgemäß groß, weil man dabei von bereits fertigen Systemen ausgeht. Diese Vorgehensweise widerspricht außerdem den heute üblichen Methoden der strukturierten Programmierung, in der Komplexität von umfangreichen Problemen auf mehrere Schritte bzw. Module verteilt wird.

Aus diesen Gründen wurde hier der umgekehrte Weg eingeschlagen: Dem Systementwickler werden einige Axiome und Ableitungsregeln zur Verfügung gestellt mit deren Hilfe er komplizierte deadlockfreie Systeme entwickeln kann. Die Axiome stellen primitive deadlockfreie Systeme dar. Der Entwickler kann mit Hilfe der Ableitungsregeln aus bereits erzeugten deadlockfreien Systemen neue deadlockfreie Systeme erzeugen. Dies entspricht dem aus der mathematischen Logik üblichen Begriff der Ableitung. Die so erzeugten Systeme sind dann per Definition deadlockfrei. Die hier zugrunde gelegte Methodik entspricht der natürlichen Vorgehensweise, denn jedes größere System wird nämlich schrittweise erzeugt und nicht auf einmal.

Der hier entwickelten Methodik liegt das Konzept der Betriebssystem-Maschine zugrunde. Das Kalkül wird aber hier mit Hilfe der Petri-Netze mit Prioritäten vorgeführt, weil die Petri-Netze einem größeren Kreis bekannt sind. Die Prioritäten sind aus praktischen und theoretischen Gründen erforderlich (/3/).

2. Ein Kalkül zur Konstruktion deadlockfreier Petri-Netze

Im folgenden wird davon ausgegangen, daß Petri-Netze bekannt sind. Deshalb sind die folgenden Definitionen teilweise nur halbformal. Es wird nur auf das für den Zusammenhang Wesentliche eingegangen.

Ein Petri-Netz ist ein Paar (G,q), wobei das Quadrupel $G=(\Sigma,T,E,A)$ Petri-Graph heißt und q Zustand oder Markierung von G genannt wird; Σ,T sind endliche, nichtleere und disjunkte Mengen; Σ wird Stellenmenge, T wird Transitionenmange genannt; $E:\Sigma \times T \Rightarrow \mathbb{N}$ beschreibt die markierten Eingangskanten, $A: T \times \Sigma \Rightarrow \mathbb{N}$ beschreibt die markierten Ausgangskanten. $q:\Sigma \Rightarrow \mathbb{N}_0$ ist der Zustand oder die Markierung. Falls die Bezeichnung an einer Kante fehlt, dann ist diese mit 1 bewertet.

Zunächst wird das einem System zugrunde liegende Petri-Netz ohne eine Prioritätsrelation betrachtet. Eine Prioritätsrelation ist eine zusätzliche Einschränkung und wird später behandelt.

Sei $P=(G,q)$ ein Petri-Netz. Dann ist die Menge M_q die Menge aller Transitionen, die in P beim Zustand q schalten können.

Sei $G=(\Sigma,T,E,A)$ ein Petri-Graph und seien q_i,q_j zwei Zustände dieses Petri-Graphen.

$$(G,q_i) \Rightarrow (G,q_j)$$

bedeutet: q_i geht durch Schalten einer Menge X von Transitionen (auch $X=\emptyset$ möglich) in q_j über.

B sei ein Prädikat über den Zustand von G.
G heißt partiell sicher bzgl. B, wenn für jede Anfangsmarkierung q_o von G, die B genügt und für jede Folge $(q_i)(i\in\mathbb{N}_o)$ mit $(\forall i\in\mathbb{N}_o)(G,q_i)\Rightarrow$ $\Rightarrow$ (G,q_{i+1}) gilt:

$$(\forall i\in\mathbb{N}_o) \quad M_{qi}\neq\emptyset$$

G heißt (total) sicher bzgl. B, wenn für jede Anfangsmarkierung q_o von G, die B genügt und für jede Folge

$(q_i)(i\in\mathbb{N}_o)$ mit $(\forall i\in\mathbb{N}_o)(G,q_i) \Rightarrow (G,q_{i+1})$ gilt:

$$(\forall t\in T)(\forall i\in\mathbb{N}_o)(\exists k\in\mathbb{N}_o)(i\leq k \wedge t\in M_{qk})$$

Ein Petri-Netz $P=(G,q)$ heißt partiell sicher bzgl. B, wenn G partiell sicher bzgl. B ist und die Anfangsmarkierung q die Bedingung B erfüllt.

Ein System von zyklischen Prozessen mit einer leeren Prioritätsrelation ist genau dann verklemmungsfrei (sicher), wenn das zugehörige Petri-Netz bzgl. einer Bedingung B sicher ist.

Bemerkung: In manchen Systemen gibt es Prozesse, die Vorbesetzungen erledigen und sich danach **verklemmen**. In diesem Fall soll als Anfangszustand der Systemzustand betrachtet werden, der sich nach der Verklemmung dieser Prozesse ergibt und diese Prozesse sollen nicht in die Betrachtung mit einbezogen werden.

Im folgenden wird ein Kalkül angegeben, mit dem sich Petri-Netze ableiten lassen, die sicher bzgl. bestimmter Bedingungen sind. Ein hinreichendes Kriterium für die Sicherheit eines Petri-Netzes bzgl. einer Bedingung B ist dann die Ableitbarkeit in diesem Kalkül. Die Axiome und Regeln dieses Kalküls werden nur in einer halbformalen Art und Weise angegeben. Die Axiome (a1), (a2) ermöglichen die Einführung von Ketten (d.h. sequentiellen Prozessen) und Kreisen (d.h. zyklischen sequentiellen Prozessen). Die Regeln (r1), (r2) bieten Substitutionen an. (r3)berücksichtigt den gegenseitigen Ausschluß. (r4), (r5) führen Vereinigungen von Petri-Netzen ein. (r5) ermöglicht den Zugriff mehrerer Prozesse auf gemeinsame Daten und Betriebsmittel. Viele bekannte, auch komplexere Probleme können durch Petri-Netze dargestellt werden, die sich in diesem Kalkül ableisten lassen. Beweisskizzen für die folgenden Ableitungsregeln können bei den Autoren bestellt werden.

Kalkül zur Ableitung von Petri-Netzen, die (total) sicher bzgl. einer Bedingung B sind.

Axiome

(a1) Folgende Petri-Netze sind sicher bzgl. TRUE.

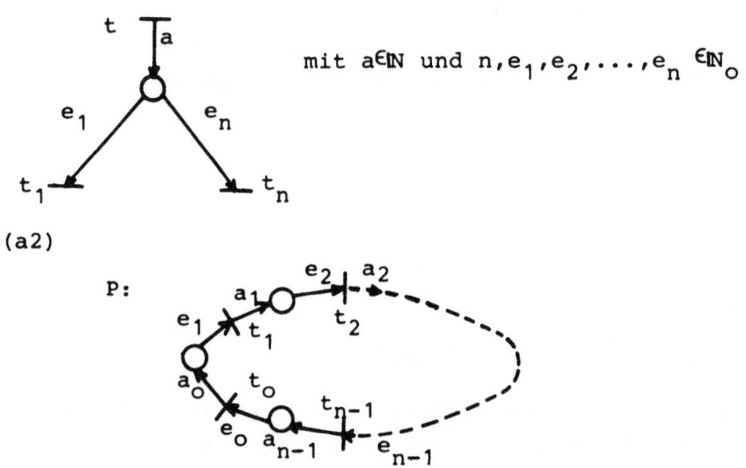

P ist sicher bzgl. B, wenn gilt:

1) Die Anfangsmarkierung erfüllt B. 2) Ist diese Bedingung erfüllt, dann kann man folgende Transformation des Petri-Netzes durchführen:

Es gibt eine Transition t_i ($0 \leq i < n$), die mindestens k_i-mal schalten kann;

danach kann $t_{i \bullet 1}$ mindestens $k_{i \bullet 1}$ -mal schalten,

danach kann $t_{i \bullet 2}$ mindestens $k_{i \bullet 2}$ -mal schalten,

.

.

danach kann $t_{i \bullet (n-1)}$ mindestens $k_{i \bullet (n-1)}$-mal schalten,

und dann ist die Bedingung B wieder erfüllt.

($\bullet$ ist die Addition modulo n)

Ableitungsregeln

Regel r_1: Sei Q ein Petri-Netz mit einer Transition t_E, die keine Eingangsstellen hat und einer Transition t_A, die keine Ausgangsstellen hat. Sei Q' das Petri-Netz, das man aus Q erhält, indem man die Stelle s (die nicht in der Stellenmenge von Q enthalten sein soll) hinzufügt und zwei mit eins bewertete Kanten und zwar eine von t_A zu s und eine von s zu t_E. Sei weiter ein Petri-Netz P mit einer Transition t gegeben, wobei die Stellenmengen und die Transitionenmengen von P und Q disjunkt sein müssen (evt. nach Umbenennung). P^* erhält man aus P indem man Q für t substituiert, d.h. t wird aus P herausgenommen und genau die Eingangskanten von t werden Eingangskanten von t_E und genau die Ausgangskanten von t werden Ausgangskanten von t_A:

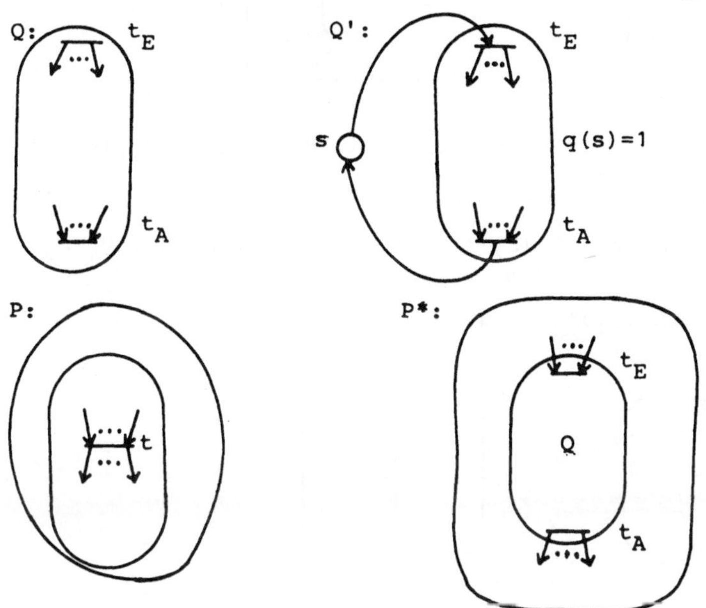

Wenn Q' sicher bzgl. $B_1 \wedge q(s) \geq 1$ ist und P sicher bzgl. B_2 ist, dann ist P* sicher bzgl. $B_1 \wedge B_2$.

<u>Regel r_2</u>: Seien X,Y,Y' folgende Teil-Petri-Netze:

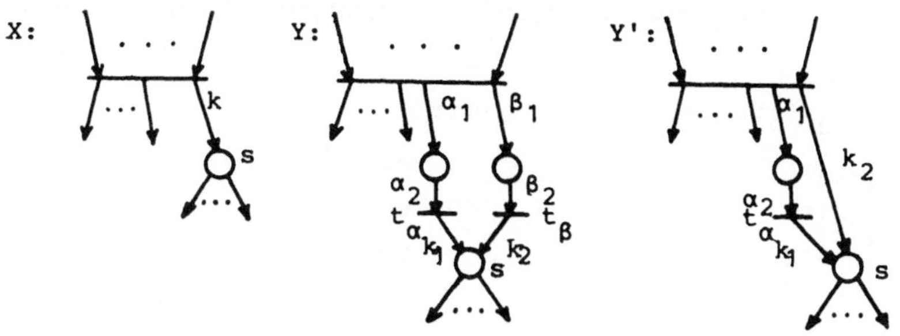

mit $\alpha_1 \geq \alpha_2$; $\beta_1 \geq \beta_2$ und $k_1+k_2 \geq k$;

Dann gilt: Ist P sicher bzgl. B und geht P in P' durch Substitution eines Teilnetzes X durch ein Teilnetz Y oder Y' über, dann ist auch P' sicher bzgl. B.

Regel r_3: Sei P gegeben und eine Menge $\{t_1,\ldots,t_n\}$ von Transitionen dieses Petri-Netzes. Sei P' folgendes Petri-Netz mit $\forall i(1\leq i\leq n \rightarrow e_i\leq a_i)$

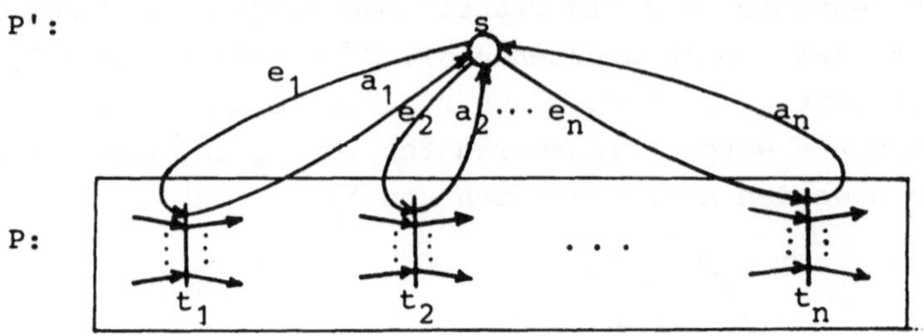

Wenn P sicher bzgl. B, dann ist P' sicher bzgl. $B\wedge q(s)\geq\max\{e_i \mid 1\leq i\leq n\}$

Regel r_4: Seien $P_1=(\Sigma_1,T_1,E_1,A_1,q_1)$, $P_2=(\Sigma_2,T_2,E_2,A_2,q_2)$ zwei Petri-Netze und es gelte: $T_1\cap T_2=\{t\}$ $\Sigma_1\cap\Sigma_2=\emptyset$. P sei die Vereinigung $P_1\cup P_2$, d.h.

$$P=(\Sigma_1\cup\Sigma_2,T_1\cup T_2,E_1\cup E_2,A_1\cup A_2,q_1\cup q_2)$$

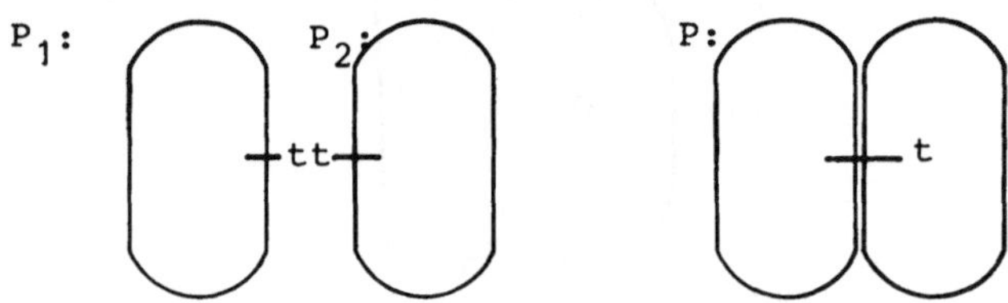

Wenn P_1 sicher bzgl. B_1 ist und P_2 sicher bzgl. B_2 ist, dann ist P sicher bzgl. $B_1\wedge B_2$.

Regel r_5: Seien $P_1=(\Sigma_1,T_1,E_1,A_1,q_1)$ und $P_2=(\Sigma_2,T_2,E_2,A_2,q_2)$ zwei Petri-Netze und sei weiter $\Sigma_1\cap\Sigma_2=\{s_1,\ldots,s_n\}=S$ und $T_1\cap T_2=\emptyset$; P sei folgendes Petri-Netz:

$$P=(\Sigma_1\cup\Sigma_2,T_1\cup T_2,E_1\cup E_2,A_1\cup A_2,q) \quad \text{mit}$$

$$q(s)=\begin{cases} q_1(s) & s\in\Sigma_1-\Sigma_2\\ q_2(s) & \text{für } s\in\Sigma_2-\Sigma_1\\ \max\{q_1(s),q_2(s)\} & \text{sonst}\end{cases}$$

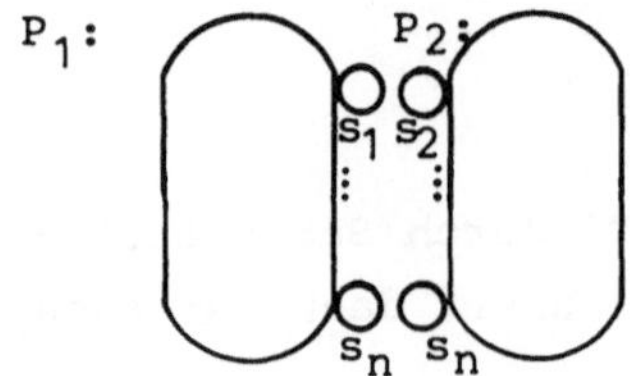

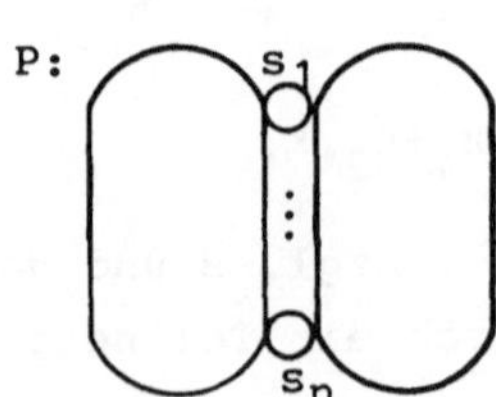

Es gelte:

(i) P_1 sicher bzgl. B_1 und P_2 sicher bzgl. B_2

(ii) Seien K_1, K_2 zwei Funktionen $K_i : S \Rightarrow \mathbb{N}_o$ $(i=1,2)$ mit $K_i(s)$ ist die Anzahl der Marken, die wegen der Bedingung B_i im Anfangszustand mindestens in der Stelle s vorhanden sein muß. Dann sei für i=1 oder i=2:

$$(\forall s \in S)(\forall t \in T_i)(E_i(s,t)>0 \Rightarrow (\forall s' \in S)(E_i(s',t)>0))$$

$$\wedge\ (\forall s \in S)(K_1(s)>0 \wedge K_2(s)>0 \Rightarrow K_i(s) \leq \min\{n \mid (\exists t \in T_i)(E_i(s,t)=n)\})$$

d.h. Transitionen, die eine der Stellen $s \in S$ als Eingangsstelle haben, haben alle $s' \in S$ als Eingangsstellen und für alle $s \in S$ muß gelten: Falls von beiden Petri-Netzen zu Beginn Marken aus s benötigt werden, dann muß P_i jedesmal mindestens soviele Marken wegnehmen wie von B_i festgelegt.

Für n=1 vereinfacht sich (ii) zu:

$$K_i(s) \leq \min\{n \mid (\exists t \in T_i)(E_i(s,t)=n)\} \wedge (i=1 \vee i=2)$$

wobei $S=\{s\}$

Wenn (i) und (ii) erfüllt sind, dann ist P sicher bzgl. $B_1 \wedge B_2$.

Zusatz:

(ii') Sei $\{s_{\alpha_1},\ldots,s_{\alpha_m}\} \leq S$

Für i=1 oder i=2 gilt:

$$(\forall s \in S)(\forall t \in T_i)(E_i(s,t)>0 \Rightarrow (\forall s' \in S)(E_i(s',t)>0))$$

$$\wedge (\forall s \in S \setminus \{s_{\alpha_1},\ldots,s_{\alpha_m}\})(K_1(s)>0 \wedge K_2(s)>0 \Rightarrow K_i(s) \leq \min\{n \mid (\exists t \in T_i)$$
$$(E_i(s,t)=n)\}$$

$$\wedge (\forall s \in \{s_{\alpha_1},\ldots,s_{\alpha_m}\}) \neg (K_1(s)>0 \wedge K_2(s)>0 \Rightarrow K_i(s) \leq \min\{n \mid (\exists t \in T_i)$$
$$(E_i(s,t)=n)\})$$

Wenn (i) und (ii') erfüllt sind, dann ist P sicher bzgl.

$$B_1 \wedge B_2 \wedge q(s_{\alpha_1}) \geq K_1(s_{\alpha_1}) + K_2(S_{\alpha_1}) \wedge$$
$$\vdots$$
$$q(s_{\alpha_m}) \geq K_1(s_{\alpha_m}) + K_2(S_{\alpha_m})$$

Motivationen für (ii) .

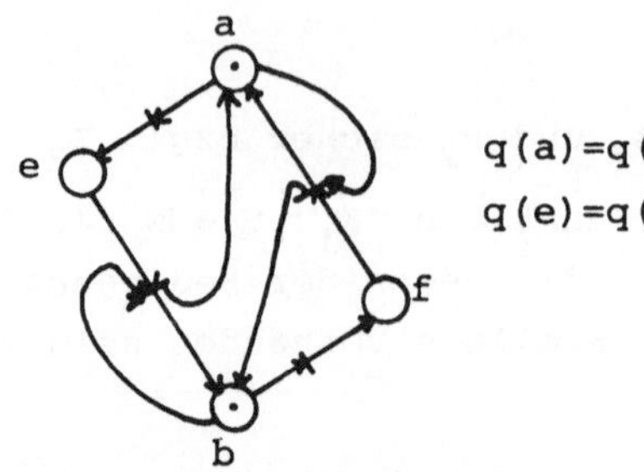

$q(a)=q(b)=1;$
$q(e)=q(f)=0;$

Dieses Petri-Netz ist nicht sicher bzgl. $q(a)\geq 1 \wedge q(b)\geq 1;$

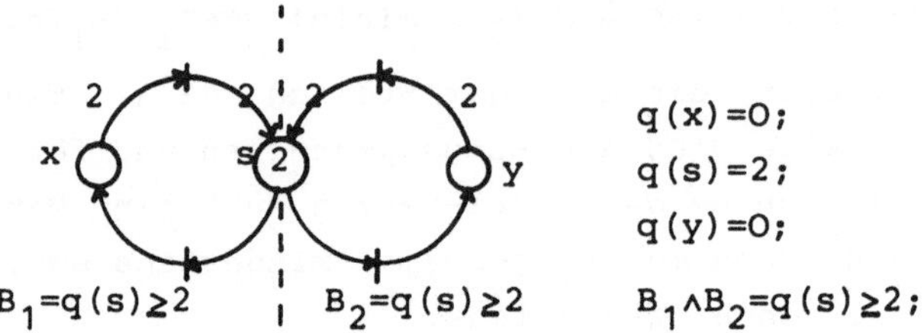

Dieses Petri-Netz ist nicht sicher bzgl. $q(s)\geq 2;$

<u>Beispiel</u>: Das bekannte Philosophen-Problem kann durch folgendes Petri-Netz gelöst werden:

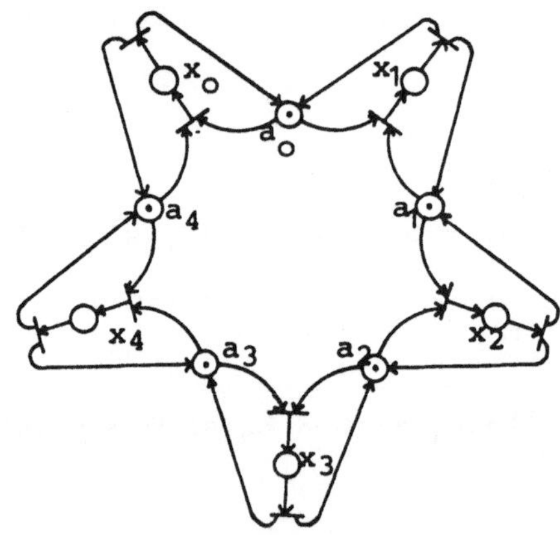

Behauptung: Dieses Petri-Netz ist sicher bzgl.

$$q(a_o)\geq 1 \wedge q(a_1)\geq 1 \wedge q(a_2)\geq 1 \wedge q(a_3)\geq 1 \wedge q(a_4)\geq 1;$$

Beweis:

Sei x y folgendes Petri-Netz P:

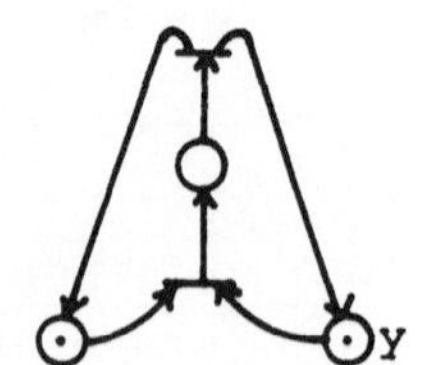

P ist sicher bzgl. $q(x) \geq 1 \wedge q(y) \geq 1$;

Ableitung: Durch zweimalige Anwendung des Axiomenschemas (a2) und durch die Regel (r4) erhält man:

ist sicher bzgl. $q(x) \geq 1 \wedge q(y) \geq 1$;

Mittels der Substitutionsregel (r1) kann abgeleitet werden, daß das Petri-Netz P sicher bzgl. $q(x) \geq 1 \wedge q(y) \geq 1$ ist.

Durch sukzessive Anwendung der Regel (r5) folgt:

P' ist sicher bzgl. $q(a_o) \geq 1 \wedge q(a_1) \geq 1 \wedge q(a_2) \geq 1$;

P'' ist sicher bzgl. $q(a_o) \geq 1 \wedge q(a_1) \geq 1 \wedge q(a_2) \geq 1 \wedge q(a_3) \geq 1$;

P''' ist sicher bzgl. $q(a_o) \geq 1 \wedge q(a_1) \geq 1 \wedge q(a_2) \geq 1 \wedge q(a_3) \geq 1 \wedge q(a_4) \geq 1$;

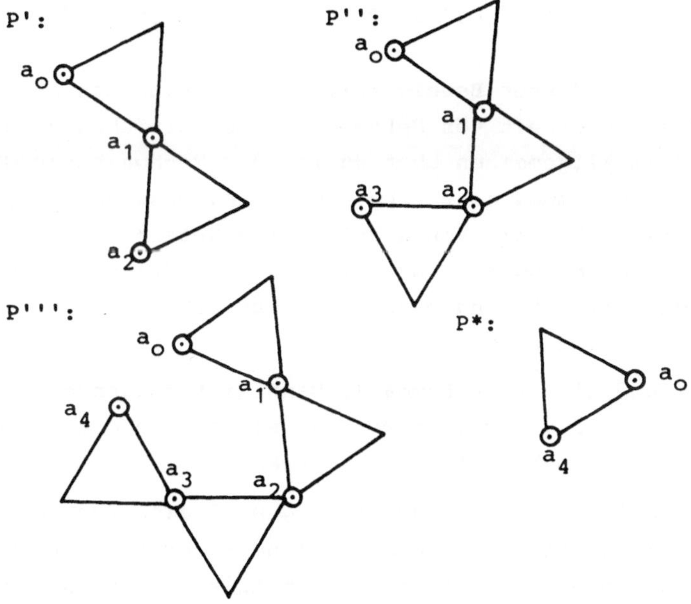

Ebenfalls nach (r5) ergibt sich die Behauptung.

3. Petri-Netze mit Prioritäten

Schließlich sollen noch Petri-Netze betrachtet werden, die von einer Prioritätsrelation überlagert sind, wodurch die Leistungsfähigkeit der Petri-Netze gesteigert wird (/3/). Das bedeutet, daß zwischen den

Transitionen eines Petri-Netzes $P=(\Sigma,T,E,A,q)$ (die ja die aktiven Elemente sind) eine Prioritätsrelation $\underline{Pr}$ definiert ist.

$$\underline{Pr} \subset T \times T.$$

$t_1 \underline{Pr} t_2$ bedeutet: Sind in einem Zustand q die Startbedingungen von t_1 und t_2 erfüllt, dann darf nur t_1, nicht aber t_2 schalten.

In einem Petri-Netz mit Prioritäten ist eine Transition t im Zustand q ausführbar, wenn die Startbedingung von t erfüllt ist und es keine Transition t' gibt, deren Startbedingung in q auch erfüllt ist und es gilt $t' \underline{Pr} t$. Damit kann man induktiv definieren, wenn eine Sequenz $\delta \in T^*$ von einem Zustand q aus ausführbar ist. Wird q' von q aus nach Ausführung von δ erreicht, so schreibt man $\delta(q)=q'$.

Lemma 1: Sei P ein bzgl. der Bedingung B sicheres Netz, in dem zwischen den Transitionen t und t' keine Priorität besteht. Aus P erhält man nach Einführung der Priorität t $\underline{Pr}$ t' das Netz P'. Dann ist t'in P' genau dann verklemmt, wenn gilt: In jedem erreichbaren Zustand folgt aus der Gültigkeit der Startbedingung von t' die Gültigkeit der Startbedingung von t.

Mit Hilfe dieses Lemmas, dessen Beweis trivial ist, kann man in vielen konkreten Fällen die Sicherheit von Netzen nach der Einführung von Prioritäten nachweisen. Im allgemeinen aber dürfte der Nachweis der Gültigkeit der Aussage dieses Lemmas sehr schwierig sein. Deswegen wird im folgenden ein für die Sicherheit von abgeleiteten Netzen hinreichendes Kriterium angegeben. Der Nachweis, daß die in diesem Kriterium enthaltenen Voraussetzungen erfüllt sind oder nicht ist sehr einfach. Dazu wird ein weiteres Lemma eingefügt.

Lemma 2: Sei P,P',t und t' wie in Lemma 1. Dann gilt folgende Aussage: Es kann in P' kein Zustand q erreicht werden, so daß von q aus die Startbedingung von t' nie mehr erfüllt werden kann.

<u>Prioritätsregel rp</u>: Sei P ein bzgl. der Bedingung B sicheres Petri-Netz, in dem zwischen den Transitionen t_1 und t_2 keine Priorität besteht. Aus P erhält man P', indem man die Priorität t_1 $\underline{Pr}$ t_2 einführt. Das Netz P' ist sicher bzgl. B, wenn es in P zwei Stellen s,s' und eine Transition t gibt, so daß gilt:

1) $\forall t' \in T((E(s,t')>0 \Rightarrow t'=t_1) \wedge (E(s',t')>0 \Rightarrow t'=t))$

   d.h. die einzige Ausgangskante von s'(s) führt nach $t(t_1)$.

2) $\forall s' \in \Sigma(A(t,s')>0 \Rightarrow s'=s)$

   d.h. die einzige Ausgangskante von t führt nach s.

3) $\neg\exists t'(A(t',s')>0 \wedge t \underline{Pr} t')$

d.h. keine der Transitionen, von denen eine Kante nach s' fürht, besitzt eine niedrigere Priorität als t.

Die Bedingungen 1) und 2) führen zu folgender Struktur für t_1:

Zum Beweis dieser Regel wird folgende Aussage benötigt:

Lemma 3: Seien P und P', die in der Prioritätsregel erwähnten Netze. Sei $\delta \in T^*$ eine von einem erreichbaren Zustand q ausführbare Sequenz, in der t_1 nicht vorkommt ($t_1 \notin \delta$). Aus δ erhält man δ' indem man alle t in δ entfernt. Dann ist auch δ' von q aus ausführbar.

Beispiel: Das Zwei-Erzeuger-zwei-Verbraucher-Problem

Zwei Erzeuger-Prozesse P_1, P_2 schreiben jeweils eine Informationseinheit in die potentiell unendlichen Puffer a_1, a_2. Die Verbraucher-Prozesse C_1, C_2 entfernen jeweils eine Information aus den Puffern a_1, a_2. Der Zugriff auf die Puffer kann nur unter gegenseitigem Ausschluß stattfinden. C_1, C_2 können auf a_1, a_2 nur über das Gerät x zugreifen, welches wiederum nur unter gegenseitigem Ausschluß benutzt werden kann. Solange aber Puffer a_1 nicht leer ist, darf C_2 nicht das Gerät x benutzen.

Eine Lösung dieses Problems gibt folgendes Petri-Netz mit der Priorität $C_1' \underline{Pr} C_2$.

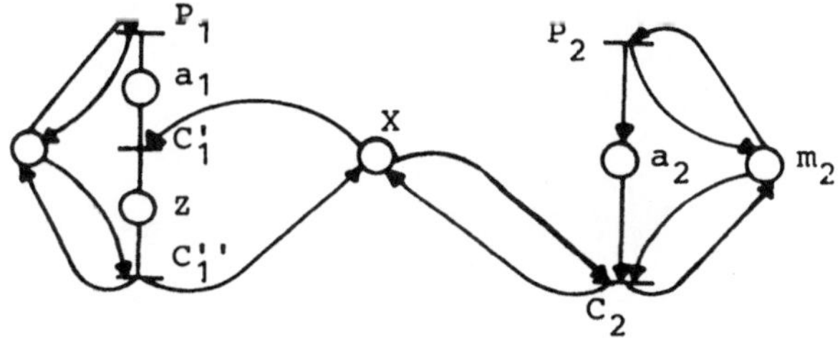

Das prioritätsfreie Netz ist sicher bzgl. $q(m_1) \geq 1 \wedge q(m_2) \geq 1 \wedge q(x) \geq 1$, da es aus unserem Kalkül abgeleitet werden kann. Auch nach Einführung der Priorität $C_1' \underline{Pr} C_2$ ist es sicher, da die Voraussetzungen der Prioritätsregel erfüllt sind.

Zusammenfassung

In dieser Arbeit wurde ein Kalkül zur Konstruktion deadlockfreier Systeme entwickelt. Aus bereits vorhandenen sicheren Systemen kann der Programmierer mit Hilfe der Ableitungsregeln neue sichere Systeme erzeugen. Mit Hilfe des Kalküls abgeleitete Systeme sind per Definition sicher. Der mit der Konstruktion sicherer Systeme verbundene Aufwand wird also auf die einzelnen Schritte der Systementwicklung verteilt. Dies entspricht auch den heutigen Erkenntnissen der Strukturierten Programmierung. Diese Methodik hat bekanntlich wesentliche Vorteile gegenüber der bisher üblichen Vorgehensweise, nach der man die Sicherheit von abgeschlossenen Systemen nachzuweisen versucht.

Literatur

/1/ Habermann, A.N.: "Prevention on System Deadlocks". CACM 11, 7(1969), 373-385

/2/ Keller, R.M.: "Formal Verification of Parallel Programs". CACM 19, 7(1976), 371-384

/3/ Keramidis, S.: "Ein allgemeines formales Modell für Betriebssysteme und dessen Implementierung". Arbeitsberichte des IMMD, Bd.11, Nr.13, Erlangen 1977.

/4/ Keramidis, S; Grote, W.: "Beiträge zur Lösung des Verklemmungsproblems in prioritätsfreien Betriebsmittelmaschinen und Petri-Netzen". Arbeitsberichte des IMMD, Bd.12, Nr.9, Erlangen 1979

ANHANG ZU

"Ein Kalkül zur Konstruktion deadlockfreier Systeme"

Beweisskizze zu r1:

Laut Voraussetzung ist Q' bzgl. $B_1 \wedge q(s) \geq 1$ sicher. Daraus folgt, daß es von allen erreichbaren Zuständen q' dieses Netzes ein Zustand q erreicht werden kann, so daß $q(s) \geq 1$ ist. Laut Bild ist aber $q(s)=1+\#t_A-\#t_E$, wobei $\#t_A$ (bzw. $\#t_E$) die Anzahl der Schaltvorgänge von t_A (bzw. t_E) bedeutet. Im Netz Q' kann also immer ein Zustand q erreicht werden, so daß $\#t_A = q(s)-1+\#t_E \geq \#t_E$ gilt. Andererseits ist P bzgl. B_2 sicher, so daß t in P nie verklemmt werden kann. Aus $\#t_A > \#t_E$ folgt, daß t_A mindestens so oft schalten kann wie t_E; somit "leistet" Q in P* mindestens so viel wie t in P. Dies ist aber eine hinreichende Bedingung für die Sicherheit von P* bzgl. $B_1 \wedge B_2$.

Beweisskizze zur r2:

Nach dem Schalten von t in Y können (wegen $\alpha_1 \geq \alpha_2$ und $\beta_1 \geq \beta_2$) t_α und t_β mindestens einmal schalten. Danach gilt also $q(s) \geq k_1+k_2 \geq k$. Y' ist somit sicher, da nach einem Schalten von t immer ein Zustand q mit $q(s) \geq k$ erreicht wird. Ähnliche Überlegungen gelten für Y'.

Beweisskizze zur r3:

Laut Voraussetzung gilt zu Beginn $q(s) \geq \max\{e_i \mid 1 \leq i \leq n\}$ (*). q(s) kann sich nur beim Schalten einer Transition $t \in \{t_1,..,t_n\}$ ändern. Gilt die Beziehung (*) vor dem Schalten einer Transition $t_i \in \{t_1,t_2,..,t_n\}$, so gilt danach $q'(s)=q(s)-e_i+a_i \geq q(s)$, da $a_i \geq e_i$ ist. Somit gilt auch $q'(s) \geq \max\{e_i \mid 1 \leq i \leq n\}$. Die Beziehung (*) stellt somit eine invariante Eigenschaft von Netzen der oberen Struktur dar.

Laut Voraussetzung ist P bzgl. B sicher. Sei t eine Transition, die in P schalten kann. Gilt $t \notin \{t_1,...,t_n\}$, so kann sie auch in P' schalten. Ist $t \in \{t_1,..,t_n\}$, so kann sie wegen (*) auch in P' schalten. Somit ist P' sicher bzgl. $B \wedge q(s) \geq \max\{e_i \mid 1 \leq i \leq n\}$.

Beweisskizze zur r4:

Solange in P Transitionen $t' \neq t$ starten, verhält sich P so als ob P_1 und P_2 nichts miteinander zu tun hätten. Startet t in P, so hat es die gleiche Wirkung in P als wäre t in P_1 und P_2 gleichzeitig gestartet. Eine Verklemmung von t in P kann nur dadurch entstehen, daß mindestens eins der Netze P_1 oder P_2 nicht mehr in der Lage ist, die Eingangsstellen von t mit der für dieses Netz erforderlichen Anzahl von Punkten zu versehen. Dann wäre aber dieses Netz auch allein nicht mehr sicher, was ein Widerspruch zu der Annahme dieses Satzes ist.

Beweisskizze zu r5:

I) Sei n=1: $\Sigma_1 \cap \Sigma_2 = \{s\}$

Seien B_1 und B_2 bei der Anfangsmarkierung q_o erfüllt.
Sei $\Delta_i(s)$ für das Petri-Netz P_i folgendermaßen definiert:

$\Delta_i(s) = \#$erzeugte Marke in s $- \#$verbrauchte Marken aus s (im Petri-Netz P_i).

Zur Vereinfachung seien folgende Abkürzungen erlaubt:

$$K_1 = K_1(s)$$
$$K_2 = K_2(s)$$
$$\Delta_1 = \Delta_1(s)$$
$$\Delta_2 = \Delta_2(s)$$

Fallunterscheidung

a) $K_1 \cdot K_2 = 0$

Zuerst wird der Fall $K_1 = 0 \wedge K_2 \geq 0$ betrachtet. Im schlechtesten Fall gilt für die Anfangsmarkierung q_o: $q_o(s) = K_2$.
Danach gilt für einen beliebigen Folgezustand mit entsprechenden B_1, B_2: $q(s) = K_2 + \Delta_1 + \Delta_2$ (1a)

Annahme: P ist verklemmt

i) P_1 ist verklemmt

Da P_1 für sich allein sicher bzgl. B_1 ist, muß die Stelle s für diese Verklemmung ausschlaggebend sein.

$\Rightarrow$ $q(s) < \Delta_1$ für alle Folgezustände q (2a)

$\Rightarrow$ $K_2 + \Delta_2 < 0$ (mit (1a))

d.h. P_2 hat mehr Marken aus s aufgenommen, als es eigentlich braucht. Da P_2 sicher bzgl. B_2 ist, ist P_2 nicht verklemmt und ergibt einen Folgezustand q' mit $\Delta_2' > 0$.

$q'(s) = K_2 + \Delta_1' + \Delta_2'$

$\Rightarrow$ $q'(s) \geq K_2 + \Delta_1' \geq \Delta_1'$ Widerspruch zu (2a)

ii) P_1 ist nicht verklemmt

Dann gibt es einen Folgezustand q' mit $\Delta_1' \geq 0$.

$\Rightarrow$ $q'(s) \geq K_2 + \Delta_2'$

$\Rightarrow$ P_2 ist nicht verklemmt

$\Rightarrow$ P ist nicht verklemmt. Widerspruch zur Annahme.

Der Fall $K_1 \geq 0 \wedge K_2 = 0$ wird analog behandelt.

b) $K_1>0 \wedge K_2>0$

Dann muß nach Voraussetzung gelten:

$K_i \leq \min\{n \mid (\exists t \in T_i)(E_i(s,t)=n)\} \wedge (i=1 \vee i=2)$ (con)

Es genügt den Fall i=1 zu betrachten. Zu Beginn gilt im schlechtesten Fall:

$q_o(s)=\max\{K_1,K_2\}=:K$

Danach gilt:

$q(s)=K+\Delta_1+\Delta_2$ (1b)

Annahme: P ist verklemmt

i) P_2 ist verklemmt

$\Rightarrow$ $q(s)<K_2+\Delta_2$ für alle Folgezustände q (2b)

Wenn P_1 nicht verklemmt ist, dann existiert ein Folgezustand q' mit $\Delta_1'\geq 0 \Rightarrow q'(s)\geq K+\Delta_2'\geq K_2+\Delta_2'$. Widerspruch zu (2b).

Also muß P_1 auch verklemmt sein; dann gilt:

$q(s)<K_1+\Delta_1$ (3b)

Aus (2b) mit (1b) folgt $\Delta_1<0$ (da $K_2\leq K$)

Aus (3b) mit (1b) folgt $\Delta_2<0$ (da $K_1\leq K$)

i1) $K_1\geq K_2$ also $K=K_1$

P_1 darf nicht verklemmt sein, wenn man q(s) um $(-\Delta_2)$ erhöht. ($\Delta_2<0; P_1$ sicher bzgl. B_1)

$q^*(s)=q(s)+(-\Delta_2)<K_2+\Delta_2-\Delta_2=K_2\leq K_1$ (wegen (2b))

$\Rightarrow$ $q^*(s)<K_1$

Dann ist im Zustand q* aber P_1 wegen (con) mit i=1 immer noch verklemmt. (Keine der Transitionen in P_1 kann aus s Marken entfernen, da alle eine Mindestanforderung von K_1 stellen.) Widerspruch.

i2) $K_1<K_2$ also $K=K_2$

Da P_1 weniger Marken aus s benötigt wie anfangs darin enthalten waren, dürfen K_2-K_1 Marken aus s entfernt werden und P_1 muß immer noch sicher bzgl. B_1 sein. P_1 darf also nicht verklemmt sein, wenn q(s) um $(-\Delta_2)-(K_2-K_1)$ erhöht wird:

$q^*(s)=q(s)+(-\Delta_2)-K_2+K_1=K_2+\Delta_1+\Delta_2-\Delta_2-K_2+K_1=K_1+\Delta_1$

$\Rightarrow$ $q^*(s)<K_1$ (da $\Delta_1<0$)

Das heißt P_1 ist im Zustand q* immer noch verklemmt (wegen (con)). Widerspruch.

ii) P_2 ist nicht verklemmt

Ähnlich zu a)ii) kann gezeigt werden, daß dann auch P_1 nicht verklemmt ist. Widerspruch zu der Annahme P sei verklemmt.

II. Sei $n>1$:

Hier läßt sich der Beweis mit ähnlichen Überlegungen führen.

III. <u>Beweisskizze für den Zusatz (ii')</u>

Sei $n=1$:

Für die Anfangsmarkierung gilt im schlechtesten Fall:

$$q_o(s)=K_1+K_2$$

Danach gilt:

$$q(s)=K_1+K_2+\Delta_1+\Delta_2$$

Annahme: P ist verklemmt

Der Beweis ändert sich nur für den Fall, daß sowohl P_1 als auch P_2 verklemmt sind, also:

$$q(s)<K_1+\Delta_1 \quad \text{und} \quad q(s)<K_2+\Delta_2$$

Daraus folgt:

$$q(s)<K_1+K_2+\Delta_1+\Delta_2=q(s). \text{ Widerspruch.}$$

Der Fall $n>1$ wird ähnlich behandelt.

<u>Beweisskizze zu Lemma 2</u>:

Sei q' ein von q aus erreichbarer Zustand, so daß in P' von q' aus die Startbedingung von t' nie mehr erfüllt werden kann. Der Zustand q' aber kann auch in P erreicht werden, weil jeder in P' erreichbare Zustand auch in P erreicht werden kann. Von q' aus ist aber die Priorität t<u>Pr</u>t' irrelevant und kann eliminiert werden, was zu P führt. Dann wäre aber P nicht sicher, was ein Widerspruch ist.

<u>Beweisskizze zu Lemma 3</u>:

Sei $\delta=\delta_1 t\delta_2$ mit $t\notin\delta_1$ eine von q aus ausführbare Sequenz mit $t_1\notin\delta$. Da δ_2 von $\delta_1 t(q)=q'$ aus ausführbar ist, muß sie auch von $\delta_1(q)=q''$ ausführbar sein. Aus den Voraussetzungen 1-3 der Prioritätsregel und aus der Tatsache, daß sich q' und q" nur in den Markierungen der Stellen s und s' unterscheiden, folgt, daß das Weglassen von t nach δ_1 nur die Ausführbarkeitsbedingung der Transition t_1 beeinflussen kann. t_1 kommt aber in δ nicht vor. Ähnlich kann man in δ_2 das erste Auftreten von t eliminieren, und so weiter. Somit ist δ' auch von q aus ausführbar. Im Zustand δ'(q) sind Punkte in der Stelle q' "gesammelt", während im Zustand δ(q) manche dieser Punkte durch das Schalten von t nach s gewandert ist.

Beweisskizze zur Prioritätsregel

Mit Hilfe des Lemmas 3 kann in P' ein erreichbarer Zustand q gefunden werden, in dem t_1 genau deswegen nicht mehr schalten kann, weil Punkte in s' "gesammelt" wurden und nicht nach s weitergeleitet wurden. Nach Lemma2 kann von q aus ein Zustand q' erreicht werden, in dem die Startbedingung von t_2 erfüllt ist. Sei δ eine Sequenz mit δ(q)=q'. Kommt t_1 in δ n-mal vor, so kann man mit Hilfe des Lemmas 3 so viele t aus δ eliminieren, daß t_1 nach δ' nicht mehr schalten kann, weil manche Punkte in s' gesammelt wurden. Dies aber beeinflußt die Startbedingung von t_2 nicht. Danach wäre nach Ausführung von δ' ein Zustand erreicht, in dem die Startbedingung von t_2 nicht erfüllt, die von t_1 aber erfüllt ist. Die Annahme t' sei in P' verklemmt, würde somit zu einem Widerspruch zu Lemma 1 führen.

EINFÜHRUNG IN DIE SITZUNG "BETRIEBSSYSTEME"

H.J. Siegert
Institut für Informatik
Technische Universität München

Da die Vorträge dieser Sitzung sehr verschiedene Teilaspekte von Betriebssystemen behandeln, soll auf Wunsch des Programm-Ausschusses eine Einführung in die Sitzung gegeben werden. Ich möchte hierzu wichtige Grundbegriffe und Grundkonzepte, die bei den Vorträgen vorausgesetzt werden, erläutern.

1. Monitor

Der Begriff des Monitors wurde ca. 1973 von Brinch Hansen [1,2] und Hoare [12] eingeführt. Die Vorstellung hierbei war, daß in einer Rechenanlage mehrere Prozesse parallel ablaufen und in kontrollierter Weise auf gemeinsame Betriebsmittel zugreifen müssen. Um eine solche Kontrolle zu realisieren, sollten die Verwaltung, die Zuteilung und die Zugriffsoperationen für jedes Betriebsmittel zu einem Monitor zusammengefaßt werden. In anderen Worten: Jeder Monitor repräsentiert einen abstrakten Datentyp des Betriebssystems. In Anlehnung an den Klassenbegriff von SIMULA67 hat nach Hoare [12] ein Monitor folgenden Aufbau:

```
monitor <monitorname>;
begin
   <Vereinbarung lokaler Daten>;
   <Vereinbarung lokaler Prozeduren>;
   <Vereinbarung öffentlich zugänglicher Prozeduren>;
   <Initialisierung lokaler Daten>;
end;
```

Zur Behandlung von Wartezuständen werden monitorlokale Variable von der Art condition eingeführt. Hierauf sind 2 Operationen erklärt:

wait(<Variable von der Art condition>),
signal(<Variable von der Art condition>).

Es gelten folgende Regeln:

1. Ein Monitor wird erzeugt und ist ab diesem Zeitpunkt existent, unabhängig davon, ob momentan eine Prozedur des Monitors ausgeführt wird oder nicht.
2. Auf die lokalen Daten und die lokalen Prozeduren des Monitors kann nur innerhalb des Monitors zugegriffen werden.
3. Ein Monitor ist exklusives Betriebsmittel, d.h. er kann nur dann von einem Prozeß durch Aufruf einer öffentlichen Prozedur des Monitors betreten werden, wenn kein anderer Prozeß im Monitor ist.
4. Ein Prozeß verläßt den Monitor beim Rücksprung aus der aufgerufenen öffentlichen Prozedur.
5. Ein Prozeß tritt in einen Wartezustand ein, wenn er auf eine Anweisung wait(c_i) trifft. Er wird hierbei in eine Warteschlange bzgl. c_i eingereiht. Der Monitor wird temporär freigegeben, so daß andere Prozesse eintreten können.
6. Wird die Anweisung signal(c_i) ausgeführt, so verläßt der erste Prozeß in der Warteschlange bzgl. c_i den Wartezustand. Er setzt "sobald der Monitor wieder verfügbar ist" mit dem auf wait(c_i) folgenden Befehl fort.

Für die Implementierung der Regel 6 gibt es eine Reihe von Vorschlägen, die im Vortrag "Implementierung von Monitoren" von Herrn Nehmer diskutiert werden.

Das Monitorkonzept wurde bisher nur bei Experimentalsystemen, z.B. [3,23] eingesetzt. Es bringt Vorteile gegenüber der direkten Verwendung von V-Operationen:

- Die Programmierung ist nicht so fehleranfällig wie die direkte Verwendung von P- und V-Operationen.
- Der Zugriff auf das Betriebsmittel ist nur in der vorgesehenen Weise über die Prozeduren im Monitor möglich.
- Es wird eine klare Programmstruktur erzwungen.

Die Grenzen der Leistungsfähigkeit des Monitorkonzepts werden nachfolgend an 3 Beispielen aus dem täglichen Leben erläutert:

1. Beispiel: Postschalter.
Am Postschalter wird ein Kunde nach dem anderen bedient. Gleichzeitige Bedienung mehrerer Kunden kommt nicht vor. Es handelt sich also um ein streng exklusives Betriebsmittel, welches durch einen Monitor dargestellt werden kann.

2. Beispiel: Werkstatt.
Ein Meister bedient die eintreffenden Kunden. Er hat mehrere Gesellen, die an den Aufträgen arbeiten und von ihm die Arbeit zugeteilt erhalten. Es handelt sich also um ein Betriebsmittel aus mehreren gleichwertigen Einheiten, welche nach einer internen Zuteilungsstrategie Aufträge parallel bearbeiten. Eine direkte Realisierung mit Monitoren unter Beibehaltung der Ziele des Monitorkonzepts (z.B. Kontrolle des Zugriffs) ist nicht möglich.

3. Beispiel: Fotogeschäft.
Es seien 2 Fotogeschäfte A und B vorhanden, die auf ein gemeinsames Fotolabor zurückgreifen. Diese Situation ist typisch bei der Bildung von Subsystemen bzw. abstrakten Datentypen aus einfacheren Datentypen. Es seien nun sowohl die Fotogeschäfte als auch das Labor durch je einen Monitor realisiert. Dann entsteht folgender Ablauf:

- Ein Kunde geht zum Fotogeschäft A.
- Der Kunde muß vor dem Fotogeschäft A warten, bis er der erste in der Warteschlange ist und bis das Fotogeschäft A leer ist. Dann darf er eintreten und wird vom Verkäufer bedient.
- Der Verkäufer schickt den Kunden dann zum Fotolabor und wartet, ohne andere Kunden zu bedienen, bis dieser Kunde in das Fotogeschäft A zurückkehrt.
- Der Kunde wartet eventuell vor dem Fotolabor bis er bedient wird, da ein Kunde des Fotogeschäfts B das Fotolabor belegt haben kann.
- Ist der Kunde im Fotolabor bedient, kehrt er in das Fotogeschäft A zurück.
- Der Verkäufer stellt die Rechnung aus, und der Kunde verläßt das Fotogeschäft A.

Dieser Ablauf entspricht offensichtlich nicht den üblichen Erwartungen und ist nur tragbar, falls das Fotolabor "sehr schnell" arbeitet.

Grundsätzliche Anschauungen und praktische Erfahrungen beim Einsatz des Monitorkonzepts zeigen folgende Nachteile bzw. Probleme:

1. Der geschachtelte Aufruf von Monitoren in Monitoren führt zu unvorhergesehenen Sequentialisierungen. Dies widerspricht aber der natürlichen Forderung, daß abstrakte Datentypen aus elementareren abstrakten Datentypen ohne Rücksicht auf deren Implementierung aufgebaut werden können. Dieser Punkt führte zu einer ausführlichen Diskussion [23,10,14,26,30,18,19,25].
2. Bei Betriebsmitteln, die nicht streng exklusiv benutzt werden, z.B. Dateien mit exklusivem Schreibvorgang und gemeinsamen Lesevorgängen, oder bei Betriebsmitteln, die eine datenabhängige Wartedisziplin aufweisen, lassen sich die Vorteile des Monitorkonzepts nur noch teilweise ausnutzen. In solchen Fällen kann der Monitor lediglich zur bequemen Realisierung der Koordinationsprozeduren eingesetzt werden. Ein Teil der Betriebsmittelzustandsinformation ist dann lokaler Datenbestand dieses Monitors. Das Betriebsmittel selbst ist aber außerhalb dieses Monitors vereinbart. Somit ist der korrekt synchronisierte Zugriff auf das Betriebsmittel nur noch eingeschränkt und nur noch während des Programmablaufs abprüfbar.
3. Da Monitore passive Komponenten sind, bringt die Einbettung in das Gesamtsystem Probleme [19] bei:
   - Fehlerbehandlung,
   - Abbruch von Prozessen,
   - Wiederanlauf nach Fehlern.
4. Da Monitore passive Komponenten sind, ist die jederzeitige Reaktionsbereitschaft auf äußere Ereignisse eingeschränkt.
5. Der Einsatz bei Echtzeitsystemen auf der Basis von Multimikrorechnersystemen ist unbefriedigend [4,13].

Insbesondere aufgrund der Probleme bei verteilten Systemen haben Brinch Hansen [4] und Hoare [13] ein neues Konzept vorgestellt, welches zwar den Nachrichtensystemen schon näher kommt, aber immer noch viele Merkmale eines Monitors aufweist. Es enthält bekannte Konzepte, wie Prozeduren, Koroutinen, Klassen, Monitore, Prozesse, Semaphore, Puffer, Pfadausdrücke und EA-Operationen, als Spezialfälle [4]. Brinch Hansen nennt das Konzept "distributed processes".

Ein solcher verteilter Prozeß nach Brinch Hansen, kurz BHvP, hat folgenden Aufbau:

```
process <Prozeßname>;
begin
   <Vereinbarung lokaler Daten>;
   <Vereinbarung lokaler Prozeduren>;
   <Vereinbarung öffentlich zugänglicher Prozeduren>;
   <Initialisierung lokaler Daten>;
end;
```

Neben den üblichen Sprachmitteln sind bewachte Anweisungen (guarded commands) [7] und bewachte Abschnitte (guarded regions) vorgesehen:

a) _if_ B1:S1¦B2:S2¦... _end_

b) _do_ B1:S1¦B2:S2¦... _end_

c) _when_ B1:S1¦B2:S2¦... _end_

d) _cycle_ B1:S1¦B2:S2¦... _end_
als Kurzform für
repeat _forever_ _do_ _when_ B1:S1¦B2:S2¦... _end_ _od_

Es gelten folgende Regeln:

1. Jedem Prozeß ist ein Prozessor zugeordnet.
2. Ein Prozeß darf nur seine lokalen Variablen benutzen.
3. Ein Prozeß kann die öffentlich zugänglichen Prozeduren eines anderen Prozesses aufrufen. Die Ausführung wird ggf. verzögert, bis keine Prozedur des aufgerufenen Prozesses mehr in Ausführung ist (gegenseitiger Ausschluß!). Vor Aufruf werden die Eingabeparameter übertragen. Bei Rückkehr werden die Ergebnisparameter übertragen.
4. Bewachte Anweisungen bzw. Abschnitte werden wie folgt behandelt:

zu a): Mindestens eine der Bedingungen Bi muß erfüllt sein, sonst Fehler. Eine beliebige der erfüllten Bedingungen wird selektiert und die zugehörige Anweisung ausgeführt.

zu b): Solange mindestens eine Bedingung erfüllt ist, wird eine der erfüllten Bedingungen selektiert und die zugehörige Anweisung ausgeführt. Falls keine Bedingung erfüllt ist, wird die Schleife beendet.

zu c): Die Ausführung der Prozedur wird unterbrochen, bis mindestens eine der Bedingungen erfüllt ist. Während der Unterbrechung können andere

Prozesse andere Prozeduren aufrufen oder weiter ausführen. Ist mindestens eine Bedingung erfüllt und kann die Ausführung der Prozedur fortgesetzt werden (gegenseitiger Ausschluß!), so wird eine der erfüllten Bedingungen selektiert und die zugehörige Anweisung ausgeführt.

Anwendungsbeispiel: Prozeß für Semaphor-Operationen:

```
process sema;
  begin
  integer s;
  procedure wait;
    begin
    when s>0 : s:=s-1 end;
    end proc;
  procedure signal;
    begin
    s:=s+1;
    end proc;
  s:=1;
  end
```

Auch dieser neue Vorschlag der BHvP weist noch typische Nachteile des Monitorkonzepts auf, insbesondere, daß Prozesse bis zur Rückkehr aus dem Prozeduraufruf eines anderen Prozesses warten. Einige Nachteile sind z.B. in *MOD [6] oder in Nachrichtensystemen beseitigt. Generell erscheinen daher Nachrichtensysteme als Grundstruktur von Betriebssystemen attraktiver als das Monitorkonzept [9,11,14,15,16,21]. Dies gilt insbesondere auch im Hinblick auf Betriebssysteme für Multimikrorechner und für lokale Rechnernetze, bei denen die Grundkommunikation nachrichtenorientiert ist, und bei denen die einzelnen Rechensysteme weitgehend asynchron arbeiten [20,27,29]. Auch die Definition höherer Protokolle, z.B. für den Dateitransfer, basieren auf dem Konzept des Nachrichtenaustausches zwischen Prozessen.

In [6,15] wird als Hauptnachteil der Nachrichtensysteme u.a. aufgeführt:

1. Nachrichten müssen zwischengespeichert werden, falls Sender und Empfänger asynchron arbeiten.
2. In Nachrichtensystemen gilt der Empfängerprozeß stets als aktiv, obwohl momentan ein Wartezustand auf eine Nachricht vorliegen kann. In anderen Vorschlägen [6,4,13] ist der Empfänger normalerweise passiv.
3. Es ist sehr aufwendig, für jeden abstrakten Datentyp einen Prozeß zu erzeugen.

Im Vortrag "Entwurf eines portablen Realzeit-Betriebssystems für Kleinrechner-Konfigurationen" wird von Herrn Valdorf ein Betriebssystem vorgestellt, welches das Monitorkonzept ebenfalls verwendet. Dieser Vortrag könnte Anlaß zur Diskussion folgender Frage sein: Inwieweit sind die genannten Probleme des Monitorkonzepts für die Praxis von Bedeutung?

2. Domänen

Betrachtet man ein idealisiertes System, in dem abstrakte Datentypen (Objekte) durch Objektverwalter (Prozesse, Monitore, Klassen, Prozeduren, o.ä.) realisiert sind, dann darf in einem Objektverwalter nur auf die Parameter und auf die lokalen Daten zugegriffen werden. Der Ablauf eines Programms in diesem System kann dann als eine Folge von Aktivierungen von Objektverwaltern interpretiert werden. Insbesondere in zuverlässigen und fehlertoleranten Systemen möchte man sicherstellen, daß die Objektverwalter wirklich nur auf die vorgesehenen Objekte zugreifen [17,22]. Man definiert also für den Prozeß während seines Ablaufs in jedem Objektverwalter getrennte Zugriffsrechte. Allgemein ist somit in jedem Ablaufbereich eines Prozesses ein Satz von Objekten (Domäne, engl. domain) definiert, auf die der Prozeß in vorgegebener Art zugreifen darf [17].

In Systemen auf der Basis von Zugriffsausweisen (Capabilities) [8,17,22] ist ein Objekt nur zugänglich, falls ein Zugriffsausweis existiert. Dieser enthält einen Verweis auf den Ort des Objekts und Zugriffsrechte. Während der Ausführung eines Objektverwalters sind also mindestens folgende Zugriffsausweise für die aktuelle Domäne definiert:

- Zugriffsausweis für den Code des Objektverwalters,
- Zugriffsausweis für die lokalen Daten des Objektverwalters,
- Zugriffsausweise für weitere Datenobjekte des Objektverwalters.
  Anmerkung: Objekte können aus anderen Objekten aufgebaut sein. Allen Objekten können Zugriffsausweise zugeordnet sein. Der Zugang zu Objekten erlaubt i.a. die Verwendung dieser Zugriffsausweise für den Zugriff auf weitere Objekte.

Damit ist eine Domäne zunächst wichtig für die Realisierung des Zugriffsschutzes auf Objekte. Eine Domäne kann jedoch auch als Grundlage für Seitenwechselstrategien dienen, da das Betreten einer Domäne nach obiger Grundvorstellung auch den Zugriff auf die aktuellen, durch Zugriffsausweise definierten Objekte der Domäne impliziert. Dieses Vorgehen liegt dem Vortrag "Domänen und Lokalitäten im DAS-Betriebssystem" der Herren Löhr, Schuh und Walter zugrunde.

3. Lokalitäten und Prepaging

Betrachtet man ein Programm entsprechend der Vorstellung, daβ es aus der Ausführung einer Folge von Domänen besteht, so wird während der Ausführung jeder Domäne eine bestimmte Teilmenge aller Objekte verwendet. Diese Vorstellung führt zum Begriff Lokalität, den Madison und Batson [24] wie folgt definieren:
"Lokalität ist eine Teilmenge der Programmsegmente, welche während einer relativ groβen Zeitspanne in der Ausführung verwendet wird". Die Lokalität eines Programms ändert sich nach [24] abrupt. Die Lebensdauer und die Gröβe einer Lokalität (Zahl der darin enthaltenen Segmente oder Seiten) ist programmabhängig.

Im DAS-Betriebssystem wird bei einem Domänenwechsel gleichzeitig ein Lokalitätswechsel unterstellt und das Laden der neuen Lokalität für die betretene Domäne veranlaβt.

Herr Conrads geht in seiner Arbeit "Untersuchungen zu Prepaging-Verfahren" davon aus, daβ das Programm keine expliziten Hinweise auf Domänen liefert, daβ aber eine Abhängigkeit der Seitenzugriffe besteht und diese vom

Seitenwechselalgorithmus erfaßt werden kann. Im Domänenmodell könnte man diese Abhängigkeit sehr vereinfacht wie folgt ausdrücken: Das Programm enthält typischerweise Schleifen. Es werde eine Schleife betrachtet, in der die Domäne X aufgerufen wird. Die Aufrufstelle sei in der Seite s, die aufgerufene Stelle sei in der Seite t der Domäne X. Damit kann sich das System merken, daß "aus Erfahrung" ein Zugriff auf die Seite s auch einen Zugriff auf die Seite t zur Folge hat. Während der Ausführung von t werden dann weitere Seiten der Domäne X benutzt. Der Vorgang wird nun genauer beschrieben. Es sei S eine Menge von Seiten und Z(S) die Menge der Seiten, auf die bei Ausführung von Seiten aus S direkt zugegriffen wird. Bei mehrfachem Ausführen einer Seite s weiß dann das System "aus Erfahrung", daß die Seiten Z(s) benötigt werden. Falls aber Z(s) ausgeführt wird, wird wiederum "aus Erfahrung" vermutet, daß die Seiten Z(Z(s)) ebenfalls benötigt werden. Deshalb ist es möglich, daß das System bei Zugriff auf Seite s auch alle Seiten aus Z(s), Z(Z(s)), usw. lädt. Probleme bei der praktischen Realisierung dieser Idee und Lösungen dafür werden von Herrn Conrads behandelt.

4. Portabilität von Betriebssystemen

Herr Valdorf schneidet in seinem Vortrag "Entwurf eines portablen Realzeit-Betriebssystems für Kleinrechner-Konfigurationen" ein wichtiges Thema an. Die Frage, wie ein portables System zu realisieren ist, ist noch Gegenstand der Forschung. Eine ausführliche Diskussion findet sich z.B. in [5,9,28]. Hierbei werden u.a. folgende Charakteristika eines portablen Systems angeführt:

1. Implementierung in einer höheren Sprache.
2. Weitgehend anwendungsneutrale Benutzerschnittstelle des Betriebssystems.
3. Das Betriebssystem wird für eine abstrakte (virtuelle) Basismaschine (Ideal-Maschine) und nicht für eine konkrete Anlage entworfen. Unterhalb des Betriebssystems ist zumindest konzeptionell eine anlagenspezifische und häufig in Assembler geschriebene Schicht, welche die Idealmaschine auf die reale Maschine abbildet.
4. In das Quellprogramm wird eine möglichst umfassende Beschreibung der realen Maschine eingefügt. Damit können durch einen Preprozessor und/oder durch den Übersetzungsvorgang selbst maschinenspezifische Programmteile erzeugt werden.

Trotz der Übereinstimmung in diesen grundsätzlichen Charakteristiken bleiben eine Fülle von Fragen offen, z.B.:

- Wieweit sind das Programm und die Daten unabhängig von der Rechnerarchitektur, z.B. bzgl. der elementaren Datentypen, der Registerlänge, der Größe des Adreßraums, der Speicheradressierung oder des Unterbrechungskonzepts?
- Wieweit sind die Algorithmen und die Daten geräteunabhängig, z.B. bzgl. der Adressierung, der Speicherkapazität, der Fehlerbehandlung, der Zugriffspfade, der Codes, der Gerätesteuerung oder der Speicherverwaltung?
- Wieweit sind die Algorithmen und die Daten unabhängig von der Konfiguration, z.B. von der Anzahl der Komponenten und den Kommunikationswegen?
- Wie ist die Effizienz des portablen Systems?

Die Spezifikation einer Idealmaschine, welche auch die Definition der abstrakten (virtuellen) Geräte einschließt, hat m.E. eine zentrale Bedeutung bei dem Entwurf portabler Betriebssysteme. Die Spezifikation so zu wählen, daß einerseits eine möglichst große Klasse von realen Maschinen erfaßt wird und andererseits die Abbildung der Idealmaschine auf die gewählte reale Maschine einfach und effizient bleibt, ist nicht trivial. Dies zeigen beispielsweise die Probleme, die bei der Definition einer virtuellen Benutzerstation in Rechnernetzen zu lösen sind.

5. Literatur

[1] Brinch Hansen, P.
Operating systems principles
Prentice Hall, Englewood Cliffs, 1973

[2] Brinch Hansen, P.
The programming language concurrent Pascal
IEEE Trans. Software Eng. 1,2 (1975), 199-207

[3] Brinch Hansen, P.
The SOLO operating system
Software Pract. and Exp. 6 (1976), 141-200

[4] Brinch Hansen, P.
Distributed processes: A concurrent programming concept
Comm. ACM 21,11 (1978), 934-941

[5] Cheriton, D.R., Malcolm, M.A., Melen, L.S., Sager, G.R.
Thoth - a portable real-time operating system
Comm. ACM 22,2 (1979), 105-114

[6] Cook, R.P.
*MOD - a language for distributed programming
1st International Conf. on Distributed Computing Systems, Huntsville 1979, 233-241

[7] Dijkstra, E.W.
Guarded commands, nondeterminacy, and formal derivation of programs
Comm. ACM 18,8 (1975), 453-457

[8] Fabry, R.S.
Capability based addressing
Comm. ACM 17,7 (1974), 403-412

[9] Frank, G.R., Theaker, C.J.
The design of the MUSS operating system
Software Pract. and Exp. 9 (1979), 599-620

[10] Haddon, B.K.
Nested monitor calls
ACM Op. Syst. Rev. 11,4 (1977), 18-23

[11] Hewitt, C., Attardi, G., Lieberman, H.
Security and modularity in message passing
1st International Conf. on Distributed Computing systems, Huntsville 1979, 347-358

[12] Hoare, C.A.R.
Monitors: An operating system structuring concept
Comm. ACM 17,10 (1974), 549-557

[13] Hoare, C.A.R.
Communicating sequential processes
Comm. ACM 21,8 (1978), 666-677

[14] Jammel, A., Stiegler, H.G.
Managers versus monitors
Information Processing 77, 827-830

[15] Jammel, A., Stiegler, H.G.
Structural decomposition and distributed systems
1st European Conf. on Parallel and Distributed Processing, Toulouse 1979

[16] Jammel, A., Stiegler, H.G., Vogel, P.
Impacts of message orientation
to appear

[17] Jones, A.K.
Protection mechanisms and enforcement of security policies
In: Bayer, R., Graham, R.M., Seegmüller, G. (Eds.)
Operating systems: An advanced course
Lecture Notes in Comp. Sci. Bd. 60, Springer 1978

[18] Joseph, M., Prasod, V.R.
More on nested monitor calls
ACM Op. Syst. Rev. 12,2 (1978), 21-25

[19] Keedy, J.L.
On structuring operating systems with monitors
ACM Op. Syst. Rev. 13,1 (1979), 5-9

[20] Kimbleton, S.R., Wood, H.M., Fitzgerald, M.L.
Network operating systems - an implementation approach
NCC AFIPS 47 (1978), 737-782

[21] Lagally, K.
Synchronization in a layered system
In: Bayer, R., Graham, R.M., Seegmüller, G. (Eds.)
Operating systems: An advanced course
Lecture Notes in Comp. Sci. Bd. 60, Springer 1978

[22] Linden, T.A.
Operating system structures to support security and reliable software
ACM Comp. Surveys 8,4 (1976), 409-445

[23] Lister, A.
The problem of nested monitor calls
ACM Op. Syst. Rev. 11,3 (1977), 5-7

[24] Madison, A.W., Batson, A.P.
Characteristics of program localities
Comm. ACM 19,5 (1976), 285-294

[25] Needham, R.M., Lauer, H.C.
On the duality of OS structures
ACM Op. Syst. Rev. 13,2 (1979),3-19

[26] Parnas, D.L.
The non-problem of nested monitor calls
ACM Op. Syst. Rev. 12,1 (1978), 12-14

[27] Stiegler, H.G.
A unified interface for process communication
1st international Conf. on distributed computing systems,
Huntsville 1979, 419-429

[28] Theaker, C.F., Frank, G.R.
MUSS - a portable operating system
Software Pract. and Exp. 9 (1979), 633-643

[29] Walden, D.C.
A system for interprocess communication in a resource sharing computer network
Comm. ACM 15,4 (1972), 221-230

[30] Wettstein, H.
The problem of nested monitor calls revisited
ACM Op. Syst. Rev. 12,1 (1978), 19-23

Implementierungstechniken für Monitore

Jürgen Nehmer
Universität Kaiserslautern

Kurzfassung +)

Monitore wurden nach ihrer Erfindung im Jahre 1973/74 in verschiedenen Forschungsprojekten experimentell erprobt und haben sich dort zur Lösung der gängigen Synchronisationsaufgaben den Semaphoren als deutlich überlegen erwiesen. Der erreichte Erfahrungsstand sollte nun auch die DV-Industrie in die Lage versetzen, dieses neue Konstruktionselement für Systemsoftware einzusetzen.

Ausgehend von der Hoare'schen Definition des Monitors werden alternative Implementierungen vorgestellt und diskutiert.

Varianten des Hoare-Monitors werden insbesondere hinsichtlich der Reduzierung fehlerhafter Programmkonstruktionen sowie ihrer Eignung zur Realisierung bedingter kritischer Abschnitte untersucht.

+) Die vollständige Fassung erscheint als Bericht 17/80 der Universität Kaiserslautern, Fachbereich Informatik.

ENTWURF EINES PORTABLEN REALZEIT-BETRIEBSSYSTEMS

FÜR KLEINRECHNER-KONFIGURATIONEN

G. Valdorf
Forschungslaboratorien der Siemens AG, München,
Otto-Hahn-Ring 6,
D-8000 München 83

0. ZUSAMMENFASSUNG

Vorgestellt und zusammengefaßt werden Konstruktionsprinzipien für ein Realzeit-Betriebssystem, das über einer Klasse struktur-verschiedener Hardware-Systeme portabel sein soll. Portable Betriebssysteme realisieren für unterschiedliche Hardware-Systeme gleiche Benutzerschnittstellen und erhöhen deshalb nicht unwesentlich den Portabilitätsgrad zugehöriger Anwenderprogramme.

Vorgestellt werden darüberhinaus die Funktionen eines Betriebssystemkernes, der typische elementare Betriebssystem-Mechanismen umfaßt. Diese ausgewählten Mechanismen sollten eine minimale und hinreichende Grundlage für die Konstruktion "maßgeschneiderter", d.h. anwendungsorientierter Betriebssysteme darstellen (dedizierte Betriebssysteme); zugleich sollten sie in einer vergleichsweise frühen Entwicklungsphase Funkionsfähigkeit und praktische Verwendbarkeit des Systems nachweisen.

1. EINFÜHRUNG

Der folgende Beitrag beschreibt den Entwurf eines portablen Realzeit-Betriebssystems für aus Kleinrechnerkonfigurationen gebildete Multirechnersysteme, nachstehend kurz PORTOS ('portable operating system') genannt.

PORTOS wurde entworfen im Rahmen eines Forschungsprojektes, das u.a. die Möglichkeiten der wirtschaftlichen Herstellung von dedizierten und dezentralisierten Betriebssystemen für struktur-verschiedene Klein- und Kleinstrechnersysteme untersuchen soll. Diese Systeme können sowohl voneinander unabhängig als auch miteinander gekoppelt sein; auch Kopplungen mit Großrechnersystemen kommen vor.

PORTOS unterstützt insbesondere die Interpretation mehrerer Prozesse ('multiprogramming' und 'multiprocessing') und realisiert eine geräteunabhängige Ein/Ausgabe. Darauf aufbauend wird, um einen standardisierten Datentransfer zwischen Prozessen zu ermöglichen, ein System sowohl zur Inter-Prozeß-Kommunikation als auch für die Datenverwaltung (Datenspeicherung, Datenzugriff) mit einfachen und für beide Komponenten einheitlichen Benutzerschnittstellen angeboten.

Wie allgemein bekannt, werden die Entwicklungskosten neuer Datenverarbeitungssysteme in zunehmendem Maße zum überwiegenden Teil durch die Software-Entwicklungskosten bestimmt, die Hardware-Entwicklungskosten spielen dagegen inzwischen fast eine untergeordnete Rolle. Wirtschaftliche, weniger technische Gründe fordern (neben Kompatibilitätserwägungen) die Langlebigkeit von Software-Systemen. Durch die stürmische Entwicklung der letzten Jahre ist dieses "Software-Dilemma" noch verstärkt worden: Neue Hardware-Systeme, insbesondere Klein- und Kleinstrechnersysteme können inzwischen nicht nur äußerst kostengünstig, sondern auch in kurzen Zeitabständen hergestellt werden. Die Vielfalt der auf dem Markt angebotenen neuen Rechnersysteme stellt diesen Sachverhalt eindrucksvoll unter Beweis. Software-Entwicklung bedeutet heute oft: Konvertierung, d.h. Umstellung alter Software-Systeme auf neue Hardware-Systeme. Um diesem Trend entgegenzuwirken, sollten neue Software-Produkte, also auch Betriebssysteme, soweit irgendmöglich, portabel implementiert werden.

Um Verfügbarkeit und funktionelle Leistung zu erhöhen, wird man in

Zukunft zunehmend bestrebt sein, verschiedenste Kleinrechnersysteme miteinander zu koppeln. Neben Standardisierung der physikalischen (und auch der logischen) Schnittstelle setzt das bei den verschiedenen, im einzelnen gar nicht mehr vorhersehbaren Rechnersystemkopplungen eine hinreichende Gewährleistung des Realzeitverhaltens der einzelnen Betriebssysteme voraus. Neue Betriebssysteme, sollen sie langlebig sein, müssen nicht zuletzt diese Anforderungen berücksichtigen.

Für die Benutzerakzeptanz erscheint es gerade bei der Vielfalt der Klein- und Kleinstrechnersysteme, die miteinander gekoppelt werden, besonders wichtig, unterschiedliche miteinander zu einer Multiprozessor- und/oder Multirechnerkonfiguration gekoppelte Rechnersysteme für diesen Benutzer als ein einziges, einheitliches System darzustellen.

Im folgenden soll deshalb ein Betriebssystem vorgestellt werden, dessen Architektur diesen Erfordernissen Rechnung trägt.

2. KONSTRUKTIONSPRINZIPIEN

Für eine ausführliche Diskussion der allgemeinen Konstruktionsprinzipien sei auf /2/ verwiesen. An dieser Stelle seien nur jene für die Erörterung dieses konkreten Betriebssystems relevanten Aspekte wiederholt und konkretisiert.

2.1 Allgemeine Aspekte

PORTOS: "prozeß-orientiert"

Auf einem System von Prozessoren realisiert PORTOS ein System von Prozessen:

(1) "Gleichartige" Prozessoren, oder wie man auch sagt, Prozessoren mit gleicher Affinität werden zu ´Prozessorklassen´ zusammengefaßt.

"Gleichartige" Prozessoren sind Prozessoren:

- für die Erledigung "gleichartiger" Aufgaben, z.B.: Festpunkt- und/oder Gleitpunktarithmetikprozessor, Ein/Ausgabe-Prozessor für langsame oder schnelle Peripherie, Service-Prozessor (incl. Timer) zu Meß- und Wartungszwecken.
- mit den gemeinsamen Betriebsmitteln Primär- und Sekundärspeicher (Peripherie). Für PORTOS nicht "sichtbare" Betiebsmittel (z.B. ein 'local cache') können in dieser Betrachtung natürlich unberücksichtigt bleiben.

(2) PORTOS-Prozesse werden im allgemeinen vom Benutzer definiert (Benutzer- oder Spezialprozesse), andere sind standardmäßig in PORTOS enthalten (System- oder Standardprozesse):
- Spezialprozesse: Gerätetreiber für Spezialperipherie, konventionelle Anwenderprogramme
- Standardprozesse: Gerätetreiber für Standardperipherie, PORTOS-Kommandointerpreter,...

Für das Konzept und die Architektur von PORTOS ist diese Unterscheidung irrelevant, d.h. der Benutzer sollte beliebige Prozesse (auch spezielle Gerätetreiber) auf einfache und einheitliche Art und Weise in das System einführen können.

(3) PORTOS-Prozesse werden u.a. spezifiziert durch:
- (eindeutige) Identifikation:
  PORTOS-Prozesse unterscheiden sich mindestens in ihrer Identifikation, sie sind eindeutig benennbar (adressierbar).
- Affinität:
  Jeder PORTOS-Prozeß ist affin zu genau einer Prozessorklasse: nur Prozessoren dieser Prozessorklasse können (durch Interpretation) diesen Prozeß realisieren. Prozesse mit gleicher Affinität werden zu einer 'Prozeßklasse zusammengefaßt.
- Priorität:
  Ist die Mächtigkeit der Prozeßklasse größer als die der zu ihr affinen Prozessorklasse, so werden durch die n Prozessoren die n höchstprioren der m Prozesse aus der zu dieser Prozessorklasse affinen Prozeßklasse zur Realisierung ausgewählt ($m>n$).
- Befehlszähler:
  Wie in allen "von Neumann'schen Maschinen" wird der "Arbeitsfortschritt" eines Prozesses, also sozusagen sein "Zustand in der Zeit", durch den Wert des Befehlszählers gemessen.

Alle Parameter, die einen Prozeß spezifizieren, werden zum sogenannten 'process control block' (PCB) zusammengefaßt.

(4) Für (ein initialisiertes) PORTOS gelten u.a. folgende Invarianten:

Anzahl der Prozessorklassen	$= c$	$=$ const.	<1>
Anzahl der Prozeßklassen	$= c$	$=$ const.	<1>
Anzahl der Prozessoren einer Prozessorklasse	$= p_i$	$=$ const.	<2>
Anzahl der Prozesse einer Prozeßklasse	$= q_i$	$=$ const.	<3>

Die Anzahl der Prozesse ist größer oder gleich der Anzahl der affinen Prozessoren:

$$\forall\, i: \qquad q_i \geq p_i \qquad \langle 4 \rangle$$

Aus <1>...<3> folgt:

Gesamtzahl der Prozessoren $= \sum_{i=1}^{c} p_i$ <5>

Gesamtzahl der Prozesse $= \sum_{i=1}^{c} q_i$ <6>

Jedem Prozessor wird ein sogenannter "IDLE-Prozeß" zugeordnet, damit ist Invariante <4> immer erfüllt.

Weitere Invarianten sind in vorangegangener Literatur (--> /2/) aufgeführt.

PORTOS: "prozedur-orientiert"

(5) Im Sinne des Konzeptes höherer Implementierungssprachen (vgl. PASCAL, ALGOL, BCPL,...) wird der Ablauf von PORTOS-Prozessen durch ein System von zu Monitoren im Hoare´schen Sinne (--> /1/) zusammengefaßten Prozeduren gesteuert und unterstützt. Anweisungen an PORTOS (oder PORTOS-Instruktionen) sind für den Benutzer mithin gewöhnliche Prozeduraufrufe.

2.2 Aspekt´ Portabilität´

Um PORTOS zu einem weitgehend portablen, d.h. zwischen struktur-verschiedenen Hardware-Architekturen transferierbaren, Betriebssystem zu machen, wird PORTOS unterteilt in eine HW-abhängige ´Basismaschine´ einerseits und einen HW-unabhängigen, sehr elementaren ´Portos-Kern´ andererseits, der ein weites Spektrum unterschiedlicher Anwendungen des Systems unterstützt ohne dabei selbst anwendungs-abhängig zu sein. Für dedizierte Anwendungsfälle ist dieser Portos-Kern um anwendungsabhängige Betriebssystemfunktionen zu erweitern: 'Portos-Erweiterungen'. Dieser Sachverhalt wird schematisch in Abb.1 veranschaulicht, eine ein wenig detailliertere Darstellung wird in Abb.2 wiedergegeben.

PORTOS: Basismaschine

(6) Durch geeignete Abstraktion von den individuellen Eigenschaften der Hardware wird das Erstellen von 'hardware-naher' und dennoch portabler, d.h. weitgehend 'hardware-unabhängiger' Software ermöglicht. Dazu werden die privilegierten Strukturen (Unterbrechungsmechanismus, Geräteschnittstellen,...) existierender Hardware-Architekturen durch die Basismaschine vereinheitlicht, so daß der Benutzer auf jeder Hardware, auf der die Basismaschine realisiert ist, stets denselben 'Maschinenbefehlssatz' (--> Kap. 3) vorfindet. Bezüglich der nicht-privilegierten Strukturen ist es für das Basismaschinen-Konzept gleichgültig, ob diese durch Compiler/Interpreter höherer Implementierungssprachen dargestellt werden, oder ob sie in Form von (symbolischen) Maschineninstruktionen direkt verwendet werden ("Durchlässigkeit der Basismaschine").

PORTOS: Portos-Kern

(7) Wie bereits oben diskutiert, realisiert PORTOS ein System von Prozessen. In dieser Menge der PORTOS-Prozesse stellen die einzelnen Prozesse im wesentlichen selbstständige, d.h. voneinander unabhängige "Ablaufeinheiten" dar, ihre (hoffentlich "seltene") Wechselwirkung soll durch den Portos-Kern in kontrollierbarer und vollständig HW-unabhängiger Art und Weise ermöglicht werden. Eine elementare Datenverwaltung' (I/O), die eine einheitliche Kommunikation mit unterschiedlicher Peripherie sowie eine einheitliche Verwaltung der Sekundärspeicher realisiert, und eine elementare Inter-Prozeß-Kommunikation'(IPC), die die traditionellen Kommunikationsprobleme ('Konkurrenz' und 'Kooperation' zwischen Prozessen) analog zur I/O-Kommunikation löst, werden zum Portos-Kern zusammengefaßt. Von diesem Portos-Kern wird angenommen, daß seine Funktionen einerseits problem-invariant sind, also in unterschiedlichen, problem-orientierten Betriebssystemen immer wieder vorkommen, andererseits aber auch HW-invariant sind, also (bei Existenz einer Basismaschine) HW-unabhängig implementiert werden können.

PORTOS: Portos-Erweiterungen

(8) In der Kategorie 'Portos-Erweiterungen' werden alle jene Funktionen zusammengefaßt, welche für einen speziellen Anwendungsfall (ein solcher könnte zum Beispiel ein System zur Programmerstellung sein) notwendig oder doch zumindest wünschenswert sind. Über diese Funktionen soll an dieser Stelle nichts Näheres ausgesagt werden, da sie nichts mehr zu den Konstruktionsprinzipien beitragen; sie sind an anderer Stelle zu definieren.

2.3 Aspekt 'Realzeit'

PORTOS: "prozeß-orientiert" (Kap. 2.1 <--)

(9) Wie bereits dargelegt, realisiert PORTOS ein System von Prozessen. Alle diese Prozesse, gleichgültig ob Spezial- oder Standardprozesse (Kap. 2.1, (2) <--), werden u.a. durch ihre Priorität, d.i. ihre "Ablaufpriorität" innerhalb einer Prozessorklasse, spezifiziert (Kap. 2.1, (3) <--). Dieser Variablen kann vom Benutzer ein beliebiger Wert zugewiesen werden (gegebenenfalls sogar "on-line" während "Programmablauf" durch "change priority"). Damit können durch den Benutzer bestimmte Prozesse gegenüber anderen in ihrem Ablauf bevorzugt werden (gegebenenfalls kann diese Privilegierung "on-line" verändert werden). Die PORTOS-Prozeß-Struktur veranschaulicht Abb.3 schematisch.

PORTOS: "prozedur-orientiert" (Kap. 2.1 <--)

(10) Alle Betriebssystemfunktionen, zumindest soweit in den PORTOS-Komponenten 'Basismaschine' und 'Portos-Kern' implementiert, werden als Prozeduren aufgebaut und den jeweils aufrufenden Prozessen zugeordnet: Reentrant Monitore im Hoare'schen Sinne (--> /2/), die u.a. auch den koordinierten Zugriff zu allen mitbenutzbaren ("sharable") Datenstrukturen in diesen Komponenten realisieren (--> Kap. 2.4).

Durch PORTOS wird also nicht - wie in vielen konventionellen Betriebssystemen üblich - ein spezieller, bisweilen höchstpriorer

Betriebssystemprozess implementiert, der in einem "multiprogramming-environment" mit den Benutzerprozessen um das Betriebsmittel "Prozessor" konkurriert. Die PORTOS-Prozedur-Struktur veranschaulicht Abb.3 schematisch.

PORTOS: "unterbrechbar"

(11)Das gesamte Betriebssystem PORTOS ist grundsätzlich unterbrechbar ("enable"); in einer Multiprozessorkonfiguration ist die Ununterbrechbarkeit ("disable") eines einzelnen Prozessors ohnehin kein taugliches Koordinierungshilfsmittel (--> Kap. 2.4). Durch die Unterbrechbarkeit wird andererseits sichergestellt, daß höherpriore Prozesse niederpriore Prozesse kurzfristig verdrängen können.

Man beachte zusätzlich, daß - im Gegensatz zu vielen konventionellen Betriebssystemen - im vorliegenden System Prozessoren in "ihrer Arbeit" nur dann unterbrochen werden, wenn durch das Unterbrechungsereignis auch wirklich ein Prozeßwechsel erforderlich wird: ein höherpriorer Prozeß als der gerade "laufende" wird durch das Unterbrechungsereignis "ablaufbereit".

PORTOS: "Prozeß-Spezifikation und -Ablauf zeitlich unabhängig"

(12)Wie in Realzeit-Betriebssystemen üblich, ist auch in PORTOS die Spezifikation eines Prozesses, d.h. das Laden des zugehörigen Programmes (Programm als Ladeobjekt(e)) und die Wertzuweisungen für die verschiedenen Variablen eines ausgewählten PCB's (Kap. 2.1, (3) <--) zeitlich unabhängig vom tatsächlichen "Ablauf" eines Prozesses, d.h. vom "Starten" des durch den PCB spezifizierten Prozesses.

In Systemen, in denen aufgrund eines geringen Ausbaus des physikalischen Speichers (oder eines geringen Adressiervolumens) Prozesse vollständig ("swapping") oder partiell ("paging") für eine gewisse Zeit ausgelagert werden müssen, sollten hochpriore Prozesse, also Prozesse mit hoher Realzeitanforderung, von dieser Strategie ausgeschlossen werden können ("lock process within primary storage").

2.4 Aspekt "Multiprozessorkoordination"

Wesentliches strukturelles Problem in Mehr-Prozeß-Systemen (multiprogramming und/oder multiprocessing) ist die Synchronisation von parallelen Prozessen, d.h. das interferenz-freie Zusammenwirken ('Konkurrenz' und/oder 'Kooperation') von verschiedenen, im allgemeinen voneinander unabhängigen Prozessen.

Wie bereits festgestellt, realisiert PORTOS ein System von Prozessen; jeder Prozeß besteht aus einer Menge von (teilweise hierarchisch angeordneten) jederzeit unterbrechbaren Prozeduren: der Prozessor-Zustand 'disable' wird nicht implementiert.

Die Prozeduren der 'Basismaschine' und des 'Portos-Kernes' (und sicherlich nicht nur diese!) werden dabei reentrant, d.h. als common code, implementiert. PORTOS-Prozeduren sind also nicht nur unterbrechbar, sondern können zu einem Großteil von mehreren Prozessen gleichzeitig benutzt werden!

(13)In PORTOS erfolgt die Koordinierung mehrerer Prozesse als Koordinierung des Zugriffs zu mehreren Prozessen gemeinsamen Datenstrukturen über standardisierte elementare Sperrmechanismen der Basismaschine ("lock data structure", "unlock data structure"). Diese Datenstrukturen können basismaschinen-intern sein, dann werden sie zur Realisierung der Prozeß-Steuerung (dispatching) und der elementaren Prozeß-Synchronisation verwendet(durch Verwendung eben dieser Sperrmechanismen in Verbindung mit einem "busy wait": "spinlocking"); oder sie können basismaschinen-extern sein, dann kann ein Portos-Kern durch Verwendung der Sperrmechanismen und der Synchronisation, beides durch die Basismaschine zur Verfügung gestellt, zum Beispiel die Semaphore-Operationen von Dijkstra implementieren, also beliebige Prozeßkoordinierungsmechanismen realisieren.

In ihrer Realisierung müssen diese Sperrmechanismen die jeweils zugrunde liegende HW-Konfiguration reflektieren:

- bei Uniprozessoren: mittels disable/enable Operatoren <1>
- bei Multiprozessoren: mittels test&set Operatoren <2>
- bei Multirechnern: mittels inter-processor-communication <3>

(14)Multirechnerkonfigurationen machen die Kommunikation mehrerer Systeme PORTOS untereinander erforderlich. Für von verschiedenen PORTOS-Systemen gemeinsam benutzten Datenstrukturen müssen dann gegebenenfalls Kopien angelegt werden. Die Koordinierung mehrerer PORTOS-Systeme untereinander bedeutet dann, die Konsistenz (die Eindeutigkeit) dieser Kopien zu gewährleisten; dieses wird die Verwendung der Operatoren vom Typ <3> zusätzlich zu jenen vom Typ <2> nachsichziehen. Auf diese Fragestellung soll aber im Rahmen dieses Papiers nicht weiter eingegangen werden.

(15)Verklemmungssituationen werden in PORTOS durch folgende Maßnahmen verhindert ("deadlock-prevention"):

- "Geschachteltes Sperren" ("nested locking") mehrerer Datenstrukturen ist nicht erlaubt und kann, da überprüfbar, grundsätzlich verhindert werden.
- "Gleichzeitiges Sperren" mehrerer Datenstrukturen kann dagegen erlaubt werden.

3. FUNKTIONEN

Auf eine detailliertere Erörterung der Funktionen, die die Basismaschine und den PORTOS-Kern bilden, muß an dieser Stelle verzichtet werden.

Einen Eindruck jedoch soll die nachfolgende Tabelle vermitteln, in der die Funktionen, die durch die einzelnen Komponenten (Basismaschine (BM) und PORTOS-Kern = Ein-/Ausgabe (I/O), Inter-Prozeß-Kommunikation (IPC)) realisiert werden, zu Funktionsgruppen (Monitoren) zusammengefaßt sind.

Jede einzelne dieser Komponenten stellt eine "Maschine" dar: "abstrakte Maschine" in ihrer Spezifikation, "virtuelle Maschine" in ihrer konkreten Implementierung (Abb.1, 2 <--). Unterschieden wird zwischen den externen und internen Funktionen: Die externen Funktionen repräsentieren den "Maschinenbefehlssatz" dieser Maschine, sie können vom Benutzer explizit "aufgerufen" werden; die internen Funktionen sind für den Benutzer nicht "sichtbar".

Monitor	Funktion		BM	I/O	IPC
(1)	assign		int	-	-
	preempt		int	-	-
	suspend		int	-	-
	unpend	(proc)	int	-	-
(2)	post	(proc)	ext	ext	ext
	wait	(... ∨ $proc_i$ ∨ $proc_j$ ∨ ...)	ext	ext	ext
(3)	lock	(... ∧ $dset_i$ ∧ $dset_j$ ∧ ...)	ext	ext	ext
	unlock	(dset)	ext	ext	ext
(4)	getnext	(dset/proc,buffer; ...)	ext	ext	ext
	putnext	(dset/proc,buffer; ...)	ext	ext	ext
	await	(... ∨ $proc_i$ ∨ $dset_j$ ∨ ...)	ext	ext	ext
	control	(dset,newstatus; ...)	ext	ext	-
	connect	(dset/proc; ...)	-	ext	ext
	disconnect	(dset/proc; ...)	-	ext	ext
	create	(dset/proc; ...)	-	ext	ext
	delete	(dset/proc; ...)	-	ext	ext
(5)	load	(dset,buffer;...)	ext	ext	ext
	declare	(buffer,proc;...)	-	ext	ext
	execute	(proc;...)	-	ext	ext

PORTOS: wesentliche Funktionen

Anmerkungen: - die Tabelle stellt die relevanten PORTOS-Prozeduren funktionell zusammen, auf eine syntaktisch korrekte Darstellung der Prozedur-Aufrufe wurde der Übersichtlichkeit wegen verzichtet.

- Für die durch "/" getrennten Parameter gilt: Für Aufrufe an die BM kann entweder der eine oder der andere, an I/O nur der erste, an IPC nur der zweite verwendet werden.

Jede Maschine besteht aus einer Anzahl von Monitoren, in denen jene Funktionen (Prozeduren) zusammengefaßt sind, die über denselben Datenstrukturen operieren (/2/<--):

(1) Prozeß-Steuerung

Wie in anderen Betriebssystemen, so können auch in PORTOS die Prozesse in unterschiedlichen Zuständen sein:

run: Der Prozeß wird von einem Prozessor interpretiert; der Prozeß "läuft ab".

ready: Der Prozeß ist "ablaufbereit".

wait: Der Prozeß ist nicht "ablaufbereit"; der Prozeß "wartet" auf ein Ereignis, generiert durch einen anderen Prozeß.

Dabei sind folgende Zustandsübergänge möglich:

assign:	ready	--->	run
preempt:	run	--->	ready
suspend:	run	--->	wait
unpend:	wait	--->	ready

(2) Prozeß-Synchronisation

post: Generieren eines Ereignisses für den adressierten Prozeß.

wait: Warten auf mindestens ein Ereignis, generiert durch einen der adressierten Prozesse.

(3) Prozeß-Konkurrenz ("mutual exclusion")

lock: Exclusives Belegen aller adressierten Betriebsmittel.

unlock: Freigeben des adressierten Betriebsmittels.

(4) Prozeß-Kooperation ("inter-process-communication = input/output")

getnext: i/o: asynchrones Lesen der nächsten Dateneinheit.
ipc: asynchrones Empfangen der nächsten Nachricht.

putnext: i/o: asynchrones Schreiben der nächsten Dateneinheit.
ipc: asynchrones Senden der nächsten Nachricht.

await: i/o: Warten auf Beendigung des Datentransfers.
ipc: Warten auf Beendigung des Nachrichtentransfers.

control: i/o: Positionieren auf eine neue nächste Dateneinheit.

connect: i/o: Eröffnen einer Datei.
ipc: Aufbau einer Prozeßverbindung (Kommunikationskanal).

disconnect: i/o: Schließen einer Datei.
ipc: Abbau einer Prozeßverbindung.

create: i/o: Erzeugen einer Datei (einer Dateibeschreibung).
ipc: Erklären einer Datei als Ladeobjekt.

delete: i/o: Vernichten einer Datei (einer Dateibeschreibung).
ipc: Vernichten eines Ladeobjektes.

(5) Prozeß-Spezifikation

load: Laden eines Ladeobjektes vom Sekundärspeicher (Datei, Gerät bzw. Datenträger,...) in den Primärspeicher.

declare: Erklären eines geladenen Objektes als einen Prozeß; Zuordnen eines PCB´s (Kap.2.1<--) zu einem geladenen Objekt.

execute: Starten eines (erkärten) Prozesses;
Überführen des Prozesses in den Zustand ´ready´.

4. SCHLUSSFOLGERUNGEN

Mit der Entwicklung von PORTOS werden vor allem zwei Ziele verfolgt: Erstens und vor allem sollen die Möglichkeiten zur Konstruktion dedizierter, verteilter und portabler Betriebssysteme für unterschiedliche Klein- und Kleinstrechnerkonfigurationen untersucht werden; zweitens soll mit PORTOS ein Betriebssystem entstehen, das Grundlage und Werkzeug für andere, vorzugsweise technisch-wissenschaftliche Anwendungen bildet.

Ein erster Schritt für beide Ziele ist mit dem hier kurz vorgestellten Entwurf getan worden. Art (Kap. 2<--) und Umfang (Kap. 3<--) der in diesem Konzept durchgeführten Abstraktionen erscheinen attraktiv: Zum einen wird mit dem spezifizierten Befehlssatz der Basismaschine ein minimaler Satz elementarer, aber dadurch sehr allgemeiner Funktionen realisiert; der nicht-portable Anteil des Betriebssystems, die Basismaschine, kann klein gehalten werden, ohne daß dadurch eine Beschränkung in der Realisierung unterschiedlicher Betriebssystemstrategien erfolgt. Zum anderen sind die Befehlssätze der verschiedenen Maschinen (BM, I/O, IPC) vergleichsweise einheitlich spezifiziert; das bedeutet, daß Vorkehrungen für eine leicht-erlernbare und flexible Anwendung getroffen sind. Eine erste, experimentelle Version, eine Implementierung der Basismaschine und der Ein-/Ausgabe des PORTOS-Kernes in BCPL (/9/<--), wurde auf dem Siemens-Prozeßrechner 310 installiert und arbeitet dort in Koexistenz mit dem für diesen Rechner originalen Betriebssystem. In weiteren Schritten soll eine Vervollständigung des PORTOS-Kernes um die Inter-Prozeß-Kommunikation sowie ein Transfer des Systems auf eine Multiprozessorkonfiguration durchgeführt werden.

Großen Einfluß auf dieses Konzept hat die Entwicklung anderer Betriebssysteme gehabt (/3/ ... /8/). Allen jenen Betriebssystemen, obwohl unterschiedliche Ziele verfolgend, ist gemein, daß sie (im Vergleich zu konventionellen Systemen) sehr kompakt und in einer höheren Implementierungssprache codiert sind. Sie behandeln Teilaspekte der in dieser Untersuchung verfolgten Ziele; insofern stellt das hier vorgestellte Konzept eine Variante jener Systeme dar. Die dort gemachten Erfahrungen (Portabilitätsgrad, Effizienzverluste) ermutigen im Übrigen zu diesen Untersuchungen.

5. Literatur

/1/ C.A.R. Hoare:
Monitors: An Operating System Structuring Concept.
Communications of the ACM, Vol. 17, No. 7, 549-557, (1974)

/2/ G. Valdorf:
Dedicated, Distributed and Portable Operating Systems:
A Structuring Concept.
Forschungsbericht, in Vorbereitung

/3/ D.M. Ritchie and K. Thompson:
The UNIX Time-Sharing-System.
The Bell Systems Technical Journal, Vol. 57, No. 6, 1905-1929 (1978)

/4/ S.C. Johnson and D.M. Ritchie:
Portability of C Programs and the UNIX-System.
The Bell Systems Technical Journal, Vol. 57, No. 6, 2021-2048 (1978)

/5/ D.R. Chariton, M.A. Malcolm, L.S. Melen, G.R. Sager:
Thoth, a Portable Real-Time Operating System.
Communications of the ACM, Vol. 22, No. 2, 105-115 (1979)

/6/ M. Richards, A.R. Aylward, R. Bond, R.D. Evans, B.J. Knight:
TRIPOS - A Portable Operating System for Mini-Computers.
Software - Practice and Experience, Vol. 9, No. 7, 513-526 (1979)

/7/ G.R. Frank and C:J. Theaker:
The Design of the MUSS Operating System.
Software - Practice and Experience, Vol. 9, No. 8, 599-620 (1979)

/8/ C.J. Theaker and G.R. Frank:
MUSS - A Portable Operating System.
Software - Practice and Experience, Vol. 9, No. 8, 633-643 (1979)

/9/ M. Richards:
BCPL: A Tool for Compiler Writing and System Programming.
Proc. Spring Joint Computer Conference, 557-566 (1969)

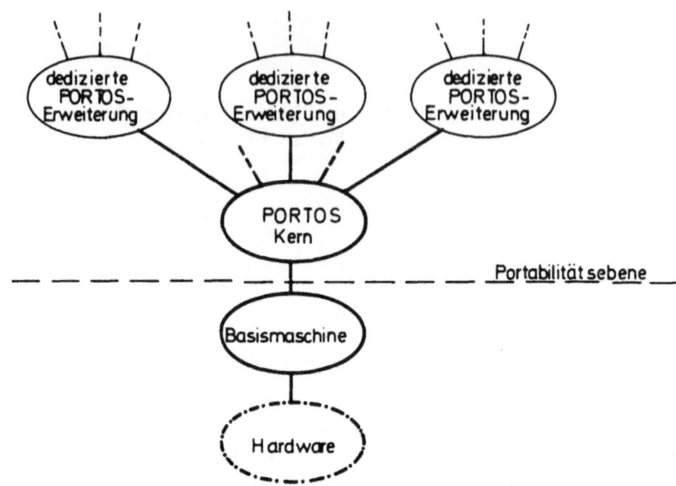

Abb. 1: PORTOS als System hierarchisch angeordneter, virtueller Maschinen

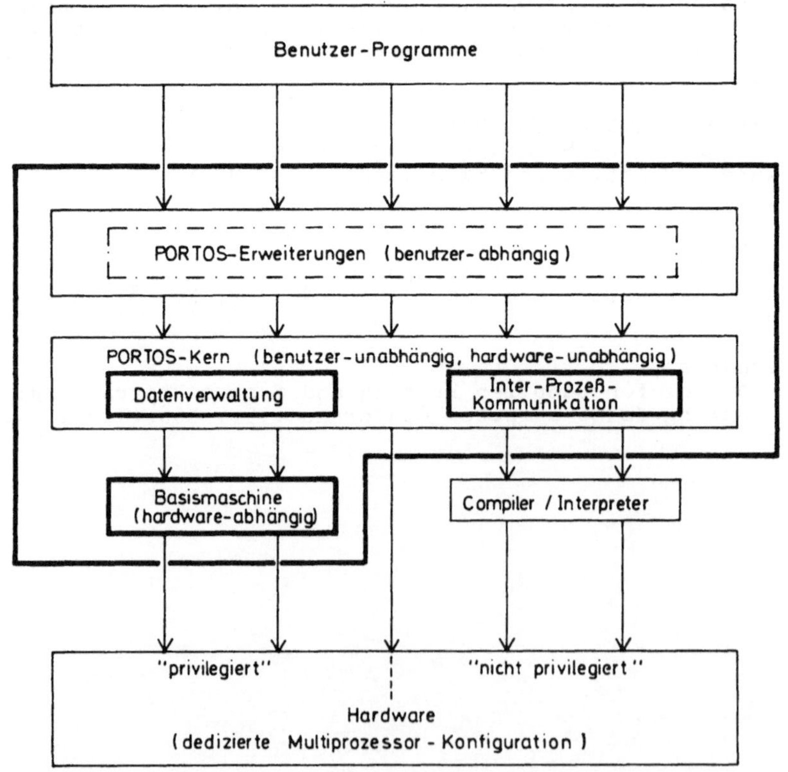

Abb. 2: PORTOS und Umgebung

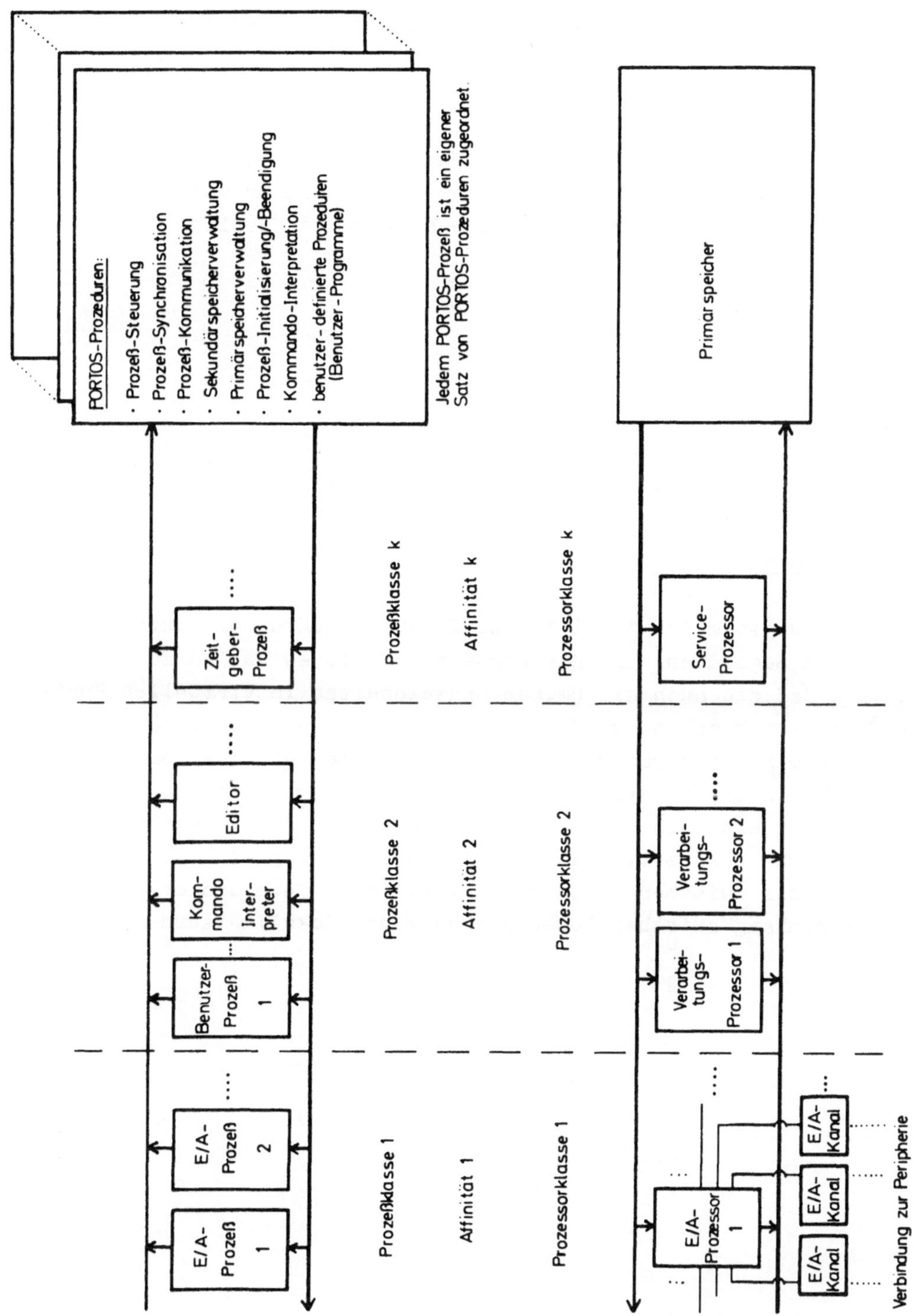

Abb. 3: PORTOS auf einer dedizierten Multiprozessor-Konfiguration

DOMÄNEN UND LOKALITÄTEN IM DAS-BETRIEBSSYSTEM

Klaus-Peter Löhr, Universität Bremen
Dieter Schuh, Krupp Atlas-Elektronik Bremen
Peter Walter, Technische Universität Berlin

Zusammenfassung:

Das Betriebssystem DAS besitzt eine Domänenstruktur mit unterschiedlich großen Segmenten. Da die Segmente in vielen Fällen zu klein sind, als daß sie auch als Umlagerungseinheiten im virtuellen Speicher fungieren könnten, werden alle Segmente einer Lokalität zu einer Umlagerungseinheit gepackt. Aus welchen Segmenten eine Lokalität sich jeweils zusammensetzt, wird sowohl durch explizite Direktiven des Programms als auch durch Zugriffsfehler und die Entdeckung obsoleter Segmente bestimmt. Die vorliegende Arbeit geht besonders auf das Verhältnis zwischen Domänen und Lokalitäten ein und erläutert den Zusammenhang zwischen Domänenwechsel und Lokalitätsänderung.

1. Einleitung: Virtueller Speicher und Lokalitätsumlagerung

In einem Teilnehmersystem mit virtuellem Speicher hat man darauf zu achten, daß die Arbeitsspeicherbelegung zu jedem Zeitpunkt den folgenden Forderungen genügt:

A. Es befinden sich nur Segmente einer kleinen Teilmenge aller Prozesse im Arbeitsspeicher (die Anzahl der im Arbeitsspeicher vertretenen Prozesse heißt Multiprogramming-Grad).

B. Jedem im Arbeitsspeicher vertretenen Prozeß ist hinreichend Speicherplatz für seine aktuellen - d.h. augenblicklich benutzten - Segmente zugeteilt. Ein aktuelles Segment ist entweder präsent oder kann ohne Verdrängung eines anderen aktuellen Segments eingelagert werden. (Die Menge der jeweils aktuellen Segmente eines Prozesses heißt Lokalität dieses Prozesses.)

Wenn die Lokalität eines Prozesses nicht bekannt ist, verwendet man statt ihrer den Working Set, d.i. die in der jüngsten Vergangenheit beobachtete Lokalität. Die Beachtung der Forderungen A und B läuft dann auf die Konstruktion eines Working Set Dispatchers hinaus /Denning 78/.

Wenn ein im Hintergrundspeicher lagernder Prozeß in den Arbeitsspeicher gebracht wird, können seine aktuellen Segmente entweder einzeln, jeweils zum Zeitpunkt des ersten Zugriffs, oder als Paket, bevor der Prozeß einen Prozessor zugeteilt bekommt, eingelagert werden. Im ersten Fall spricht man von Demand Fetching, im zweiten von Swapping. Wir wollen statt "Swapping" den Begriff "Lokalitätsumlagerung" verwenden, damit deutlich wird, daß nicht die klassische "Prozeßumlagerung" gemeint ist, bei der - ohne virtuellen Speicher - der gesamte Inhalt des Adreßraums eines Prozesses umgelagert wird.

Das Studium des Lokalitätsverhaltens von Programmen zeigt, daß Lokalitäten nicht, wie früher angenommen, "langsam wandern", sondern daß sie längere Zeit stationär bleiben, um sich dann drastisch zu verändern und in eine neue stationäre Phase überzugehen /Madison,Batson 76/. Wegen dieses Phasenverhaltens ist Lokalitätsumlagerung dem Demand Fetching vorzuziehen: die erheblich größere Zugriffsfehlerrate beim Demand Fetching verursacht nicht nur einen höheren System-Overhead, sondern führt auch zu Leerzeiten des Prozessors, die nur durch eine Erhöhung des Multiprogramming-Grades, also mehr Arbeitsspeicher, gedrückt werden können. Die Vorteile der Lokalitätsumlagerung können dadurch noch erhöht werden, daß man die Segmente eine Lokalität auf dem Hintergrundspeicher zusammenhängend unterbringt. Beim Umlagern fällt dann jeweils nur eine Latenzzeit an. (Beachte, daß eine shortest-latency-first-Bedienung des Hintergrundspeichers die Latenzzeiten im Fall einer gestreuten Speicherung erst dann "maskiert", wenn wiederum der Multiprogramming-Grad genügend hochgetrieben wird!)

Trotz dieser Vorteile sind nur wenige Systeme bekanntgeworden, deren virtueller Speicher von einer Lokalitäts- bzw. Working-Set-Umlagerung Gebrauch macht. Zu nennen ist hier vor allem EMAS an der University of Edinburgh /Whitfield,Wight 73/, HYDRA an der Carnegie-Mellon University /Levin et al. 75/ und das Betriebssystem der VAX-11 /DEC 77/.

2. Adreßraumstruktur des DAS-Systems: Domänen und Segmente

Auf der Grundlage der obigen Definition der Lokalität kann man dem tatsächlichen Lokalitätsverhalten eines Programms umso besser gerecht werden, je "flexibler" die Segmentierung ist: die Programmstruktur muß sich in der Segmentstruktur niederschlagen können; Segmente sollten von unterschiedlicher Länge sein können (weshalb Paging ungeeignet ist), und auch kleine Segmente (z.B. 64 B) sollten zugelassen sein. Unter diesen Bedingungen gerät man mit der klassischen Organisation für virtuelle Speicher in Schwierigkeiten. Man wird sich versucht fühlen, mehrere kleine Segmente zu größeren Transfereinheiten für die Ein/Auslagerung zu "packen". Hier sollte man den konsequenten Weg der Lokalitätsumlagerung gehen, d.h. alle Segmente einer Lokalität zu einer Transfereinheit packen.

In dieser Situation befindet man sich insbesondere bei einem domänenorientierten System mit differenzierten Schutzmöglichkeiten. Eine

Domäne /Spier et al. 74/ ist eine Gruppe von Segmenten, die einen Modul (etwa im Sinne von SLAN /Koster 76/ oder MODULA /Wirth 77/) oder ein Objekt (etwa im Sinne von SIMULA) realisiert. Eine Domäne ist stets geschützt in folgendem Sinn: sie ist genau dann im Adreßraum eines Prozesses enthalten, wenn eine ihrer Instruktionen ausgeführt wird; damit wird dem Geheimnisprinzip für Moduln (bzw. der Datenabstraktion für Objekte) Rechnung getragen, denn die Manipulation der Daten einer Domäne ist nur durch ihren eigenen Code möglich. Der Übergang zwischen Domänen erfolgt mittels eines speziellen CALL/ RETURN-Mechanismus. Ein Prozeß "wandert" von Domäne zu Domäne, wobei sein Adreßraum als "Fenster" zu den jeweils benötigten Segmenten fungiert. - Domänen werden durch Capabilities identifiziert, was eine differenzierte Vergabe von Zugriffsrechten ermöglicht.

Als sehr aufwendiges System dieser Art ist HYDRA von der Carnegie-Mellon University bekanntgeworden /Wulf et al. 74/. Für HYDRA ist das Domänen-Konzept nicht elementar, es können aber "protected procedures" und "protected subsystems" aufgebaut werden, die sich wie Domänen verhalten. Ein sehr andersartig konzipiertes System ist CAP von der University of Cambridge /Needham,Walker 77/, welches sich durch eine besondere Hardware-Architektur auszeichnet, die bereits auf die Schutzproblematik und die extensive Verwendung von Capabilities zugeschnitten ist. Während HYDRA bezüglich des Domänenwechsels sehr schwerfällig ist, ist der Domänenwechsel bei CAP so schnell, daß die Domänen klein gewählt werden können, also eine "fine-grain protection" möglich ist /Cook 79/.

An der TU Berlin wurde im Rahmen des Projektes DAS ("dynamisch änderbares System") für eine PDP-11/40E ein Domänen-Konzept entwickelt, dessen Ambitionen bezüglich Protection nicht so weitreichend sind wie die von HYDRA bzw. CAP /Goullon et al. 78/ /Mauersberg 78/ /Müller et al. 79/. Daher gelang es, auch ohne spezielle Hardware (allerdings mit Firmware-Unterstützung) beim Domänenwechsel eine Effizienz zu erreichen, die der des CAP-Systems nahekommt.

Im DAS besteht eine Domäne aus bis zu 3 Segmenten: einem Codesegment (CODE, stets vorhanden), einem Segment mit den Daten eines Objektes (OBJECT) und einem Segment mit codespezifischen Daten (OWN). Domänen, welche Objekte des gleichen Typs realisieren, teilen sich in die Benutzung eines CODE-Segments und des dazugehörigen OWN-Segments (falls vorhanden). Die Situation ist in Abb. 1 skizziert.

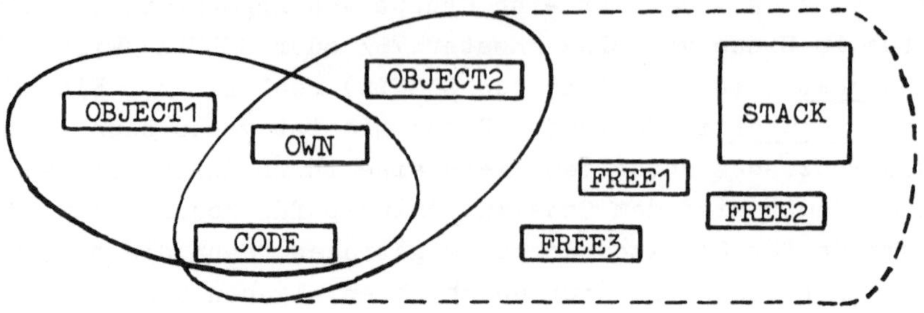

Abb. 1 Überlappende Domänen (——) und typischer Adreßraum(---)

Der Adreßraum eines Prozesses enthält zu jedem Zeitpunkt

- eine Domäne,
- ein Stack-Segment (genauer: ein "oberer Teil" desselben),
- eventuell weitere, sogenannte "freie" Segmente, die wie Domänen über Capabilities identifiziert werden und nach Bedarf in den Adreßraum "geladen" werden können (durch Umdefinition der Adreßabbildung).

Der Domänenwechsel wird durch den Aufruf einer Systemfunktion CALL in der Form

CALL Domäne, Operation(Parameter)

bewirkt, wobei die Capability 'Domäne' die Zieldomäne und 'Operation' die dort aufzurufende Prozedur bezeichnet. Eine weitere Systemfunktion RETURN bewirkt ebenfalls einen Domänenwechsel, nämlich die Rückkehr zur aufrufenden Domäne (samt Installation des alten Adreßraums).

3. Zum Verhältnis zwischen Adreßraum und Lokalität

Die Segmente eines Adreßraums enthalten neben Instruktionen und Daten auch Capabilities als Verweise auf andere Domänen und freie Segmente. Einem Prozeß sind somit zu jedem Zeitpunkt außer den Segmenten seines aktuellen Adreßraums die über die Capabilities erreichbaren Domänen und Segmente bekannt. Die Menge aller bekannten Segmente (inklusive aller Domänensegmente) werde mit S bezeichnet.

In einem domänenorientierten System mit Lokalitätsumlagerung lassen sich in S drei ausgezeichnete Teilmengen charakterisieren: eine Domäne D, ein Adreßraum A und eine Lokalität L. Wie verhalten diese sich zueinander? Wie in 2. erläutert, gilt $D \subset A$. Bezüglich des Verhältnisses von A zu L ist es naheliegend, $A \subset L$ zu fordern: (1) ein Zugriff auf ein Segment ist nur möglich, wenn das Segment sowohl adressierbar als auch präsent ist; (2) angesichts der geringen Kosten einer Adreßraumänderung (verglichen mit den Kosten einer Lokalitätsänderung) sollte der aktuelle Adreßraum "wesentlich kleiner" als die aktuelle Lokalität sein.

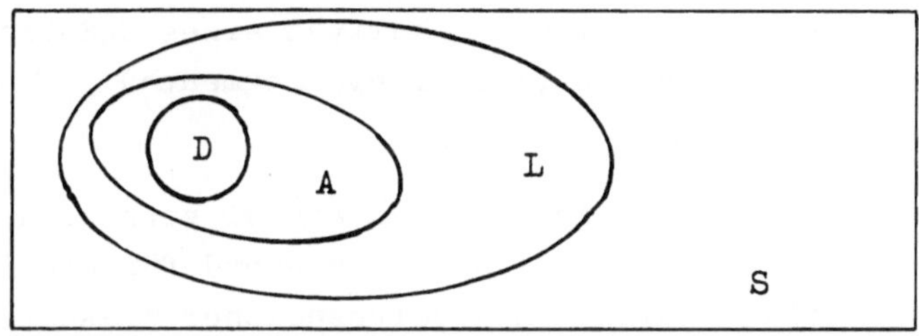

Abb. 2 Domäne, Adreßraum und Lokalität eines HYDRA-Prozesses

Diese Philosophie wurde in HYDRA verfolgt (Abb. 2). Maßgebend dafür war u.a. die Tatsache, daß die verwendete Hardware (PDP-11/40) kein sauberes Demand Fetching erlaubt. In klassischen Demand-Fetching-Systemen mit großen Adreßräumen ist natürlich $L \subset A$. Bei $A \subset L$ sind Zugriffsfehler ausgeschlossen. Das bedeutet, daß die Änderung von L nicht "automatisch entdeckt" wird, sondern durch explizite Direktiven des Programms bewirkt werden muß. Hier wiederum kann man aus der Not eine Tugend machen und die tatsächliche Lokalität besser zu approximieren versuchen als das durch die Beobachtung von Working Sets möglich ist.

Läßt man die Forderung $A \subset L$ fallen, so stellt sich die Frage, wie weit man L schrumpfen lassen kann. $D \subset L$ muß auf jeden Fall beibehalten werden, weil die Segmente einer Domäne einzeln "nicht lebensfähig" sind. Auch das Stack-Segment ist stets in L enthalten. Daraus folgt, daß A-L ausschließlich freie Segmente enthält. (L-A kann sowohl Domänen als auch freie Segmente enthalten.) Wird ein Zugriff auf ein solches Segment versucht, so tritt ein Zugriffsfehler auf. Ein System ohne Lokalitätsumlagerung hat darauf lediglich mit dem Einlagern des fehlenden Segments zu reagieren. In unserem Fall dagegen bedeutet ein Zugriffsfehler eine Änderung der Lokalität (und tritt in aller Regel beim Übergang von einer Lokalitätsphase in eine andere auf). Wir kommen in 4. darauf zurück.

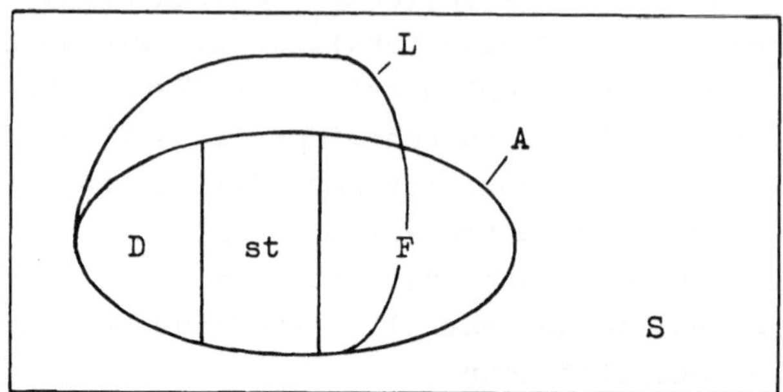

Abb. 3 Domäne, Adreßraum und Lokalität eines DAS-Prozesses (st = Stack-Segment, F = freie Segmente)

Für das DAS wurde dieser - in Abb. 3 noch einmal veranschaulichte - Zugang gewählt /Löhr et al. 79/. Ausschlaggebend für die Beibehaltung der Adressierbarkeit nicht im Arbeitsspeicher präsenter Segmente waren die folgenden Argumente:

1. Das System soll kleine Domänen nicht erzwingen, insbesondere dann nicht, wenn der gewünschte Schutzeffekt bereits durch die verwendete Programmiersprache sichergestellt ist. Aber auch bei einem in eine einzige Domäne gepackten großen Programm sollte auf die wechselnden Lokalitäten Rücksicht genommen werden können.

2. Die Zugriffsfehler-Meldung durch die Speicherabbildungs-Hardware zeigt eine Lokalitätsänderung an. Auf diese Möglichkeit sollte man nicht ohne Not verzichten, selbst wenn intendiert ist, daß im Regelfall das Programm eine Lokalitätsänderung explizit ankündigt.

4. Lokalitätsänderung

Das Prinzip der Lokalitätsumlagerung unterscheidet sich vom klassischen Demand Fetching durch die strenge begriffliche Trennung zwischen

- Umlagerung der Lokalität und
- Veränderung der Lokalität.

In der funktionellen Hierarchie des DAS sind die Routinen zur Lokalitätsveränderung auf wesentlich höherer Ebene angesiedelt als die für die Umlagerung zuständige Instanz, welche eng mit dem Prozeßverwalter gekoppelt ist. Entfernt man die Routinen zur Lokalitätsveränderung, so behält man ein voll arbeitsfähiges (wenn auch weniger effizientes) Swapping-System.

Für die Veränderung der aktuellen Lokalität steht u.a. eine Funktion

take (neue Lokalität)

zur Verfügung, welche die Segmentmenge 'neue Lokalität' zur aktuellen Lokalität erklärt. ('neue Lokalität' ist repräsentiert als eine Liste von Capabilities für Domänen und/oder freie Segmente; das Stack-Segment gehört zwangsweise dazu.)

Die Entfernung der aktuellen Domäne aus der aktuellen Lokalität ist sinnvollerweise nur in Zusammenhang mit einem CALL oder RETURN möglich. Eine Funktion

transfer (neue Lokalität, Operation(Parameter))

bewirkt die kombinierte Ausführung eines CALL mit einem 'take' wie folgt:

```
begin  local alte Lokalität := aktuelle Lokalität;
       take(neue Lokalität);
       CALL Domäne, Operation(Parameter);
       take(alte Lokalität)
end
```

(wobei 'Domäne' durch die erste Capability der hinter 'neue Lokalität' verborgenen Capability-Liste repräsentiert wird). Beachte, daß bei RETURN automatisch die alte Lokalität wiederhergestellt wird!

Das Auftreten eines Zugriffsfehlers für ein Segment s kann als "implizites"

take (aktuelle Lokalität + {s})

interpretiert werden. Entsprechend wird ein Segment der aktuellen Lokalität, das während einer gesamten Anwesenheitsperiode der Lokalität im Arbeitsspeicher nicht angesprochen wurde, als "obsolet" erkannt und mittels

$$\text{take (aktuelle Lokalität} - \{s\})$$

aus der aktuellen Lokalität entfernt.

Somit legt das System bei einem Programm, in dem der Programmierer keinerlei 'take' oder 'transfer' vorgesehen hat, einen Working Set als Lokalität zugrunde. Im Gegensatz zu VAX und HYDRA gibt es aber keine obere Schranke für die Working-Set-Größe (außer natürlich die Größe des zur Verfügung stehenden Arbeitsspeicherbereichs). Auch gibt es kein Replacement-Problem im klassischen Sinn: ausgelagert werden stets nur komplette Lokalitäten sowie einzelne obsolete Segmente.

Das ideale Programm ist natürlich derart mit 'take'- und 'transfer'-Operationen versehen, daß weder Zugriffsfehler auftreten noch obsolete Segmente entdeckt werden. Andererseits müssen diese Operationen so sparsam verwendet werden, daß sie die "größeren" Lokalitätsphasen des Programms markieren, das sind solche, die mehrere Ein/Auslagerungsvorgänge überdauern. Mit anderen Worten: die Lebensdauer der Lokalität muß ein Mehrfaches ihrer Aktivitätsdauer während einer Anwesenheitsphase im Arbeitsspeicher betragen /Löhr et al. 79/. Bei stark belastetem System ist die Aktivitätsdauer durch eine Systemkonstante nach oben beschränkt. An dieser Größe hat man sich zu orientieren, wenn man durch Zeitmessungen einen Einblick in die Lokalitätshierarchie gewonnen hat /Madison,Batson 76/ /Batson et al. 77/.

5. Zusammenfassung

Eine Virtuelle-Speicher-Organisation wie oben skizziert wurde für DAS im Rahmen einer Diplomarbeit von D. Schuh und P. Walter implementiert und getestet. Die Systemintegration steht noch aus.

Die Konzeption der Domänenstruktur und der Lokalitätsumlagerung im DAS war motiviert durch die Überzeugung, auf einer konventionellen Maschine (mit gewisser Firmware-Unterstützung) einerseits ein leistungsfähiges Schutzsystem - weniger allgemein, aber effizienter als in HYDRA - realisieren zu können und andererseits die von CAP bekannten Ineffizienzen des virtuellen Speichers zu vermeiden. Ersteres wird durch eine einfache Domänenstruktur, letzteres durch die Packung der vielen kleinen Segmente einer Lokalität zu einer einzigen Umlagerungseinheit erreicht. Dem Zusammenhang zwischen Domänen und Lokalitäten wird durch die Bereitstellung der Operation 'transfer' Rechnung getragen.

Durch zukünftige Experimente gilt es in Erfahrung zu bringen, ob die explizite Aktivierung der vorgesehenen Operationen zur Lokalitätsänderung genug einbringt, um nicht nur in Systemprogrammen, sondern auch in häufig verwendeten Benutzerprogrammen eingesetzt zu werden.

Literatur

/Batson et al. 77/ A.P. Batson, W.E. Blatt, J.P. Kearns: Structure within locality intervals. Proc. Symp. Measuring, Modelling, and Evaluation of Computer Systems (ed. H. Beilner, E. Gelenbe), North-Holland, 1977

/Cook 79/ D. Cook: In support of domain structure for operating systems. Proc. 7. Symp. Operating System Principles, ACM Sigops Operating Systems Review, 1979

/DEC 77/ Digital Equipment Corporation: VAX-11/780 System Handbook, Vol. 3: Software Handbook, 1977

/Denning 78/ P.J. Denning: Working sets then and now. Proc. 2. Int. Coll. Operating Systems, IRIA Rocquencourt, 1978. Siehe auch: P.J. Denning: Working sets today. Proc. 2. Compsac, IEEE, 1978

/Goullon et al. 78/ H. Goullon, R. Isle, K.-P. Löhr: Dynamic restructuring in an experimental operating system. IEEE Trans. Software Engineering 4.4, 1978

/Koster 76/ C.H.A. Koster: Visibility and types. Conf. on Data, ACM Sigplan Notices Special Issue 8.2, 1976

/Levin et al. 75/ R. Levin, E. Cohen, W. Corwin, F. Pollack, W. Wulf: Policy/mechanism separation in HYDRA. Proc. 5. Symp. Operating System Principles, ACM Sigops Operating Systems Review Special Issue 9.5, 1975

/Löhr et al. 79/ K.-P. Löhr, D. Schuh, P. Walter: Locality Swapping in a segmented virtual memory. TR 79-24,Fachbereich Informatik, TU Berlin, 1979

/Madison,Batson 76/ A.W. Madison, A.P. Batson: Characteristics of program localities. Comm. ACM 19.5, 1976

/Mauersberg 78/ H. Mauersberg: Improving operating system design through microprogramming: principles and realization in the DAS system. TR 78-19, Fachbereich Informatik, TU Berlin, 1978

/Müller et al. 79/ J. Müller, A.N. Habermann, K.-P. Löhr: Address space management in the DAS operating system. TR 79-20, Fachbereich Informatik, TU Berlin, 1979

/Potier 77/ D. Potier: Analysis of demand paging policies with swapped working sets. Proc. 6. Symp. Operating System Principles, ACM Sigops Operating Systems Review Special Issue 11.5, 1977

/Spier et al. 74/ M.J. Spier, T.N. Hastings, D.N. Cutler: A storage mapping technique for the implementation of protective domains. Software - Practice and Experience 4.3, 1974

/Whitfield,Wight 73/ H. Whitfield, A.S. Wight: The Edinburgh multi-access system. Comp. J. 16.4, 1973

/Wirth 77/ N. Wirth: MODULA: A language for modular multiprogramming. Software - Practice and Experience 7.1, 1977

/Wulf et al. 74/ W. Wulf, E. Cohen, W. Corwin, A. Jones, R. Levin, C. Pierson, F. Pollack: HYDRA: the kernel of a multiprocessor operating system. Comm. ACM 17.6, 1974

Untersuchungen zu Prepaging-Verfahren

D. Conrads
Zentralinstitut für Angewandte Mathematik
Kernforschungsanlage Jülich, 5170 Jülich

1 Einleitung

Im Gegensatz zu Demand-Paging-Verfahren, bei denen eine nicht im Arbeitsspeicher befindliche Seite genau dann geladen wird, wenn sie referiert wird, können bei Prepaging-Verfahren Seiten, von denen erwartet wird, daß sie in Kürze referiert werden, bereits vor dem Referenzzeitpunkt geladen werden. Im folgenden ist unter Prepaging stets Demand-Prepaging zu verstehen, d. h., Ladevorgänge dürfen nur zu Page-Fault-Zeitpunkten initialisiert werden und die Programmausführung wird erst nach Abschluß aller Ladevorgänge fortgesetzt.

Bei Prepaging-Verfahren ist die Ladestrategie von ähnlicher Bedeutung wie die Ersetzungsstrategie; beide Strategien müssen auch - um ein insgesamt konsistentes Verfahren zu ergeben - zusammen gesehen werden. Das große Handicap realisierbarer Prepaging-Verfahren besteht darin, daß in der Praxis mit vertretbarem Aufwand nur schwer zuverlässige Informationen über das zukünftige Programmverhalten zu erlangen sind, so daß grundsätzlich das Risiko besteht, durch das Laden nicht benötigter Seiten die Anzahl der Ladevorgänge gegenüber Demand-Verfahren deutlich zu erhöhen und dabei auch noch die Performance (z. B. Fehlseitenrate) zu verschlechtern.

Um Performance-Vergleiche zwischen Demand-Paging- und Prepaging-Verfahren anstellen zu können, braucht man ein Performance-Maß, das für beide Verfahrensklassen gleichermaßen geeignet ist. Nicht geeignet ist das Space-Time-Produkt wie es üblicherweise für Demand-Verfahren definiert wird, weil es Prepaging-Verfahren grundsätzlich benachteiligt. Geeignet ist die Fehlseitenrate insofern, als sie genau den Parameter erfaßt, den man durch Prepaging günstig zu beeinflussen hofft. Dieses Maß begünstigt Prepaging-Verfahren jedoch, da es nicht erfaßt, daß bei Prepaging Anzahl der Fehlseitenbedingungen und Anzahl der Ladevorgänge nicht übereinstimmen, die Anzahl der Ladevorgänge i. a. jedoch im Vergleich zu Demand-Paging anwächst. Es wird deshalb als Performance-Maß eine Modifikation der Fehlseitenrate (MFSR) vorgeschlagen, die wie folgt definiert ist:

$$\mathrm{MFSR}(A, \overline{m}, \omega) = \frac{1}{|\omega|}\sqrt{\mathrm{FS}(A, \overline{m}, \omega) \cdot X(A, \overline{m}, \omega)},$$

wobei FS die Anzahl der Fehlseitenbedingungen und X die Anzahl der Ladevorgänge angibt, die ein Algorithmus A bei der Abarbeitung des durch die Referenzkette ω gekennzeichneten Programms in einem Arbeitsspeicher der Größe $\overline{m}$ Seiten erzeugt.

Aus Platzgründen werden in den nachfolgenden Kapiteln ausschließlich Verfahren fester Arbeitsspeichergröße betrachtet. Die Untersuchungen sind durchweg jedoch auf Verfahren variabler Arbeitsspeichergröße übertragbar und führen zu sehr ähnlichen Ergebnissen.

2 Optimale Prepaging-Verfahren

Wenn man die prinzipielle Leistungsfähigkeit von Klassen von Verfahren beurteilen will, ist es nützlich, die optimalen Verfahren zu untersuchen.

Zunächst ein Satz, in dem ganz klar festgestellt wird, wo Prepaging-Verfahren keine Vorteile gegenüber Demand-Paging-Verfahren haben können.

Satz: Zu jedem Paging-Verfahren A existiert ein Demand-Paging-Verfahren A', so daß

$$X(A', m, \omega) \leq X(A, m, \omega)$$

ist für alle m und ω.

Aus diesem Satz folgt sofort, daß das von BELADY /3/ definierte OPT-Verfahren in der Klasse der Verfahren fester Arbeitsspeichergröße eine nicht zu unterschreitende Anzahl von Ladevorgängen produziert, d. h., es ist

$$X(OPT, m, \omega) \leq X(A, m, \omega)$$

für beliebige Algorithmen A.

Im folgenden werden zwei optimale Prepaging-Verfahren, PREOPT und OPR, kurz beschrieben und ihre Eigenschaften angegeben.

Das PREOPT-Verfahren basiert auf dem OPT-Verfahren. Zu Page-Fault-Zeitpunkten des PREOPT-Verfahrens können jedoch mehrere Seiten geladen werden, die beim OPT-Verfahren sukzessive Page-Faults verursachen würden. Der Prepaging-Vorgang wird genau dann abgebrochen, wenn durch weiteres Prepaging ein grundlegender Unterschied zum zugrundeliegenden OPT-Verfahren entstehen würde; daß dies nicht geschieht ist gesichert, wenn zu Zeitpunkten gemeinsamer Page-Faults die Arbeitsspeicherinhalte identisch sind.
Das PREOPT-Verfahren hat folgende Eigenschaften:

(1) $X(PREOPT, m, \omega) = X(OPT, m, \omega)$,
d. h. das PREOPT-Verfahren ist bzgl. der Anzahl der Ladevorgänge optimal.

(2) $FSR(PREOPT, m, \omega) \leq FSR(OPT, m, \omega)$ bzw.
$FSR(PREOPT, m, \omega) < FSR(OPT, m, \omega)$,
falls $|\omega| > 1$ und $m > 1$ ist,
d. h., die Anzahl der erzeugten Page-Faults ist geringer als beim OPT-Verfahren.

(3) Das PREOPT-Verfahren ist (wie auch das OPT-Verfahren) regulär.

Das OPR-Verfahren ist das Verfahren, bei dem die Zeitabstände aufeinanderfolgender Fehlseitenbedingungen maximiert werden; dies wird erreicht, indem bei einem Page-Fault die nächsten m verschiedenen Seiten in den Arbeitsspeicher geladen werden, sofern sie sich nicht bereits darin befinden. Das OPT-Verfahren ist identisch mit dem von TRIVEDI /21/ untersuchten DPMIN-Verfahren.

Das OPR-Verfahren hat folgende Eigenschaften:

(1) $FSR(OPR, m,\omega) \leq FSR(A, m,\omega)$
für beliebige A, m, ω,
d. h., das OPR-Verfahren ist optimal bzgl. der Anzahl der Fehlseitenbedingungen.

(2) Das OPR-Verfahren ist nicht optimal bzgl. der Anzahl der Ladevorgänge.

(3) Das OPR-Verfahren ist regulär.

Zusammenfassend kann festgestellt werden, daß bei dem für optimale Verfahren geforderten Kenntnisstand Demand-Paging eine unnötige Einschränkung bedeutet.

3 Realisierbare Prepaging-Verfahren

3.1 Folgeseiten-Verfahren

Die Folgeseiten-Verfahren stellen eine Menge von Verfahren dar, bei denen versucht wird, während des Programmablaufes Charakteristika der Seitenreferenzmuster zu erfassen und nachfolgend durch Prepaging zu verwerten. Für eine solche Vorgehensweise ist es sinnvoll, das Prepaging-Verfahren so anzulegen, daß Demand-Paging als Grenzfall enthalten ist; dies ist bei den hier ausschließlich betrachteten Demand-Prepaging-Verfahren automatisch gegeben.

Der Grundgedanke des Verfahrens besteht darin, die sukzessive Fehlseitenbedingungen erzeugenden Seiten logisch zu verketten. Für die Realisierung dieses Verkettungsprinzips gibt es verschiedene Möglichkeiten, insbesondere was eine dynamische Überprüfung und Korrektur bereits vorhandener Informationen angeht.

An zusätzlichem Aufwand erforderlich ist Speicherplatz für den Verkettungsvektor, der die Länge n (n = Anzahl der Programmseiten) hat, ein Zeiger, der diejenige Seite identifiziert, die die letzte zurückliegende Fehlseitenbedingung erzeugt hat, und ein Zeitgeber, der nach einem bestimmten Kriterium (hier sind mehrere Modelle denkbar) den Verkettungsvorgang abbricht. Nicht in jedem Falle erforderlich, bei Prepaging-Verfahren jedoch grundsätzlich interessant wäre ein Referenzbit pro Seitenrahmen, das (hardware-gesteuert) darüber Auskunft gibt, ob die jeweilige Seite referiert worden ist, seit sie in den Arbeitsspeicher geladen wurde. Der zusätzlich entstehende Laufzeit-Overhead besteht darin, daß jeweils zu Page-Fault-Zeitpunkten die Verkettungsinformation erzeugt bzw. aktualisiert werden muß und die vorhandenen Informationen ausgewertet werden müssen, um Prepaging zu betreiben.

Die Motivation der Vorgehensweise basiert auf dem Phasen-/Übergangsmodell des Programmverhaltens, wonach an den Phasenübergangsstellen die Seiten der neuen Lokalität durch in kurzen Zeitabständen aufeinanderfolgende Fehlseitenbedingungen geladen werden müssen. An diesen Stellen wäre es wünschenswert, die Seiten einer neuen Lokalität als Ganzes oder doch in größeren Einheiten laden zu können. In diesem Sinne kann ein Folgeseiten-Verfahren auf der Basis von Verkettungsinformationen wirksam werden: Wenn es gelingt, die Seiten einer Lokalität zu verketten, dann können diese Informationen ab dem zweiten Auftreten der gleichen

Lokalität durch Prepaging genutzt werden. Es ist also festzustellen, daß Folgeseiten-Verfahren prinzipiell nur dann wirksam werden können, wenn Programme Rekursivität auf einer höheren Lokalitätsebene aufweisen; dies ist typischerweise bei langlaufenden, rechenintensiven Programmen der Fall.

Die Feststellung von Lokalitäten beim Verketten geschieht über einen Zeitparameter T, der in der Logik der Zeitparameter der bekannten Ersetzungsstrategien betrieben werden kann. Beim DWS-Verfahren geht man davon aus, daß alle Seiten, die zu einer Lokalität gehören, innerhalb von T Zeiteinheiten referiert werden. Bei der Verkettung wird in gleicher Weise unterstellt, daß Seiten, die zu einer Lokalität gehören, innerhalb von T Zeiteinheiten eine Fehlseitenbedingung erzeugen, wenn sie sich nicht bereits im Arbeitsspeicher befinden; eine Fehlseitenbedingung nach mehr als T Zeiteinheiten signalisiert den Beginn einer neuen Verkettung. Ebenso kann der Verkettungsparameter in der Logik des PFF-Zeitparameters betrieben werden, indem die Zeitabstände aufeinander folgender Fehlseitenbedingungen gemessen werden. Um ein insgesamt konsistentes Seitenaustauschverfahren zu erhalten, ist es erforderlich, die Zeitparameter der Verkettung und der Ersetzungsstrategie in Logik und Wert aufeinander abzustimmen.

Das Prepaging-Risiko bei den Folgeseiten-Verfahren beruht darauf, daß Programmlokalitäten nicht durchweg seitenweise disjunkt sind, so daß über eine längere Programmlaufzeit eindeutige Verkettungen nicht immer möglich sind, d. h. die Verkettungsinformation kann, auf die Zukunft der Programmlaufzeit bezogen, falsch sein. Aus diesem Grunde kann es sinnvoll sein, den Umfang, in dem Prepaging betrieben werden soll, über die natürliche Grenze, die durch die Länge einer Verkettung gegeben ist, hinaus zu begrenzen. Es wird deshalb ein Parameter PREPLIM eingeführt, der angibt, wieviele Seiten pro Page-Fault (einschließlich der Fault verursachenden Seite) maximal geladen werden dürfen. Über diesen Parameter kann für jedes Programm je nach Eignung das Ausmaß an Prepaging gesteuert werden. Messungen haben sogar ergeben, daß mit PREPLIM = 3 ein global für alle Programme geeigneter Wert gefunden werden kann: Bei diesem Wert kommen einerseits bei geeigneten Programmen die Vorteile in angemessener Weise zum Tragen, während sich andererseits bei schlecht geeigneten Programmen die Risiken in Grenzen halten. Ein interessantes Ergebnis der Messungen ist überdies, daß auch bei durch den Parameter PREPLIM unlimitiertem Prepaging die im Mittel pro Page-Fault geladene Anzahl von Seiten nur selten höher als drei liegt.

3.2 Das Verfahren LRU+

Mit dem Verfahren LRU+ soll nun ein spezielles Folgeseiten-Verfahren auf der Basis des LRU-Verfahrens beschrieben werden; die Ergebnisse der Simulationen des Verfahrens werden anschließend präsentiert und diskutiert.

Auf die Beschreibung der Erzeugung der Verkettungsinformation, die im wesentlichen unabhängig von dem darauf basierenden speziellen Folgeseitenverfahren gesehen werden kann, wird hier verzichtet; bei den Messungen kommt ein relativ aufwendiges Verfahren dafür zur Anwendung. Untersuchungen mit einer stark vereinfachten Vorgehensweise bei der Verkettung haben jedoch gezeigt, daß Folgeseiten-Verfahren auf dieser Basis - insbesondere unter Berücksichtigung des geringeren Overheads - kaum unterlegen sind.

Beim Verfahren LRU+ wird Prepaging innerhalb der fest vorgegebenen Speichergröße des LRU-Verfahrens durchgeführt. Dies ist notwendig, um das Verfahren LRU+ zu einem Verfahren fester Arbeitsspeichergröße zu machen, wodurch überdies der Performance-Vergleich zwischen den Verfahren LRU und LRU+ erleichtert wird.

Eine nicht triviale generelle Frage ist, wie durch Prepaging geladene Seiten durch den Replacement-Algorithmus gehandhabt werden sollen; speziell beim LRU-Verfahren ist das die Frage nach den Stack-Positionen, die solche Seiten einnehmen sollen. Bei den Folgeseiten-Verfahren ist klar, daß in dieser Hinsicht alle Seiten einer gerade aktuellen Verkettung gleich behandelt werden müssen, unabhängig davon, ob sie durch Prepaging geladen werden müssen oder sich zufällig bereits im Arbeitsspeicher befinden; hierdurch wird normalerweise verhindert, daß zufällig bereits im Arbeitsspeicher befindliche Seiten entladen werden können, um andere Seiten der gleichen Verkettung zu laden.

Sei k ($k \leq m$) die Länge einer Verkettung, dann bieten sich zwei Lösungen zur Positionierung im LRU-Stack an:

Das Fault verursachende Startelement der Verkettung bekommt wie üblich die oberste Stack-Position; die Positionen 2 bis k der Verkettung werden

(a) den Stack-Positionen 2 bis k zugeordnet oder
(b) den Stack-Positionen $m - k + 2$ bis m zugeordnet.

Der signifikante Unterschied der beiden Alternativen besteht darin, daß bei nachfolgenden Page-Faults die durch Prepaging geladenen, bis zu diesem Zeitpunkt jedoch nicht referierten Seiten im Falle (b) als erste aus dem Arbeitsspeicher entfernt werden, wohingegen sie im Falle (a) möglichst lange gehalten werden.

Beim Verfahren LRU+ wird gemäß (a) verfahren, und zwar aus folgenden Gründen:

(1) Wenn die durch Prepaging geladenen Seiten tatsächlich wie erwartet referiert werden, bevor weitere Fehlseitenbedingungen auftreten, dann unterscheiden sich Fall (a) und Fall (b) nicht, da die referierten Seiten in jedem Fall an die Spitze des Stack rücken und von da an in gleicher Weise dem Alterungsprozeß des LRU-Verfahrens unterliegen.

(2) Wenn die Seiten einer Lokalität nicht in gleicher Sequenz referiert werden wie bei der Erstellung der Verkettung und/oder die aktuelle Lokalität nicht vollständig geladen wurde (etwa durch eingeschränktes Prepaging aufgrund kleiner Vorgaben für den Parameter PREPLIM oder auch, weil die Programmlokalität durch die Verkettung nur unvollständig beschrieben wird), dann werden im Falle (b) bei zur Vervollständigung der Lokalität auftretenden Page-Faults mit hoher Wahrscheinlichkeit vorher geladene Seiten der gleichen Lokalität wieder aus dem Arbeitsspeicher entfernt.

(3) Wenn keine eindeutige Zuordnung von Seiten zu Lokalitäten gegeben ist, können durch

Prepaging Seiten geladen werden, die im Rahmen der gerade aufzubauenden Lokalität nicht benötigt werden. In einem solchen Fall besteht - wie auch Messungen bestätigt haben - eine realistische Chance, daß solche Seiten im weiteren Programmverlauf doch noch referiert werden und damit nicht unnötig geladen wurden, wenn sie ausreichend lange im Arbeitsspeicher verbleiben.

Beim Verfahren LRU+ werden also im Sinne des LRU-Verfahrens geringwertige Seiten durch im Sinne der Verkettungsinformationen hochwertige Seiten ersetzt bzw. gemäß der Verkettungsinformation in ihrer Priorität angehoben. Daß darin ein Verbesserungspotential steckt, wird daraus ersichtlich, daß bereits bei reinem Demand-Paging (PEPLIM = 1) allein durch die Prioritätsanhebung zufällig im Arbeitsspeicher befindlicher Seiten die Fehlseitenrate um teilweise mehr als 20 % reduziert werden kann.

4 Performance-Untersuchungen

Die Performance-Untersuchungen wurden an den in Tab. 1 zusammengestellen Programmen durchgeführt. Für die Erstellung der Referenzketten wurde ein an der Universität Dortmund entwickeltes Simulationsprogramm verwendet. Die Programme P1 bis P4 sind Fortran-Programme, P1 bis P3 entstammen der IMSL /17/, sind üblicherweise also Bausteine für Anwenderprogramme.

Programm	Größe in Seiten zu		Länge der Referenzkette
	2048 Bytes	256 Bytes	
P1: Erzeugung und Inversion einer 50 x 50 Matrix	90	586	3 716 361
P2: Dreimalige Erzeugung und Inversion einer 50 x 50 Matrix	93	590	11 156 814
P3: Eigenwertberechnung einer 50 x 50 Matrix	40	193	10 131 455
P4: Berechnung der Ackermann-Funktion für die Werte (3,5)	67	407	13 337 324
P5: Übersetzung eines PL1-Programms mit dem PL1-Optimizer	139	618	4 218 934

Tab. 1: Simulationsprogramme

Aus Platzgründen wird bei den graphischen Darstellungen vorwiegend auf Programm P1 Bezug genommen, das als "Normalprogramm" angesehen werden kann. Bild 1, in dem die Fehlseitenrate (FSR) die Verfahren LRU und LRU+ dargestellt ist, zeigt, daß unter allen Speicherplatzvorgaben das Verfahren LRU+ günstiger abschneidet. Die relative Performance der beiden Verfahren ist

in Bild 2 sowohl auf der Basis der Fehlseitenrate als auch auf der Basis der modifizierten Fehlseitenrate (MFSR) dargestellt.
In Bild 3 ist die relative Performance der Verfahren für die Programme P1 und P2 gegenübergestellt. Da P2 eine Erweiterung des Programmes P1 ist, unterstreicht der bei P2 gegenüber P1 vergrößerte Performance-Gewinn des Verfahrens LRU+, daß ein höheres Maß an Rekursivität im vorher beschriebenen Sinne tatsächlich das Erfolgspotential der Folgeseiten-Verfahren verbessert und somit bei längeren Programmen, die aus Aufwandsgründen nicht simuliert werden können, die durch Prepaging erzielbaren Erfolge eher größer sein werden.

Eine weitere Untersuchung betrifft die Speicherung der in Form von Verkettungen vorhandenen Informationen über das Programmverhalten über die Laufzeit eines Programmes hinaus. Ohne auf die konkreten Probleme der Realisierung einzugehen, wird die am Ende eines Programmdurchlaufs vorhandene Verkettungsinformation benutzt, um bei einem erneuten Programmdurchlauf den Verkettungsvektor zu initialisieren. Dadurch kann bereits in der Anfangsphase - insbesondere also auch während der Aufbauphase - Prepaging betrieben werden, und Bild 4 zeigt, daß dadurch gerade im Bereich realistischer Fehlseitenraten erhebliche Performance-Gewinne zu erzielen sind. Der Erfolg muß jedoch insofern relativiert werden, als die Zahl der in der Anfangsphase vermeidbaren Fehlseitenbedingungen mit zunehmender Programmlänge oder allgemeiner mit ansteigender Gesamtzahl der Fehlseitenbedingungen relativ an Bedeutung verliert.

Eine letzte Untersuchung gilt dem Einfluß der Seitengröße auf die relative Performance der beiden Verfahren LRU und LRU+. Da sich die Seitengröße in vielfältiger Weise auf die Performance von Programmen und Verfahren auswirkt, ist es nicht leicht, losgelöst von den Gesamtwirkungen Aussagen über den Einfluß auf das Prepaging-Verhalten zu gewinnen. Auch bei sehr vorsichtiger Deutung zeigen die Meßwerte jedoch, daß eine Verkleinerung der Seiten das Prepaging-Verhalten in der Tendenz positiv beeinflußt.

Zusammenfassend kann als Ergebnis der durchgführten Messungen festgestellt werden, daß Prepaging nach dem Verfahren LRU+, insbesondere bei Programmen mit Strukturen wie sie für langlaufende Programme typisch sind, z. T. deutliche Performance-Verbesserungen gegenüber dem Demand-Paging-Verfahren LRU bewirkt. Diese Aussage gilt in gleicher Weise für Folgeseiten-Verfahren, die auf der Basis des DWS- und des PFF-Verfahrens definiert werden können.

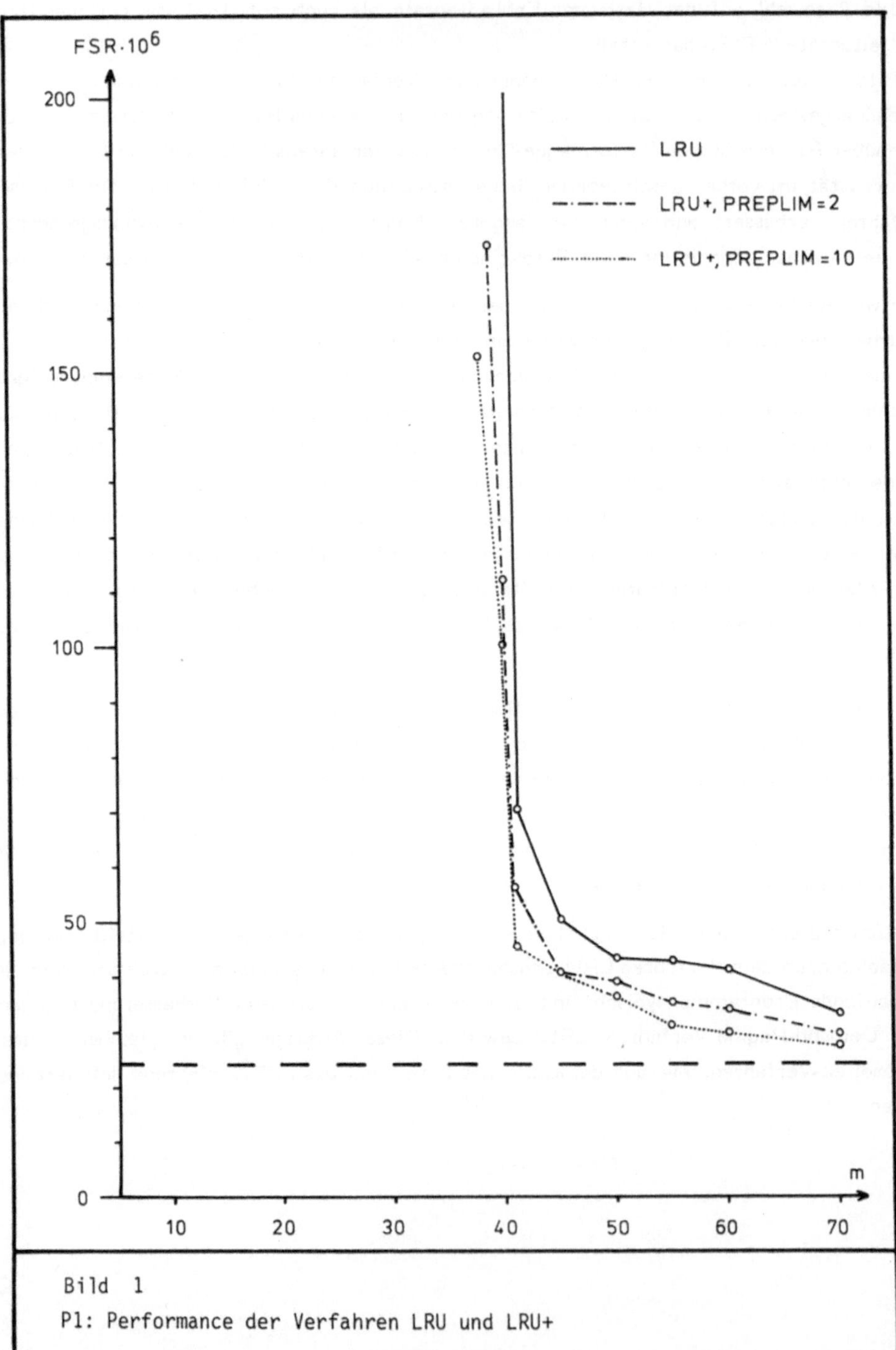

Bild 1
P1: Performance der Verfahren LRU und LRU+

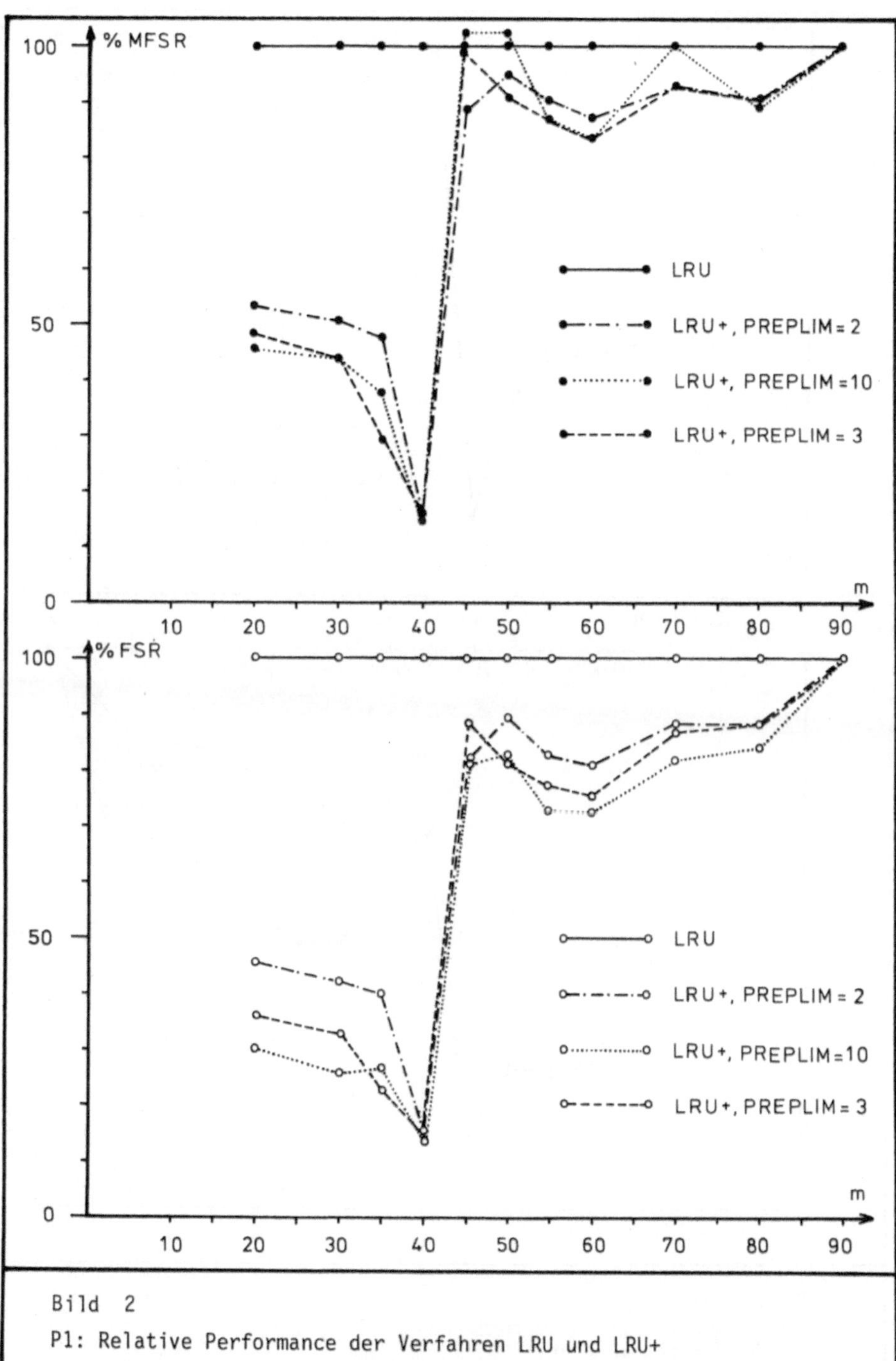

Bild 2

P1: Relative Performance der Verfahren LRU und LRU+

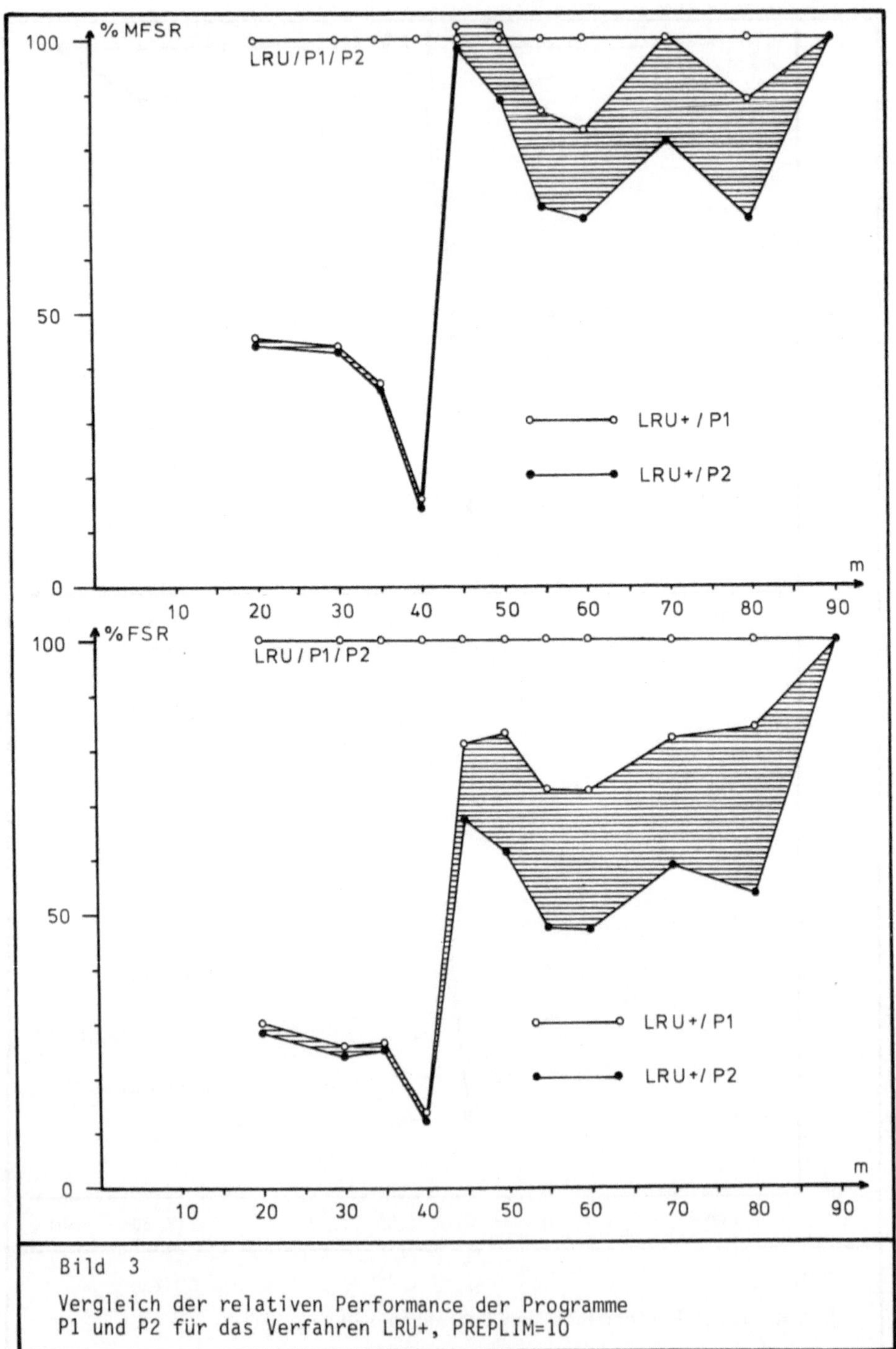

Bild 3

Vergleich der relativen Performance der Programme
P1 und P2 für das Verfahren LRU+, PREPLIM=10

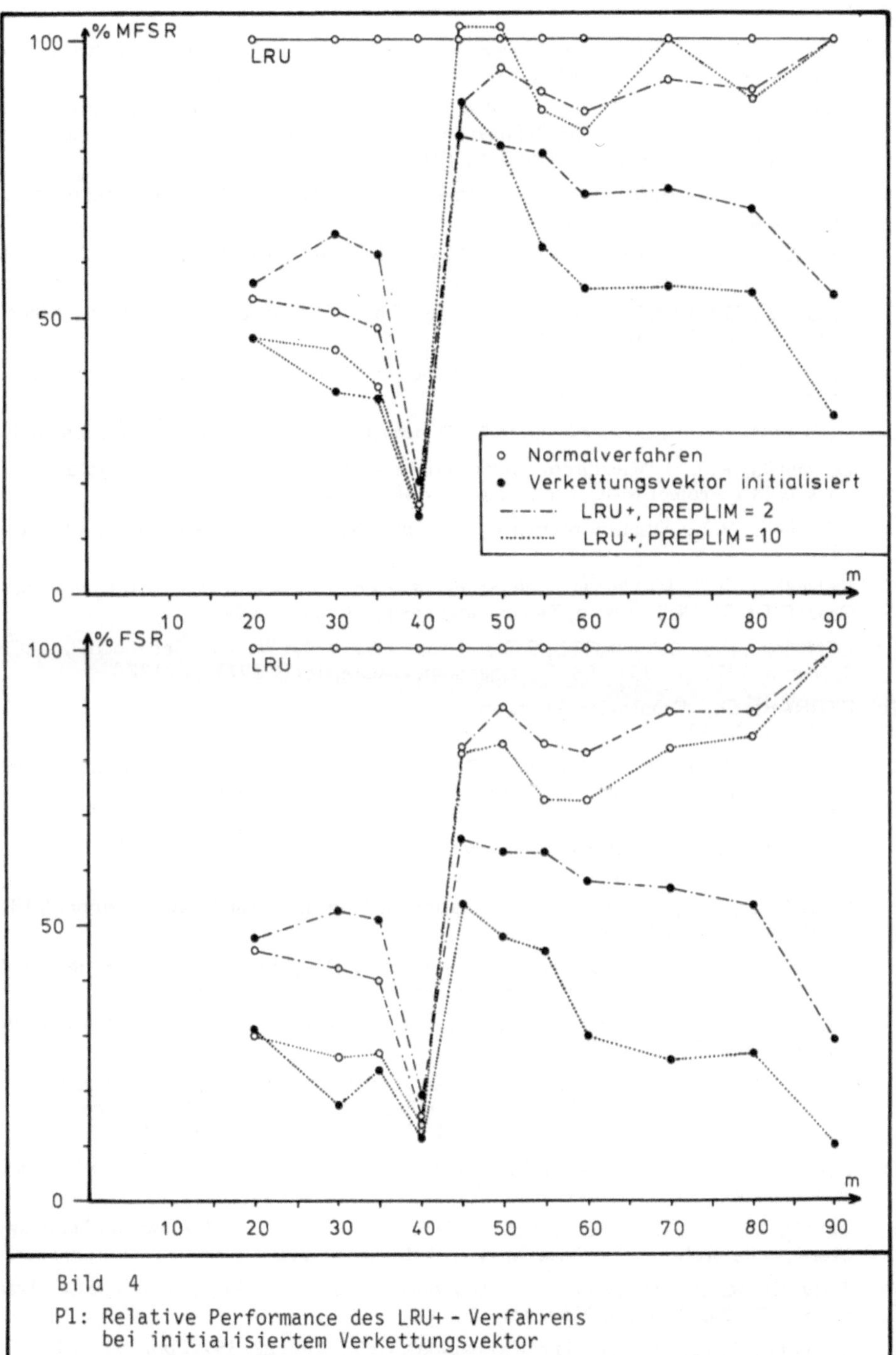

Bild 4

P1: Relative Performance des LRU+ - Verfahrens bei initialisiertem Verkettungsvektor

Literatur

/1/ BAER, J. L., SAGER, G. R., "Dynamic Improvement of Locality in Virtual Memory Systems", IEEE Trans. on Softw. Eng., SE - 2, 1976, pp. 54 - 62

/2/ BATSON, A.P., BLATT, W.E., KEARNS, J.P., "Structure Within Locality Invtervals", Proc. Symp. on Modeling and Performance Evaluation of Computer Systems, ed. Beilner and Gelenbe, North-Holland, October, 1977, pp. 221-232

/3/ BELADY, L.A., "A Study of Replacement Algorithms for a Virtual Storage Computer", IBM Systems J., 5, 2, 1966, pp. 78-101

/4/ BELADY, L.A., KUEHNER, C.J., "Dynamic Space Sharing in Computer Systems", CACM, 12, 5, 1969, pp. 282-288

/5/ CHU, W., OPDERBECK, H., "The Page Fault Frequency Replacement Algorithm", Proc. FJCC, 1972, pp. 597-609

/6/ CHU, W., OPDERBECK, H., "Performance of Replacement Algorithms with Different Page Sizes", Computer, 7, 11, 1974, pp. 14-21

/7/ COFFMAN Jr., E.G., DENNING, P.J., "Operating Systems Theory", Prentice Hall, 1973

/8/ DENNING, P.J., "Resource Allocation in Multiprocess Computer Systems", (Ph.D. Thesis), MIT Project MAC Tech. Report MAC-TR-50, May, 1968

/9/ DENNING, P.J., "Virtual Memory", Computer Surveys, 2, 3, September, 1970, pp. 153-189

/10/ DENNING, P.J., KAHN, K., "A Study of Program Locality and Lifetime Functions", Proc. Fifth SIGOPS, Austin, Texas, November, 1975, pp. 207-216

/11/ DENNING, P.J., SCHWARTZ, S.C., "Properties of the Working Set Model", CACM, 15, 3, March, 1972, pp. 191-198 (Corrigendum, CACM, 16, 2, 1973, pp. 122.)

/12/ FERRARI, D., "Improving Program Locality by Critical Working Sets", CACM, 17, 11, 1974, pp. 614-620

/13/ FERRARI, D., KOBAYASHI, M., "Program Restructuring Algorithms for Global LRU Environments", Proc. Int. Computing Symp., 1977, Liege, Belgium, April, 1977, pp. 277-283

/14/ GRAHAM, G.S., "A Study of Program and Memory Policy Behavior", Ph. D. Thesis, Purdue University, 1976

/15/ HATFIELD, D.J., GERALD, J., "Program Restructuring for Virtual Memory", IBM Sys. J., 10, 3, 1971, pp. 168-193

/16/ HATFIELD, D.J., "Experiments on Page Size, Program Access Patterns and Virtual Memory Performance", IBM J. Res. and Devel., 16, 1, 1972, pp. 58-66

/17/ IMSL-Library 1-Reference Manual, International Mathematical and Statistical Libraries Inc., Houston, Texas, 1977

/18/ KRZESINSKI, A., TEUNISSEN, P., "An Analysis of the Page Size Problem Using a Network Analyzer", Proc. "Symp. on Modeling and Performance Evaluation of Computer Systems", ed. Beilner and Gelenbe, North Holland, Oct. 1977, pp. 239-250

/19/ MADISON, A.W., BATSON, A.P., "Characteristics of Program Localities", Proc. Fifth SIGOPS Conf., 1975, pp. 64-73, CACM, 19, 5, 1976, pp. 51-58

/20/ MATTSON, R.L., GECSEI, J., SLUTZ, D.R., TRAIGER, I.L., "Evaluation Techniques for Storage Hierarchies", IBM Sys. J., 9, 2, 1970, pp. 78-117

/21/ TRIVEDI, K. S., "Prepaging and Applications to Array Algorithms", IEEE Trans. on Comp., C - 25, 1976, pp. 915 - 921

/22/ TRIVEDI, K. S., "An Analysis of Prepaging", Computing 22, 1979, pp. 191 - 210